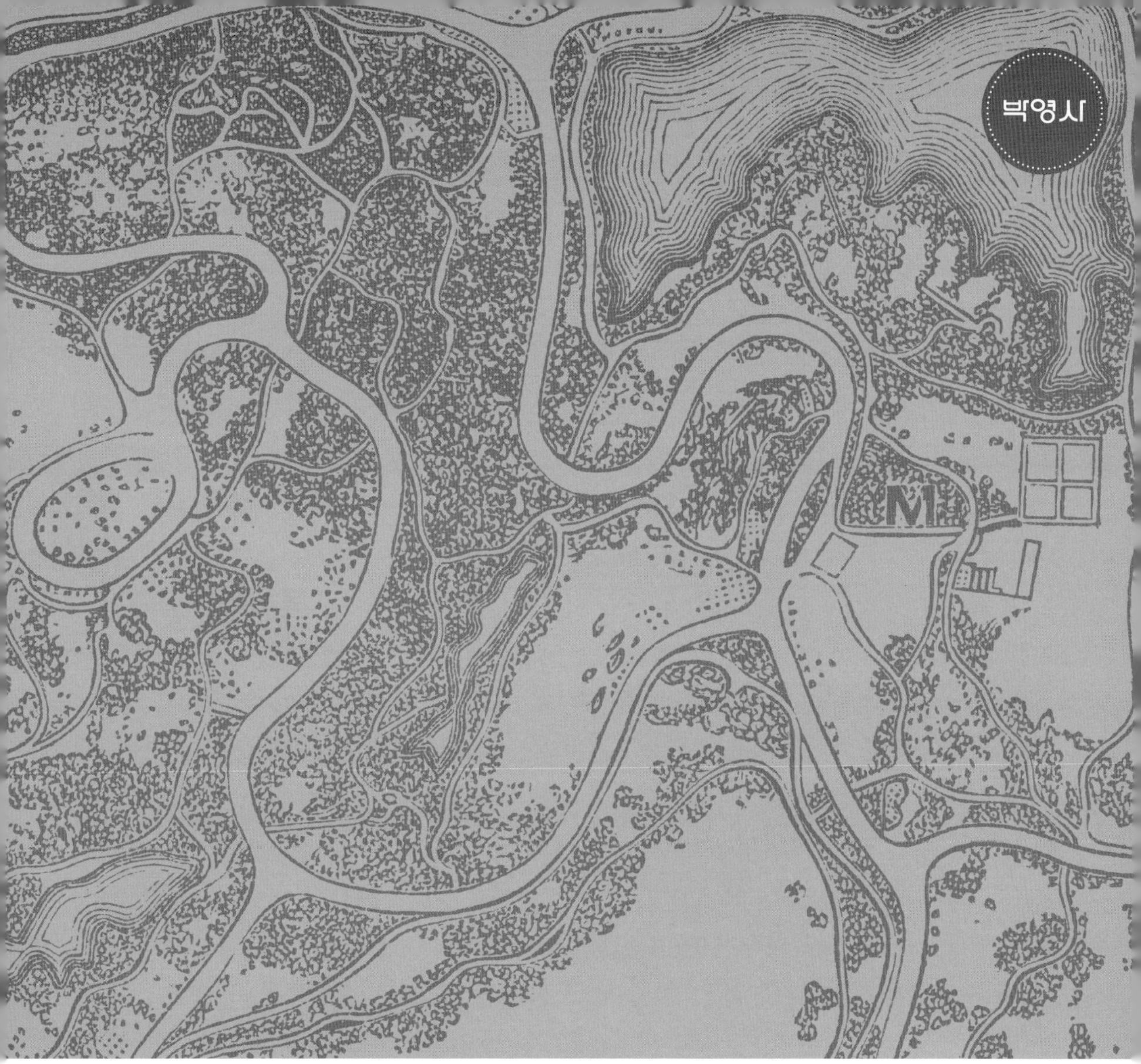

박영사

영세중립국 선언

이달순 저

중립주의 운동의 정치사적 조명

머 리 말

조선왕조 26대 왕인 대한제국 고종황제가 추진한 "영세중립국선언"을 위한 외교 정책이 만일 성공하였다면 일본의 침략에 의한 식민지배도, 한반도의 남북한 분단과 6·25 한국전쟁의 비극도 없었을 것이다. 그리고 북한의 핵을 제거하기 위한 한반도 전쟁위기의 갈등으로 국제정세가 불안하지도 않았을 것이다. 현재 한반도를 에워싼 국제정세는 고종 때의 세계 강대국인 미국, 일본, 러시아, 중국이 대립하고 있던 것과 유사한 모습이다. 당시 중국과 러시아는 미국과 일본의 세력에 밀려 고종의 정책을 받아들일 힘이 없었고 미국과 일본은 가쓰라 태프트 조약으로 미국이 필리핀을, 일본이 한국을 점령하기로 되어 있었으니 고종의 중립국선언을 도외시하였던 것이다. 대한민국은 그들의 침략 정책을 방어할 힘도 없었다. 그러나 현재 대한민국은 정치, 경제, 사회, 문화 모든 방면에서 세계 어느 나라도 넘보지 못할 힘을 갖고 있다. 그리고 미국, 중국, 일본, 러시아는 상호간에 협력하여 북한의 핵을 제거하고 한반도의 평화를 위한 정책을 수행하는 노력을 하고 있다. 다만 우려되는 것은 미국과 중국의 패권경쟁은 일어나지 않을 것이라는 낙관론을 찬성하기 어렵다. 그러나 그들의 충돌이 한반도가 아닌 남중국해가 유력하다는 관점에서 우려할 바가 아니라고 하는 견해도 있지만 일본이 현재 국방력을 강화하고 육해공군이 공격할 능력을 갖추고 있어 미국을 지원하게 되고 러시아가 이를 묵과하지 않고 일본에 대항하게 되는 경우 한반도는 다시 전쟁의 열전에 휩싸일 가능성도 예견해야 된다는 평가다. 그러기에 고종의 중립국선언정책을 회고하게 되는 것이다. 이제 우리는 중립국선언정책을 채택할 적절한 시기라고 생각한다. 북한의 핵 제거를 위해 6자회담이 진행될 전망이다. 북한의 핵이 제거되고 북한정권이 취약해질 때 북한정권이 어느 특정국가에 의존해야 한다면 그 대상이 대한민국이어야 한다. 그러기 위해 대한민국이 북한의 핵 제거의 해법을 제시하는 것이다. 6자회담에서 "대한민국이 모든 무기를 버리고 군대를 해산하고 중립국선언을 해야 한다"고 정부에 건의를 하는 것이다. 물론 전제 조건은 "6자회담의 세계 4대강국이 대한민국에 대한 안보를 책임져야 한다"는 결의를 얻는 것이다. 북한은 핵을 보유하고 있어야 할 명분이 없어지게 되니 핵을 버리고 대한민국의 뒤를 따를 수밖에 없을 것이다. 더욱이 대한민국의 무기를 UN이 중재하여 판매하고 그 수익과 국방비를 국가경제 진흥에 투자하고 복지사업의 행복기금으로 국민의 삶이 풍요로움을 보게 될 북한이 대한민국의 정책을 따르지 않을 수 없게 되리라는 전망이다. 우리는 미래의 희망을 "중립국선언"에 무게를 실어야 한다. 따라서 고종황제의 한국의 중립운동을 역사적으로 고찰하는 것이다. 저자는 항상 정치사적 연구에서 문헌적 자료를 나름대로 해석하고 이를 정리하는 방법론을 택했다. 중립국선언도 맥을 함께 했다. 그리고 어느 논자가 발표한 소중한 논문을 파헤치는 것보다 그대로 인용하여 논자를 우대해 주었다. 머리말에서 맺음말에 나오는 결론을 미리 밝혀두어야 하는 저자의 마음을 헤아려 주길 바란다. 이 저서를 출판하는 데 힘이 되어준 맏아들과 딸 근백, 근중, 근주와 사위 김선철, 며느리 정향국과 박영사의 임직원 여러분에게 감사의 뜻을 표하는 바이다.

2013년 10월

라비돌 리조트 1018호에서

이 달 순

차 례

제 1 장 세계적 전쟁과 중립국 탄생

제1절 중립, 중립국, 영세중립국 ---- 3

제2절 스위스, 오스트리아, 코스타리카 ---- 7

제 2 장 조선왕조와 중립주의 정책

제1절 조선왕조의 외교 ---- 15

제2절 한말의 중립국 추진정책 ---- 22

제 3 장 독립운동과 좌우합작

제1절 신간회 운동 ---- 33

제2절 근우회 운동 ---- 62

제 4 장 해방정국과 좌우합작운동 그리고 남북협상파의 정치활동

제1절 공산당의 정치활동 — 109
제2절 좌우합작파의 정치활동 — 114
제3절 임정의 정치활동 — 120
제4절 남북협상파의 정치활동 — 125

제 5 장 역대 대통령의 통일정책

제1절 이승만정부의 통일정책 — 135
제2절 장면정부의 통일정책 — 147
제3절 박정희정부의 통일정책 — 154
제4절 전두환정부의 통일정책 — 160
제5절 노태우정부의 통일정책 — 161
제6절 김영삼정부의 통일정책 — 164
제7절 김대중정부의 통일정책 — 166

제 6 장 다극화 개방의 시대와 제3세계의 중립주의

제1절 냉전의 시대와 A.A. 동맹 — 175
제2절 비동맹정상회의 — 178
제3절 비동맹정상회의의 90년대 개관 — 197
제4절 해빙의 시대와 비동맹회의 — 200
제5절 북한과 비동맹운동—40년 역사 — 205

제 7 장 노무현과 이명박정부의 통일정책

제1절 노무현정부의 통일정책 ── 213
제2절 이명박정부의 통일정책 ── 216
제3절 북한의 도발 ── 220

제 8 장 6자회담 / 225

제 9 장 중립화 통일운동

제1절 남북한 분단과 중립화 통일운동
—중립주의자의 사상과 운동 ── 241
제2절 강종일의 연구소 설립과 활동 ── 323

제 10 장 영세중립국선언

제1절 박근혜정부의 통일정책 ── 329
제2절 동북아정세와 6자회담의 전망 ── 335
제3절 영세중립국선언 ── 349

제 1 장

세계적 전쟁과 중립국 탄생

제 1 절　중립, 중립국, 영세중립국

제 2 절　스위스, 오스트리아, 코스타리카

제 1 장

세계적 전쟁과 중립국 탄생

제 1 절 중립, 중립국, 영세중립국

국제정치사에서 가장 먼저 영세중립국이 된 나라가 스위스이다. 스위스는 1815년 나폴레옹전쟁 후 1815년 3월 20일 비엔나회의에 참석했던 강대국들의 선언에 동의하여 영세중립국이 되었다. 비엔나 최종의정서 서명국이 9개국이었다는 점만으로도 나폴레옹전쟁이 세계적 전쟁이었음을 알 수 있다. 다음이 오스트리아이다. 1955년 6월 1일 오스트리아의회는 모스크바각서대로 영세중립국임을 만장일치로 선언하였다. 국제정치사의 시대구분을 ① 제국주의 시대(1870~1914), ② 세계대전의 시대(1차 1914~1918, 2차 1939~1945)로 보고 오스트리아의 중립국 탄생은 세계2차대전의 결과로 나타난 것이라 하겠다. 코스타리카도 1948년 휘겔스가 사실상 군대폐지와 좌우에 있는 정적을 제거하면서 중립국으로 자리잡았으니 2차세계대전의 영향을 받은 것이라는 평가이며 1983년 몬헤 대통령의 영세중립선언으로 확정되었는바 ③ 냉전의 시대(1946~1955)와 ④ 해빙의 시대(1956~1968)에 이어 ⑤ 대화협조의 시대(1985~1990), 세계대전의 영향으로 국제정세가 다극화 시대로 전개되는 과정에서 중립국으로 자리잡게 된 것으로 보여진다.

이처럼 중립국은 세계적 전쟁과 그로부터 평화를 지향하는 과정에서 국제정치의 산물로 등장된 것으로 볼 수 있다. 이제 그 중립국가의 성격을 보자.

① 중립　전쟁에 참가하지 않은 국가가 전쟁의 당사국인 교전국 쌍방에 대하여 가지는 중립에 관한 지위이다. 중립은 다른 국가간의 전쟁상태를 전제로 하는 것이다. 그러나 중립은 전쟁과 관계가 없다는 것이 아니라 특수한 형태의 권리와 의무를 부여하는 법적 관계인 것이다. 고대사회에서는 물론 중세에서도 중립에 관한 관념은 거의 발견할 수 없었다. 그리스에서 지배적으로 존재하던 것은 동맹·우호의 관념이었고 중립의 관념은 없었다. 로마에서도 제국민은 로마의 적이 아니면 동맹자 중의 하나를 선택해야만 하였고 궁극적으로는 팍스 로마나의 영속을 전쟁에 의해서 실현하자는 것이었으므로 거기에 중립주의가 존재할 여지는 없었던 것이다. 그리고 중세에 와서는 그 시대가 그리스도교 사회였으므로 이교도에 대한 그리스도교국의 전쟁에서 중립이란 생각할 수도 없는 일이었다. 또한 중세의 봉건제도 아래에서 각국은 지방적·봉쇄적 자연경제를 기반으로 고립된 생존을 영위하고 있었으므로 전쟁이 제3국의 경제적·사회적 이해에 영향을 주지도 않았다.

② 중립국　16세기의 절대주의국가들이 국제적인 상업활동을 통하여 국가의 부와 권력을 축적하면서부터 전시에 중립국의 이익과 교전국의 필요를 조화시켜야 할 중립국제도의 조건이 마련되었다. 18세기에 이르러서는 네덜란드 등 해양국가들이 교전국에 의한 제한조치에 반발하고 중립국의 교전국과의 정상적인 무역거래를 주장하였다.

그리하여 18세기 말엽에는 중립국의 상업활동에 관한 국제법규의 내용이 성립되기 시작하였으며 1780년 및 1800년의 무장중립을 거쳐 1856년 파리선언에서는 중립국의 이익을 최대한으로 반영하는 동시에 국제상거래의 안전을 보장하는 전시 중립법규의 골격이 마련되었다. 그러나 교전국의 중립국에 대한 의무는 전시이기 때문에 발생하는 새로운 의무가 아니고 평시에 지켜야 할 의무를 그대로 유지함에 불과한 것인데 중립국이 교전국에 대하여 지는 의무에는 다른 나라들의 전쟁 때문에 부과되는 특별한 의무로서의 성질이 있었다. 1888년 및 1907년의 헤이그 평화회의의 결과로 탄생한 많은 육전 및 해전법규와 1909년 런던선언은 중립법규를 체계적으로 완성시킨 국제적인 문서이었다. 중립국의 교전국에 대한 공평을 기본원칙으로 한다. 따라서 전쟁수행에 관계되는 직접 또는 간접적인 원조를 교전국의 전쟁수행에 이용되는 것을 적극적으로 막아야 할 방지 또는 저지의무도 지녔다.

③ 영세중립국 영세중립국은 교전국 상호간의 전쟁수행을 위하여 전시금제품을 규제하고 해상봉쇄를 단행할 때 중립국이 제재를 가하겠다는 체제이다. 따라서 영세중립국이 유엔에 가입하면 집단적 제재에 참가하지 않을 수 없는 경우가 생기기 때문이다. 이에 대해서는 유엔 창립초기에 양자의 자유가 양립할 수 없다는 해석이 지배적이어서 스위스는 유엔에 가입하지 않았다. 그러나 그후 유엔헌장에 대한 새로운 해석이 시도되어 오스트리아는 1955년 영세중립국이 됨과 동시에 유엔에 가입하였고 이와 달리 비무장을 헌법화한 코스타리카는 1983년 영세중립국이 되었다. 여기서 새로운 해석이라 함은 유엔의 군사적 제재조치에는 모든 가맹국이 참여해야 하는 것은 아니므로 안전보장이사회에 의하여 영세중립국은 그 의무가 면제될 수 있다는 것이다.

유엔헌장상 군사적 제재조치에 참가할 구체적 의무가 발생하기 위해서는 가맹국이 안전보장이사회와 특별협정을 체결해야 하는데 이 특별협정은 각국의 헌법절차에 따라 비준되어야 하는 것이므로 유엔가맹국일지라도 영세중립국은 영세중립국이라는 이유 때문에 이를 비준할 수 없을 것이다. 여기에서 안전보장이사회의 양해만 있으면 특별협정을 체결하지 않을 수도 있다는 해석이 나온다. 그러나 현실적으로 특별협정은 하나도 체결된 바 없으며 그 이유는 기

본골격에 대한 강대국간의 의견차이 때문이다.[1)]

이제 다른 학설의 정의를 보자. 중립은 전쟁당사국의 어느 편에도 가담하지 않고 무력을 지원하거나 편의를 제공하지도 않는 행위로 전쟁종료와 함께 그 효력이 상실된다.[2)] 영세중립은 그 국가의 정치적 독립과 영토의 통합을 주변국가와 국제적 협정을 통하여 영구적으로 보장받는 제도적 정치를 말한다.[3)] 중립화와 같은 개념으로 사용된 영세중립은 이를 지향하는 국가와 보장하는 국가들간의 집단적 안전보장체제의 형태로 유지된다. 영세중립은 국가에 한하여 사용되나 중립화는 국가와 국가가 아닌 국제분쟁지역이나 국제수로 등 특수한 지역에도 적용된다.

영세중립의 성립조건에는 주관적, 객관적, 국제적 조건 등이 있다.[4)] 주관적 조건은 영세중립을 지향하는 국가의 국민들과 지도자가 영세중립을 실천하려는 의지를 말한다. 객관적 조건은 영세중립이 될 수 있는 지정학을 말한다. 국제적 조건은 영세중립국의 정치적 독립과 영토의 통합을 주변의 국가들로부터 협정을 통해 보장받는 것이다. 주관적 조건만으로는 자체중립은 될 수 있으나 영세중립은 될 수 없다. 즉, 한반도가 영세중립국으로 통일되기 위해서는 미국, 중국, 러시아, 일본으로부터 국제적 협정을 통해 영세중립의 보장을 받아야 한다.[5)]

---

1) NAVER 지식백과, "중립".

2) 오기평, "개항 백년; 한반도 중립화안의 역사적 논거의 분석," 「한국정치학회보」 제10집(서울: 한국정치학회, 1976), p. 277.

3) Cyril E. Black, Richard A. Falk, Oran R. Young, Neutralization and World Politics (New Jersey: Princeton University Press, 1968), p. ix.

4) 김갑철, 「강대국과 한반도: 4강체제와 한국통일」(서울: 일신사, 1979), p. 318.

5) 강종일, "스위스의 통일정책이 남북한 주는 함의와 교훈," 「유럽 3국의 통일정책이 남북한에 주는 함의와 교훈」(영세중립통일협의회, 2008), p. 20.

제 2 절 스위스, 오스트리아, 코스타리카

1. 스 위 스

스위스는 BC 2세기부터 로마제국의 지배를 받았으며 6세기부터 게르만 민족이 거주하기 시작했다. 스위스는 유럽 중부내륙 국가로 독일, 프랑스, 이탈리아, 오스트리아와 국경을 접하고 있다. 스위스의 국토면적은 4만 1,290m^2로 인구는 726만 2,000명이다. 종족분포는 독일계 65%, 프랑스계 18%, 이탈리아계 10%이며 국가의 공용어는 독일어, 프랑스어, 이탈리아어를 혼용한다. 언어별 인구분포는 독일어 70%, 프랑스어 20%, 이탈리아어 9%, 기타 1%의 순이다. 스위스인의 종교는 천주교 49%, 개신교 48%, 유대교 0.3%, 기타 2.7%이며 국민소득은 2006년 말 현재 5만 8,050불이다.[6] 국방예산은 32억불이며 현역 3,300명, 민병 40만명(육군 36만 7,400명, 공군 3만 2,600명)으로 국토방위는 주로 민병에 의존한다.[7]

스위스는 1291년 신성로마제국의 통치하에서 합스부르크왕가에 대항하기 위하여 우리주, 슈비츠주, 운테르빌덴주가 동맹을 맺고 연방을 결성한 후 독립운동을 시작했으며 1370년 8개 주의 연방제로 확대되었다.[8] 스위스는 1499년 신성로마제국의 지배에서 독립을 획득했으나 프랑스, 독일, 오스트리아의 지배를 받았고 1648년 8월 웨스트파리아 조약에 의해 완전한 독립국이 되었다.

스위스의회는 200명으로 구성된 국민의회와 23개 주에서 2명씩 선출된 46명의 의원으로 구성된 양원제이다. 스위스의 정부형태는 민주공화제로 직접민주주의 연방제를 실시하고 있으며 정부의 실권은 연방평의회 의원 중에서 선

---

6) 서울신문, 2008년 5월 19일.

7) 조선일보사, 「조선일보연감2001」(서울: 조선일보사, 2002), p. 932.

8) 추가된 5개 주는 주구, 루체른, 글라루스, 베른, 취리히이다.

출된 7명에게 있다. 연방평의회는 연방평의회가 선출한 7명의 각료로 구성되며 연방평의회는 7명의 각료 중에서 매년 1년 임기의 대통령을 선출하고 연방각료의 임기는 4년이다. 스위스의 정당은 사회민주당, 급진민주당, 기독민주당, 인민당 등이 있다.[9)]

스위스의 대외정책은 1815년 나폴레옹전쟁을 종결한 비엔나회의에서 영세중립국으로 승인된 이래 어떠한 국제적 전쟁이나 동맹에도 가입하지 않고 영세중립국으로서의 권리와 책임을 수행하고 있다. 스위스를 영세중립국으로 승인한 연합국은 프랑스, 오스트리아, 영국, 포르투갈, 프러시아, 스웨덴, 러시아 등 7국이다.[10)]

스위스는 2002년 3월 국제연합에 가입했다. 스위스가 국제연합에 가입한 동기는 개발도상국에 제공한 경제적 원조를 국제연합의 일원으로서 지원을 하려는 것이며 영세중립정책과는 무관한 것이다.[11)]

2. 오스트리아

오스트리아는 1526년 이래 다뉴브제국(오늘의 오스트리아, 헝가리, 체코와 독일남부주인 바바리아주 등으로 구성)의 핵심국가였으며 1815~1866년의 독일국가연합의 회원국이었다. 그러나 세계 제1차대전에서 오스트리아는 독일과 함께 연합국에 의해서 참패를 당함으로써 전제군주국에서 공화국이라는 새로운 국가형태를 갖추게 되었다.

제1차 세계대전이 끝난 후 수립된 제1공화국은 1919년 9월 10일 영국, 프랑스와 러시아 등의 전승국에 의하여 체결된 성 게르망국가조약에 의해서 정식으로 승인되었다.

---

9) 강종일, 앞의 논문.

10) Ency Britanica, Inc., The New Ency Britanica, Vol. 28(1998), pp. 351~370.

11) 강종일, 앞의 논문, pp. 20~21.

그러나 제1공화국은 1938년 독일의 히틀러에 의하여 독일에 병합된 후 반나치 오스트리아인들을 제외한 대부분의 오스트리아인들은 제2차 세계대전이 끝난 후 미, 영, 소, 불 전승국에 의해 독일과 똑같이 분할점령되었다.[12)]

그러나 오스트리아의 통일기반은 4강에 의해 분할점령이 되기 3개월 전부터 시작되었다. 오스트리아의 제1공화국 시절 수상직을 역임한 온건 사회주의자 칼, 레너에 의해 임시정부가 수립되었으며 사회주의와 보수주의가 동참하게 되었다.

레너의 임시정부는 4강의 분할점령과 통제위원회의 존재에도 불구하고 단일 행정체제로 오스트리아 전역을 통합구역으로 묶는 데 결정적 역할을 하였다.

1945년 11월 총선을 통해 오스트리아는 연립정부를 수립했다. 국민당의 레오폴드 피글이 수상을 맡았고 부수상은 사회당 쪽에 할당되었다. 그들은 서방측과 소련이 이데올로기 대립을 하고 있는 국제체제에서 패전 후 임시정부의 수상을 거쳐 초대 대통령으로 추대된 레너는 1947년 1월 스위스식 중립화방안을 천명하였고 사회당과 국민당도 그의 중립화를 적극 지지하였다. 피글 수상은 1949년 4월 오스트리아의 최고 통치자로서 영세중립 노선을 확인해 주었다.

오스트리아는 이러한 중립화를 기치로 주변 강대국들의 관심을 끌면서 국제적 협력을 유도하기 위해 적극적으로 노력하였다. 오스트리아의회는 1952년 4월 2일 자국문제를 유엔에 상정하여 국제적 관심을 유도하였다. 그 결과 유엔은 같은 해 12월 20일 오스트리아의 조속한 독립과 주권회복을 위한 조약을 체결하도록 관련 국가들에게 권고하는 결의안을 채택하였다. 이때 소련을 비롯한 동구공산권은 불참하였고 파키스탄과 아프가니스탄은 기권하였다. 따라서 오스트리아는 1953년 6월 당시 비동맹운동의 기수였던 인도를 통해 소련의 협력을 요청하였다.

---

12) 전득주, "오스트리아의 통일정책이 남북한에 주는 함의와 교훈,"「유럽 3국의 통일정책이 남북한에 주는 함의와 교훈」(영세중립통일협의회), p. 36.

오스트리아 독립협상의 걸림돌은 소련의 불안으로 인한 비협력이었기에 1955년 3월에 소련과 「모스크바각서」를 교환, 소련의 불안감을 해소시켜 주었다. 이 각서에서 오스트리아는 스위스식 영세중립의 입장을 취하겠다는 사항을 명시하였다. 결국 1955년 5월 15일 독립적이고 민주적인 오스트리아의 재건을 위한 조약은 4강의 동의를 추인받게 되었다.

1955년 6월 1일 오스트리아의회는 "모스크바각서"대로 영세중립국임을 선언하고 이어 10월 25일 4강의 분할점령군들이 모두 철수, 오스트리아는 완전한 통합과 주권을 회복하였다.

무엇보다 오스트리아는 4강에 의해 분할점령되었으나 임시정부를 축으로 단일행정체제를 구축할 수 있었다는 데서 민족내부의 이데올로기 대결과 분단고착의 악순환을 피할 수 있었다.[13]

1955년 12월 6일 4대강국인 영국, 미국, 프랑스, 소련의 동일한 내용의 결의를 통해 오스트리아의 영세중립[14]을 승인받았으며 다른 국가들에게 오스트리아 영세중립을 인정받고 국제법상 오스트리아는 영세중립을 확립했다.[15]

3. 코스타리카

코스타리카는 중앙남부에 위치한 나라로 북쪽의 니카라과와 남동쪽의 파나마와 국경을 접하고 있으며 남쪽은 태평양을, 북쪽은 카리브해를 향하고 있다. 오랫동안 스페인의 식민통치를 받아오다가 1821년에 독립했다. 수도는 산호세, 인구는 2003년 3월 현재 415만명이며 그중 스페인계 백인이 94%, 아프리카계 흑인 3%, 선주민(인디헤나) 1%, 중국계 1%, 기타 1%이다. 1970, 80년대의 니카라과 혁명 이후 니카라과로부터 건너온 이주민이 150만명으로 주류

13) 정용석, 「분단과 통일: 통일을 향한 접근논리」(단국대학교출판부, 1999), pp. 165~169.

14) 국제법상 영세중립을 보장받은 나라: 스위스 · 오스트리아 등이 여기에 속한다.

15) 정미영, "오스트리아의 영세중립정책이 남북통일에 주는 함의와 시사점," 「유럽 3국의 통일정책이 남북한에 주는 함의와 교훈」(영세중립통일협의회, 2009), pp. 20~21.

를 이룬다.

코스타리카 국민들의 종교분포는 가톨릭계 85%, 개신교 14%, 기타 1%이다. 코스타리카 국토의 면적은 남한 국토의 절반에 약간 못미치는 5만 9천km^2의 작은 나라이지만 평화와 생태의 대국이다. 풍부한 해안선을 가지고 있는 코스타리카는 평화의 국가, 평화애호국가로 군대가 없는 비무장 영세중립국가이다.

코스타리카의 비무장 영세중립정책은 단계별로 추진되었다. 코스타리카는 1948년 내전으로 군대를 해산하고 영세중립정책을 표방한 헌법을 제정하였다. 그러나 코스타리카의 북쪽에 위치한 "나카라과의 산다니스타 해방전선"[16)]이 주도하는 혁명정부가 수립되자 미국은 "산다니스타" 정부를 전복하기 위한 반대세력인 콘트라를 조직하고 지원하기 위하여 코스타리카에 미군기지 건설의 승인을 요구하였다.

상비군이 없는 코스타리카에 콘트라가 활용할 미군기지를 건설하는 것은 1948년 제정된 코스타리카의 평화헌법에 저촉될 것이었다. 평화헌법에 저촉되는 미국의 요구를 거절하기 위해 코스타리카의 몬헤 대통령은 1983년에 영세중립국 정책의 실현을 선언하면서 미국의 압력을 효과적으로 거절할 수 있게 되었다. 그 결과 코스타리카는 미국의 기지 건설 요구를 영세중립정책으로 극복하면서 비무장헌법을 수호할 수 있는 계기를 마련했다. 다음으로 코스타리카의 내전요인의 배경을 살펴보자.

코스타리카는 1948년 실시된 대통령선거에서 정부여당이 부정선거를 함으로써 정부를 지지한 군부와 야당 지도자 휘겔스를 지지한 야당간에 내정이 발생하였으며 6주간 계속된 내전에서 야당이 승리한 결과 휘겔스가 집권하게 되었다. 여야의 대립과 내전으로 약 2천명의 코스타리카 국민이 사망하였다. 내

---

16) 산다니스타 해방전선은 1979년 아나스타시오 소모사 데바일레를 축출하여 소모사 왕조를 무너뜨린 뒤 혁명정부를 세웠다. 권력을 얻은 산다니스타는 1979년에서 1990년까지 대략 11여년간 니카라과를 통치했다.

전의 승리로 정권을 장악한 휘겔스는 국민해방당(PLN)을 창당하고 코스타리카의 비무장 영세중립정책을 주도하였다.[17]

그 뒤 코스타리카의 영세중립은 1983년 몬헤 대통령의 영세중립선언에 의해 확립되었다. 몬헤정권은 반공주의와 중립정책 추구의 사이에서 흔들리고 있었다. 미국이 코스타리카에 막대한 원조를 주기 때문에 미국에 협력하지 않을 수 없었다. 미국 CIA가 지원하는 콘트라(contra)의 코스타리카 영토 내의 활동에 특별히 관대했다. 그러나 콘트라의 활동을 용인하는 것은 코스타리카의 전통적인 영세중립정책에 모순된다는 비판이 국내에서 높아졌다. 콘트라의 존재를 둘러싼 좌우의 대립이 격화되고 있었다. 정권내부의 대립도 격화했다. 그래서 콘트라의 활동에 대한 무언가 강력한 규제가 필요했다. 이러한 움직임에 밀려 몬헤 대통령이 1983년 9월 영세적·적극적 비무장적인 중립을 대통령선언으로 발표했다. 몬헤 대통령의 중립선언은 ① 코스타리카를 중미분쟁(니카라과의 산디니스타 정권을 에워싼 분쟁)으로부터 격리한다. ② 코스타리카는 두 나라 사이의 분쟁을 무력으로 해결하려는 전쟁을 하지는 않는다. ③ 제3국의 전쟁에 개입하지 않는다. ④ 어떠한 무력분쟁에도 휘말려들지 않고 중립외교정책을 진척시킨다. ⑤ 여러 국가 내부의 무력분쟁에 대하여 항구적으로 중립을 지킨다. ⑥ 전쟁 상태의 당사자에 대한 작전기지를 코스타리카 영토 안에서 이용하는 것, 무기와 병사의 수송, 병참활동과 병참활동을 위한 사무소의 설치를 금지한다. ⑦ 분쟁당사자에 대한 적대행위 혹은 지원행위를 삼간다. ⑧ 군비확대에 반대하고 분쟁의 평화적 해결을 호소한다. ⑨ 서방의 민주주의 체제를 옹호한다. ⑩ 이러한 중립정책은 영세적인 것이다. ⑪ 코스타리카의 안전보장은 미주기구(OAS)와 미국상호원조조약(리오조약)에 의존한다는 내용을 포함한다.[18]

---

17) 김승국, "코스타리카의 영세중립 문화가 남북통일에 주는 시사점,"「유럽 3국의 통일정책이 남북한에 주는 함의와 교훈」(영세중립통일협의회, 2007), pp. 32~33.

18) 위의 논문, pp. 37~38.

제 2 장

조선왕조와 중립주의 정책

제 1 절　조선왕조의 외교

제 2 절　한말의 중립국 추진정책

제 2 장

조선왕조와 중립주의 정책

제 1 절 조선왕조의 외교

1. 사대주의의 명분과 현실

사대주의가 무엇이냐에 대해선 이를 다각적, 종합적으로 고찰하여 새로운 견해가 제시된 지도 오래지만 일반은 물론 국사학계에 있어서도 통일적인 견해를 들을 수 있을 만큼 상식화되어 있지는 않다. 사대주의는 소국이 대국을 섬기는 것이며 조공과 같은 것은 사대에 따르는 피치 못할 경제적 부담인 양 생각하는 전역사학적 속론을 차치하고라도 사대주의하에서 우리의 자주성이 견지되었었다고 운운하는 설은 마치 새로운 발견인 양 논의하는 인사들이 아직도 있는 것이다. 사대주의는 조선왕조의 한 건국이념이었으며 우리 역사를 특징지우는 우리가 걸어온 역사과정이며 한국정치사의 기본성격을 밝히는 하나의 분석시각이 될 수 있는 것이다.

① 사대주의의 역정— 사행

남북 양대세력틈에 눌리며 부대끼면서도 민족의 생존과 진보를 위해 투쟁해온 길은 오늘날 우리들의 정치적 현실을 파악하는데 있어서도 시사하는 바가 클 것이다. 이에 먼저 사대주의의 명분과 현실적 내용을 살펴보고자 한다.

사대주의란 글자의 뜻은 소국이 대국을 섬긴다는 것으로 춘추좌전의 「예이자 소사대 대자소지위」에서 나온 말이다.

엄청나게 큰 중국에 이웃하는 우리나라는 그와 대등한 나라로서 존립할 수는 없었고 이른바 사대관계를 맺었으나 더 내적으로 고려시대 후반의 사원관계를 제외하면 자위성교, 즉 거의 완전한 자주성을 갖고 있었다. 사대주의의 주체적 내용은 중국의 연호와 역을 우리나라에서도 사용하고 1년에 3, 4차 사절을 중국에 보내는 데 그친다. 처음에는 동지 · 정조 · 성절 · 천추의 정례사행이 있었고 왕의 서거 · 옹립 · 책비 · 건저 등이 있을 때 명나라에서 이와 같이 일이 있을 때 사은 · 주청 · 진하 · 진위 등 임시사행을 보내기로 되어있었으나 중기이후 정조 · 동지 · 세폐 · 성절의 정례사행을 모두 겸합하여 이를 동지사 또는 절사라 하여 선달 그믐 안으로 연경에 이르도록 하였다.

즉 중기 이후로는 사대사행은 절사, 특별한 일이 있을 때 보내는 별사 등이 있어 1년에 3, 4차의 사행이 떠났던 것이다. 정사, 서장관 등 사행의 일행은 정관이 30명이나 부속인원 및 마부 등 총인원이 보통 300명에서 500명 되며 신라, 고려때에는 해로, 계절풍을 따라 중국에 갔으나 조선시대에는 육로로 40일 걸려 북경에 가서 40일 내지 60일 유연하다가 돌아오는 것이 보통이었다.

② 국제무역 내지는 경제원조

신라이래 사행이 있을 때마다 우리는 소위 조공을 가지고 갔으며 중국에서는 사여를 주어 조공물품에 대한 보상을 주었다.

그 품목은 각 시대를 통하여 일정하니 우리는 인삼, 금은, 송자, 정포, 마포, 호피, 백지, 자전기구 등을 가지고 가고 중국으로부터는 능견, 금라, 약재, 서적, 악기, 수공품 등을 받아 왔다. 피차간의 수량, 품목 등은 시대에 따라 변동이 있어서 청나라와의 경우와 같이 우리측의 이득이 없을 때도 있었지만 대체로 우리가 가져간 것보다 훨씬 많은 물품을 받아오는 우리에게 유리한 국제무역이었다. 일례를 대송관계에서 들면 소식은 「논고려추봉장」에서 고려의 사절이 빈번함에 따라서 관대사여의 비용이 막대하여 연로백성의 수폐가 막심하다고 하여 고려의 소위 조공이 오직 고려에게 유리할 뿐이라고 논하고 있다.

여말 명나라에 간 주청사 「박의중전」은 조공사대는 명의이고 내실은 무역의 이를 얻고 있는 관계를 전하고 있다. 「박의중전」의 기사에 나타난 바와 같이 조공과 사여는 공무역이고 사절과 따라간 상인들도 각각 개인무역을 하는데, 이것 역시 그들에게 치부의 절호의 기회가 되었던 것이다.

이상에서 본 바와 같이 사대조공이라는 의장 밑에 행하여지는 공·사무역은 우리에게 유리하여 중국으로서는 경제적 손실을 의미하는 것이므로 이는 정상적 무역관계라기 보다는 차라리 일종의 경제원조를 중화적 체면으로 modify한 것이었다.

③ 군사동맹

그러면 무슨 이유로 중국은 우리에게 그러한 경제적 혜택을 주었을까. 그것은 중국을 위한 군사적 역할을 우리에게 기대했기 때문이다. 주지하는 바와 같이 우리의 지리적 위치가 대륙주변의 반도로서 대륙 중심부의 지배를 에워싼, 이른바 남북의 대립, 북방·유목민족 대 남방 농경민족과의 항쟁에 있어서 중요한 비중을 이루고 있었기 때문이다. 북방민족이 대세력을 이루어 장차 주적인 남방 중국에 대하여 사활의 투쟁을 벌이려 할 때 그와 밀접한 경제적·문화적 유대를 맺고 있는 우리는 쌍방에서 중시하던 존재로 중국은 우리를 이용하여 북방민족을 배후에서 견제하려 하였으니 사여는 동북방면에 대한 고려에서 이이제이격으로 반도가 담당할 군사적 · 정치적 역할에 대한 보상이라고 할 수 있다. 그러므로 청나라와 같이 우리에게 기대할 바 별무한 경우에는 사여가 그 품목 수량에 있어서 조공보다 손색이 있는 일도 있었다.

④ 정권의 보장

사대주의는 일종의 군사동맹으로서 중국의 입장에서 필요하였을 뿐 아니라 대내적인 면에서 우리 위정자에게도 필요하였으니 우리의 왕이 바뀌었을 때 중국에서 칙사가 와서 정당한 후계자임을 인증하여 주는 책봉의 예를 행한다.

이는 천금의 무게가 있는 것으로 튼튼한 정권의 보장을 대국으로부터 얻는 셈이었다. 왜란을 당하여서는 명군의 내원을 얻을 수 있었으며 왕조의 힘으로 진압 불가능한 민란이 일어날 경우엔 동학교도혁명의 경우와 같이 중국군대의 출동을 보게 되는 것이다. 이 점은 당쟁문제와도 연관이 있다. 사대주의 사회이기 때문에, 즉 정권은 대국의 종주권에 의하여 지지되기 때문에 정부에 대한 무력적 정변은 어려웠으니 정쟁의 방식은 반대파를 사형 혹은 유배시키도록 왕에게 강요하는 데 그쳤다. 그리하여 정쟁은 국왕을 둘러싸고 음모와 간계의 끝없는 Seesaw game을 전개하였던 것이다.

⑤ 문화수입의 Root

사행은 우리나라가 선진문화와 접촉할 수 있는 유일한 기회였던 만큼 그것은 또 신문화를 수입하는 유일한 root였다. 주자학도 서학도 북경에서 전류하였으며 각종 기술도 사행에 따라간 이들에 의하여 습득되었다. 서적 · 악기 · 자기 등의 유입은 이 나라의 정치제도로부터 학문, 예술의 각 분야에 이르기까지 「소중화」의 이름을 들을 만큼 심대한 영향을 주었으니 이 문제는 별도로 상론할 필요가 있을 것이다.

2. 사대주의론

사대라는 명의로 중국의 힘을 이용하는 정도로 자주성을 발휘한 예는 통일삼국의 업에 있어서의 신라의 태도이다. 신라는 당군의 도움을 얻어 고려와 백제를 치려는 것이고 당은 신라를 돕는다는 명분아래 백제는 물론 신라까지 병합하려는 동상이몽적 연합행동이었다.

나당군은 백제와의 전쟁에 있어서 신라군의 진출이 약속보다 늦었다 하여 신라장군 김문영을 벌하려 할 때 김유신은 죄 없이 벌을 받을 수 없으니 그렇다면 먼저 당군과 결전하고 연후에 백제를 파하겠다고 단호한 결의를 보여 당군도 어찌할 수 없었으며 백제를 멸한 다음 신라를 도모하려 하였으나 신라의 방비대책이 굳은 것을 보고 그대로 환국하였다. 신라는 그후 백제 · 고구려의 고토에 주둔하는 당군을 실력으로 축출하는 대규모의 통일전쟁을 성공적으로 수행하여 숙망을 달성하였거니와 신라의 경우 당에 대한 사대는 통일의 외원으로 그를 이용한 셈이었다.

고려말기 공민왕은 원에 의하여 유린된 고려의 자주성을 회복하여 숙망인 요동진출을 위하여 사원으로부터 친명으로 대외정책의 전환을 단행했다. 이는 북진을 위하여 현재 요동을 영유하는 원나라 세력을 소탕하는데 외원으로서 멀리 남쪽에 있는 명나라와 제휴하려는 것으로 대명사대는 목적을 위한 수단에 불과하였다. 그러므로 원 · 명간의 힘의 균형이 바뀌자 이번에는 북원과 손잡고 명의 요동경략을 방해하려 하여 강계를 기지로 적극적인 움직임을 보였으니 명측으로 보면 소위 사대불성이었다. 이상의 두 예는 사대주의를 하나의 방법으로 쓴 경우이거니와 남북대립에 있어서 중국에 대한 사대일변도에 빠지지 않고 복잡한 정세에서 냉철히 현실을 파악하여 자주성과 능동성을 발휘하여 양대세력이 일으키는 풍파격랑으로부터 우리 민족을 보호하는 데 성공한 예도 드물지 않다.

그 가장 자랑스러운 한 예는 서희의 경우이다. 고려 성종대에 거란군이 대거 침입하였을 때 거란군의 제한된 목적, 즉 거란과 송의 대립에 있어서 고려가 송나라와 손을 잡아 거란 배후의 위험이 되지 않도록 중립을 약속하여 거란군을 일병도 손치 않고 물러가게 하였을 뿐 아니라 종래 소속이 불명하였던 압록강, 청천강 사이의 완충지대를 고려의 영유로 인정받는 미증유의 외교적 성공을 거두었던 것이다.

또 금나라가 송나라의 휘종부자를 납치해간 후 남송은 고려를 경유하여 송환을 교섭할 사신을 금나라에 보내겠다고 소위 가도지청을 하여 고려가 송을 대우함에 우리나라의 입장이 난처하였으나 고려의 위정자는 침착하게 금나라가 고려를 통하여 송의 사절이 가면 금나라의 의심을 사서 그들의 침입을 받을지도 모를 뿐 아니라 그들은 반드시 또 그 길을 따라서 송나라에 갈 것이라고 판단했다. 그들은 수전에 익숙하니 금이 복례를 구실삼아 강남의 형세를 탐지하고 만약에 전함을 가지고 해로로 기습한다면 남북수미에 적침을 받아 해륙 모두 고전하게 될 것이니 지금 소국이 소명을 받들지 않은 소이라고 오히려 송나라에 적절한 충고를 하고 있는 것이다. 이리하여 고려는 송·금간에 처하여 중립을 지켜 송·금 양국과 모두 우호관계를 유지하였다.

광해군의 북방정책도 명과 후금의 대립에 있어서 현명하게 친명일변도정책을 피하여 만주군으로 하여금 침략의 구실을 주지 않았던 것이다.

사대주의에 사로잡히지 않고 명철한 자주성을 발휘한 예를 보아 왔거니와 사대주의 중독증에 걸려 충심으로 중화를 흠모하는 모화적 단계에 이르면 피할 수 있는 전쟁도 자초하는 우를 범하게 된다. 광해군의 중립책은 당시로서는 가장 현명한 방안이었음에도 불구하고 사대주의가 골수에 사무친 사람들에게는 참을 수 없는 명에 대한 의리배반이라고 생각되었다. 즉 주자학은 학문과 사상계를 풍미하고 있었으며 주자학의 중화외이사상은 왜란시에 명의 원군의 힘을 입었다는 감사사상과 짝하여 명에 대한 모화사상을 낳아 친명, 숭명은 움직일 수 없는 철학적인 양 인식되고 광해군의 국제적 안식은 고독한 것이었다. 이리하여 광해군의 사대불성을 규탄하는 소위 인조반정이 일어났고 인조정부는 당연히 친명일변도정책을 썼으며 그 당연한 귀결이 양차의 호란으로 나타났다. 입으로 강경하게 친명반청을 고창하면서도 현실적인 국방에 대한 조처는 돌보지 않았으니 만주군의 돌격 앞에 천험강화가 하루아침에 함락되고 전례없는 삼전도의 굴욕을 맛보게 된 것도 필연적인 일련의 연쇄반응이라 할 것이다. 그러나 청에 항복한 후에도 서인정권은 그대로 유지되어 그들은 호란을 겪은 후에도 철저하게 반성할 줄을 몰랐으며 오히려 자기 정권유지를 위하여 숭명반청사상을 고무하였다. 이미 망한 명의 숭정연호를 쓰며 만동묘 대보단을 세워 왜란시 은의를 추모하고 덮어놓고 숭명반청하는 것을 「절의」로서 자긍하였다. 청의 중원입주 이래 중화문명의 전통은 중국땅에서 그 정통의 계승자는 동방예의지국인 우리라고 자존망대함에 이르러서는 무조건 중국을 오랑캐라 멸시하고 그 문물을 내려다 보았으니 우리 사회의 자주적·중립주의적 외교사상은 땅에 묻히고 말았다.

3. 북학파문물

북학파란 이러한 시대착오적 관념론을 비판, 극복하고 현실에 바탕하여 중국의 선진성을 인정하고 경제생활의 개량을 위하여 중국의 것을 주장한 선각자들인 것이다.

위에서 서술한 바와 같이 사대주의란 국제무역·경제원조·군사동맹의 동양적 표현이었다. 그리고 사대주의의 발생은 신라의 통일 이후의 일이었다. 고구려와 같이 압록강 남북에 걸쳐 호연의 기세를 뻗치던 나라에서는 사대주의란 존재하지 않았고 수·당과 대결하여 그 백만대군을 보기좋게 무찔렀던 것이다. 신라의 통일 이래 대륙주변의 소국으로 존립하게 되자 엄청나게 큰 중국의 이웃에 대등한 나라로서의 존립은 불가능하였던 것이다.

우리는 중국과의 관계에서 문화적, 경제적으로 이득을 보았으며 이 관계는 정치, 군사면으로 반영되어 중국의 여국으로서 북방민족과 대치하게 되었다. 그러나 북방민족이 강성하여져 남북세력의 대립항쟁이 있을 때 우리는 자주적으로 보국안민을 제일의로 하고 정세를 보아 적절하게 사대주의를 초극하는 경우도 있었으니 이는 우리가 독립국가인 이상 당연한 일이었다.

이와 같이 사대주의는 중국에 이웃하는 소국의 행로로서 주로 그 지리적 조건에 의하여 배태되었으나 우리의 결심, 단결, 노력 여하로 많은 신축성이 있었음은 신라를 병합하려는 당나라의 기도를 좌절시킨 신라의 태도에서도 볼 수 있는 바와 같다. 사대주의는 반도국가에서 연유하는 운명적인 것은 아니다.

사대주의를 결정적인 것으로 받아들이면 그것은 우리의 독립정신을 좀먹는 이론이 되며 민중의 절망감, 타력의존적 무기력을 북돋우는 이론이 될 것이다. 우리가 취할 태도는 오랜 민족의 역정을 통하여 우리 조상이 그 생존과 진보를 위하여 투쟁하여 온 성패와 공과 속에서 앞날을 위한 지혜와 교훈을 찾는데 있어야 할 것이다.[1)]

또한 우리는 사대주의를 Submission to the stronger라고 해서 선조들의 못된 유물이라고 탓하기보다 현명한 판단으로 이루어졌던 외교정책이요, 이것은 조상들이 취한 민족주의(Nationalism)요, 중립주의적 외교 형태라고 보아야 할 것이다.

제 2 절 한말의 중립국 추진정책

1. 조선을 에워싼 열강의 입장

1885년 천진조약 체결 이후의 조선의 국제적 지위는 위에서 본 바와 같이

1) 김용덕, 「한국사의 탐구」(서울: 계몽사, 1967), p. 395.

조선을 침략하려는 열강들 사이에 끼여 있었다. 이러한 환경에서 진정 조선의 장래를 걱정하고 또한 국제적 식견을 갖추고 내일을 볼 줄 아는 사람이라면 반드시 중립주의를 주장했을 것이요, 중립화를 위해서 노력했을 것이다. 어떤 의미에서 이 당시의 정세는 조선을 영세국외중립화시키는 데 가장 좋은 기회였는지도 모른다. 당시 청·일·Russia 3국의 조선에 대한 태도를 살펴보면 대체로 다음의 관찰이 그다지 틀림없을 것이다.

① 일 본

동린 일본의 조선에 대한 태도를 보면 그의 대륙정책상 또는 청국과의 균형을 지키려하는 관계상 언제나 결코 등한시하지는 않았다. 그러나 임오·갑신의 군란과 정변으로 조선의 민심이 항상 반발적 태도를 보이고 또 천진조약으로 문구상만이라도 일본은 청국과 같이 동등의 권리를 가져 피차 함부로 간섭하지 못할 것을 약속하였음은 물론, 유신정부의 여러 가지 내정관계로도 조선에 조급한 적극정책을 베풀 수 없었던 것만은 사실이니 일본의 태도는 오히려 당분간 평화를 지켜가며 국제정세의 추이를 감시하는 정도의 것이었다. 명치 23년(고종 27) 5월에 간행된 전절만지조저 「조선의 소론」을 보아도 그는 당시 일본조야의 대조선정략이 1) Russia와 연합할 것이다, 2) 청국과 연합할 것이다, 3) England와 연합할 것이다, 4) 조선에 각국의 위원을 두어 그 국정을 관리할 것이다 등 여러 가지 설로 나누어져 일본 독자의 입장에서 확고한 정책을 소유하지 못한 점을 공박한 바 있었다. 이러한 것을 볼 때 당시 조선정부는 일본을 무서워만 하지 말고 중립화정책으로 충분히 끌어들일 수 있었다.

② 청 국

서린 청국의 조선에 대한 태도를 살펴보건대 물론 근세의 역사적 관계로 보아 또는 노대제국으로서의 우월감으로 보아 소위 종속관계를 들추어 내어 그 체면유지의 부당한 간섭을 도모하는 것만은 사실이다. 그러나 비겁하게도 청국의 턱밑에 매달리어 당시의 청국을 관찰하지 말고 좀더 떨어져 청국의 내치외교를 객관적으로 들여다 보자. 아편전쟁 이래 남으로는 England와 France의 거침없는 침략을 받아 그 어느 곳도 성한 곳이 없었으며 북으로는 Russia의 침략을 입어 흑룡강을 넘어 송화강 유역까지 엿보게 되었다. 또한 국내적으로는 동에는 염비, 서에는 회비, 남에는 여비 등이 난을 일으켰고 각 성에는 가노, 회비 등이 수시 도처에서 소란을 일으켜 기울어져가는 청조의 모습을 드러내고 있었다. 난폭하기 이를데 없었던 원세개쯤은 몰라도 외교의 식견이 있는 이홍장쯤은 항상 타국과의 관계되는 문제에 깊이 빠지기를 꺼렸다. 이른바 감국대신을 조선에 두자는 문제가 청정에서 상당히 유력하여졌을 때만 하더라도 이홍장은 대일관계상 무모한 것이라고 주장하여 왕대신에게 다음과 같은 글을 보내어 반대의사를 표명하였다.

> 조선감국의거는 국외에서 모두 차론을 지지하는데 불구하고 귀의가 아직 이에 부화하지 않고 심식원려하는데 실로 감탄하여 마지 않는다. (중략) 일본이 처음 입약하는데 당하여 조선을 자주독립의 국가라 한 것은 확실히 타인의 간섭을 불허하려고 하는 결의에서 나온 것이다. (중략) 이제 만약 조급히 관원을 파견하여 국정을 감독한다면 조선의 군신은 관망반측하여 그 경중을 달아보는 동안 순조롭기를 바랄 수 없고 일본은 반드시 먼저 거부하여 음으로 각국과 연합하여 이를 저지할 터이니 이같이 된다면 결국 진퇴유곡의 곤경에 빠질지도 모른다. (중략) 조선이 염려스럽다고는 하지만 우리나라의 한쪽에 있는 이상 일본은 단연코 그리 빠르게 조선에 들어올 수 없을 것이다. 우리는 마땅히 Russia와 연락하여 조선을 침략치 못하게 할 것이니 이같이 한다면 일본 역시 손을 거둘 것이다. 오로지 연병적량하여 임기선처하도록 준비할 것이요, 경거망동하여 일을 저지르지 말 것이다.[2]

2) 왕예생, 「일본외교 60년사」 2권, p. 48.

이상으로 보면 조일수호조약이나 청일천진조약에 비추어 청국정부로도 결코 이홍장의 말과 같이 「경거망동」은 못할 것이다. 더욱이 내란에 시달리고 있고 열강이 청을 못살게 구는 때라 조선이 중립을 선언하고 나서고 청을 설득하면 청도 외침의 길을 막아주는 이도 있게 됨으로 이에 끌려 올 가능성도 있었다 하겠다.

③ Russia

북방 Russia제국의 조선에 대한 태도를 살펴보건대 물론 그의 극동경영의 대정책으로 보아 수상치 않은 야심을 가진 것만은 사실이니 그 당시의 국력이 청·일 양국보다도 우세했다는 점에서 좀더 경계를 요하는 대상이었다. 그러나 이런 경우도 대담한 관찰을 하여 본다면 우선 조선과의 국교를 개시한지 불과 며칠 안되는 터이라 열국과의 균세를 살펴가며 견제하려 들면 얼마든지 견제할 수 있었다. 이제 Russia가 만일 조급한 침략적 행위를 감행한다고 한다면 청과 일이 전 국력을 기울여서 항거할 것이다. 더욱이 England도 대어들 것이다. England함대의 거문도 점령은 충분히 이를 입증해 준다. 그러고 보면 아무리 야심있는 Russia라도 조선에 대하여 함부로 설치지 못할 것이 뻔한 노릇이다. 이러한 국제정세이고 보면 조선이 중립을 표방하고 나서면 Russia도 일본으로부터의 침략의 위협에서 벗어날 가능성이 있고 저들이 항구의 이용만 적절히 타협된다면 Russia로서도 찬성하였을 것이라 믿어진다.

대체로 중립국이 되는 요소는 첫째, 정치, 지리적 위치가 완충지대이어야 한다는 것이요, 둘째는 주위를 에워싼 국제정세가 서로의 충돌을 피하고저 할 시기라야 한다는 것이다. 첫째의 요건은 강대국 사이의 중앙에 위치한 완충지대임에는 틀림없으나 바다를 끼고 있다는 것이 Switzerland와 다르다는 것이다. 그러나 강대국간에 끼어 있는 완충지대라는 점과 열강이 이곳에서 충돌할 가능성이 잠재하고 있다는 점에서 중립국가로서의 지정학적 위치는 확고한 것이라 보여진다. 둘째의 요건은 당시의 정세가 가장 적기였다고 보아진다. 당시의 집권자들은 실로 정적을 살피기에 여념이 없었고 국리민복을 위하기보다는 사리사욕을 채우기에 정신이 팔려 있었던 것이다. 그들이 좀더 확고한 자세로 내정쇄신과 이러한 중립화방안에 힘을 기울였다면 열강의 동의를 구하기가 가장 용이한 때가 이때였을는지 모른다. 일본의 침략으로 겪은 나라 없는 쓰라림과 6·25의 동족상쟁의 피비린내 나는 싸움에 몸서리칠 때마다 우리는 주위의 국제정세가 우리로 하여금 이로울 때면 거침없이 중립국을 선언하고 나서야 할 것이라는 생각을 갖게 한다.

2. 황존헌의 "조선책략"과 중립국론

1876년 강화도조약이 성립되고 김기수 일행이 수신사로 일본을 다녀온 뒤 조선 정부는 일본의 현저한 발전상과 새로운 세계정세에 대한 보다 깊은 관심을 갖게 되었다. 이때 동양정국에 있어 일대 공포와 불안을 느끼게 한 것은 러시아세력의 남하였는데 여기에 제일 불안을 느낀 나라는 일본과 중국이었다.

1880년 일본수신사로 일본에 간 김홍집은 동양3국이 힘을 합쳐 외국세력의 침략을 막아야 한다는 필요성을 권고받고 귀국 시에 주일 중국(청국) 참찬관 황존헌 자신이 지은 "조선책략"이라는 책자를 얻어 가지고 돌아왔다. 그것은 조선의 당면한 외교정책론과 부국강병책을 피력한 것이었다. 이제 그 책의 내용을 조금 들여다보자.

> "조선이라는 땅덩어리는 실로 아시아의 요충을 차지하고 있어 형세가 반드시 다투게 마련이며 조선이 위태로우면 중동의 형세도 날로 위급해질 것이다. 따라서 러시아가 강토를 공략하려 할진대 반드시 조선으로부터 시작할 것이다. 아! 러시아가 이리떼 같은 진나라처럼 정벌에 힘써 경영해온 지 3백여년 그 첫 대상은 유럽이었고 다음에는 중아시아였고 오늘날에 와서는 다시 아시아로 옮겨져

마침 조선이 그 피해를 입게 된 것이다. 그렇다면 오늘날 조선의 책략은 러시아를 막는 일보다 더 급한 것이 없을 것이다. 러시아를 막는 책략은 어떠한가? 중국과 친하고 일본과 맺고 미국과 이어짐으로써 자강을 도모할 따름이다. 미국이 남의 토지를 탐내지 않고 남의 인민을 탐내지 않음은 천하만국이 함께 믿는 바이다. 그런데 도리어 영국, 프랑스, 독일, 이탈리아 제국과 연이어 맹약을 간청하고 있으니 이는 곧 서양에서 이른바 세력균형이라 하는 것이다."

"세력균형"에 관해서 하여장은 김홍집과 필담에서 상세히 설명해 주고 있다. "근일 서양 각국에는 세력균형이라는 법칙이 있어서 만약 한나라가 강국과 인접하여 후환이 두려우면 다른 나라들과 연합하여 견제력을 강구하고 있습니다. 이것 또한 이전부터 내려온 부득이한 외교의 한 방법입니다."

이에 대해 김홍집은 "'균서' 두 글자는 근래에 와서 비로소 공법에서 찾아볼 수 있습니다. 그러나 우리나라에서는 옛 법도를 고수하며 외국을 대하기를 마치 홍수나 맹수같이 합니다. 근래 이교도를 그처럼 물리친 것도 그런 까닭입니다. 다만 선생님의 높은 가르침이 이와 같으니 마땅히 돌아가 조정에 보고하겠습니다."

김홍집은 귀국하여 "조선책략"을 고종에게 바쳤고 고종은 이를 여러 대신에게 검토케 하였다. 그리하여 대신들은 정세의 변천에 따르는 외교정책의 전환은 불가피한 것으로 여겨 "조선책략"을 복사하여 전국의 유생에게 배포하게 하였다. 그것은 유생들의 식견을 넓혀서 그들의 전통적인 관념에서 벗어나도록 계몽하려는 의도였다.

그러나 실제에는 도리어 유생들의 전적인 반발을 사게 되었다. 이러한 반대에도 불구하고 고종을 비롯하여 새로운 세계정세에 대처하려는 정부는 개화의 방향으로 이끌어갔다. 김홍집이 귀국한 다음해인 1881년에는 "신사유람단"

을 일본에 파견하였다. 그들은 체제 70여일간에 일본의 각지를 다니면서 행정기관을 비롯하여 군사교육, 공업계 등등의 상황을 상세히 시찰하였다.

한편 청국 권고에 따라 김윤식을 영선사로 삼고 문·무자제의 총명한 자 100여명을 데리고 청국으로 가서 신식무기의 제조법과 조련법을 배우게 하였다. 이리하여 세계 변천에 따라가려는 의식적인 노력이 표면화하게 되었다. 이같은 정세에서 일본은 청국쪽 세력을 견제하기 위해 "정한론"을 접어두고 조선왕조의 "독립주권"을 보호한다는 명분아래 청국과 더불어 조선을 공동보호하자든가 혹은 관계열강과의 공동보호안에 찬성한다는 정도였고 어쨌든 조선의 중립화론은 신흥일제의 일부 정치인과 신문으로부터 발설되기 시작하였다.

이때 중국과 불란서 양국이 당장 전쟁중에 있었기에 조선왕국이 섣불리 청국만을 의뢰하고 청국을 지지한다면 전쟁에 휩쓸리기 쉬우니 우선 "국외중립"을 지키게 하자는 정략을 품게 된 것이다. 그러나 조선의 국외 영세중립을 직접 들고 나오지는 않았다. 하지만 조선왕조의 조정중신들 가운데 이제 열강들의 조선에 대한 야욕을 벗어내기 위해 "영세중립국" 외교정책이 필요하다고 느낀 사람들이 나타나게 되었다.

3. 한말의 중립국 추진정책의 실패

열강이 조선을 무대로 침략의 손길을 뻗치고 정부는 돌파구를 찾지 못해 방황하고 있을 때 중립화론이 대두되었다. 가장 가치있던 중립화론은 1885년 조선에 와 있던 독일 부영사 버들러가 내놓은 영세국외중립국론이다. 당시 독일은 조선과 국교를 맺은 지도 얼마 안 되고 기타의 이해관계도 별로 없었다. 그러나 그들의 아시아 정책은 영국과의 경쟁을 기도하면서 러시아의 남하정책도 꺼리는 바였으며 청국에 대해서는 청국의 조선에 있어서의 친권적인 행동을 묵인하고 일본에 대해서는 대청국강점을 부채질하여 조선문제에 동정하는 채 공동보호론을 내놓은 태도였다. 버들러는 그의 영세국외중립국론에서 청·

러·일 3국이 상호조약을 맺어 조선을 영세중립국으로 보호하자고 제기한 것이다. 그는 1884년 김옥균 쿠데타 직후 일본의 "정성형"이 친권대신으로 조선에 왔을 때 그에게 이 "안"을 제의하였다. 그리고 청국의 이홍장에게도 같은 제의를 하였다.

이홍장은 이를 자세히 검토하고 천진에서 개최된 청·일회담에 임했다. 이 협상에서 양측공동철병안이 타결되었다. 버들러의 중립화론이 상당히 영향을 미친 것 같다. 이 안은 영국에서도 호의를 보였다 하니 아쉬운 점이 자못 크다. 그 뒤 대한제국선포 이후 정부에서는 중립국 방안을 추진하였다. 1900년 8월 29일 황서봉정과 동궁전하에 훈장봉정을 가장하여 일본으로 건너간 한국특사 조병식은 일본의 "근위독마"의 자택을 방문하였다. 그 회담의 내용은 "근위하산"이란 책자에 자세히 기록되었는데 줄거리는 한국을 중립국으로 하겠다는 것이며 중립국제의를 일본이 열강국에 대신하여 달라는 것이였다. 아울러 일본에 있는 망명자들도 추방해 달라고 했다. 조병식의 이러한 요청에 대하여 "근위"는 한국을 중립국으로 만드는 조건이 구비되어 있지 않다는 것을 지적하고 일본과 공수동맹을 체결하고 국방은 일본에 위임하고 내정 혁신에 전념하는 것이 상책이라고 역설하였다.

같은 해 10월 9일 "홍엽관"에서 두 번째 회담을 하였으나 두 사람의 주장은 서로 양보없이 그쳤다. 조병식이 일본에 체류하는 동안 일본에 와 있던 러시아공사는 그에게 위협을 주었다고 한다. 다음 해 10월에 일본으로 간 한국특사 박재순도 중립국문제를 들고 갔는데 러시아공사의 방해 때문에 실패로 돌아갔다고 한다. 1903년 9월 16일 한국밀사 현영운이 "근위독마," "이등박문," "소촌수태랑" 세 사람에게 보낸 칙서를 보더라도 조병식이 주장한 중립화의 취지와 틀림없었으며 만약 일본과 러시아가 개전한다 하더라도 일본군대가 한국영역을 통과시키지 않도록 부탁하였다. "근위"는 글을 읽고 땅에 던지며 웃어버리고 말았다 한다.

일본과 러시아와의 전쟁이 일어나기 직전 한국정부는 그 중립화를 위하여 노력하였다. 그러나 청일전쟁에서 승리했던 일본은 러시아 함대를 급습하면서 러일전쟁에서 승리하였고 함대는 한국을 점령하여 식민지화하였다. 당시 우리 정부가 좀 더 국제정세에 밝았다면 영세중립국으로 독립을 유지할 수 있었을 것이다.

중립국으로 지위를 확보하는 데 필수적인 요건의 첫째는 그 국가가 스스로 중립국으로 선포하고 세계각국의 도움을 받는 것이다. 당시 일본과 러시아는 한반도를 놓고 만주를 러시아가 한국은 일본이 분할하자는 일본제안에 대해 러시아는 부동항을 이유로 38도 이북을 러시아가 차지하고 그 남한은 일본이 점령하자는 러시아의 제안을 놓고 협상하고 있었던 것이다. 이러한 문제를 세계각국에 알리고 이 협상의 결렬과 함께 전쟁이 터지면 아시아의 평화가 깨진다는 것을 널리 공표하면서 한반도의 중립이 전쟁을 방지한다면서 영세중립국 선언을 하여야 하는 것이었다. 이러한 독자적인 선언을 하지 못하고 한국서 야심을 품은 일본과 러시아에 영세중립국안을 받아 달라고 애걸한 것이 잘못이었던 것이다.

둘째로 세력균형의 국제정치이론에 입각한 외교정책을 했어야 했다. 전술한 것처럼 독일이 한국중립화안을 들고 나왔으면 우리가 먼저 중립화선언을 하고 독일에게 지지를 의뢰했어야 했다. 다음으로 영국의 지지를 받아야 했다. 미국은 일본과 필리핀 점령을 상호간에 양해를 받아야 하는 입장이었지만 미국에게도 공개적으로 지지를 호소하여야 했다.

이 영세중립국 선언은 과거의 일로 잊어서는 안 되고 우리의 평화적 남북통일 정책으로 6자회담과 더불어 해결할 정책이기도 하다.[3)]

---

3) 이달순, 「조선왕조정치론」(중앙대출판국, 1971), pp. 276~280.

제 3 장

독립운동과 좌우합작

제 1 절 신간회 운동

제 2 절 근우회 운동

제 3 장

독립운동과 좌우합작

제 1 절 신간회 운동

2007년 2월 15일 신간회 창립 80주년 기념학술대회가 열렸다. 이날 한국프레스센터 19층 기자회견장에서 학술대회가 열리기 전 신간회 기념사업회 창립총회가 개최되었는데 김진현(민세 안재홍 선생 기념사업회장, 전 과학기술부장관, 서울시립대총장) 준비위원장은 다음과 같이 기념사를 하였다.

> "…일제의 가혹한 탄압으로 단체로서의 생명은 불과 4년간의 짧은 것이었으나 신간회의 좌우합작, 근대주의, 반자치, 철저항일의 유산은 오늘까지 우리를 이끌고 있습니다. 신간회는 전국 120~150개의 지회와 약 4만명의 회원으로 뭉친 명실공히 일제하 최대인원이 참여한 독립운동의 구심체였으며 국내외에 걸친 수많은 항일운동단체 중 최대의 준 정부자치 NGO였습니다.
>
> 한반도에 사는 한민족의 인구가 1500여만에 불과했던 당시 4만 회원이라는 숫자는 그것도 당시로서는 가장 개명한 정치계, 문화계, 종교계, 언론계, 교육계

인사들로 구성된 것이니 사실상 친일파와 자치파를 제외한 조선인 지도자 전부라 할 수 있습니다. 어떻게 이렇게 큰 독립운동의 횃불이 가능했습니까. 그것은 민족주의 세력과 사회주의 세력이 결집했기 때문입니다. 오늘의 용어로는 좌우가 합작했기 때문입니다. 그러나 신간회의 우익인 민족주의 세력과 신간회의 좌익인 사회주의 세력은 오늘의 좌우익과는 다른 면이 있습니다.

신간회에 참여한 좌익과 우익은 항일 민족독립이라는 대의에 일치했을 뿐 아니라 운동방식에도 비타협, 비폭력, 기회주의 배격이라는 높은 도덕성을 갖고 있었습니다. 인간과 민족에 대한 높은 사랑과 경건함이 서려 있었습니다. 문명의 발전과 역사의 진운에 대한 확신이 있었습니다. 신간회의 우익은 오늘의 사이비 우익과 같이 부패하지 않았고 현실에 안주하지 않았으며 기회주의적이지 않았습니다. 신간회의 좌익은 오늘의 사이비 좌익과 같이 외부지령에 맹목하지 않았고 비인간, 반생명, 반문명을 용서하지 않았습니다.

오늘 이 땅에는 사이비 좌익, 사이비 우익들이 판치고 있습니다. 한국역사에서는 물론 세계사에서도 유례를 찾기 힘든 김일성, 김정일 부자 독재를 찬양하는 친북 가짜 민족주의가 어찌 사회주의 좌익이라 할 수 있습니까. 대통령이 청와대에 앉아 4천억씩 받아 챙기는 부패를 용서하는 보수가 어찌 나라를 지키는 보수라 할 수 있습니까. 불법과 폭력을 조장하는 진보가 어찌 하늘을 우러러 민족과 민중을 말할 수 있습니까. 뻔뻔스런 친일 거물자손들의 염치없는 땅찾기가 이제 노무현정부에 와서야 겨우 제동이 걸리니 지난날의 이른바 우익보수가 진정 이 나라의 주류입니까…”

공동주최자인 조선일보사와 방일영 문화재단을 대표해 조선일보 김문순 발행인이 축사를 했다. 그 내용의 일부를 인용한다.

“…그때의 그 신간회가 비록 사라졌다 해도 신간회가 지녔던 숭고한 정신은 결코 죽지 않았습니다. 소모적 이념 갈등이 사회를 흔들고 불필요한 독선과 아집이 또 다른 대립을 불러오며 가치관의 혼란이 마치 돛을 잃은 배와 같은 모습인 지금이야말로 보편적인 가치와 사상의 기반위에서 방법론이 다른 많은 사람들을 하나로 모은 신간회의 정신이 그 어느때보다도 필요한 때입니다.

그것은 통합과 포용, 다원성과 화해와 협력의 정신입니다.

열린 민족주의와 대한민국의 선진화라는 큰 틀 속에서 '나'와 다른 '남'을 인정하는 정신, 자유와 인권, 평등과 복지라는 보편적 가치를 위해 상생의 길로 나아가는 정신, 그것이 그 가슴 벅찬 80년 전의 그 날에서 우리가 배워야 할 교훈이자 깨우침입니다.

조선일보 사장 이상재 선생이 초대 신간회 회장을 역임한 것을 비롯해 당시 우리 회사에 속한 여러 인물들이 신간회의 간부로 적극 참여했고 신문지면에선 기사와 사설을 통해 신간회의 활동을 늘 조선 민중들에게 상세히 전했습니다. 신간회의 정신을 되살리는 오늘 그 크고 넓은 길을 조선일보사도 함께 걷겠습니다."

극우 보수로 알려진 조선일보가 보수와 진보의 뚜렷한 갈림길이 분명한 현 상황에서 신간회의 정신을 되살리겠다는 것은 대립을 중화시키는 제3의 길로 중도, 중립의 길잡이의 역할을 자임하겠다는 견해로 파악해도 좋을 것 같다. 여기서 학술회의에서 발표한 김인식 교수의 논문을 전면 게재한다.

신간회의 창립과 민족단일당화 *

1927년 2월 창립되어 1931년 5월 해산된 신간회는, 좌익민족주의자(비타협민족주의)[1]와 사회주의자들이 협동하여 이룩한 일제 식민지시기 국내 최대의

---

* 김인식(중앙대학교 교양학부) 교수의 논문.

1) '좌익민족주의'는 신간회를 창립할 당시 일부 '小부르 인텔리'들이 생각한 용어였다. 안재

항일(반제국주의) 민족협동전선체였다. 정치이념이 상이함에 따라 민족운동의 지향점(목표)·방법론을 달리 하였던 민족운동 세력들이, 민족의 '독립'·'해방'이라는 동일한 목표를 향하여 '항일통일민족전선'을 형성하였다는 사실은, 분단극복이라는 과제에 마주선 한민족에게는 아직도 현재성을 강하게 지니고 있다. 그래서인지 3·1민족해방운동, 대한민국임시정부의 항일운동을 제외한다면, 식민지시기 민족운동 가운데 단일 주제로 신간회운동만큼 연구자들의 관심을 끈 분야도 많지 않으리라 생각한다.[2)]

이와 같이 '민족협동전선운동'의 전형으로서 신간회는 창립에서 해소에 이르는 모든 과정이,[3)] 민족통합의 방향과 시사점을 찾으려는 실사구시의 측면에

홍, "해소 반대자의 처지에서," 「비판」(1931년 5월호), p. 56. 안재홍은 위의 글에서 '좌익민족주의'를 다시 새롭게 규정하여 "계급화한 특정한 지역에 거주하는 문화동일체(혈연·언론·습곡·정취, 기타 경제관계 등)로 된 민중집단의 운동을 지도하는 일정한 의식경향"이라 표현하였다. 이 정의는 다소 압축시켰으므로 선뜻 이해하기 어렵지만, 그가 말하는 좌익민족주의는 小부르주아지가 주도하는 이데올로기로서, 자치운동 등의 타협주의운동을 배격하고 계급주의 노선인 공산주의운동을 반대하면서 민족자본주의를 추구하는 합법운동 노선을 뜻하였다. 자세한 점은 김인식, "식민지시기 안재홍의 좌익민족주의운동론," 「백산학보」 제43호(백산학회, 1994. 7), pp. 181~185.

2) 신간회운동의 연구사는 강만길, "민족해방운동의 발전Ⅲ—신간회운동," 한국사연구회 편, 「한국사연구입문」(지식산업사, 1981. 3), pp. 508~614; 강만길, "신간회운동," 「(제2판) 한국사연구입문」(지식산업사, 1987. 2), pp. 543~549[위의 두 저서에서는 3·1민족해방운동과 대한민국임시정부와 함께 신간회운동을 독립된 주제로 선정하여 다루었다]; "신간회운동," 역사문제연구소 민족해방운동사 연구반, 「쟁점과 과제 민족해방운동사」(역사비평사, 1990. 3), pp. 212~230; 이현주, "신간회운동 연구의 성과와 과제," 「한국근현대사연구」 제2집(한국근현대사학회, 1995. 2), pp. 279~313; 이애숙, "민족통일전선운동," 「한국역사입문③」(풀빛, 1996. 2), pp. 523~539.

3) 신간회운동을 가장 체계 있으면서 치밀하게 논구한 연구자는 이균영이었다. 그의 박사학위논문을 대폭 보완한 「신간회연구」(역사비평사, 1993. 12)는 693쪽에 이르는 방대한 저서로, 창립에서 해소에 이르기까지 신간회를 둘러싼 모든 논쟁과 지회 활동을 포함하여 신간회운동의 전모와 전반에 걸친 문제들을 밝히려는 왕성한 의욕의 결정이었다. 이로써 신간회운동 연구가 비약하는 진전을 이루었다. 이균영이 위의 연구 결과를 다시 압축한 논문으로 다음을 참조할 수 있다. 이균영, "신간회에 대한 새로운 이해," 신용하 외 공저, 「일제

서 연구자들의 관심을 끌었다. 신간회운동의 전 과정을 다양한 관점에서 논급하였지만, 연구의 출발점이 '민족협동'의 화두에 집중된 때문인지, 신간회가 민족협동전선체로 출발하였음을 당연히 전제하였다. 그리고 신간회운동 전체를 협동전선의 시각에서 일률로 이해하였으므로, 신간회가 좌익민족주의자들의 조직으로 출발하였다는 가장 간단한 역사사실을 제대로 파악하지 못하였다. 이러한 잘못은 아직도 일반화되어 있다.

이 논문에서는 신간회를 발기·창립하는 주도세력의 목적과, 신간회가 민족협동전선체로 발전하는 단계를 분명하게 구별하였다. 좌익민족주의자들은 자치운동에 대항하여 좌익민족주의 진영을 결집할 목적으로 좌익민족(주의)전선으로서 신간회를 발기·창립하였다.[4] 사회주의자들은 자신들이 설정한 조선혁명의 단계로서 부르주아 민주주의 혁명을 성취하기 위한 전술[5]로 민족단일정당론을 내걸고 좌익민족전선에 합류하여 신간회를 민족단일당으로 발전시키려 하였다. 이로써 신간회는 민족협동전선체의 성격을 띠게 되었다. 이와 같이 신간회가 창립되는 배경에는 좌익민족주의자들의 좌익민족전선론이, 나아가 신간회가 민족협동전선체로 발전하는 데에는 사회주의자들의 민족단일정당론이 자리잡고 있었다.

이 논문에서는 신간회가 창립되는 배경, 즉 자치론이 등장하면서 종래의 민족주의 진영이 좌익과 우익으로 분화·분리되는 과정을 먼저 살펴보았다. 이어 좌익민족주의자들이 민족주의 좌익전선론을 내걸고 신간회를 창립하는 이

강점기하의 사회와 사상」(신원문화사, 1991. 8), pp. 309~386; 이균영, "신간회운동," 한길사 편, 「한국사-민족해방운동의 전개(2)」16(한길사, 1994. 1), pp. 61~112. 위의 이균영의 저서를 서평한 글은, 미즈노 나오끼, "(논문서평)-민족협동전선 연구의 신기원-이균영," 「신간회연구」(역사비평사, 1993); 「역사비평」 계간24호(역사문제연구소, 1994. 2); 박찬승, "서평 이균영, 신간회연구," 「쟁점 한국근현대사」 제4호(한국근대사연구소, 1994. 3).

4) 김인식, 앞의 논문; 한상구, "1926~28년 민족주의 세력의 운동론과 신간회," 「한국사연구」 86(한국사연구회, 1994. 9).

5) 김인식, "신간회운동기 ML계 부르조아 민주주의 혁명론," 「중앙사론」 제7집(중앙대사학회, 1991. 12).

념과, 사회주의자들이 민족단일당론에 따라 신간회에 참여하면서 신간회를 민족협동전선체로 발전시키는 논리를 검토하였다. 신간회가 민족협동전선체인 민족단일당으로 발전하는 과정 · 구체상은 밝히지 못하였으나, 이후 좀더 꼼꼼하게 실증하여 규명할 과제로 남겨둔다.

① 신간회 창립의 배경 — 자치론의 등장과 민족주의의 분화 · 분리

3 · 1민족해방운동 이후, 일제가 실시한 민족분열정책은 민족해방운동에서 개량주의(기회주의) —자치운동으로 대표되는— 를 떼어내어 비타협주의와 대립시켰고, 또 사회주의 사상이 등장함으로써 민족해방운동의 이념 또한 갈려나갔다. 비타협 민족주의와 사회주의 · 공산주의는 절대독립이라는 지향성은 같았지만, 이를 실현하는 방법과 '독립'한 이후의 국가건설의 목표가 크게 달랐다. 신간회가 창립되고 민족협동전선체로 발전하는 배경에는, 자치운동에 대항하는 반자치론과, 민족해방이라는 공동의 목표를 향하여 절대독립을 주장하는 민족해방운동 세력(비타협 민족주의와 사회주의)들이 협동해야 한다는 민족협동전선론[6]이 자리잡고 있었다.

1923년 말에서 1924년 초에 연정회[7]라는 정치단체를 결성하려는 제1차

6) 신간회가 창립되는 배경으로 반자치론을 강조한 연구로는 조지훈, "한국민족운동사," 고대민족문화연구소 편, 「한국문화사대계」 I (고대민족문화연구소, 1964. 11); 송건호, "신간회운동," 윤병석 외편, 「한국근대사론」 II (지식산업사, 1977. 8)을 들 수 있다. 반자치론과 함께 민족협동전선론을 신간회가 창립되는 배경으로 지적한 대표 연구는 다음과 같다. 이균영, "신간회의 창립에 대하여," 「한국사연구」 37(한국사연구회, 1982. 6); 미즈노 나오끼, "신간회운동에 관한 약간의 문제," 「조선사연구회논문집」 No.14(조선사연구회, 1977. 3); 미즈노 나오끼, "신간회の 창립をめぐって," 반소이랑 · 강재언 편, 「근대조선의 사회와 사상」(미래사, 1981. 3)[김정희 역, 「한국 근대 사회와 사상」(중원문화, 1984. 4)에 번역 · 수록]; 박경식, "조선민족해방운동과 민족통일전선," 동경대학교사회과학연구소 편, 「ファシズム 시기의 국가와 사회운동과 저항」(하)(동경대학출판회, 1980)[스칼라피노 외 6인 지음, 「신간회연구」(동녘, 1983. 10)에 번역 · 수록].

7) 연정회 문제는 조선총감독부경무국, "독립운동종식후와 민족운동의 개요," 「사이또문서」 10

자치운동이 일어났다. 연정회는 일제에 타협한 민족개량주의자들이 자치운동을 꾀하기 위하여 국내에 조직하려던 단체였다. 이의 전체상을 보면, 1923년 가을 동아일보 계열과 천도교 신파가 중심이 되어 국외의 안창호 계열과 연계를 맺으면서 자치운동단체를 준비하기 시작하여, 1924년 1월 중순 연정회를 조직하려 하였으나 반대 여론에 부딪혀 무산되었고, 1926년 9월 말 이를 부활시키려 하였으나 다시 실패하였다.

연정회를 결성하려는 기도는 1923년 가을부터 추진되었는데 '유력한 민족단체'를 조직한다는 명분 아래, 신석우,[8] 동아일보의 김성수·송진우, 천도교 신파의 최린 등이 여러 차례 김성수의 집에 모여 협의를 거듭하였다. 이들은 자신들의 취지를 선전하고 여론의 반응도 확인할 목적으로 이광수가 집필한 「민족적 경륜」을 동아일보 지상(1924. 1. 2~6)에 논설로 5회에 걸쳐 연재하였다.[9] 이광수는 이미 1923년 2월과 10월 북경에서 안창호를 두 차례 만나 자치운동 문제를 협의한 바 있었다. 「민족적 경륜」은 '자치'·'자치운동'이라는 말만 사용하지 않았을 뿐, "우리는 조선 내에서 허하는 범위 내에서, 일대정치적 결사를 조직하여야 한다는 것이 우리의 주장이다"는 구절에서 보듯이, 일제에 타협한 자치운동을 명백하게 주장하였다. 이 논설에 대응하는 국내외의 반발이 거세자 동아일보는 해명문을 내었는데, 여기서도 자신들이 주장하는 '합법적

(1927. 1, 고려서림 복간, 1990. 11), pp. 225~240; 경상북도경찰부, 「고등경찰요사」(1934. 3), pp. 45~46; 강동진, 「일제의 한국침략정책사」(한길사, 1980. 9), pp. 393~399, 414~429; 박찬승, 「한국근대정치사상사-민족주의 우파의 실력양성론」(역사비평사, 1992. 1), pp. 330~336.

8) 이때 신석우는 아직 조선일보를 경영하기 이전이었다. 신석우가 송병준·남궁훈에게서 판권을 인수받아 운영권 일체를 계승하고 발행인이 된 때는 1924년 9월 13일이었다. 그가 발행인이 됨을 계기로 사장에 이상재, 부사장에 신석우, 이사진에 안재홍·백관수·최익선 등이, 논설위원에 안재홍·김준연·신일용 등이 취임하여, 이른바 '조선일보의 혁신'이 이루어졌다. 조선일보60년사 편찬위원회, 「조선일보60년사」(조선일보사, 1980. 3), pp. 129~130, 613.

9) "민족적 경륜," 「이광수전집」 17(삼중당, 1966. 5), pp. 272~280.

정치운동'이 자치운동이 아니라는 해명은 하지 않았다.

1924년 1월 중순 최린(천도교 신파), 이종린(천도교 구파), 김성수 · 송진우 · 최원순(동아일보), 신석우, 안재홍(조선일보), 박승빈(변호사), 이승훈(기독교), 서상일(대구), 조만식(평양) 등 16~17명이 모여 연정회라는 단체의 조직을 협의하였으나 「민족적 경륜」을 비난하는 여론이 의외로 강하였고, 또한 내부 의견도 통일되지 않아 무산되었다. 이종린 · 안재홍의 예에서 보듯이 이 자리에 모인 사람들이 모두 자치운동에 동조하지는 않았다. 이로써 연정회를 구성하여 자치운동의 발판으로 삼으려던 동아일보와 천도교 신파의 의도는 좌절되었고, 1925년 말 총독부가 자치제 실시를 검토하는 분위기에 고조된 송진우 · 최린 · 김성수 · 최남선 등이 다시 자치운동을 협의하기까지 자치운동은 한동안 잠복하였다.

이같이 일제에 타협한 자치운동이 등장함으로써 이전 민족주의자로 뭉뚱그렸던 민족운동 세력이 분화되고 있었으므로, 사회주의자들은 비타협 민족주의를 협동의 상대로 설정하고 협동을 제안하였다. 사회주의자들은 이미 1923년 들어와서는 민족협동전선의 필요성을 적극 제기하였다.[10] 1924년 들어 이들은 협동의 상대를 '비타협'—이를 '혁명적'이라고도 표현하였다— 성향의 민족주의자 · 민족운동자로 설정하고 협동전선론을 구체화시켜 나갔다. 1924년 4월 조선청년총동맹 제1회 임시대회에서 최창익이 제안한 토의사항과,[11] 같은해 11월 북풍회 제1회 집행위원회에서 발표한 선언 · 강령은 대표되는 예이다.[12]

---

10) 국내 민족협동전선운동의 기점을 1924년으로 설정한 기존의 통설을 재검토한 이애숙은 1920년대 초부터 국내의 각 공산주의자 그룹들은 민족통일전선운동을 활발하게 추구하였음을 밝혔다. 이애숙, "1922~1924년 국내의 민족통일전선운동," 「역사와 현실」 제28호(한국역사연구회, 1988. 6).

11) "청년임시대회의 해산까지의 토의사항/최창익씨 데안한 당문의 안건," 동아일보(1924. 4. 26).

12) "양대운동의 병행을 기한 북풍회의 선언, 강령/재작일 데일회 집행위원회," 동아일보(1924. 11. 29).

1924년의 민족협동전선론은 "타협적 민족운동을 배척하고 혁명적 민족운동을 찬성한다"는 태도에서 민족운동과 사회운동의 '시간적 협동'을 제창하는 수준까지 진전하였다.

1924년 새해 아침부터 이광수가 「민족적 경륜」을 운운하며 자치운동을 선동하였다면, 1925년 초부터 안재홍을 비롯한 비타협 민족주의자들은 민족협동전선의 필요성을 분명하게 제기하였다. 이들은 일제, 그리고 이에 타협한 정치세력에 대항하여, 비타협 민족주의와 사회주의의 공동전선, 즉 민족협동전선을 결성하자고 제안하였다.

비타협 민족주의의 이론가이자 논객인 안재홍은, 당시의 민족해방운동 세력을 좌익[=사회운동자, =사회주의운동자]과 우익[=민족운동자, =민족주의운동자]으로 나누면서, "연래에, 순수한 민족운동으로부터 사회운동으로 방향을 전환하여 오인, 해방전선에 양대진영의 병립을 보게 된 것은 필연 또는 당연한 형세"라고 인정하였다. 그리고 "다만 그 정전의 과정에 있어서 견고한 공동전선의 편성을 절규"하였다. 그는 "추악한 오합의 중(친일파 · 회색분자를 가리킴: 인용자)이 철저히 패퇴하기까지 좌우양익은 마수를 나란히 하여 정전의 길을 나아감이 가치 아니한가"라고 호소하였다.[13] 안재홍은 민족운동자와 사회운동자를 한데 '우리'의 범주에 넣어 이를 하나의 진영으로 인식하면서, "우리와 대립할 자는 정면의 진영이요, 그와 추수타협하여 민중을 팔 자"로 설정하고, 나아가 '이 양개의 진영'이 앞으로 더욱 확실히 구별되리라 전망하였다.[14] 민족주의운동과 사회주의운동의 공동전선이 출정하여 싸울 '진영'은 바로 일본 제국주의, 그리고 이에 타협하여 민중을 파는 자들이었다. 이 '타협'의 진영은 자치운동을 주장하는 민족개량주의자들이었다.

13) "조선인의 정치적 분야 – 기치를 선명히 하라"(1925. 1. 21. 조선일보 사설), 안재홍선집간행위원회 편, 「민세안재홍선집」 1(지식산업사, 1981. 6), pp. 93~96. 앞으로는 「민세안재홍선집」을 「선집」으로 줄임.

14) "해방전선을 부감하면서"(1925. 3. 1. 조선일보 사설), 「선집」 1, pp. 104~107.

안재홍은 사회(주의)운동이 등장한 상황을 '필연 또는 당연한 형세'라 공감하고 이를 현실로 인정하였으므로, 사회주의운동과 민족주의운동을 대립구도로 파악하지 않았다. 민족개량주의 세력이 사회주의운동을 적대세력으로 배척한 반면, 그는 사회주의운동을 끌어안고 타협주의 노선과 분리를 선언하였다. 이 점이 자치론의 타협성과 함께, 좌익민족주의[비타협 민족주의]와 우익민족개량주의를 구분하는 중요한 차별점이었다. 안재홍은 사회주의와 민족주의를 평행하는 노선으로 인식하지 않았으므로, 두 노선의 협동이 민족해방의 전제가 된다고 강조하였다. 이와 같이 좌익민족주의로 분류되는 세력들은, 일제와 타협한 자치운동을 더욱 경계하였으며, 사회주의운동은 자치운동을 함께 배격할 연대 세력으로 인정하였다.[15)]

뒤에 다시 보겠지만, 1925년 4월 조선공산당이 창립되면서 민족협동전선을 둘러싼 논의는 더욱 활발하게 제기되었고, 1926년은 이 같은 민족협동전선론이 구체화하는 시기였다. 제2차 조선공산당 제3회 중앙집행위원회(1926년 2월 26일 개최)에서는, "민족해방의 조선독립과 공산정치의 동일기를 획책하기 위하여 민족·사회 양 운동자를 통일하기 위한 국민당 조직의 전제로서 천도교를 기초로 하도록 할 것"을 결의하였다. 이러한 방침에 따라 3월 10일 강달영은 비타협 민족주의자 7인(권동진·이종린·안재홍·박동완·유억겸·오상준·신석우)과 만나 두 진영이 서로 협동하기를 제안하였다. 이 자리에서 협동의 방침은 뚜렷하게 확정하지 못하였지만, 협동의 원칙에 서로 찬성하였다.[16)]

---

15) 김인식, 앞의 논문(1994. 7), p. 168.

16) "피의자심문조서(피의자 강달영)," 경성지방법원검사국, 「제2차조선공산당사건검거에관한보고철」(1926)[김준엽·김창순 공편, 「한국공산주의운동사(자료편Ⅱ)」(고려대학교아세아문제연구소, 1980. 12), pp. 120~121]; 미촌수수·강덕상 편, 「현대사자료(29)－조선(5)공산주의운동(1)」(みすず서방, 1972. 8), p. 42. 강달영은 1925년 12월부터 1926년 6월까지 존속하였던 이른바 제2차 조선공산당의 책임비서였다. 이 날의 만남은 김준엽·김창순 공저, 「한국공산주의운동사」 2(청계연구소, 1986. 7), pp. 386~389를 참조.

3월 10일의 모임은 강달영이 주선하였지만, 사실 자치운동을 배격하는 비타협 민족주의자들의 만남이나 마찬가지였다. 이 날 천도교 구파 계열인 이종린은 신파 계열의 최린을 자치론자로 격렬하게 비난하며, 수양동우회·연정회 등이 안창호의 수족인 이광수, 동아일보, 흥사단장 안창호 등한테서 나왔다고 지적하였다. 또 그는 최린이 농민사라는 단체를 조직한 이유도 단순히 잡지를 경영하려는 데 목적이 있지 않고, "장래 자치제를 실시할 때 다수 의원을 양성하여 두어 일대의 정당으로 의정단상의 세력을 장악하려는 의도에 불과하다"고 폭로하였다. 이종린은 자치운동의 목표와, 일제와 연계할 수밖에 없는 본질을 동시에 꿰뚫어 보았는데, 이는 당시 비타협 민족주의자들의 공통된 인식이었다.[17]

이 무렵 자치운동이 총독부와 연계되어 다시 전개되고 있었다. 자치론은 이미 1919년 일본의 민본주의자 요시노 사쿠조오 등 여명회 회원과 동경제대 교수 수에히로 시게오 등이 제기하였는데, 이들은 조선에서 무단정책과 동화정책을 폐기하고 자치의회를 설치하라고 주장하였다. 그러나 일제의 본국 정부와 총독부는 '조선자치안'은 '독립론'에서 갈라져 나왔다고 판단하였으므로, 일시동인주의·내지연장주의에 근거를 두고 장차 참정권을 부여하자는 쪽으로 공식 방침을 유지하였다.[18]

그러면 여기서 연정회를 부흥시키려 했다는 제2차 자치운동을 잠깐 개괄해 보자. 1925년 11월 26일부터 3일에 걸쳐서, 소에지마 미치마사가 총독부의 어용지 경성일보에 「총독정치의 근본의」라는 사설을 발표하여, 조선총독 아래 조선회의를 따로 설치하자는 자치론을 제안하였다.[19] 경성일보 측이 자치론을 주장하기까지, 이미 총독부와 사전협의하였거나, 적어도 총독부가 사전 양해한

17) "제2차조선공산당검거보고철," 앞의 「한국공산주의운동사(자료편Ⅱ)」, pp. 120~121.

18) 박찬승, 앞의 책, pp. 315~317.

19) 이 내용은 강동진, 앞의 책, pp. 345~353.

바 있었음은 분명하다. 또 이 사설을 가지고 경성일보 측과 동아일보 측 사이에도 일정한 사전협의를 거친 단계였다. 즉 소에지마가 쓴 사설이 나가기 전, 총독부, 경성일보 간부, 동아일보 간부 3자 사이에, 이미 자치론 문제를 가지고 어느 정도 협의가 이루어진 상태였다. 따라서 문제의 사설은 총독부가 자치론을 검토하는 정책과 관련하여 여론의 반응을 확인하려는 의도를 지니고 발표되었다.

이와 같이 1925년 말 총독부는 참정권 부여를 원칙으로 삼았던 이전의 방침을 수정하여 식민지 조선에 자치제 실시를 검토하였다. 조선의 자치론자들은 이러한 정황을 등에 업고, 자치론을 시험하던 단계에서 벗어나 자치운동을 전개하려 하였다. 1925년 말 자치운동은 총독부와 연계하여 정치세력화를 꾀하였다. 이것이 1925년 말에서 1927년 사이에 전개된 제2차 자치운동이었다.[20] 1925년 말부터 활발하게 전개된 동아일보계와 최린의 자치운동은, 바로 총독부가 자치론을 검토하고 있다는 사실에 고무되어 출발하였다. 자치운동이 다시 등장하여 구체화하면서 자치운동의 본질도 분명하게 드러났고, 1926년 초 타협한 개량주의운동과 비타협 민족주의운동 세력이 뚜렷하게 분리되어 나갔다.

앞서 본 바, 이종린이 최린을 격렬하게 비난한 사실은, 천도교 안의 신파·구파 사이의 대립이라는 단순한 측면을 넘어, 비타협 민족주의자들이 자치운동자들의 의도와 본질을 바로 간파했음을 뜻하며, 그들과 분리를 선언하는 의미를 지니고 있었다. 이 자리에서 안재홍이 소에지마와 이노우에 준노수케[21] 등을 거론한 사실은,[22] 그가 자치운동이 이들 일본인, 나아가 총독부와 연계되어 있는 관제성을 꿰뚫어 보고, 이를 깊이 경계하였음을 보여준다.

---

20) 이상에서 살펴본 제2차 자치운동은 박찬승, 앞의 책, pp. 315~321, 336~343을 참조.

21) 일본 중의원 의원으로 1925년 말경에 조선에 들어와, 총독부와 조선의 자치론자들 사이에서 중계 구실을 하였다.

22) 앞의 "제2차조선공산당검거보고철," p. 121.

1925년 말부터 등장한 제2차 자치운동은 1926년 9월에 들어 본격 정치세력화를 꾀하였다. 1926년 9월 말에 최린 · 김성수 · 송진우 · 최남선 등의 자치론자들은 또다시 자치운동 단체를 조직하기로 결의하였다. 여기에 10월 초순부터 아베 미쓰이에[23]가 간여하여 자치운동 단체로서 연정회를 부활할 계획을 다시 세우고 있었다. 이들은 10월 초순부터 준비에 착수하여 안재홍 · 박희도 · 김준연 · 조병옥 · 한위건 · 변영로 · 홍명희 등 여러 사람과 개별 접촉하면서 의견을 교환하고 있었는데, 자치운동에 반대하던 조선일보계의 안재홍 · 김준연이 이 사실을 조선민흥회에 알려 연정회를 무산시켰다.[24] 이를 보면 자치운동에 대응하는 비판과 행동은 사회주의자들보다 비타협 민족주의자들이 더 강하였다.

안재홍 · 김준연이 조선민흥회를 매개로 연정회를 무산시킨 이때를 민족주의 내부의 분화 · 분리가 결정되는 시기로 볼 수 있다.[25] 이러한 분화 · 분리를 전제로 1926년 말 좌익민족주의는 좌익민족주의의 운동조직을 결성하기로 시도하여, 1927년 '민족주의 좌익전선'을 표방하는 신간회를 창립하였다. 신간회의 창립은 좌익민족주의와 우익민족개량주의가 분리되었음을 말한다.

이와 같이 1926년은 자치운동이 정치세력화함에 따라 민족주의 내부의 분화 · 분리가 뚜렷이 진행되는 시기였다. 1926년 말 들어 안재홍은 자치운동이 일제에 타협하여 민족을 배반하였으며 독립을 포기하여 민중을 타락시키는 타협운동임을 폭로하면서, 이를 '우경'[26]이라 규정하고 적극 비판하였

---

23) 전 경성일보사 사장으로 사이토 총독의 언론 통제와 정치담당 참모.

24) 앞의 「고등경찰요사」, p. 47.

25) 김인식, 앞의 논문, pp. 171~173. 박찬승도, 일제하 부르주아 민족주의 좌파가 – 그들의 사상적 연원은 한말까지 거슬러 올라갈 수 있지만 – 하나의 정치세력으로서 형성된 때는 1920년대 중반으로 보았다. 박찬승, "1920년대 중반~1930년대 초 민족주의 좌파의 신간회 운동론," 「한국사연구」 80(한국사연구회, 1993. 3), pp. 58~68.

26) 안재홍은 당시의 정치세력을 크게 둘로 줄이어, 좌익=좌경=비타협 세력과, 우익=우경=타협 세력으로 나누어 인식하고, '좌경'에 비타협 민족주의운동과 사회주의 운동을 함께 넣었다. 즉 좌익=좌경은 일제에 대항하여 반제국주의 협동전선에 참여하는 운동세력을 가리켰다.

다.[27] 그는 자치운동이 3 · 1민족해방운동 당시부터 발생하였으며, 이러한 '민족적 타협운동' 곧 '자치운동'이 2~3년 안으로 반드시 출현하리라 경계하면서, 조선인의 자치운동을 '관제적'(또는 관조적 · 흠정적) 타협운동이라고 못박았다. 그는 자치운동이 일제가 민족운동을 분열시키기 위하여 던지는 미끼임을 진작 알아차렸다. 그렇기 때문에 일제와 연락 · 호응하지 않고서는 출발자체가 불가능하며, 이의 목적이 일제에 호응하여 조선인 대중의 '좌경적 기세'를 줄이는 데에 있음도 꿰뚫어 보았다.

② 민족주의 좌익전선론과 신간회의 창립

비타협 민족주의자들은, 자치론자들이 자치운동 단체를 조직하려는 빠른 행보에 위기를 느꼈다. 이들은 자치운동에 대항하여 우선 긴급하게 자기 세력을 결집시킬 목적으로 신간회를 발기하고 창립을 주도하였다. 신간회는 궁극에서 민족독립을 지향하면서, '자치운동'을 배격하고 '완전독립' · '절대독립'의 비타협 민족운동의 노선을 고수하는 좌익민족주의자들의 조직체로 출발하였다. 이는 신간회를 발의하여 발기하고 창립을 주도하는 과정과 인물들, 중앙간부진의 면모, 강령의 성격 등을 보면 분명하다. 신간회가 창립에 이르는 과정에서 사회주의자들은 거의 관여하지 않았다. 또 이에 참여한 사회주의자들 일부도 사회주의자임을 전혀 드러내지 않았다.

먼저 신간회를 발의하는 과정을 일제 관헌 자료[28]에서 요약해 검토해 본다. 1926년 말 평안북도 정주의 오산학교 교사였던 홍명희가 겨울방학을 맞아

여기서 '좌익' · '우익'이라는 말이 요즘과 전혀 달리 쓰이고 있음에 유의해야 한다. 안재홍이 1920년대 사용한 '좌익' · '우익'의 개념은 김인식, 「안재홍의 신민족주의 사상과 운동」(중앙대학교 대학원 사학과 박사학위논문, 1997. 12), pp. 10~16을 참조.

27) "애란문제와 조선문제"(1926. 11. 4. 조선일보 사설), 「선집」 1, pp. 178~180; "전환기 조선"(1927. 1. 5. 조선일보 사설)[이 사설도 안재홍의 글이 분명함]; "신간회의 창립준비 · 진지한 노력을 요함"(1927. 1. 10. 조선일보 사설), 「선집」 1, pp. 204~206.

28) 앞의 「현대사자료(29)」, p. 95.

경성에 올라와 최남선을 방문하였는데, 최남선에게서 자치운동자들의 의중과 진행 상황을 전해 들으며 밤을 새워 자치문제를 토의하였다. 자치운동이 꽤 급속하게 전전되고 있음에 놀란 홍명희는 다음날 안재홍을 방문하였다. 두 사람은 신석우를 불러들여 함께 대책을 협의한 끝에, '급속히' '진순한 민족당'을 결성하기로 결정하였다. 이들 세 사람은 권동진 · 박래홍 · 박동완 · 한용운 · 최익환 등의 찬동을 얻었고, 베이징에 있는 신채호에게도 연락하여 사양하는 그를 설득해 발기인에 참여시켰다.

위에 인용한 일제 자료에 따르면, 신간회를 발기하자는 논의가 시작된 때는[29] 1926년 말경에 홍명희가 최남선한테서 자치운동의 진행 상황을 들은 다음날이었다. 여기서 '진순한 민족당'을 사회주의자들까지 포괄하는 협동전선체(협동전선당)로 보기는 어렵다. '진순한'이란 자치운동에 대립시킨 성격규정이며, '민족당'은 당시의 용례 그대로 '민족주의당'을 가리키므로, '진순한 민족당'이란 말 그대로 자치운동을 반대하는 민족주의정당을 뜻하였다. 자치운동의 소식을 듣고 '다음날' '급속히' 조직하기로 결정하였다는 데에서 알 수 있듯이, '진순한 민족당'으로서 신간회는 자치운동이 세력화하는 데 위기를 느낀 좌익민족주의자들이, 자치운동에 대항하여 자신들의 세력을 결집할 목적에서 출발시킨 좌익민족주의 운동조직이었다. 위의 인물에서 보듯이, 신간회를 발기하는 데에는 비타협 민족주의자들이 앞장서 참여하였다.

신간회를 발기 · 창립하는 데에는 안재홍을 비롯한 조선일보 계열의 사람들이 앞장섰다. 이후 신간회의 지역 대표들도 조선일보와 관계되는 사람들이 많았다. 7명의 총무간사 가운데 4명(최선익 · 신석우 · 안재홍 · 이승복)이 조선일보 계열이었음은 이를 단적으로 말해 준다.

---

29) 미즈노 나오끼는, 신간회 발기가 논의되기 시작 때를 추정하면서, 1926년 11월 무렵과, 1926년 10월 또는 11월부터로 볼 수 있는 두 가지 자료를 소개한 뒤, '12월 중순 이후'라는 자신의 견해를 서술하였다. 미즈노 나오끼, 앞의 논문(1981. 3)[김정희 역, 앞의 책, pp. 230~231, 252~253].

다음 신간회의 명칭과 강령을 살펴보자. 비타협 민족주의자들은 자치운동을 분쇄하고 정치 · 경제의 모든 방면에서 민중의 각성을 촉진하고, 전 민족의 단결을 꾀하고가 하였다. 처음에는 '진순한 민족당' 의 명칭을 '신한회'로 지으려 하였으나, '한민족' 또는 '대한'을 떠올리는 '한'이 일제와 절충되지 않아 등록허가를 받지 못하였다. 그러다 옛날에는 '韓'과 '幹'이 같은 뜻으로 사용되었으며 '고목신간' · '신간출고목'이라는 말도 있다는 제안에 따라, 홍명희가 지은 '신간회'로 결정하였다. 또 이승복 · 홍기문(홍명희의 아들) · 신석우가 강령을 작성하는 일을 주도하였고, 다시 신석우가 이를 가지고 총독부와 접촉하여 신간회를 창립하였다.[30]

1927년 1월 19일 신간회는 발기인 대회를 개최하고 다음 3항의 강령을 채택하였다. "1. 우리는 정치적 · 경제적 각성을 촉진한다. 1. 우리는 단결을 공고히 한다. 1. 우리는 기회주의를 일체 부인한다." 일제의 허락을 받은 후 공표한 이 강령은 다소 모호하다.

일제에게 허가를 받기 전의 강령 초안은 위의 강령보다는 선명하였다. 최초의 강령은 "1. 조선민족의 정치 · 경제의 궁극적 해결을 도모한다. 1. 민족적 단결을 견고하게 한다. 1. 타협주의를 부인한다."[31]였다. 여기서 '조선민족' · '민족적'이라는 주체가 '우리는'으로, '독립'을 뜻하는 '구경해결'이 '각성'으로, 자치운동을 가리키는 '타협주의'가 '기회주의'라는 에두른 표현으로 바뀌었다. 이는 일제가 허가하는 합법공간에서 합법운동으로 출발한 신간회가 갖는 한계였으며, 합법운동인 신간회가 어떻게 비합법의 독립을 쟁취하여 나가느냐는 어려운 과제와 직접 관련이 있었다. 즉 합법운동의 형태로 비합법주의 [독립 추구]를 추구하는 신간회의 성격을 어떻게 규정해야 하는가는 처음부터 신간회의

30) 평주 이승복선생 망구송두기념회, 「삼천백일홍—평주 이승복선생팔순기」(인물연구소, 1974. 7), pp. 166~167; "이관구 · 양고담: 반세기의 증언—신간회운동," 조선일보(1964. 5. 3).

31) 강령의 문제는 미즈노 나오끼, 앞의 논문(1981. 3)[김정희 역, 앞의 책, pp. 234~235, 253~254].

진로를 둘러싼 커다란 문제였다. 신간회는 바로 자치운동에 대항하여 절대독립을 추구하던 비타협 민족주의자들[좌익민족주의자들]이, 1927년 2월 15일 결성대회를 갖고 조직한 비타협 민족주의자들의 합법운동 단체였다. 신간회의 강령에서 앞의 두 항은 민족협동으로 독립을 이루어 내자는 신간회운동의 궁극목표를, 마지막 항은 이를 위하여 '기회주의', 즉 연정회와 같은 자치운동을 배격하자는 당면한 목표를 나타내었다.

신간회의 발기·창립을 주도한 조선일보는, 아직 발의 도중에 있으며 발기인대회를 열기도 전의 신간회를 언급하면서, 벌써 신간회의 노선을 '민족주의의 좌익전선' 또는 '민족적 좌익전선'으로 규정하고 이의 사명을 밝혀 운동방향을 다음과 같이 제시하였다.

> 그리하여 우경적 사상을 배척하고 민족주의 좌익전선을 형성하여, 변동되려는 시국에 책응하고 그 성과를 후일에 기코자 함이 그 목적이라 한다. … 기회주의의 부인은 민족주의의 좌익전선을 형성하려 하는 자들로서는 또 없어서 아니 될 조건일 것이다.… 민족적 좌익전선을 형성하여 우경적 사상 및 그 운동을 배척하고 대중으로 하여금 일정한 목적의식에 의하여 그의 반발적 전진을 계속케 하도록, 그의 존재의 의의 및 시대의 사명을 견실 또는 선명하게 표현하기는, 자못 용이한 일이 아니다.32)

신간회를 발기하기 며칠 앞서, 조선일보는 다시 '비타협 민족주의자의 총단결'을 외쳤다. 이에 따르면, 현재 조선에서 '실재운동'은 '정치운동'을 의미하며, '정치운동'에는 '민족주의적 타협운동'과 '비타협'의 양종이 있음을 전제하고, 타협운동이 등장함을 경계하면서 "이에 대한 제승의 책전으로서 대중의 우경적 타락을 방지하고 그의 반발적 전진을 촉성코저 하는 자"로서 비타협 민족주의자의 임무를 다음과 같이 규정하였다.

---

32) "신간회의 창립준비"(1927. 1. 10. 조선일보 사설), 「선집」 1, pp. 204~206.

> 비타협적 민족주의의 운동이 당면한 타협적 민족주의운동을 감시하고 동시에 그에 대한 대중의 무반성적 추참을 방지하며 그리하야 그들을 타락 및 굴종의 위기로부터 구의적인 전진에 나아가야 할 것을 니저 버리지 안케 하는 것은 그의 대표적인 임무인 까닭이다.

나아가 '해방전선의 최좌익을 형성'한 각종 운동단체에게도 '신중 또 현명한 고려'를 촉구하면서 "좌익전선으로서의 정치적 임무도 최후까지 파지하고서 나아가지 아니할 수 없는 것"을 강조하면서, 비타협적 민족주의운동의 '좌익적 임무'에서 '통일'하자고 제안하였다.[33] 이는 신간회가 '비타협 민족주의자의 총단결'을 목적으로 한 단체임을 말하여준다. 여기서 '좌익전선'은 '비타협적 민족주의운동'을 가리키며, 이와 구별되는 정치운동은 '타협적 민족주의운동'이 있으며, 사회주의운동은 '해방전선의 최좌익'을 형성하는 운동세력을 뜻하였다.[34] 신간회 창립대회가 열리기 며칠 전 조선일보 사설은, '타락을 의미하는 기회주의'·'우경적인 타협운동'인 자치운동을 추구하는 '민족우익의 집단'을 경계하면서, '비타협적인 민족주의좌익전선'·"민족좌익전선으로서 자임하려는" 신간회의 운동목표를 다시 제시하였다.[35]

일제의 한 자료[36]는, 조선민흥회가 좌익민족주의자를 규합하여 '민족적 대동단결'을 꾀할 목적으로 조직되었다고 하면서, 신간회도 "우경적 사상을 배척

---

33) "실제운동문제," 조선일보 시평(1927. 1. 16).

34) '민족주의 좌익전선'은 말 그대로 '민족주의 가운데 좌익으로 구성되는 전선'으로 '좌익민족주의의 전선'을 가리키며, 이는 비타협 민족주의운동 노선을 가리킨다. 이때 '비타협적 민족주의'에 사회주의자들까지 포함된다고 해석함은 무리이다. 당시 사회주의들도 비타협 민족주의자와 협동을 논하고 있었지만, '사회주의'와 '민족주의'라는 용어는 서로 다른 지향을 지닌 각각의 운동노선을 가리켰다. '비타협적 민족주의'를 협동전선의 개념으로 볼 수는 없다. 김인식, 앞의 논문(1994. 7), p. 178.

35) "민족좌익전선의 의의 및 사명," 조선일보 사설(1927. 2. 9).

36) 조선총독부경무국, 「조선의 치안상황」(1927).

하고 민족주의 중 좌익전선을 형성"할 목적으로 결성되었다고 기술하였다. 이 자료에 보이는 「신간회선언초안」은 좌익민족주의의 태도를 그대로 보여 준다. 이 초안에서는 '외래사상의 복사적 변론'과 '정치간상의 농단적 행위'를 다같이 부정하고, "계급보다도 민족을 취하고 목전보다도 장래를 생각"한다 하여, 사회주의식 문제해결과 자치론을 모두 배격하였다. 또 「초안」에 보이는 신간회의 활동목표도 문자보급운동 · 생활개신운동 · 민족의식고취운동 등에 제한하여 노동 · 농민 문제에는 소극성을 보이고 있었다.[37] 이러한 사실은 신간회가 좌익민족주의의 결집체로 출발하였음을 반증하며, 여기서 좌익민족주의의 정치노선을 확인할 수 있다.

③ 민족단일당론과 신간회의 민족협동전선화

이와 같이 좌익민족주의가 주도하는 신간회의 이념에, 당시 사회주의자들도 공감하여 개인 자격으로 참여하였으므로, 신간회는 '좌익적 민족운동자'(=좌익민족주의=비타협 민족주의)와 '좌익적 사회운동자'(=사회주의=공산주의)의 민족협동전선체로 발전하였다. 신간회가 민족협동전선체로 발전하는 데에는, 좌익민족주의와 사회주의가 협동해야 한다는 민족협동전선이라는 공통의 이념이 배경으로 존재하였다. 여기에는 신간회가 발기 · 창립될 무렵을 전후하여 사회주의자들이 조선혁명의 현 단계를 부르주아 민주주의 혁명론으로 규정하고, 이에 근거하여 민족단일정당론(민족단일당론)을 민족협동전선의 이론으로 주장한 배경이 깔려 있었다.

신간회운동기 사회주의운동의 주류를 형성하면서 신간회 참여와 '해소'를 주도하였던 ML계는,[38] 신간회의 성격을 '민족단일정당 또는 그것의 매개형태'

37) 박찬승, 앞의 논문, pp. 79~81.

38) ML계(파)의 개념 규정은 전명혁, "ML파(국내)," 「한국독립운동사사전」 5(독립기념관 한국독립운동사연구소, 2004. 5), pp. 495~497.

→'민족협동전선당의 매개적 조직체'→'민족적 협동전선의 매개체'로 규정[39]하여 나갔다.[40] 이렇게 신간회를 달리 성격규정함은 ML계의 협동전선론이 변화하였기 때문인데, 이는 식민지조선의 부르주아지를 평가하는 기준(즉 개량주의화하였느냐, 비타협성 · 혁명성을 유지하고 있느냐의 여부)과 프롤레타리아 헤게모니를 강조하는 논점이 변하는 과정과 깊이 고리 맺고 있었다.[41]

1926년 말에 이르러, ML계는 현 단계 조선혁명의 성격을 부르주아 민주주의 혁명으로 규정하면서, 협동전선의 전술로 '민족단일정당론'을 내걸었다. 부르주아 민주주의 혁명론은 '대중적 정치투쟁'을 위한 협동전선의 한 형태로서 '당적 결합'을 주장한 '민족단일정당론'과 같은 시기에 나란히 제기되었다. ML계가 작성한 문건으로 보이는 「조선사회운동약사 코스」[42]의 1926년 항에 다음

---

39) 사회주의자들이 신간회의 성격을 규정할 때, 여기에는 지향의 의미가 담겨 있었다고 보아야한다. 즉 신간회를 '민족단일정당'으로 규정한다 해서, 신간회가 '민족단일정당'으로서 완결된 체제 또는 자격을 이미 가졌다는 뜻이 아니라, 이를 '민족단일정당'으로 발전시켜 이러한 구실을 감당하게 하자는 의미였다. '매개 형태'라는 말을 덧붙인 까닭도 이를 강조하려는 데 있었다.

40) ML계가 신간회의 성격을 어떻게 규정하여 나갔는가는, 김민우, "조선에 있어서 반제국주의 협동전선의 제문제"(1930. 5), インタナショナル편집부 편역, 「조선문제」(전기사, 1930. 7), pp. 3~30에 근거를 두었다. 대개 김민우는 고경흠의 필명(차석동 · 남해명 · 김영두)으로 보아 왔으나[임영태 편, 「식민지시대 한국사회와 운동」(사계절, 1985. 8), p. 515], 양명(이강)이라는 견해도 있다. 최규진, 「코민테른 6차대회와 조선공산주의자들의 정치사상 연구」(성균관대학교대학원 박사학위논문, 1997. 2), p. 107.

41) ML계의 협동전선론의 변화와 신간회에 대한 성격규정의 관련성은, 김인식, "신간회운동기 ML계의 민족협동전선론과 신간회 성격규정의 변화," 「백산학보」 제68호(백산학회, 2004. 4)를 참조.

42) "조선사회운동약사," 경성고등법원검사국사상부, 「사상월보」 제2권 제8호(1932. 11), pp. 36~37. 이 문건의 저자 문제는 배성찬 편역, 「식민지시대 사회운동론 연구」(돌베개, 1987. 6), pp. 20~21 참조. 1930년까지 전개된 사회운동의 약사를 팸플릿 형태로 발간한 위의 문건은, ML계 사회주의자가 작성하였다고 보인다. 이 문건의 저자는 당의 기관지로 「계급투쟁」 · 「청년전위」를 들고 있는데, 이는 각각 ML계 조선공산당의 만주총국기관지, ML계 고려공산청년회의 만주총국기관지였다.

과 같은 기록이 보인다.

(10) ML계 공산당확대강화(연말)
a. 일월회
b. 전진회(서울계) 합동 → 사회단체중앙협의회
c. 질적 규정
(1) 조선혁명의 질적규정
a. 부르주아 민주주의 혁명단계
b. 반제국주의투쟁과 반봉건투쟁의 결부
c. 반제국주의토지혁명
(2) 파벌주의청산론
(3) 사상단체해체론
(4) 협동전선체결성-민족단일정당론 A. 신간회
B. 독립촉성회

위의 자료는 1926년 말 사회주의운동의 전체상을 일괄하여 보여 주는데, 이때 ML계가 조선혁명의 단계 문제를 제기·논의하였음을 확인할 수 있다. ML계는 조선혁명의 '질적 규정'을 언급하면서, 이미 조선혁명을 부르주아 민주주의 혁명단계로 규정—1928년 코민테른의 이른바 「12월 테제」를 수용하기 2년 앞서—하였다. 혁명의 중심 내용은 일제 타도와 토지혁명을 중심으로 '반제국 주의 반봉건투쟁'을 결합하였다.[43] 이와 같이 부르주아 민주주의 혁명론과 '민족단일정당론'이 나란히 제기되는 사실을 보더라도 양자 사이에는 깊은 관련이 있었다. 제2차 조선공산당의 간부로서 검거를 피하여 제3차 조선공산당으로 당 조직을 재건한

43) 이로써 부르주아 민주주의 혁명론은 '현 단계' 조선혁명의 성격으로 정착되었고, 이후 초기 단계의 혁명론은 활발한 논의를 거쳐 더욱 구체화하였다. 김인식, 앞의 논문(1991. 12), pp. 123~124.

김철수에 따르면, 민족단일당을 조직하기로 결의한 때는, 제3차 조선공산당을 재조직하기 위하여 제2회 조선공산당 대회를 개최한 1926년 12월 6일이었다.[44)]

다소 뒤의 시기이지만, 최익한 등이 작성한 조선사회단체중앙협의회 창립대회 토의안[45)]에서도 "우리는 정치운동의 현 단계에서 제일의 문제로서 전민족적 단일당"을 조직하자고 제기하면서, "우리가 민족적으로 부르주아 민주주의(부르주아 민주주의 혁명을 가리킨다: 글쓴이)를 쟁취하기 위해서는 먼저 민족적 지도기관인 당이 있어야 한다"고 주장하였다. 여기서도 ML계는 부르주아 민주주의 혁명을 쟁취하기 위한 방안으로 '민족적 지도기관'으로서 '전민족적 단일당'을 제안하였다. 이와 같이 ML계 사회주의자들이 1926년 말 제시한 협동전선론은 '당의 형태'로 결합하는 '민족단일정당론'이었다.

제3차 조선공산당 때 ML계 사회주의자들이 부르주아 민주주의 혁명론에 근거하여 '민족단일정당론'을 제기하기 앞서, 조선공산당은 창당을 마친 후 바로 민족협동전선 문제를 제기하였다. 조선공산당은 결성대회와 정식 중앙집행위원회에서도 당의 강령을 성문화시키지 못하였으므로,[46)] 제1차 조선공산당이 민족협동전선 문제를 당 차원에서 어떻게 논의하여 공식화하였는지는 확인할 수 없

44) 일제의 한 사법문서는 "1926년 12월 6일에 천연동에서 오의선·은모·이인수·권태석·강석태·김병도·양명·김강·하필원·나(김철수: 인용자) 외 몇 명에 의하여 제2회 조선공산당 대회를 개최하였다. 그 석상에서는 중앙간부를 개선하고, 민족단일당을 조직할 것을 결의하였다. 중앙간부의 개선은 내가 주장한 것으로서, 그 전회의 중앙집행위원회에서 다음의 책임자는 안광천으로서 한다는 말이 굳혀 있었으므로 안광천을 조선공산당의 책임비서로 정했던 것이다"라고 기록하였다. 경성지방법원검사국, 「김철수외 20인 조서(2)」(1931년 형공 제172~177호), pp. 419~420(김철수 진술)[김준엽·김창순 공저, 「한국공산주의운동사」 3(청계연구소, 1986. 7), pp. 186~187에서 다시 인용]. 위의 자료에도 보이듯이, 김철수 당은 1926년 9월부터 제3차 조선공산당을 출발시키는 임무만을 끝내고, 이해 12월부터 안광천을 책임비서로 삼아 그에게 당권을 물려주었다.

45) 이 토의안은 1927년 5월 17일 최익한 등이 의안작성위원회에서 작성하였다. 이 문건은 경기도경찰부, 「치안개황」(1928. 5), pp. 39~56 [김준엽·김창순 공저, 앞의 책 3, pp. 28~33에서 다시 인용].

46) 이 문제는 김준엽·김창순 공저, 앞의 책 2, pp. 304~306을 참조.

지만 '구체적 투쟁방침'과 강령을 전하였다. 이 투쟁방침에 따르면 투쟁의 '근본적, 결정적 역량'은 가장 많이 압박 받고 착취 받는 전민족의 87%나 되는 노동계급과 농민에 있으며(이들이 민족해방운동의 근본적 투쟁자이다), 도시의 소부르주아지와 지식분자들이 이에 부수하여 진출하고, 부르주아지가 혁명의 선봉대와 '직접동맹'하는 형태의 민족협동전선을 제기하였다.[47] 이는 민족개량주의자와 사회투기주의자를 제외하고[48] 부르주아지까지 포함하는 '직접동맹'의 형태였다.

이와 같은 제1차 조선공산당의 민족협동전선론은 제2차 조선공산당에 이어져[49] 더욱 진전하였으며 실천성을 논의하는 단계에 들어섰다.[50] 제2차 조선

---

47) "조선공산당과 고려공산청년회대옥기"(1930), 앞의 「현대사자료(29)」, pp. 419~422; "조선공산당선언"(1926년 7월 조선공산당 중앙집행위원회 명의), 「불꽃」 제7호(1926년 9월 1일자) ["(자료발굴)1926년 7월에 발표된 「조선공산당 선언」," 「역사비평」 계간 19호(역사문제연구소, 1992 겨울), pp. 350~356 소수]. 위의 두 자료에 제1차 조선공산당의 강령이 실려 있다. 「조선공산당선언」은 제1차 조선공산당이 제기한 협동전선의 형태를, 자신들의 협동전선론인 '민족혁명유일전선'과 일치시켜 "조선공산당은 일본 제국주의의 압박에서 조선민족을 절대해방시키기 위하여 조선의 모든 역량을 집합하여 민족혁명유일전선을 작성할 일"이라고 요약하였다. 「조선공산당선언」에 대해서는 전명혁, "1920년대 공산주의운동의 기원과 조선공산당," 역사학연구소 편, 「한국공산주의 운동사 연구－현황과 전망」(아세아문화사, 1997. 7), pp. 91~94; 신춘식, "조선공산당선언," 「한국독립운동사사전」 6, pp. 368~369을 참조.

48) 김찬에 따르면, 제1차 조선공산당은 '1. 일본 제국주의 통치의 완전한 타도, 조선의 완전한 독립', '7. 민족개량주의자와 사회투기주의자의 기만을 폭로하자' 등 17개 항의 당면문제 슬로건을 정하였다. "피의자심문조서"(제2회, 김락준), 「김락준조서」[김준엽 · 김창순 공편, 「한국공산주의운동사(자료편I)」(1979. 12), p. 71]. 김찬에 대한 신문에는 검사는 '노동민주독재의 실시, 노동자, 농민의 소비에트 건설' 등 5개의 항을 더 들었으나, 김찬은 '아니다'라고 답하였다. 김준엽 · 김창순은 이를 "고의적 부정으로 간주된다"고 해석하였다. 김준엽 · 김창순 공편, 앞의 책2, pp. 306~308. 「조선공산당선언」에 인용된 제1차 조선공산당의 강령은 40개항에 이른다. 앞서 본 북풍회의 강령(1924. 11) 등을 참고한다면, 제1차 조선공산당이 제기한 '직접동맹'에서 '민족개량주의자와 사회투기주의자'－즉 자치운동자들을 비롯한－를 배제한 협동전선을 구상하였음을 알 수 있다.

49) 이는 앞서 보았듯이, 제2차 조선공산당 때 작성된 「조선공산당선언」이 제1차 조선공산당의 선언과 강령을 인용함을 보아도 알 수 있다.

50) 제2차 조선공산당의 민족협동전선론은 김찬 · 김단야 등 제1차 당의 망명간부로 구성된 조선 공산당 상해임시정부와 깊은 관련이 있었고, 이는 6 · 10만세운동으로 이어졌다. 조선공

공산당이 구체화시킨 협동전선체의 형태는 중국의 국민당과 같은 '당' 형태의 조직이었다. 앞서 보았듯이, 제2차 조선공산당은 제3회 중앙집행위원회(1926. 2. 26)에서,[51] "민족·사회 양 운동자를 통일하기 위한 국민당 조직의 전제로서 천도교를 기초로 하도록 할 것"을 결의하고, 3월 10일 강달영이 비타협 민족주의자 7명과 만나 서로 협동하기를 제안하였다.[52] 제2차 조선공산당은 "비타협적 운동과 이의 통일·연락을 목적으로 하는 민족대회"를 소집하여 국민당을 결성하려고 하였는데, '비타협적'이라는 말에서 자치운동 등 타협운동을 배격하였음을 알 수 있다. 또 "이 당에 다수의 공산당원을 가입시켜 부지불식간에 공산주의를 주입"한다는 데에서, 당의 명칭도 그러하지만, 이 국민당이 중국 국민당과 같은 형태의 개인가입제를 의도하였음도 확인할 수 있다.

이와 같이 국민당을 결성하려는 구상은 매우 구체성을 띠고 진행되어 1926년 말 또는 1927년 초에 광동에서 결당을 위한 회담을 계획하는 단계까지 진전되었다.[53] 제2차 조선공산당은 민족주의·사회주의·공산주의 따위의 이

산당 상해임시정부는 장석홍, 「6·10만세운동 연구」(국민대학교대학원 국사학과 박사학위 논문, 1995. 12), pp. 85~97을 참조.

51) 장석홍에 따르면, 국민당 계획에는 조선공산당 상해임시정부가 깊이 관여하였는데, 상해임시정부는 늦어도 1926년 2월 초에 국민당을 결성하려는 계획을 세웠고, 이러한 지침을 2월경에 국내당에 보냈으며, 2차 조선공산당은 중앙집행위원회의 결의를 통해 이를 가결시키고 행동으로 옮겼다. 장석홍, 앞의 논문, pp. 97~99.

52) 김준엽·김창순 공저, 앞의 책 2, pp. 386~392. 본부를 만주에, 지부를 조선에 두는 국민당 조직을, 천도교를 이용하여 결성하려는 움직임이 제2차 조선공산당에서 있었다는 사실을 입증하는 다른 일제의 관헌 자료도 있다. 앞의 「현대사자료(29)」, pp. 42~43. 이균영은 제2차 조선공산당의 이 결의를 "공산주의자들이 행한 최초의 구체적인 민족협동전선 논의라는 점과 그 구체적인 조직방법이 거론되었다는 점에서 주목된다"고 평하였다. 이균영, 앞의 책, p. 55. 그러나 앞서 보았듯이 제1차 조선공산당은 부르주아지를 포함한 '직접동맹' 형태의 민족협동전선을 결성하기로 하였다.

53) 「A plea for the formation of a nationalist party of the Korean revolutionary movement」. 이 자료는 1992년 2~3월 이균영이 모스크바 소재 '러시아 현대사 자료보관 및 연구센터'에서 발굴하였는데, 전문을 그의 저서 「신간회연구」, pp. 105~114에 수록하였다. 이균영은 위의 문건이 작성된 시기를 1926년 4월 14일~1926년 6월 10일 사이로 보았다. 위 자료에

념 · 주의에 상관 없이 일제에 반대하는 당 형태의 대중운동조직으로서 조선국민당을 세우려 하였다. 이를 위한 전 단계로 먼저 대중단체의 대표자나 명망 있는 개인으로 구성되는 조선국민당중앙집행위원회[The Central Executive Committee of the Korean Nationalist(or Independence) Party] 또는 조선혁명지역 임시연맹협의회(The Provisional Federated Council of the Korean Revolutionary Constituencies)의 이름을 갖는 조선민족운동의 최고협의회(Supreme Council)를 조직하려 하였다.[54] 이러한 계획은 실현되지 않았지만, 제2차 조선공산당이 국민당 형태의 민족협동전선체를 결성하려 하였음은 분명하게 확인할 수 있다.

1926년 7월 발표된 「조선공산당선언」은 조선민족의 절대 해방을 위해 조선의 모든 역량을 집합시켜 '민족유일혁명전선'을 결성하자고 제창하였다. 먼저 이 선언은 "6월 운동(6 · 10만세운동을 가리킴: 인용자)은 3 · 1운동에 비하여 철저한 목적, 표어 및 투쟁방침을 가져 일본 제국주의에 반항하는 민족혁명유일전선의 제작상 확고한 첫 기초로 되었다"고 평가하였다. 이같이 6 · 10만세운동을 평가한 기초 위에, 민족협동전선을 '민족혁명유일전선'의 형태로 제시하면서 "일본 제국주의에 대립한 조선의 모든 역량을 집합하여 민족혁명유일전선을 작성하여 적의 영루에 향하여 정확한 공격을 준비 또한 개시하여야 할 것"이라고 선언하고, 끝부분에서 또다시 "일본 제국주의자 및 그 주구들에 대하여 공동히 투쟁하기 위하여 제국주의 반항 유일 민족전선을 조직하자고" 촉구하였다.[55] 「조선공산당선언」이 제시한 '민족유일혁명전선'은 전민족의 87%나 되는 노동자 · 농민 계급(노농계급)—가장 많은 압박과 착취를 받는—을 기초로 하여 도시의 소자본가, 지식분자, 불만을 가진 부르주아지까지 포함한 '직접동

대한 설명 · 해석은 이균영, 위의 책, pp. 56~60. 장석홍도 위의 자료를 이용하여 제2차 조선공산당의 국민당 계획을 자세히 설명하였다. 장석홍, 앞의 논문, pp. 97~108.

54) 이균영, 위의 책, pp. 56~60.

55) 앞의 "조선공산당선언," 「역사비평」 계간 19호, pp. 350~356에서 다시 인용.

맹'의 형태였다.[56)]

한편 제2차 조선공산당은 6 · 10만세운동을 준비하며 '시위운동의 대략 방침'으로 3가지를 정하였는데, 첫 번째가 사회주의 · 민족주의 · 종교계 · 청년계 · 학생계의 혁명분자를 망라하여 대한독립당을 조직한다. 둘째가 대한독립당은 6월 10일을 기하여 시위운동을 수행한다는 내용이었다.[57)] 대한독립당의 성격, 또 이것이 '민족유일혁명전선'과 어떠한 관계를 가지는지 확실하게 단언할 수 없지만,[58)] 당시 조선공산당은 민족부르주아지까지 포함하는 민족유일혁명전선을 구상하였음은 확인할 수 있다. 또 혁명성을 지닌 민족주의 세력과 연합하여 6 · 10만세운동을 3 · 1민족해방운동과 같은 대중투쟁으로 발전시키기 위하여, 이를 지도하는 연합전선기관으로 '당'의 형태를 구상하였음도 분명하다.[59)] 이러한 논리가 발전하여 유일혁명전선이 당의 형태를 띠게 된다면, 이것이 민족유일당 · 민족단일당의 성격을 지니게 됨은 당연한 귀결이었다.

앞서 보았듯이, 3차 조선공산당은 6 · 10만세운동을 주도하다가 당 간부들

---

56) "조선공산당과 고려공산청년회대옥기"(1930), 앞의 「현대사자료(29)」, pp. 419~422.

57) 앞의 「현대사자료(29)」, p. 425.

58) 강만길은, 조선공산당이 창립될 당시 강령에서 밝힌 "조선의 제종 혁명역량을 집합하여 민족혁명 유일전선을 작성"하는 방법으로 대한독립당을 조직하려 하였다고 보았다. 강만길, "독립운동과정의 민족국가건설론"(1982), 「한국민족운동사론」(한길사, 1985. 3), pp. 125~126. 장석홍은, 대한독립당은 6 · 10만세운동을 이끄는 민족협동전선체를 의미하며, 6 · 10만세운동의 추진 과정에서 민족세력의 대연합체이자 운동의 총본부를 지향하며 성립되었다고 보았다. 또 조선공산당 임시상해부와 이의 영향을 받은 제2차 조선공산당은, 그들이 구상하였던 국민당 계획을 6 · 10만세운동의 실천과정에서 이루려 하였는데, 대한독립당이 바로 실체라고 강조하였다. 이에 따르면, 대한 독립당은 국민당 계획에서 지향하였던 민족협동전선의 실천 조직이었다. 장석홍, 앞의 논문, pp. 113, 231; 장석홍, "6 · 10만세운동의 격문과 이념," 「한국독립운동사연구」 제12집(독립기념관 한국독립운동사연구소, 1998. 12), pp. 158~160, 조선공산당 상해부와 6 · 10만세운동의 관련성은 장석홍, "조선공산당 상해임시정부의 통일전선과 6 · 10만세운동," 우송조동걸선생정년기념논출간행위원회 편계, 「한국민족운동사연구」(나남출판, 1997. 9)를 참조.

59) 6 · 10만세운동 당시 살포된 「격고문」은 대한독립당의 명의로 되어 있었다.

이 일제에 검거 당하였으나, 이들은 무너진 당을 재조직하는 한편, 제2회 조선 공산당 대회(1926. 12. 6. 개최)를 열어 '민족단일당'을 조직하자고 결의하였다. 이러한 결의는 홍명희·안재홍 등이 1926년 동계 휴가때 만나 '진순한 민족당'을 조직하기로 결정한 시기와 비슷하게 이루어졌다.60)

이상에서 본 바와 같이 조선공산당이 지향한 협동전선은 부르주아지까지 포함하는 '직접동맹'의 형태를 더욱 구체화시켜, 혁명성을 가진 민족주의 조직을 기초로 한다는 원칙 아래 국민당을 조직한다는 방침을 세웠고, 이는 1926년 말에 이르러 민족단일당론으로 자리잡았다. 이러한 전술에 따라 이들은 좌익민족전선으로 조직되는 신간회에 참여하여 이를 '민족단일정당'으로 발전시키려 하였다.61) ML계가 주장한 초기의 협동전선론에서, 신간회를 '민족단일당'이라고 규정하였음은 1920년대 들어 사회주의자들이 지향한 협동전선론의 당연한 귀결이었다.

1926년 말 사회주의자들이 협동전선의 형태에서 민족단일정당론을 결정한 뒤, 좌익민족전선인 신간회에 참여하여 이를 민족단일당으로 지향하여 나가던 1927년 4월경 '민족단일당'이라는 용어가 쓰이면서 '좌익민족전선'이라는 말을 대신하게 되었다.62) 이와 같이 '민족단일당'이란 용어가 1927년 4월 일반화된

60) 앞의 「현대사자료(29)」, p. 95.

61) 일제의 한 자료는 "안광천 일파의 공산당 간부는 당정책인 단일민족당의 조직을 수행하고자 한위건, 김준연 등으로 하여금 그 창립에 필요한 준비를 은밀히 갖추고 1927년 1월에 갑작스럽게 신간회 조직 계획을 발표하였다"고 기술하였다. 경기도경찰부, 「치안개황」(1928. 5), pp. 7~11[김준엽·김창순 공저, 앞의 책 3, p. 48에서 다시 인용]. 이 자료는 공산당원인 김준연·한위건이 신간회 창립에 관여한 이유가 조선공산당의 민족단일당론과 관계 있음을 보여준다. 단, 앞서 보았듯이 조선공산당이 신간회 창립에 주도성을 띠지는 않았다.

62) 이균영은 1927년 2~3월에는 '좌익민족단일전선'이란 용어가 많이 나타났으나, 1927년 4월부터 이는 거의 쓰이지 않고 '민족단일당'이 주로 사용되었다고 지적하였다. 이균영, "지회 설립에 따른 신간회의 '조직형태' 검토," 「한국학논집」 제11집(한양대학교 한국학연구소, 1987. 2), pp. 200~201.

데에는, 이미 1926년 말 ML계의 협동전선론으로 자리잡은 '민족단일정당론'이 구체화하고, 이것이 실천 형태로 나타난 노력이 있었다. 이는 좌익민족주의자들의 운동조직, 즉 민족주의 좌익전선으로 출발한 신간회에 사회주의자들이 지원·참여함으로써, 신간회가 협동전선당인 '민족단일당'을 지향하는 발전과정에 있었음을 말한다.

그러면 신간회가 '민족단일당'이라는 규정은 어떠한 지향점을 담아내는가. 첫째, 반제국주의 투쟁을 위한 혁명당을 지향한다는 뜻이 담겨 있었다. 즉 민족의 해방·독립은 자치운동과 같은 타협·개량의 방법이 아니라 민족혁명으로 달성해야 한다는 주장이다. 둘째, 프롤레타리아트의 계급당이 '민족단일당'인 신간회와 대립하여 표면정당으로 존재하지 않는다는 뜻이었다. 그러나 이는 프롤레타리아트의 전위당인 지하에 비합법의 형태로 존재하지 않는다는 의미는 아니었다.[63]

신간회가 민족단일당으로 발전한 사실을 사회주의자들의 처지에서 평가하면, 그들이 민족부르주아지의 혁명성을 긍정하였으며, 동시에 민족협동전선에서 민족부르주아지에게 일정한 구실을 기대하였음을 뜻한다. 따라서 이 단계에서는 아직 민족부르주아지의 한계성을 드러내서 지적·강조하지 않았다.

이와 같이 전민족 정치투쟁을 강조하던 신간회운동 초기에는, ML계 사회주의자들은 프롤레타리아트의 독자성·헤게모니를 앞세워 강조하지 않았다. 이를 달리 말하면, ML계는 전민족 정치투쟁·민족단일당과 프롤레타리아트 독자성의 관계 문제에서 확고한 이론·실천상의 방침을 정립하지 못한 채 신간회에 참여하였다고 할 수 있다. 이때까지 ML계는 '총체적 무산계급론'의 시각에서 협동의 필요성을 강조하는 논의를 선행시켰고, 프롤레타리아트 헤게모니 문제는 아직 전면화시키지 않았다.[64] 바로 이 점이 민족협동전선이 결성될 수 있는

63) 김인식, 앞의 논문(2004. 4), p. 396.

64) 6·10만세운동 당시 '대한독립당'의 명의로 뿌린 「격고문」은 "식민지에서는 민족해방이 곧

중요한 전제 조건이기도 하였다.

신간회는 자치운동을 반대하는 민족주의좌익전선론을 배경으로 창립되었고, 여기에 민족단일당론이 결합함으로써 민족협동전선체로 발전하였다. 신간회가 민족주의 좌익전선으로 발기·창립되고 민족단일당을 지향하는 과정에서 민족협동전선의 전형을 보이므로, 이 사실을 귀납시키면 이른바 민족협동전선이 성립하는 원칙과 구체 조건을 확인할 수 있다. 신간회운동이 민족통합을 추구하는 민족협동전선이라 해서 친일파 등 반민족분자나 자치운동 등 타협주의까지 포함하는 무조건 협동은 아니었으며, 분명한 협동의 원칙이 있었다. 신간회가 출발하는 배경은 반자치론에 있었다. 친일노선은 물론 타협주의를 배격함이 협동전선의 원칙이자 출발점이었고, 여기에는 민족의 독립·해방이라는 공통의 목표·대의가 있었다. 이 같은 합의가 협동전선이 출발하는 대전제였다.

신간회는 자치운동 등 타협운동을 배격하면서 반자치론을 견지한 비타협 민족주의 세력이 우선 민족주의좌익전선을 형성함으로써 출발하였다. 이것이 협동전선이 성립하는 첫 번째 조건이었다. 일제하 신간회운동기의 정치세력을 크게 구분하면, 자치운동을 주장하는 우익 세력과 절대독립을 주장하는 좌익 세력(이는 다시 좌익민족주의와 사회주의 세력)으로 나뉘었다. 사회(공산)주의자들

계급해방이며 정치해방이 곧 경제해방임"을 주장하면서, "식민지민족이 모두 무산계급이며 제국주의가 곧 자본주의"이기 때문이라는 논리를 폈다. 「격고문」('1926년 6월 10일 대한독립당' 명의), 앞의 「제2차조선공산당사건검거에관한보고철」[앞의 「한국공산주의운동사(자료편Ⅱ)」, pp. 58~59]. 이는 이른바 '총체적 무산계급론'이었다. 이러한 논리는 민족단일당론으로 이어졌다. 고경흠은 "전민족이 제국주의 지배 아래 단일한 피압박계급"이라는 생각이 '민족단일당론'으로 이어졌다고 비판하였다. 김민우, 앞의 글(1930. 5), p. 16. "정치운동의 현 단계에서 제일의 문제로서 전민족적 단일당"을 조직하자고 제기한 조선사회단체중앙협의회 창립대회 「토의안」은, 제국주의가 곧 자본주의이므로 일제에 대항하는 민족주의운동은 반자본주의운동이 된다는 논리 아래, 부르주아 민주주의 혁명을 쟁취하기 위해서는 "모든 반자본적 각계급층과 전민족적 협동전선을 결성"하자고 주장하였다. 김인식, 앞의 논문(1991. 12), pp. 124~125.

이 신간회해소운동을 벌일 무렵, 좌익민족주의자들은 타협주의 노선 그리고 사회주의운동의 계급주의 노선을 모두 비판하며, 자신들을 '의식적 중간세력'으로 자임하였다.[65] 좌익민족주의='의식적 중간세력'이 먼저 결집한 신간회가 민족협동전선으로 발전하였다는 사실은, 진정한 중도세력이 먼저 결집해야만 민족협동전선(또는 사회통합 · 민족통합)이 출발할 수 있음을 보여준다. 좌익민족주의자의 조직이었던 신간회 중간세력(중도파)의 기반이 됨으로써 민족협동전선의 틀을 마련하였다. 8 · 15해방 후의 여운형 · 김규식 등이 주도한 좌우합작운동도 극좌(조선공산당)와 극우(이승만 · 한국민주당) 세력에서 분리되어 나온 이른바 '중간파'가 형성되었기에 가능한 일이었다. 이는 현재 한국사회의 통합의 원칙과 방향을 제시한다.

제 2 절 근우회 운동

경제성장과 남북통일의 과제를 놓고 우리는 보수니 진보니 좌파니 우파니 하고 갈라서고 있다. 이른바 양극화 해소를 위해 두 진영이 힘을 합하여야 한다. 그러나 각기 그들의 주장만을 내세우는 형편이니 양극화는 더욱 심화될 수밖에 없다.

과거 일제의 식민정부일 때에 우리의 선조들이 조국의 발전을 놓고 사회주의 진영과 민족진영이 각기 독립운동을 전개하고 있었다. 이를 해소하고 민족의 대동단결을 위해 좌우합작의 필요성이 강조되었다. 이를 위해 신간회가 탄생되었다. 뒤를 이어 여성도 참여하자는 운동이 일어나 당시의 사회 실정을

---

65) 안재홍은 자치운동 등 타협주의 경향과 함께 사회(공산)주의의 비합법주의 운동을 모두 부정하면서, "조선의 현황은, 이 양자의 사이를 정진하면서 의식적 중간세력으로 일정한 민중적 훈련과정을 지나감을 요한다"고 말하였다. "합법 비합법-신간 분의 소감"(1931. 1. 24. 조선일보 사설), 「선집」 1, pp. 382~284. 신간회가 해소될 무렵 안재홍은 좌익민족주의를 '중앙적' · '중간적' · '중정적'이라고 표현하였다. 김인식, 앞의 논문(1994. 7), pp. 181~185.

참작해서 근우회를 창설했던 것이다.

오늘날 우리사회는 여성의 지위가 높아지면서 여성의 정치, 경제 사회참여가 활발해지고 있다. 여성에 대한 기대가 높아지고 있는 가운데 양극화의 조정자적 역할이 여성에게 더욱 적합하다는 견해와 함께 현실적이고 실용적인 좌우통합을 위한 활동의 전개를 전망하면서 근우회의 좌우합작운동의 전개를 고찰하고 그의 실태와 함께 경제성장과 평화통일의 과제를 해결하기 위한 우리 여성운동의 전망으로 새로운 여성활동의 방향을 제시한다.

1. 근우회의 설립

〈신간회 탄생과 여성계의 동향〉

1919년 3·1 민족독립시민혁명의 물결이 비폭력항쟁으로 전국으로 확대되었다. 일본의 조선총독부는 우리 선조들을 총칼로 무찌르면서 진압하였다. 한국인의 투철한 민족독립정신 앞에 그들의 식민지 정책이 문화정책으로 전환되었다. 이후 1923년부터 국내의 일부 유력한 항일세력 지도층에서는 그동안 여러 갈래로 흩어져 제각기 구성하였던 군소단체를 3·1정신으로 규합하자는 이념아래 대동단결을 부르짖었다.

"분산에서 통일로! 자연생장적인 데서 목적의식적으로!"라는 구호를 강조, 민족운동의 대표기관을 설립하기 위한 회의를 비밀리에 거듭하여 왔다. 그 숙원이 드디어 결실을 맺어 1927년 1월 20일에는 민족단일당, 민족협동전선이라는 표어아래 신간회(新幹會) 창립 발기인회가 열렸고 그해 2월 15일 오후 7시 YMCA회관에서 창립대회를 열기에 이르렀다. 합법적인 결사운동이었다. 강령은 다음과 같고 선언서는 당시 왜경에게 압수되어 널리 전하지 못하였다.

강령

一. 우리는 정신적, 경제적 각성을 촉진함.

一. 우리는 단결을 공고히 함.

一. 우리는 기회주의를 일체 부인함.

이와 비슷한 목적으로 창립된 「조선민흥회(朝鮮民興會)」가 즉각 합동을 제의하여 왔다. 원래 공산주의는 통일전선과 인민전선이라는 전략으로 기존 단체와 합작하는 단계가 있는 것이다. 신간회 측에서는 민흥회원 전부를 포섭한다는 조건으로 합동하고 회의 명칭은 제3간판을 선택하지 않고 그대로 「신간회」라 하였다.

이관구(李寬求)의 회고담에 의하면 회명을 처음 「신한회(新韓會)」라고 지었으나, 신석우가 총독부에 등록하러 갔을 때 총독부에서 한(韓)자를 거절하므로 옛날에는 한(韓)자와 간(幹)자가 같은 의미로도 쓰였고, 「고목신간(古木新幹)」이라는 글 뜻에도 맞아 한(韓)을 간(幹)으로 고쳤다는 것이다. 신간회 창립의 주도인물은 애당초 이 기관의 창립을 착상하고 모색하고 추진해 온 당시 조선일보 핵심간부였던 신석우였다. 그는 엄청난 사재(私財)를 희사하여 친일파의 손으로부터 조선일보 판권을 매수하여 발행한 이요, 이상재(李商在) 사장의 서거 후 후임 사장이 된 분이다. 당시 조선일보에 재직했었던 최은희 여기자는 신석우에 의한 신간회 창립 운동 준비과정에 대해 잘 알고 있었다.

한편 당시 세상 사람들은 유영준 · 황신덕 · 최은희를 가리켜 서울의 세까틀이니 일본 말로 산닌구미(3인조)니 하며, 그녀들에게 무언가 모르게 큰 기대를 걸었고, 그녀들 자신도 둥근 솥을 괴고 선 세 개의 솥발(鼎足之勢)처럼 세 사람의 힘을 합하면 새로운 역사라도 창조할 것 같은 포부와 희망을 가졌었다. 신간회가 비록 문호를 개방하여 남녀의 유별(有別)과 계급의 차가 없다 하였으나, 그 시대로 보아 대중적으로 여성회원을 획득하기는 어려웠다. 그들 세 사람은 우리도 여성의 단일단체를 조직하여 신간회와 자매적인 유대를 가지고 자체발전을 시켜 나가면서 부인 특유의 문제를 해결해 나갈 방침을 수립하자는 데 의견을 모았다. 그러나 여성들의 경제적 여건이 한 단체를 일으켜서 꾸려나가기에는 너무나 힘이 미약하였다. 어느모로 보나 여성들의 뜻을 이해시키고 도움을 청하기에 가장 수월한 분은 조선일보 사장 신석우라 생각하였다. 1926년 12월 28일은 음력 11월 24일이었다. 그 날은 유영준의 생일이었다. 최은희는 자청하여 신석우에게 유영준의 생일만찬회를 열어 달라 하였다. 그는 여성들이 씌워주는 바가지를 곧잘 호협하게 받아들이는 분이었다.

"유영준·황신덕·최은희 저희 세 사람의 생일이 다 같이 동짓달인데 큰형님 생일날 모듬거리로 축하하고 싶습니다"라고 부탁하였던 것이다. 그는 쉽사리 응해 주어 장소는 조선호텔로 하고 인원은 오붓하게 네 사람으로 제한하였다. 그들은 그날 만찬회에서 전국 지식층 여성의 총역량을 집중시켜 여성이 단일단체를 조직할 계획을 말하고, 자금 및 기타에 있어서 적극 원조해 줄 것을 다짐 받았다. 그리고 진고개 무라가미 사진관에서 3자매의 기념사진촬영도 하였다.

2. 근우회의 탄생

1927년 4월 16일 오후 8시 견지동 조선일보 2층 누상에서 재경 동경여자유학생 주최, 조선일보 후원으로 여자 외국유학생 친목회를 개최하였다. 미국·일본·러시아·필리핀 등지에서 유학하는 60명에 가까운 여성이 참석하였다.

조선일보사에서 제공한 다과와 음악을 감상하며 화기애애하게 담화를 교환하는 동안 신경을 곤두세우고 나왔던 종로서 고등계 형사들은 싱거운 표정으로 안심하고 돌아갔다. 그들은 이때다! 생각하고 그들의 복안을 털어놓았다. 즉석에서 찬성을 얻어 친목회는 일단 폐회 형식을 취하고 그 회를 발기인회로 뒤집었다. 발기인총회 준비위원으로는 유각경·최은희 등 13인을 선정하였으며, 회명은 유각경의 제의대로 「근우회(槿友會)」라고 칭하였다. 4월 26일 오후

8시 종로 중앙유치원에서 근우회 발기총회가 열렸다.

발기총회가 끝나자 이어서 제1회 창립준비위원회가 열렸다. 창립대회는 5월 중순경으로 결정하고 다음과 같이 사무를 분담하였다.

一. 강령·규약·초안 및 취지서 작성– 김활란·황신덕·이현경
一. 총무부– 최은희·이덕요·박경식·차사백·김순영
一. 회원모집– 유각경·황신덕·이현경·김활란·현덕신·박원희·김순복
一. 추가– 정칠성·조원숙·김영순

취지서를 인쇄하여 창립대회 전에 회원 및 경향 각지의 일반 인사에게 배부하였다. 그 취지문을 보자.

근우회 취지서(槿友會 趣旨書)

인류사회는 많은 불합리(不合理)를 생산하는 동시에 그 해결은 우리에게 요구하여 마지않는다. 여성문제는 그 중의 하나이다. 세계는 이 요구에 응하여 분연히 활동하고 있다. 세계 자매는 수천 년 내의 악몽으로부터 깨어서 우리의 생활 도정에 횡재(橫在)하고 있는 모든 질곡을 분쇄하기 위하여 온 지 이미 오래이다. 이 역사적, 세계적 혁명에서 낙오될 수 있으랴! 우리사회에서도 여성운동이 개시된 것은 또한 오래이다.

그러나 회고하여 보면 조선의 운동은 거의 분산되어 있었다. 그것에는 통일된 조직이 없었고 통일된 목표와 지고정신도 없었다. 그런 고로 그 운동은 효과를 충분히 내지 못하였다.

우리는 운동상 실천으로부터 배운 것이 있으니, 우리가 실지로 우리 자체를 위하여 우리 사회를 위하여 분투하려면 우선 조선 자매 전체의 역량을 공고히 단결하여 운동을 전반적으로 전개하지 아니하면 아니 된다. 일어나라! 오너라! 단결하자! 분투하자! 조선의 자매들아! 미래는 우리의 것이다.

이때 가장 중점을 둔 활동이 회원모집이었기 때문에 회원모집부에 위의 인물 이외에 3명을 더 추가로 선정하였다. 이 3명은 김영순·조언숙·정칠성이었다. 이 가운데 기독교 여성인물로는 김활란·차사백·최은희·김영순·김선·방신영·현덕신·김순복·유각경·김활란 등으로 총 구성원의 절반 이상을 차지하였다.

2회 창립준비에서는 임시사무소 설치를 서울 중앙예배당으로 할 것, 취지서 및 규약 통과 등을 결정하였는데, 이때 채택된 강령은 조선여자의 단결과 조선여자의 지위향상을 도모한다는 내용이었다. 이 내용은 기독교·사회주의 진영 여성들이 모두 공감할 수 있는 것이었다.

이렇게 하여 1927년 5월 27일 서울 종로 기독교 청년회관에서 근우회 창립대회가 열렸다. 이 창립대회에서 임시 집행위원으로 다음과 같이 인물들을 선출하여 회의를 진행시켰다.

의　　장: 김활란
부 의 장: 유각경
서　　기: 유영준·최은희·차사백
사　　찰: 이덕요·주세죽·현덕신·강정희·임순분

임시 집행위원들은 8개항의 의안을 채택하고, 취지서, 2대 강령, 규약 및 선언 등을 결정하였다. 그리고 마지막으로 중앙집행위원을 선출하였다.

선출된 인물들은 다음과 같았다.

서 무 부: 박경식(상무)·조원숙(상무)·차사백
재 무 부: 김선(상무)·우봉운·최은희·방신영
선전조직부: 박신우(상무)·유각경·정칠성·정종명

교　양　부: 황신덕(상무)·김동준·김영순·박원희
조　사　부: 김활란(상무)·홍애시덕·이현경
정치연구부: 유영준(상무)·이덕요·현덕신

전체 21명 가운데 9명이 사회주의계(박신우, 박원희, 우봉운, 이덕휘, 이현경, 정종명, 정칠성, 조원숙, 황신덕), 민족주의계 8인(김선, 김영순, 김활란, 방신영, 유각경, 차사백, 현신덕, 홍애시덕), 중립 4인(김동준, 박경식, 유영준, 최은희)이었다. 집행위원들은 월 29일 제1회 신임 집행위원회를 열고 근우회 발회식을 위한 준비작업을 시작하였다. 근우회 발회식은 6월 17일 중앙 기독교 청년회관에서 거행되었다.

3. 근우회의 조직과 활동

① 중앙집행위원회

Ⅰ. 발회식

6월 15일 제3회 집행위원회의 결정대로 6월 17일 오후 8시 중앙기독교 청년회관에서 근우회 발회식을 가졌다. 이보다 먼저 6월 9일 동아일보 홀에서 동아일보가 베푸는 근우회 창립 축하 간담회가 있었으며, 발회식에서는 황신덕으로부터의 「근우회 각부 사업방침 종합보고」 연설과 근우회 2대 강령을 해석하는 기념강연이 있었다.

一. 조선여자의 단결······김순복
一. 조선여자의 지위향상··김준연

이을라의 소프라노 독창과 김은실·김사라의 피아노 병탄 등 부드러운 순서를 곁들였고 장내의 혼잡을 피하기 위하여 8백장의 초대권을 발행하였으나 밀려드는 청중을 막을 길이 없어 장내는 입추의 여지가 없었다.

Ⅱ. 부서별 활동

◎ 재무부

재무부에서는 최은희의 주관 아래 7월 15일 정기 집행위원회 날 대단한 재정정책은 아니었지만 선전을 겸한 일석이조격의 효력을 노려 뭇사람들에게 깊은 인상을 줄 수 있는 기발한 착상으로써 서울 장안을 흥미 있게 뒤흔들었다. '조선여자의 단결을 공고히 함'이라는 근우회 강령 제1조를 선전하는 동시에 저절로 수입이 뒤를 따르게 되었던 것이다. 회원들에게 여자의 모시적삼이나 옥양목적삼에 달아 입을 헝겊단추를 맺게 하여 1인당 10개 이상씩 공출시켰다. 헝겊단추는 헝겊을 가늘게 접어 박아 얼기설기 단단히 한번 맺으면 도저히 다시 풀 수 없는 고로 그처럼 단결을 굳게 한다는 표시가 되는 것이다. 바느질을 얌전히 하는 부인들도 헝겊단추를 맺을 줄 아는 이가 드물었기 때문에 수집성적이 좋지 않을까 염려도 했다. 이 외에도 한 사람이 5백 개를 제공한 이가 있었다. 평소에 아무 보답이 없이 유영준(여의)에게 병치료를 받아 온 부인네들이 밤을 새워 맺어서 그녀의 몫으로 가져왔던 것이다. 최은희도 조선일보 주최의 부인견학단에서 사귄 부인들로부터 조선일보 몫으로 수백 개의 기증을 받았고 열성 회원들의 헌납과 유지 부인들의 성의로 기일까지 무려 3천여 개의 대량 수집을 보았다. 종이로 삼각(三角) 궤불봉투를 만들고 앞쪽엔 '단결', 뒤쪽엔 '근우회'라는 스탬프를 찍고 단추 세 개씩을 한 봉투에 넣었다. 예정한 날 회원들은 정오를 기하여 10여인씩 편대를 지어 어깨에 근우회 선전띠를 걸쳐 메고 서울 장안에서 가장 사람이 많이 통행하는 종로 네거리·종로 4정목·광화문통·서대문 우편국 앞·조선은행 앞·경성 역전 등 번화한 거리를 골라서 가두판매를 시작하였다. 이런 행사는 일찍이 듣도 보도 못하였던 만큼 신문이 전해 준 소식은 꼬리에 꼬리를 물고 퍼져서 거리의 인파는 굉장하였다.

단추가 3천개면 봉투가 1천개요, 한 봉투에 5전씩이니 매상고(賣上高)전액이 50원이었다. 그 당시 50원이면 백미(白米) 열가마를 사고도 남는 돈이었다. 단추는 날개 돋쳐 나는 듯이 순식간에 다 팔렸다. 양복장이 남자들도 '축하합니다', '단추처럼 굳세게 단결하세요'하며 다섯 봉투 열 봉투씩 사가지고 갔다. 이리하여 첫 번째의 재무부 행사는 인기 백퍼센트의 효과를 보았던 것이다.

◎ 선전조직부

선전조직부에서는 제1회로 7월 15일의 재무부 행사를 선전을 겸해 공동으로 추진하여 나갔고, 제2회 선전일인 8월 15일에는 근우회에서 발행한 리플릿의 가두판매를 하였다. 정가는 5전으로 하고 회원들을 6대로 나누어 종로 네거리·서대문 우체국 앞·종로 4정목·황금정 네거리·경성역·동대문 앞 등에 출동시켰으나, 성적은 그리 좋지 못하였다. 제3회 선전일인 9월 15일에는 집행위원 전원이 오전 오후 양대로 나뉘어 리플릿을 가지고 동서남북 회원의 가정을 방문하였다.

지방조직에 있어서는 그 진행이 매우 활발하여 1928년 연차대회에는 지회가 24개에 회원이 2천여명이었으며, 다음해에는 40여개 지회, 다음 다음해에는 대구, 부산, 평양, 나남, 신의주, 의주, 동래, 하동, 간도, 원산, 해주, 군산, 대판, 밀양, 웅기, 동경, 목포, 진주, 함흥, 영흥, 영주, 영천, 강릉, 통영, 웅기, 전주, 금천(무순) 등 70여 지회가 결성되었다. 근우회 창설 1주년을 기해 전국대회를 열고자 그 준비위원회에서는 다음과 같은 결의를 하였다.

一. 대회는 1928년 5월 26일, 27일 YMCA에서 개최할 일
一. 의안작성위원을 선정할 일
一. 의안은 8일까지 작성하여 각 지회에 공포할 일
一. 선전 포스터를 작성할 일

一. 마크 및 회기 고안할 자를 선출할 일
一. 지회 건의안은 5월 20일까지 접수할 일

이상의 준비상황을 경찰에 보고한 결과 경찰에서는 의안이 불온하다 하여 근우회의 기본정신을 고치지 않으면 대회를 절대로 금지한다고 하였다.

준비위원회 측은 여러 번 경찰과 절충한 결과 의안 없이 임시대회를 7월 14, 15일 양일 간 천도교기념관에서 열기로 하였다. 이보다 앞서 평양 지회에서는 그 회의 주최로 1928년 5월 19일 정오부터 교육의 공로자 백선행 여사의 위안 야유회를 부외(府外) 공설운동장에서 개최하였는데, 3천명의 부인이 참가하여 소운동회를 겸한 야외음악 등 다채로운 프로로 한나절을 즐겁게 보내고 오후 5시 반 산회하였다. 장춘, 웅기, 전주, 금천 지회에서는 특별히 수재, 한재, 화재 등 동포의 이재민 구호사업에 많은 힘을 썼다.

◎ 교양부

교양부에서는 1927년 7월 7일부터 31일까지 인사동 중앙예배당에서 중등교육을 받은 여성을 표준한 제1회 교양강좌를 개최하였다.

과외 강연

신문강연	민채원(완)
조선역사	안재홍
부인문재	박원희
음악에 대해	이을라
회의 진행법	홍명희

◎ 회관과 전화

본부를 경성에 둔 근우회는 유각경, 방신영의 주선으로 처음 태화여자관

안에 있는 조선여자기독교청소년회 안에 임시사무소를 설치하였다가 최은희의 주선으로 최진 변호사의 소유인 공평동 13번지 와즙 평가옥 1동을 무료로 사용하게 되었으며, 견지동 장춘재택 광화문국 15번 전화를 빌려받았다. 그 이전비는 회원 한기주의 부군 백상규가 담당하였고, 테이블과 의자 몇 개와 사무용품을 구비함으로써 독립된 회관에 간판을 걸었다. 이것은 집행위원 몇 사람의 열성과 수완으로 이루어진 것이었다.

◎ 근우회 행동강령

근우회 집행위원에서는 일제치하 법률에 도전하고 사회제도와 인습에 반발, 자본주의와 용감히 투쟁함으로써 다음과 같은 행동강령을 발표하였다.

1. 여성에 대한 사회적 법률적 일체의 차별과 철폐
2. 일체의 봉건적 인습과 미신타파
3. 조혼 폐지 및 결혼의 자유
4. 인신매매 및 공창 폐지
5. 농촌부인의 경제적 이익옹호
6. 부인노동의 임금차별 철폐 및 산전 산후의 임금지불
7. 부인 및 소년공의 위험노동 및 야업폐지[66]

② 지방조직

근우회 본부는 1928년 4월 17일 공평동에 있는 본부회관에서 제1회 전국대회준비 위원회를 구성하였다. 그러나 전국대회는 종로 경찰서의 불허로 열지 못하고 7월 14일 임시대회를 개최하고[67] 중앙집행위원 검사위원 후보위원을 선출하여 본부를 구성하였다.

---

66) 최은희 전집 5. 여성전진 70년(조선일보출판부 2003. 2판) 참조.

67) 강미애, "일제하 근우회,"「교육논총」, Vol. 12(동국대 교육대학원, 1992), pp. 170~172.

중앙집행위원회의 위원구성과 그 성격은 바로 근우회의 성격과 운동방향을 규정하게 되는 것으로 매우 중요하다. 창립시의 집행위원 구성은 앞에서 본 것처럼 민족, 사회 양진영이 비교적 균형을 이루는 상태에 있었다. 그것은 좌우합작 즉, 협동 성사를 위한 일종의 배려로 서울의 여성운동자들을 중심으로 본부를 구성했기에 그러한 조정이 가능했다고 할 수 있다. 그러나 지방의 지회들이 속속 설립되고 그 대의원들에 의해 대회가 구성된 1928년도부터는 사정이 달라질 수밖에 없었다. 지회세력이 등장하기 시작한 1928년 7월 임시전국대회에서 선출된 제2대 중앙집행위원 중 지방지회가 차지하는 비율은 52%(12인)로 지방지회의 진출이 괄목할 만큼 이루어졌다. 중앙검사위원과 후보들까지 포함한 개인 중에는 49%(19인)가 지회 출신이 차지하고 있다. 그런데 지방지회의 다수가 사회주의계의 영향력 하에 있었으므로 지방지회의 진출은 곧 사회주의 세력의 확장을 의미하는 것이기도 했다. 제2대 사회주의계의 비율이 늘어나서 중앙집행위원(23인) 중 사회주의계열의 비율은 78%(18인)이며 상무집행위원과 집행위원장을 합한 14인 중에 확실한 민주주의계로는 차사백이 들어가 있을 뿐이었다. 명백한 좌파 집행부가 구성된 것이다.[68]

근우회 지도층 여성들의 세력변화는 여하튼 간에 충남북도를 제외한 전국에 70여개의 지회를 조직해 나갔다. 근우회의 지회조직 상황을 동아일보에 의거 설립년도 순으로 돌아본다.

1927년 전주, 김천, 목포, 담양

1928년 도쿄, 평양, 경도, 서울, 대구, 신고산, 춘천, 김해, 군위, 진주, 동래, 함흥, 영흥, 명천, 영천, 강릉, 부산, 신의주, 의주, 하동, 간도, 용정, 원산, 청진, 장춘, 진남도

68) 남화숙, “1920년대 여성운동에서의 협동전선론과 근우회,” 「한국사료」, Vol. 25(서울대 국사학과, 1991), pp. 233~234.

1929년 기장, 마산, 성진, 홍천, 영주, 통영, 이천, 개성, 광주, 여수, 장연, 순천, 인천, 길주, 양산, 북천, 재령, 삼호, 연변

1930년 회령, 무산, 경동, 울산

1931년에도 지회설립이 있었을 것으로 예상되나 기사화 된 곳을 발견하지 못했다. 이상의 지회상황을 좀 더 구체적으로 알아보기 위해 1929년에 발행된 근우회 기관지 "근우"에 나타난 것을 종합해보면 지회 40여개에 회원 수 2,971명으로 추정되는데 회원이 가장 많은 지회가 평양지회의 452명이고 그 다음이 절반도 못되는 224명의 서울지회였다.

이처럼 평양지회가 압도적으로 많은 회원을 확보하고 있었음은 회장 조신성의 지도력도 컸다 하겠으나 그보다는 우리나라 여성운동사상 평양을 중심으로 한 서북지방 여성들의 활동이 1913년 송죽회를 비롯하여 3·1운동 당시에는 평양 숭의여학고, 승현학교 등의 여교사를 중심으로 한 여학생 운동이 활발했고 이후 대한 애국부인회도 평양에 본부를 두고 상해 정부에 군자금을 전달하는 등의 적극적인 활동이 전개되었던 역사적 전통에 기인했다 할 수 있겠으며 이 같은 사실은 근우회 중에서도 평양을 비롯한 서북지방지회들의 활동이 대체로 활발했음을 또한 반증해 주고 있기도 하다.

근우회원의 지식정도는 무식에서부터 보통학교나 중등학교 정도가 대부분이나 평양지회와 도쿄지회는 전문교까지 서울지회는 대학정도까지 나타나있다. 또한 연령별로는 보통 18세에서 3~40세 사이가 많으나 신고한 지회는 55세까지의 여성도 있어 역시 서북지방 여성의 적극성을 엿볼 수 있다.

회원들을 직업별로 보면 가정부인이 1,256으로 가장 많은 수를 차지하고 다음이 직업부인 339명이고 학생 194명, 미혼 무직 여성이 181명이며, 노동여성이 131명, 농촌여성이 34명으로 나타나고 있다. 직업부인과 노동여성을 가정부인과 농촌여성을 구분하고 있는 것은 당시 사회적 계층분류의 1면을 보인다

고 하겠다. 어쨌든 1929년 근우회는 노동자, 농민의 여성의 진출보다는 일반 가정부인이나 직업부인 학생들이 훨씬 많이 참여하고 있음을 알 수 있다. 한편 여기서 직업부인이라고 하면 대체로 교사, 보모, 언론인, 간호부, 사무직원 등의 신여성 직업인을 가리키는 것으로 짐작된다.[69)]

4. 신간회와 근우회

신간회와 근우회는 같은 해인 1927년 창설되었다. 신간회는 2월 15일 YMCA강당에서 창립총회를 개최했고 근우회는 이보다 3개월 뒤인 5월 27일 같은 YMCA강당에서 창립총회를 가졌다.

근우회는 창립총회 의안에 신간회지지 및 입회 촉진의견이 있을 정도로 근우회가 신간회와 별개의 운동이 아님을 강조하였다. 다같은 민족주의 정신에 입각한 민족운동이며 온 민족의 여망인 민족 단일화운동을 보다 효과적으로 수행하기 위한 상호보완적인 조직운동임을 재천명하기 위하여 신간회 운동을 지지하고 입회를 촉진한다는 것이다. 즉 근우회와 신간회는 우애적인 동반관계임을 천명한 것이다.[70)]

그것은 뿌리가 같기 때문만이 아니라 조선일보 사장인 이상재를 신간회 회장으로 모시게 된 것도 당시 신석우 조선일보 부사장이었으며 그리고 당시 조선일보 주필 겸 발행인인 안재홍과 함께 신간회 총무 간사를 맡았으며 신석우가 사장이 된 뒤 최은희 여기자 등의 호소로 근우회 조직을 후원한 것도 신석우 사장이었기 때문이다.

따라서 신간회는 세력 확장을 위해 여자부를 설치, 근우회 회원전부를 신간회원이 되어야 한다는 주장도 나왔다. 그리고 근우회는 조선여성의 최고기관으로서 신간회에 단체적으로도 가입하지 않으면 안 된다고도 했다. 그런데 근

69) 신영숙, "근우회에 관한 연구," 「이대사원」, Vol. 16(이화여대신학처, 1979), pp. 52~55.
70) 박용옥, "근우회의 여성운동과 민족 운동," 「한국 근대 민족주의 운동사 연구」, p. 193.

우회가 단체적으로 가입하기 위해서는 첫째, 근우회의 독립성을 상실하지 않을 것, 둘째, 비판의 자유를 가질 것을 전제로 하지 않으면 안 된다고 주장하였던 바 끝내 합치지는 못했다.[71)]

그리고 근우회와 신간회와의 관계는 근우회 지방지회의 결의사항이나 토의사항, 활동 등에도 나타나 있다. 1928년 5월 26, 27일에 열릴 예정이었던 근우회 전국대회는 일제의 당국에 의해 토의사항이 불순하다는 이유로 대회가 개최되지 못하였다. 그 당시 근우회의 민족 운동에 관한 결의 내용 중에 신간회와의 연관성에 관하여 당시 경기도 경찰부 치안상황 1928년 5월 보고서에 아래와 같은 내용이 담겨져 있다.

근우회 대구지회의 1928년 2월 25일 설립대회의 결의사항 중에 신간회지지에 관한 건이 있었으며 춘천지회 1928년 4월 23일 토의사항 중에도 신간회 지회 조직 촉성에 관한 건이 있었다. 진주지회 1928년 4월 7일 결의사항에서는 신간회의 노동, 형평, 청년운동지지에 관한 건이 있었고 웅기지회의 1928년 20일 토의사항 중에 신간회지지에 관한 건과 신의주지회 1928년 6월 13일 결의사항에 신간회지지에 관한 건이 있었다. 1929년 2월 17일 신간회 충청대회에서 근우회 설치가 토의 되었으며 2월 25일에는 제주도 신간회 지회와 근우회 주최로 미신타파 강연회가 열려 1,000여명의 청중이 모였다. 군의지회의 3월 16일 결의사항에도 신간회지지의 건이 있었다.[72)]

---

71) 1928년 5월 26, 27일에 열릴 예정이었던 근우회 전국대회는 일제의 당국에 의해 토의사항이 불순하다는 이유로 대회가 개최되지 못하였다. 그의 사항 중 민족운동에 관한 결의내용 중에 신간회와의 연관성에 관하여 당시 경기도 경찰부 치안 상황 1928년 5월 보고서에 위와 같은 내용이 담겨져 있다(강미애, 앞의 논문, p. 176).

72) 신간회와 근우회의 창립취지나 목표 그리고 이념 등이 비교하여야 함은 당연하나 좌우 합작의 협동전선이니만큼 사회주의사상이나 자유주의사상을 이념적으로 내걸 수 없었고 또한 일제의 탄압을 피하여야 할 문제로 양회의 강령은 유사하게 표현되었다. 강미애, 앞의 논문, p. 177(동아일보와 조선일보의 일자별 기사 인용).

신간회의 강령은,

1. 우리는 정치적, 경제적 각성을 촉진한다.
2. 우리는 단결을 공고히 한다.
3. 우리는 기회주의를 공고히 한다.

근우회 강령은,

1. 조선 여자의 공고한 단결을 도모함.
2. 조선 여자의 지위 향상을 도모함.

이니 양회 모두 "분산적 운동에서 통일적 운동으로 단결하여야 한다"는 것이고 신간회의 "각성"과 근우회의 "지위향상"은 목적의식적 운동을 달성하자는 의미가 담겨져 있다는 것이다.

이상에서 살펴본 근우회는 여성의 전국적 독립적 조직이면서 민족주의 정신에 입각한 민족 운동이며 온 민족의 여망인 민족 단일화 운동을 보다 효과적으로 수행하기 위한 상호보완적인 조직 운동임을 재천명화 하기 위하여 신간회 운동을 지지하고 입회를 촉진하자는 것이니 즉, 근우회와 신간회는 우애적인 동반관계임은 위에서 본바와 같다. 그것은 최은희 조선일보사 여기자와 황신덕 여기자가 신석우 조선일보 사장의 도움으로 근우회를 창설할 때 그 취지가 여성도 당연히 신간회 창립에 가담하여야 할 것이나 당시의 여성의 사회참여가 남성조직에 건강하게 뛰어들기 어려운 여건임을 감안하여 별개의 조직을 하겠다고 한 것이니 만큼 신간회의 산하단체가 아닌 독립적 여성단체로서 목적과 취지가 동일한 남성과 여성의 별개 단체이면서 동반, 동지, 자매단체의 성격을 지닌 관계로 평가된다고 하겠다. 그러기에 두 단체의 해소과정마저 유사한 것이었다.

5. 근우회의 이념적 갈등

① 민족주의계 여성운동의 이념과 활동

한국 최초의 여학교 이화학당이 1886년에 설립된 이후 1896년부터 98년 사이에는 최초의 여성단체 순성회(順成會)가 조직되는 가운데 처음으로 우리나라 여성 스스로가 여성교육을 주창하게 된 후 관립, 사립 여자 보통학교가 설립되기 시작한 것이 개화기 여성 교육의 특징이었다. 일제는 당초 그들이 필요로 하는 인적 자원을 양성하기 위한 최소한의 식민지 교육을 실시하던 중 3·1 혁명 이후 1922년에는 사범교육과 대학교육을 실시함으로써 우리 민족에게도 극히 제한된 범위 내에서 고등교육을 실시했다. 그러나 그것을 바로 "문화 정치"의 허울아래 당시 민족주의 운동자간에 협동을 봉쇄하는 한편 봉건지주층이나 일부 민족 자본가 등 개량주의적 민족 운동가들을 일제에 추종케 하는 기만적 회유 정책의 일환으로 반일 세력의 약화 내지는 말살을 획책한 것이었다.[73)]

그런 가운데 1927년 동아일보에 게재된 통계에 의하면 1924년 우리나라는 0.7%도 못되는 여성이 신교육을 받고 있었다고 지적하는 한편 당시 일제가 표방한 여성교육의 취지는 이른바 「일선동화(日鮮同化)」를 전제로 하는 현모양처주의 교육이었다는 비난을 면치 못했다.[74)]

1925년 5월 말 현재 자료에 의하면 여성교육의 부진함을 잘 알 수 있으니 당시 우리나라 학교 총 수는 17,433개교에 남녀 학생 수 746,611명으로 서당, 유치원 2,240개교의 학생들을 제외하면 547,964명으로 전체인구의 3%도 안 되었다. 이것을 다시 남녀별로 보면 남학생 412,955명에 여학생은 7,944명으로 전 여자 인구의 0.8% 미만으로 나타나 있다.[75)]

---

73) 정요섭, "일제치하에 있어서 한국여성에 대한 교육정책과 그 저항운동에 관한연구," 「아세아 여성연구」 제3호(1984), pp. 150~155.

74) 박원희, "조선여자 교육의 현상과 근본정신," 동아일보, 1927. 7. 8.

75) 이여성, "여성조선의 현상과 추이," 「삼천리」 제72호(1936. 3, 4), pp. 143~163.

이처럼 여성교육이 부진한 이유는 전통적인 남존여비사상에도 그 이유가 있겠으나 당시 교육담당자들의 몰지각이나 교육내용 자체에도 많은 결함이 있었기 때문이다. 그 때문에 당시 여성교육에 대해서는 많은 회의를 갖는 자도 적지 않았으나 그것은 바로 식민지 교육이 갖는 일반적인 한계에 지나지 않는 것이며 피지배민족의 교육 향상이란 본질적으로 기대하기 어려웠다. 이렇게 봉건적 전통사회가 근대사회로 변화해가는 과정 속에서 특히 일제라는 식민지 지배체제하 여성의 신교육문제는 여러 가지 모순을 드러내지 않을 수 없었고 그런 상황하에서 여성해방문제는 어떻게 이해되고 있었을까.

1920년 도쿄에서 우리나라 여자 유학생을 중심으로 발행된 여성잡지「여자계」4호의 "여성해방문제"라는 글에서는 "체력상이라던가 두뇌문제는 남녀가 약간의 차이가 없는 것은 아니나 이것으로써 존비의 등분을 가릴 것은 아니지요. 왜 그러냐?", "남자가 하는 일을 여자가 못한다 하면 여자가 하는 일을 남자도 못하는 일도 있기 때문입니다"라고 했으며, 또 다른 사람은 "온 조선이 모두 문명의 옷을 입고 온 형제가 모두 신문화를 노래한다 할지라도 농촌문제와 여자문제가 완전히 해결을 고치지 못하면 고치지 못하는 그날까지는 우리 동포에게 근본적 유신, 아니 실제적 행복은 오지 못할 것 같습니다…"라고 하며 여성문제의 중요성을 강조했다.[76]

또한 1920년 6월에 창간된「신여자」도 여성이 해방되어야 사회가 개조된다 하며 신여성 사회에 대한 책임을 역설하기도 했다.

따라서 여성운동은 당연히 사회운동의 연관 속에서 결코 여성 단독적으로 여성만을 위한 운동이 되어서는 안 되는 것이었다. 그것은 곧 우리나라가 일제 식민지하에 있는 한 우리 민족의 해방 내지는 여성의 해방이란 있을 수 없었고 필연적으로 여성운동은 일제식민지 지배체제에 항거하고 민족 해방을 위한 투쟁을 그 최대 목표로 삼지 않을 수 없었기 때문이다.

---

76) 극웅, "여성해방문제,"「여자계」제4호(1920. 3), p. 10.

이 같은 우리나라의 특수적인 상황 하에서의 여성운동은 3·1운동 이후 민족운동의 일환으로 본격화하고 보다 높은 수준의 여성운동을 전개하기 위한 사회적 준비로서 일대 민족 계몽운동이 전개되었다. 즉 「조선여자 교육협회」, 「조선여자 청년회」 등이 각각 여성교육을 역설하며 여성교육을 향상시키는가 하면 「토산애용부인회」는 여성의 경제적 운동을 전개하기도 했다.

뿐만 아니라 「경성여자 기독청년회」를 비롯한 기독교, 천도교, 불교 등 사회적 여성단체가 활발한 조직을 보이고 민족운동을 위한 여성 계몽운동이 적극적으로 일어난다. 한편 1924년에 이르러서는 사회주의의 영향을 받은 「조선여성동우회」가 탄생되고 그때부터 여성운동은 민족주의적 방향과 사회주의적 방향으로 뚜렷한 양립을 보이며 본격화한다.[77]

그런데 여성운동에 필요한 것은 무엇보다 여성들의 정치적 각성이었고 정치적 지식이었다. 정치적 의식의 바탕 위에 여성 단체를 통한 조직된 힘이 민족의 독립을 위해 발휘되어야 할 것은 당시 일반사회에서 충분히 기대되는 것이었다.

분명히 그 때까지 산발적이고 이합집산이 비일비재하던 여성들의 단체운동이 뚜렷한 이념을 표방하고 의도적이고도 조직적인 여성단체 「근우회」가 탄생하기까지에는 여성의 정치적·사회적 의식이 각성되고 확대되어 그저 막연하게만 느끼던 자신들의 사회적 열악성을 보다 근본적이며 절실한 것으로 깨닫고 해결하고자 하는 적극적인 노력을 갖게 되는데서 시작되었다.[78]

② 사회주의계 여성운동의 이념과 활동

1923년을 전후하여 들어온 사회주의사상의 영향으로 1924년 5월 23일에 조선여성동우회가 창립되어 여성해방을 계급해방의 차원에서 외치며 여권의식을 가지고 활동하였다.[79]

77) 정세현(1963), "일제치하의 부녀운동소고," 「아세아 여성연구」 제2호, pp. 148~153 참고.

78) 신영숙, 앞의 논문, pp. 44~47.

79) 강미애, 앞의 논문, p. 161.

그들의 선언과 강령은 다음과 같다.

선 언(요지)

"사람으로서 사람다운 생활을 하지 못하고 권리 없는 의무만을 지켜오던 여성대상도 인류역사의 발전을 따라 어느 때까지든지 그와 같은 굴욕과 학대만을 감수하고 있을 수는 도저히 없게 되었다. 우리도 사람이다. 우리에게도 자유가 있으며, 권리가 있으며, 생명이 있다. 우리의 지방은 누구에게 빼앗기었으며, 우리의 자유는 누구의 짓밟힘이 되었는가, 우리는 성적으로나 경제적으로 남성의 압박, 노예가 되고 말았다. 저 무리한 남성은 우리가 가졌던 온갖 권리를 박탈하였고, 그 대신 우리에게는 오직 죽음과 질병만을 주었다. 아! 우리도 살아야 하겠다. 우리도 잃었던 온갖 우리의 것을 찾아야 하겠다."

강 령

1. 본 회는 사회진화법칙에 의하여 신사회의 건설과 여성해방운동에 입할 일꾼의 양성과 훈련을 기함.
2. 본 회는 조선여성해방운동에 참가할 여성의 단결을 기함.[80]

조선여성운동동우회는 사회주의 운동가 김사국(서울 청년회의 영수)의 처 박선희, 박권영(조선청년총동맹의 간부)의 처 주세죽, 임원근(조선청년동맹의 간부)의 처 허정숙, 여자고학생상조회의 정종면, 불교여자청년회의 간부인 우봉운, 기생출신의 정칠성 등 17인의 발기로 발족을 본 단체로 종래의 종교적 계몽단체

80) 동아일보, 1924년 5월 22일의 기사에서 선언과 강령을 예보하였다. 상동 1925년 1월 1일에서도 조선여성동우회의 강령을 1924년 5월 22일의 기사와 동일하게 보도하였다. 경기도 경제부(치안 개황)(1929년)부록에는 조선여성동우회의 설립연월일을 1924년 5월 10일이라고 하였고 취지 목적을 "사회진화의 법칙에 의거하여 신사회 건설과 여성해방운동의 통일 훈련을 기함"이라고 하였다. 창립일자 5월 10일, 5월 23일 두 가지 설이 있는데 동아일보의 5월 23일이 맞는 것으로 본다.

나 친목, 봉사만을 일삼던 여성단체운동에 비하여 보다 적극적이고 근본적인 여성해방을 한국여성운동사상 처음으로 부르짖었다.[81)]

그러나 회원 여성들의 투철한 이념이나 사상이 구체적인 역량으로 발휘되기 전에 배후남성들의 조종과 1925년 조선사회주의운동의 파쟁의 영향을 받아서 여성단체는 분열과 대립을 보였다.[82)]

조선여성해방동맹은 1925년 1월 17일 서울파인 김정숙, 최정숙, 주월산, 이도 김현저 등 26명의 인물이 북풍파 세력을 견제하기 위해 조직한 좌익단체이다.[83)]

경성여자청년동맹은 북풍파가 서울파의 조선여성해방동맹을 견제하기 위하여 주세죽, 허정록 등 30여명의 순수한 북풍계 여성단체로서 발기한 것이다. 1925년 1월 21일에 "무산계급여자의 단결력과 상호협조로서 여성의 해방을 기한다"는 강령을 제시하고 창립했다. 초대집행위원은 박정덕, 정달악, 김필순, 배혁수, 김조이, 주세죽, 허정숙의 7명이었다.[84)]

경성여자청년회는 1924년 2월에 조선여성동우회를 탈퇴한 서울파의 박원희, 김돈준 등 30여명이 1925년 2월 21일에 경성여자청년동맹에 대항하기 위하여 창립하였다.

1925년 2월 24일에는 서울, 북풍 양파의 파쟁을 지양, 엄정중립을 부르짖는 김지옥, 임송합, 현애란 등이 "조선여성해방동맹"을 조직하니 김현계, 김정숙 등 서울파의 합의를 받아 1926년 1월 3일 창립총회에서 무산계급여성의 해방을 기한다는 목적으로 프롤레타리아 여성동맹으로 개칭하였다. 정책위원 6명에는 현애라, 임송합, 김성옥, 김영신, 장보차, 송태원이 선출되었다.

동경여자유학생 이현정 등이 1926년 8월에 일월회파 인물과 동경에서 돌

---

81) 황신덕, "조선부인운동의 민족사적 고찰," 「학해」(1937), p. 688.

82) 정세현, "일제치하의 부녀운동소고," 「아세아 여성연구」, pp. 148~153.

83) 동아일보, 1925. 1. 20.

84) 동아일보, 1925. 1. 23.

아온 황신덕 등과 협의하여 북풍회파 속의 경성여자청년동맹과 서울회파인 경성여자청년회가 합동으로 추진하여 1926년 12월 5일 중앙여자청년동맹으로 창립총회를 개최함으로써 조선여성단체합동의 선구적 역할을 해주었다.[85]

이후 일제의 민족운동에 대한 탄압으로 여성운동선상에도 방향전환이 요구되었고 민족유일당운동이라는 민족운동선상에서의 분위기에 합세하여 1927년 2월 14일 재경동경여자 유학생 친목회가 발기되었다. 그리하여 여성운동의 통일 움직임에 대해 보수적인 생각을 가지고 있던 기독교 중심의 지식계몽 여성들과 사회주의 여성운동가들 사이에 의견의 일치를 보았다. 또한 2월 15일에 결성된 신간회의 영향으로 4월 16일 조선일보사 2층에서 60여명이 참가한 가운데 여자유학생 친목회를 개설하여 13명을 근우회 발기총회 준비위원으로 선출하고 발기총회를 개최하기로 결의하였던 것이다.[86]

③ 근우회의 양파 갈등

위에서 본 것처럼 좌, 우 양파의 여성 활동으로 합작된 근우회의 이념적 성격을 근우회 취지문(선언문)의 내용을 통하여 간추려 본다.

첫째, 근우회는 부분적 개혁을 도모하는 개량 지향적 단체라기보다는 전면적 변화를 추진하는 혁명지향적 여성단체이다. 이 글 중에서 여성지위가 부분적으로 향상되었기에 낙관할 수 있다는 것은 환상이므로 궁극적으로는 구시대와 구체제의 유제를 완전히 극복해야 한다. 여기서 구시대가 봉건체제를 의미한다면 근우회는 반봉건운동자임을 뜻한다. 이는 사회주의와 쉽게 연결될 수 있으며 기독교의 계몽운동으로도 연결된다. 그러나 사회주의운동과는 달리 기독교운동은 전면적 변화보다는 부분적인 여성지향상에도 더 큰 관심을 기울였던 것 같다.

85) 강미애, 앞의 논문, p. 162.

86) 최은희, 「조국을 찾기까지」 下(서울: 탐구당, 1973), pp. 116~119.

둘째, 여성문제를 사회전체와 역사에 연결시키는 발상이 뚜렷하다. 이는 요즘의 여성운동에서 찾기 어려운 훌륭한 사회의식 및 역사의식이다. 또한 현상과 문제를 전체로 파악하려는 의도로도 볼 수 있다.

셋째, 여성은 벌써 약자가 아니다. "여성 스스로 해방하는 날 세계가 해방될 것이다"에 잘 나타나 있듯이 여성의 주체능력의식을 자각함이 뚜렷하다. 여성의 주체성과 독자성과 자율성에 대한 이 같은 자각을 혁신적 여성운동에 대단히 필요한 것이며, 해방된 여성상을 제시한 것이기도 하다.[87)]

한편 좌파여성회원들은 근우회 기관지 "근우"를 통하여 사회주의적 색채를 강하게 드러내기 시작했다. 허정숙이 근우회의 임무에 대하여 쓴 글을 분석해 보면 묘하게도 사회주의적인 발상이 뚜렷하면서도 계몽주의와 적당히 타협하고 있다는 점도 엿볼 수 있다.[88)]

첫째, 여성의 지위도 사회의 경제구도에 의해 좌우된다는 점이 강조되고 있다. 여성지위도 사회주의자들이 말하는 상부구조에 속하므로 이것은 하부구조의 경제제도에 의해 불가피하게 결정된다. 게다가 사유재산제도로 인해 여성은 남성의 소유물로 전락되어 인격적 대우를 못 받고 있는 점을 잘 부각시킨다.

둘째, 현재의 조선여성들은 공장과 농장, 토목공사장에서 노동을 해야만 생존할 수 있는 현실임을 밝힌다. 이러한 현실을 근본적으로 타파하기 위해서는 역사적 필연성에 의한 경제의 해방이 절대 필요하다고 생각한다. 이러한 경제 해방 없이는 조선여성의 해방도 불가능하다고 주장한다.

셋째, 먼저 조선여성의 사회적 의식을 각성시키는 일이 시급하다. 그러므로 근우회는 여성의 성차별 문제를 전략적으로 먼저 해결하기 위해 투쟁해야 한다. 이런 뜻에서 여성계몽 운동도 비록 그것이 원시적이긴 하나 쓸모가 있는 것이라고 인정한다. 근우회가 여성계몽 운동을 표어로 내건 조직체임을 인정

87) 현정은, "근우회 이념적소고"(이화여대 대학원 석사학위논문, 1978), pp. 71~72.

88) 허정숙, "근우회 운동의 역사적 지위와 당면임무," 「근우」 창간호(1929), pp. 5~13.

한다.

넷째, 그러나 궁극적으로는 근우회가 위에서 지적한 조선여성의 사회적 조건에서 여성을 실제적으로 해방시켜 주기 위해 투쟁을 하여야 한다고 했다. 잘못된 구조적 제약으로부터 여성을 해방시켜야 한다는 것이다.

당시 근우회의 사회주의적 성격은 기독교에 대한 비판에서 잘 나타나기 때문에 이 점에도 주목할 필요가 있다. 다음 글은 사회주의적이면서 기독교를 통렬하게 비판하는 글이다.

"예수 구약에 보면 아내를 아내라고 부르지 않고 종이라고 불렀습니다" 이것은 이 시대를 잘 표현한 것이며 예수교는 여자를 정복 아닌 강자가 약자를 부리기에 한 전술로부터 발생된 것임을 미루어 추측할 수 있는 것입니다. 압박을 주며 당하는 것이 전부 경제적 종속으로 일어나는 줄 알 수 있습니다. 이와 같이 남녀를 막론하고 그 횡폭한 지배 밑에 수많은 여성이 제물로 되었으며 같은 처지에서 무한한 설움과 학대를 받는 무산계급 사람들은 필연으로 서로 제휴할 요소가 풍부하였으며 실현도 되었습니다. 남녀를 막론하고 경제권이 없는 계급은 똑같이 박해를 받았으나 그중에 여자는 성덕으로 받는 박해가 하나 더 하였음으로 이중으로 비참하였습니다.[89]

다음 글은 선각여성들의 의식을 촉구하고자 정칠성이 쓴 글이다.

> "…무산여성은 문명도 무엇도 아무 상관 없이 예나 지금이나 죽음도 변함없이 한없는 천대와 빈곤에서 시달림을 당하고 있다. 한 몸으로 능히 감당하기 어려운 고력이 아니고는 하로의 목숨을 부지할 수 없는 가련한 운명이다.… 참말 농촌생활이 얼마나 참담한가는 그들 자신이 아니고는 도저히 맛 볼 수 없는 것이다. 그 밖에 도시(都市)의 각 공장 급 기타 각 방면에 산재한 무산여성을 보라.… 우리의 운명은 우리 스스로 개척하지 않으면 아니 된다. 그러면 우리는 어

89) 두성, "부인강좌," 「근우」 창간호(1929), pp. 44~45.

떻게 해야 될 것인가. 오직 하나인 단결과 각성이 우리의 무기이다."

나는 여기에서 굳이 한마디 하고 싶은 것은 일반 선각 여성들은 개인의 향락만에 정신을 쓰지 말고 같은 운명에서 울고 있는 동료를 위해서 분투와 책임을 가져야 될 줄 안다. 따라서 모든 운동에 있어서 남녀공동전선(共同戰線)을 버리면서 또는 여성운동은 전례운동의 중요한 부분이라고 떠들기만 하고 오히려 봉건적 낡은 도덕(道德)은 여성자신에게만 맡겨두고 방관, 조소만 하는 신구남성의 철저한 각성과 노력도 잊어서는 안 될 줄 안다.

프롤레타리아는 전혀 모성보호가 되어 있지 않다. 이와 같은 자본 폐해를 지적하고 소련의 모성보호확립에 대해 언급하였다. 또한 산전산후의 모성보호를 비롯하여 탁아소와 유치원, 유희장, 식당이 많이 설립되었음을 말하고 있다. 당시 소련의 사회복지 제도를 높이 평가한다. 오늘의 시점에서 볼 때 북구사회나 수정자본주의 사회에서 사회복지 정책이 활발히 시행되고 있다. 이런 점에서 소련을 가장 이상적으로 본 필자의 견해는 문제성을 띠고 있긴 하다.[90]

위에서 나타난 바와 같이 좌파여성들은 신간회의 조류에 발맞추어 계급투쟁이 우선되어야 한다고 주장했다. 그들은 사회민주주의를 비롯한 모든 주의를 프롤레타리아의 이익을 배반한다고 적대시하였다. 좌파여성들은 우파를 소부르주아층이라고 지적하며 정면으로 도전하였다. 물산장려운동도 소부르주아의 미온적인 개량주의운동이며 프롤레타리아의 반제국주의 혁명의식을 약화시키는 것이라 하여 반대했다.

반대이유는 조선 산업을 일으키더라도 자본가에게 착취될 것이므로 무산대중에겐 필요 없는 운동이라 하였다. 그러나 그들을 이렇게 비난을 하면서도 적극적이면서도 먹혀들어갈 수 있는 실용적 대안을 좌파들도 내놓지 못했다고

90) 정칠성, "의식적 각성으로부터," 「근우」 창간호(1929), pp. 35~37.

한다.[91]

이에 반해서 온건파인 민족주의자들과 기독교 계층의 여성들은 계몽에 집중한다. 그들은 여성운동의 기본원리를 J. S. Mill의 자유론에 입각하여 제시하였다. J. S. 밀은 25세 되던 1830년 그의 친구 런던의 약종상 존 테일러의 초청을 받고 그의 아내 하리엣 테일러를 만났는데 2세 아래인 그녀와 첫눈에 사랑하게 되어 20년간 청순한 연애를 하게 된다. 1851년 존 테일러가 병사한 뒤 두 사람은 결혼을 했고 7년 뒤 남유럽 여행 중 하리엣 테일러도 병사한다. 밀은 아내의 묘지가 있는 아비뇽에서 생활을 하게 된다. 다음해 그는 "자유론"을 발간했다. 그 서론에서 이 책은 아내와 더불어 썼고 아내에게 바친다고 했다. 말하자면 그의 친구의 아내요, 유부녀와의 연애에 대한 사회의 비난에 두 사람은 개인의 자유를 외치며 맞선 것이다. 그리고 "자기 자신에 관계되는 것인 한 자유로워야 한다"고 주창했다. 자유론의 이론은 그의 멋진 연애가 봉건적 유교적 인습에 젖어 있던 우리 여성들에게 큰 감명을 주었을 것이다. 그의 자유론은 제5장 원리의 적용에서 진보된 사회정책의 목적은 개인의 소유권을 파괴하는 것이 아니라 그것을 발전시키며 사회의 각인이 재산을 소유할 수 있게 하는 것이라 주장했다.[92]

여성의 해방을 위해서는 사유재산을 소멸하고 자녀 교육과 가사노동을 사회화시키고 여성이 공적 분야에 참여해야 한다고 주장한 엥겔스의 사회주의 이론과 대조를 이루고 있는 것이다. 그리고 양심의 자유, 개인과 개인의 단결의 자유를 주장한 이와 같은 자유주의 사상을 받아들인 일제하 우파 여성들은 교육 계몽운동과 같은 온건한 운동을 전개하였다.[93]

투쟁적, 급진적인데 반해 비좌파는 대체로 비경제적 영역에서부터 여성의

91) 현정은, 앞의 논문, pp. 85~87.

92) J. S. Mill, On liberty, LANHAM, Rowmanl 참조.

93) 최민지, 「일제하 민족언론사론」(서울: 일월서각, 1978), pp. 142~161.

굴레를 벗기려 하였다. 그리고 급진적 해결보다는 점진적인 개혁을 꾀하였다. 예컨대 비좌파로서의 기독교측은 여성운동, 독립운동의 전제조건으로서 여성에게 교육시키고 의식을 심어주어 가정생활을 과학화, 근대화해야 한다고 주장하였다.

이처럼 대립되는 두 가지 이념을 포용하고 있는 근우회에 대한 사회의 관심도는 높았으며 기대 또한 컸다.[94]

6. 근우회의 해소

근우회 해소의 원인과 과정을 몇 가지 분석해 본다.

첫째로 근우회가 해소된 시기의 시대적 배경을 보자. 조선총독부 경무국의 탄압은 근우회의 발기회, 발회식으로부터 계속되어 무장경관과 사복형사가 진을 치고 축문, 축사를 압수하고 의안토의를 금지시켰기에 중앙과 지회의 활동이 많은 제약을 받았다.[95] 그리고 대외적 상황으로 보아 일본의 국군주의 체제로의 전환이 다른 식민통치의 변화라고 하겠다.[96] 즉, 일본은 제1차 세계대전 중에 발전했던 자본주의가 전후공황과 관동대지진 등으로 1927년에는 금융공황이 발생하여 미처 그것을 회복하지 못한 채 1929년 세계대공황의 와중에 휩쓸려 커져만 가는 국내 자본주의 발전상의 모순을 대외적으로 타개할 것을 모색하지 않으면 안 되었다. 그리하여 군국주의 체제로 전환하여 조선에 있어서 식민통치방법도 3·1시민혁명 이후의 문화정치는 간데 없이 사라지고 민족운동에 대한 탄압은 날로 엄격해져 다시 무단통치로 변화가 수반되었다. 그리하여 일본은 당시 활발했던 사회주의, 공산주의 등의 사상운동 내지 노동운동을 엄중탄압하고 강경한 파쇼적 정책을 수립하여 마침내는 만주사변 및 중국대륙

94) 현정은, 앞의 논문, p. 67.
95) 강미애, 앞의 논문, p. 170.
96) 신영숙, 앞의 논문, p. 155.

침략을 기도했다.[97] 1930년 1월에는 항일민족주의적 학생운동에 근우회간부가 조직지도에 관련되었다고 하여 허정득, 정종명, 정칠성 등이 구금되었으며[98] 공산주의 재건운동과의 관련 때문에 강정희 등도 체포 구금되었다. 이는 근우회운동이 전반적으로 사회주의 경향이 강하면서 반일민족주의 운동적 경향이 었다는 점에서 탄압의 대상이 되었던 것이다.[99]

둘째, 근우회를 깨뜨린 사회주의자들은 그들의 행동을 레닌의 이론에서 찾기도 하였다. 즉, 이들은 레닌의 사회주의 이론에서 근우회가 와해될 이유를 발견한 것이다. 본래 레닌의 민족해방운동에 관한 입장은 대체로 다음과 같은 것이다. 민족부르주아지는 그의 계급적 본성으로서 일면으론 제국주의 봉건세력과 싸우지만 다른 면으로는 제국주의 봉건세력과 타협하는 양면성을 가지고 있기 때문에 부르주아지와 타협하거나 영합해서는 안 된다. 그들과의 관계에 있어서는 한편으로는 단결, 다른 한편으로는 투쟁이라는 태도를 취하지 않으면 안 된다고 하였다.[100]

이와 같이 공산주의자들은 강력한 적과 싸워 이기기 위하여는 어떤 이질적인 세력과도 동맹을 맺을 수만 있으면 맺어야 한다고 주장한다. 이 동맹 내지 야합은 어디까지나 일시적인 전략의 차원에서 이루어진다는 것을 레닌은 강조하며 프롤레타리아의 계급적 독자성을 역설한다. 레닌은 또 다른 세력들과 협조적인 관계를 맺을 경우라도 이론, 강령, 가치상의 타협이나 양보는 절대로 있을 수 없다고 한다.[101] 결국 근우회 창설 당시보다 그 해체시기에 와서 레닌적인 사회주의이론이 더욱 강조되었다. 이 같은 볼셰비즘의 경직된 노선이 근우회를 해체시킨 한 원인이 되었다. 따라서 근우회의 붕괴는 사회주의지도자들

97) 위의 논문, p. 165.
98) 현정은, 앞의 논문, p. 72.
99) 강미애, 앞의 논문, p. 175.
100) 홍태식, 「한국공산주의 운동연구와 비탄」(서울: 삼성출판사, 1969), p. 137.
101) 윤원구, 「공산주의 연구」(서울: 대한공론사, 1973), pp. 99~100.

의 이상주의적 사회주의이념 때문에 생겼다고 하기보다는 당시의 국제공산주의자들의 구체적 혁명전략 때문에 생긴 것이다. 앞에서 지적한 대로 신간회의 경우 국제공산주의 전략전환으로 인한 해체는 더욱 뚜렷한 바 있다.[102)]

셋째, 근우회는 또한 신간회의 해산에 직접, 간접으로 영향을 받았던 것이다.

신간회는 내부적으로 좌·우의 모순을 해결하지 못하고 분열과 투쟁이 끊이지 않아서 지회는 본부를 불신하게 되고 일제의 간악한 획책으로 분열과 불신이 더욱 조장되어 해소론이 대두하게 되었다. 해소론은 즉각 해소론과 해소반대론이 맞섰으나 1931년 5월 16일 신간회전국대회에서 해소가 결의되었다. 신간회해소론에 대하여 신간회중앙집행위원장이며 해소를 극력반대, 저지하였던 김병로는 다음과 같이 말하였다.

"해소파의 주장을 이론을 듣건대 신간회의 존재는 계급운동의 의식을 말살함으로 이를 해소함이 가하다는 것 같다. 다시 말하면 본래 계급운동자들이 신간회에 가입한 것은 신간회에 들어서 계급 운동화시킬 것을 바라보고 이에 참가, 지지한 것이었는데 금일에 와서 본즉 신간회의 조직자체가 각 계급층이 혼란하게 집합되어서 한 개의 기한적 형태를 이루었기 때문에 계급운동으로 진전할 가능성이 없을 뿐 아니라 그 반면에 있어서는 대중에게 대하여 계급의식을 망각하고 신간운동이란 비계급적 운동으로 그 정신을 전환케 함으로 계급의식을 말살하고 함해하는 결과를 낳게 함으로 이를 해소하자는 것이다. 즉, 신간운동전선상에 있어서 헤게모니 쟁취의 근본목적이 달성되지 아니함으로 해소운동이 나온 것이다"[103)]라고 하였다. 이에 근우회도 영향을 받은 것이다.

넷째, 당시 근우회의 해소론은 해소파, 시기상조파, 비해소파로 나누어졌다.

해소를 적극 지원하는 해소파는 사회주의자들에 의해 제기된 것으로 신간회 해소의 영향을 받아 그동안 계급문제를 등한시하고 있던 근우회 활동에 대

---

102) 현정은, 앞의 논문, pp. 87~89.

103) 김병로, "신간회의 해소론이 대두함에 제하야," 「동광」 18호(1931. 2), 참고.

한 비판으로 근우회 해소를 들고 나왔다.

계급적 독자성을 망각하고 프롤레타리아의 헤게모니를 거부하는 대동단결식 협동전선은 계급운동의 질곡이 되며 장애물이 된다.[104]

해소파들의 주장은 계급적 민족해방에서 여성해방을 구하자는 주장으로 근우회 해소 후인 1930년대에 들어가서는 적색노동조합이나 적색농업조합의 여자부로 들어가 운동을 전개해 나간다.

해소의 시기가 적절치 않다는 시기상조파들은 현재의 상태로는 근우회운동 방향전환의 문제가 있으니 단순한 계몽운동에 주력해서라도 일제의 탄압을 벗어나 근우회를 지속하자는 주장으로 후에 외부적인 힘과 당시 사회사상 흐름에 영향을 받아 근우회 해소를 지원하게 된다.

> 원칙적으로 우리는 해소론을 부인하지 않을 수 없다. 근우회는 조선사회의 특수성과 그 필요에 의하여 발생, 존재하는 것이므로 영원한 조직이 아니고 사회진화의 어떤 단계에 이르러서는 해소될 것이다.

즉, 노동부 등의 각 부문운동이 충분히 격화할 시기에는 근우회 같은 각 계급을 망라한 조직은 당연히 해소함에 이르게 된다는 것이다.[105]

해소를 적극 반대하는 비해소파로는 김활란, 유각경, 박순천, 황신덕 등이 있었다. 이들은 여성운동을 여권확장만을 실천하는 운동으로 인식하여 기존단체들을 일반단체 속에 폐합시키는 한편 조선부인문제연구회, 부인시국강연회, 애국금채회, 총후부인부대 등을 결성하여 그 이사 평의원으로 친목적 역할을 수행한다.[106]

---

104) 우봉운, “과거 일년 전의 조선여성운동,” 「동광」 28호(1931. 12).

105) 조선일보, 1931년 1월 1일 정칠성의 글이나 동년 5월 15일 신간회 해소를 위한 중앙간부로 되어 1월 1일의 주장을 철회시킨다.

106) 최민지, 「한국여성운동소사」(여성해방의 이론과 현실)(창작과 비평, 1979), p. 27.

이러한 비해소파들은 1930년대에 상록수적 감상주의에 젖어 농촌으로 눈을 돌려 농촌여성을 계몽함으로써 여성의 주체적 역량을 축적하고 여성운동의 명맥을 보존하려는 등 체제 내 개량운동을 주장하기도 했으나 변질하여 친일어용단체를 조직하여 일반여성을 설득 강요한다.

근우회 해소문제는 1931년 5월 11일에 들어서서 홍원, 신의주, 용정지회 등에서 해소를 결의하였기에 근우회 본부에서 5월 11일에 중앙상무위원회를 열고 6월 26, 27일에 근우회 전국대회를 열기로 결정하였으나 각 지회의 불응으로 7월 4일로 연기했으나 개최하지 못하고 무기연기되었다.

1931년 7월 4일에 개최하려던 근우회 전국대회의 토의 사항은 다음과 같다.

一. 전 조선 순회의 건
一. 재정방침의 건
一. 노동부인조사통계의 건
一. 재만구축통보의 건
一. 기관지의 건
一. 해소문제의 건

근우회의 해소가 전개된 1931년의 여성운동을 근우회 회원이었던 우봉운은 다음과 같이 정리하였다.

역사는 항상 그 정체를 향하여 달음질한다. 조선의 여성운동은 근우회 중심주의로부터 완전히 그 방향을 전환하였으니 제3기의 일반적 정세는 운동의 중심이 이 이상 더 소부르주아 여성의 휘하에 잠복하기를 허용하지 않은 것이다.

우리는 그 증좌로서 지난 여름 평양 고무쟁의 때의 부인노동자의 영웅적 투쟁을 회상하면 족한 것이며 이 외에도 우리는 지배권력의 언어도단한 강압에도 불구하고 이르는 곳마다 노동조합 농민조합의 확대강화, 조합부인부의 확립 등의 새 조직이 이미 그 건전한 축성의 토대가 자리 잡히기 시작한 것으로 보고 있다.

그러므로 근우회의 동민이나 사멸을 보고 곧 여성운동의 침체를 말하는 것은 가을날의 낙엽을 보고 수목이 고사한 것으로 단정하는 것과 같은 우견이다. 낙엽이 떨어지는 동시에 이듬해에 새롭게 무성한 나뭇잎이 돋아나는 출발점인 것이다.

요컨대 조선의 여성운동은 그 계급적 전체성에 제약되어 필연적인 역사의 새 장면을 전개하는 것이고 1931년은 이 새 기축의 한 시간적 기점이 된 것이니 이 점에서 우리는 해소투쟁에 혹은 역전으로 혹은 사보타주로 반동적 항쟁을 기도하든 부대들이 이해의 여성운동을 보는 것과는 정반대의 견해를 가지게 되며 우리의 이 견해는 그것이 실재와 합치되는 과정에서 과학적인 것이다.[107]

근우회 해소요인을 논하는 데 있어서 근우회 자체 내의 한계점을 살펴보면 다음과 같이 요약할 수 있겠다.

근우회는 좌우합작으로 조직적 통일은 이루었으나 민족주의나 사회주의로 사상적인 통일을 이루지 못하였기에 분열의 양상을 보며 단결력이 약화되었다. 1928년에는 사회주의 여성들이 주도권을 잡게 되자 기독교 계통의 민족주의 여성들이[108] 탈퇴하여 근우회 내의 분열과 갈등을 외부로 표출하게 되었다. 1929년 광주학생운동 이후 중심인물인 간부들의 검거, 투옥 등 일제의 탄압으로 근우회의 조직력이 위축되었으며 이와 더불어 근우회 활동에 대한 여성지도자 자체의 여성운동에 대한 인식이 부족하였다. 특히 민족주의 운동은 전개하는 여성지도자의 지도력과 근우회 활동에 대한 추진력이 사회주의 여성지도자들에 비하여 약하였다는 점을 지적할 수 있다.

근우회는 재정문제가 심각하여 자체의 회관을 가진 곳이 별로 없었으며

---

107) 우봉운, “과거 일 년간의 조선여성운동,” 「동광」 28호(1931. 2).

108) 최의순(10년간 조선여성의 활동)(동아일보), 1925년 1월 1일~3일 탈퇴한 민족주의 여성은 유각경, 김활란, 탕메스티 등이다.

회지 "근우"는 창간호에 그쳤으며 중앙본부에는 유급상무 한 사람만 두고 일을 하는 등 곤란을 겪었다.

그리고 조직 면에서는 일반대중을 크게 끌어들이지 못하였다. 대중을 망라하는 범여성운동이었으나 노동자와 농민층이 차지하는 비중을 보면 전면적 흡수는 성공하지 못하였기에 대중적 기반이 약하였다고 볼 수 있다.

조선여자의 공고한 단결을 도모함을 강령으로 한 근우회이나 자체의 통일된 이념이나 인식이 부족하였기에 동회를 계급이념으로 이해하는 일부회원들로 인하여 활동상 혼란을 초래하여[109] 앞에서 살펴본 바와 같이 해소론에 대해서도 세 가지로 의견이 나누어지는 현상이 나타났다. 이렇게 근우회는 창립정신과 사상을 같이 했던 신간회가 정식으로 해소를 결정한 것과는 다르게 정식 해소발표도 하지 못한 채 유야무야로 해소되게 되었다.[110]

여기서 "해소"라는 말의 뜻을 살펴볼 필요가 있을 것이다. 해소라는 말은 당시 신간회 해소론자들이 주장하는 해소론의 내용에 비추어서 해소와 해체에 대해 엄밀한 구분과 정의를 하면 다음과 같다. 그들에 따르면, '해체'는 일반적으로 쓰여지는 뜻 그대로 단순한 한 조직체의 해산을 뜻하지만 '해소'는 한 조직체에 국한된 것이 아니고 한 운동에서 다른 형태의 운동으로 전환하는 변증법적 자기발전을 뜻한다. 즉 신간회 해소는 신간회라는 구(舊)형태가 다른 신(新)형태로 지양되는 순간에 완성될 것이며 그때까지는 해소운동이 지속될 것이라는 것이다. 그들에게 있어, 해소는 사실상 해소운동을 뜻한다. 그렇기 때문에 1931년 5월 서울에서 열렸던 신간회 제2차 전체대회에서 '해소'를 가결했다는 것도 해체를 가결했다는 것이 아니라, 해소운동을 전개할 것을 가결했다는 뜻이다.[111] 근우회도 이를 따른 것이다.

---

109) 이인호, "유야무야 근우회에," 「혜성」 1권 3호(1931. 5), pp. 58~59.

110) 강미애, 앞의 논문, pp. 193~199.

111) 위의 논문.

7. 좌우합작의 회고

① 독립운동과 화합

신간회와 근우회가 사회주의자들과 손을 잡고 독립부터 쟁취하자는 민족주의자들의 이상론은 사회주의자들의 헤게모니장악을 위한 내부투쟁으로 실패하였다. 1919년 3·1비폭력 시민혁명 당시 독립운동단체의 유형별 구성비율을 보면 민주지향형이 51.9%, 계급투쟁형이 19%, 왕정복고형이 18.1%, 군정추구형이 11%였다. 3·1혁명 이후 20년대와 30년대에는 계급투쟁형이 많이 늘어났다가 40년대에서는 대폭 축소되었다.[112] 정치의식별 독립운동단체의 연대별 단체수와 구성비는 〈표 1〉과 같다.

〈표 1〉 연대별 · 유형별 독립운동단체

대표	유형별	단체별(개)	구성비(%)
3 · 1운동 이전	민주지향형	63	51.9
	계급투쟁형	22	19.0
	왕정복고형	21	18.1
	군정추구형	14	11.0
	소 계	120	100.0 26.0
3 · 1운동 이후	민주지향형	120	48.9
	계급투쟁형	114	41.1
	왕정복고형	16	5.8
	군정추구형	9	4.2
	소 계	259	100.0 56.3
30년대	민주지향형	29	52.1
	계급투쟁형	12	47.9
	왕정복고형	-	-
	군정추구형	-	-
	소 계	41	100.0 9.0

112) 이달순, 「독립운동의 정치사적 연구」(중앙대, 1991), pp. 171~185.

40년대	민주지향형	32	80.0
	계급투쟁형	8	20.0
	왕정복고형	-	-
	군정추구형	-	-
	소 계	40	100 8.7
합 계		460	100.0

자료: 저자조사작성.

위의 표에서 나타난 것처럼 1925년 4월 17일 코민테른의 지령에 의하여 조선공산당이 창당되고 그들의 승인을 얻어 "통일전선"으로 신간회에 가담하였다. 그러나 1929년의 대경제공황으로 전 세계의 자본주의가 허덕일 때 코민테른이 이 공황을 이용하여 세계공산화를 재촉하고 있었으므로 사회주의 공산주의자들은 민족주의자와의 연합전선인 모든 합법단체를 해산한다는 원칙을 세웠다. 이 정책선언이 1930년대에 독립운동 단체가 대폭 줄어든 원인 중 한 요소라고 보며 신간회와 근우회의 해소를 가져오기도 했다.[113)]

② 해방정국에서의 좌우합작협상

1945년 12월 27일 "한국을 5년간 신탁통치한다"고 모스크바 3외상회의 결정이 나오자 신탁통치문제를 둘러싸고 좌익과 우익이 찬탁과 반탁으로 양극화된 가운데 미 국무성은 극렬한 반탁운동을 전개하고 있는 이승만과 김구와의 유대를 단절하고 1946년 7월 10일 좌우합작위원회를 결성했다. 우익 측에서 안재홍, 김봉준, 최동오 좌익 측에서 정오식, 이강국, 성주식 등이었다. 위원회에서 의견조정이 진전되지 않자 하지는 김규식 박사와 여운형 씨를 대표로 지지했다. 여운형이 우익테러에 의해 암살당하자 김규식은 정국의 주도세력이 되고 이승만을 공격하고 입법의원장에 당선되었으나 민선의원은 이승만계가 2/3

113) 위의 책, pp. 171~185.

를 넘었다. 안재홍은 민정장관에 임명되어 '남조선과도정부'의 수반이 되었다. 1947년 김규식을 주석으로 한 민족자주연합이 결성되어 좌우합작을 효과적으로 추진하기 위하여 우선 중간진영을 단결시킨다고 하였으나 두 달 후 좌우합작위원회는 끝내 해체를 선언했다.

③ 남북협상운동의 전개

1945년 8월 8일 일본에 선전포고한 소련이 이틀간의 전쟁으로 한국의 북반부를 점령한 이래 38선 이북에서 그들의 주도하에 공산정권수립을 진행하고 있었다. 남한에서는 좌우합작운동이 지지부진하는 가운데 이승만은 미국으로 가 한국문제를 미·소협상의 차원을 떠나 UN에 이관할 것 등을 호소하였다.

1947년 8월 제2차 미·소공동위원회가 결렬되고 한국문제가 UN에 이관되었다. 이승만은 남한의 단정론을 김구와 김규식은 단정반대로 손을 잡았다. 이때 UN총회에서는 UN감시 하 남북에서 총선거를 하며 국회를 구성하고 통일정부를 수립한 뒤 미·소 양국이 동시에 철수하자는 미국 안이 가결되고 이를 실천하기 위한 UN한국위원단이 1948년 1월 8일 서울에 도착했다. 그러나 북한 주둔 소련군사령부가 이들의 입북을 거절했다. 남북한을 통한 통일총선은 희망이 없어졌다. UN은 가능한 범위 내에서의 선거를 가결했다.[114)]

④ 제네바회담

한국전쟁이 휴전조약으로 끝난 뒤 휴정협정에 따라 열린 제네바회의는 1948년 두 개의 정부가 각각 수립된 뒤 한국의 공식대표가 참석한 첫 국제회의로서 그것은 한반도의 통일문제와 그 당시 동아시아의 국제상황에 관한 문제에 관련 당사자로서 발언권을 가질 수 있었다는 데 의미를 들 수 있다. 공산측은 UN감독 하에 자유선거에 기초를 둔 자유진영 측의 통일방식을 거부하면

114) 이달순, 「이승만 정치 연구」(수원대, 2000), p. 135.

서 전 한국위원회의 구성을 통한 선거를 주장하였는데 자유진영 측은 인구비례에서 남한의 1/3도 못되는 인구를 장악하는 북한이 다수를 장악하는 남한과 동등한 결정력을 보유하겠다는 것은 거부권의 논리에 해당된다고 주장하였다. 제네바회의는 결국 50여일간에 걸친 자유 대 공산 측의 설전으로 일관되었고 공동 합의문도 없이 종료되었다.

⑤ 7 · 4공동성명

긴장완화로 비롯된 다극화의 국제정치는 대화협조의 시대로 접어들게 되었다. 한편 한반도 주변의 4대강국 간의 화해분위기에 대응하기 위해서 박정희 대통령은 1970년 8월 15일 이른바 8 · 15선언을 발표하였다. 북한측은 이에 대해 거부하는 태도를 보여주었다. 그러나 미국의 '키신저' 국무장관이 북경을 방문하고 김일성이 북경을 다녀온 뒤 북한 적십자사는 1971년 8월 14일 '남북이산가족찾기 회담'의 남한 측 제의를 받아들인다고 발표했다. 그 결과 1972년 7월 4일 '7 · 4남북공동성명'을 남북한이 동시에 발표했다. 남북 통일이 실현될지도 모른다는 희망과 서울을 오고가면서 1973년 6월 중순까지 세 차례의 회담을 가졌으나 그동안 이루어진 성과는 하나도 없었다. 1973년 8월 28일 평양측 공동위원장 김영주는 일방적으로 남북대화의 결렬을 선언하는 성명을 발표하였다.[115)]

⑥ 6 · 15남북정상회담

1980년대에 들어와서 다시 통일정책에 진전이 있게 된다. 그리고 1990년대에 들어오면서 분단현실에 대한 인정을 바탕으로 한 통일정책은 더욱 현실화 된다. 1998년 김대중 대통령이 취임하면서 이른바 햇볕정책을 폈다. 그의 투쟁과 고통의 산물이기도 했다. 반공정책과 평화통일의 안보정책에 대항해서

---

115) 이달순, 「한국 정치사 논쟁」(수원대, 2006), pp. 421~430.

그는 통일론을 주장하는 가운데 납치당해 죽을 고비도 넘겼고 간첩죄로 사형언도도 받았다. 그의 평화통일의 의지는 드디어 2001년 6월 15일 남북정상회담을 갖기에 이르렀다.[116] 그런데 북한의 경직된 정치체제와 대남군사위협이 자아내는 정치적 걸림돌을 일거에 제거하는 것이 무리라는 판단 하에 정경분리원칙에 입각하여 정치적 고려사항과는 별도로 경제적 지원과 협력을 강화해 나간다는 입장을 고수해왔던 것이다. 노무현 대통령의 참여정부 역시 '평화와 번영정책'으로 이름만 변경했을 뿐 북한에 경제적 시혜를 먼저 베풀고 그들로부터 취할 '북한의 개혁 개방'은 나중에 기대하자는 원칙을 그대로 고수하고 있다.[117] 그러나 2000년 7월 5일 발생한 북한의 미사일 발사실험은 동북아시아 정세와 6자회담의 앞날을 더욱 불투명하게 만들고 있다. 미국 등 UN이 북한을 제재하는 정책 가운데 한국의 대북정책을 놓고 좌우의 의견이 충돌하고 있다. 좌우합작 남북회담은 어느 하나 성공한 것이 없다.

⑦ 좌우합작 여성 양극화 해소운동

민족자주독립운동을 위하여 좌우합작을 추진해 신간회와 근우회의 해소와 함께 연합군의 승리로 해방된 조국은 북과 남으로 분단되었다. 1948년 수립된 대한민국은 조국 근대화의 기치를 높이들고 자본주의를 성장시켰고 냉전을 바탕으로 한 국제 정세의 틀 속에서 반공정책으로 자유민주주의 기반을 확고히 하였다. 양극화의 세계가 대화협조의 시대를 거쳐 러시아의 개방정책으로 하나의 세계로 접어들며 긴장완화와 해빙의 시대가 이루어졌으나 북한만이 공산폐쇄 사회로 머물고 있다. 이러한 가운데 우리사회는 반공정책과 근대화에 눌려있던 계층들이 들고 일어나고 정권마저 장악하게 되니 계층 갈등이 표면화 그리고 증폭되고 있다. 평화통일을 바탕으로 한 대북정책이 좌·우로 갈리면서 대한

116) 위의 책, pp. 421~430.

117) 위의 책, pp. 432~435.

민국의 현 정세는 양극화의 현상이 심화되고 있다. 이제 근우회를 계승하며 변천하는 시대와 남북통일의 시대적 사명감에 좌·우파 여성들의 활동을 기대한다.

근우회의 해소는 분석한 것처럼 사회주의 계열의 좌파에 의해서 이루어졌다. 사회주의계열은 말할 것도 없이 레닌-스탈린의 세계적화 정책을 따르고 있을 뿐이었다. 통일전선과 인민전선으로 우와 합작하는 평화전략을 밀고 가다가 적당한 시기에 전쟁 전략을 감행하는 것을 전제로 폭력적 강경 전술을 시행하는바 신간회와 근우회 역시 사회주의 전략전술에 말려든 것이라는 평가다.

이제 이상주의적인 사회주의는 붕괴되고 공산권에 묶여있던 국가들이 모두 민주와 개방화로 시장경제를 채택하고 있는 시점에 유독 북한만이 사회주의를 표방하며 군사독재체제로 국민을 빈곤과 억압 속에서 헤매게 하고 있는 실정이다. 그런데 우리 좌파는 사회주의이념을 내걸고 북한을 옹호하며 우리의 자유체제를 변질시키려고 하고 있다. 신간회와 근우회가 좌파세력에 밀렸듯이 현 시국에서 또 좌파세력에 무릎을 꿇으면 대한민국은 종말을 고하게 되는 것이다. 그렇다고 진보세력이라고 일컫는 좌파를 몰아낼 수는 없다. 이제 좌·우파 여성들이 협동하여 좌파를 끌어안고 자유주의의 우수성을 설득하고 우파도 수정하고 양보하는 좌우합작을 시도해 보자는 것이다.

첫째는 자유의 문제다. 좌파와 우파의 다툼이나 진보와 보수의 갈등은 근본적인 이념에서 찾는다면 자유와 평등을 바탕으로 하고 있다. 민주주의의 근본이념은 자유와 평등이기도 하다. 그런데 자유가 확대되면 평등이 축소되고 평등이 확대되면 자유가 축소된다. 자유가 축소되면 개인은 개인의 자유로운 사상과 생활 방식을 관리할 수가 없게 된다.

우리시대의 어느 국가나 인간의 조건을 평등하게 하는 것을 방해할 수는 없다. 그러나 평등의 원칙이 인간을 노예상태로 인도하느냐 자유에로 인도하느냐 하는 문제는 인간 자신의 손에 달려있다.[118]

---

118) Alexis de Toquevilli, Democracy in America(London saunders and Otely, 1835), pp.

발전이란 개인적 부를 증진시키려는 의욕의 결과이지 결코 정부의 법규의 소산이 아니라 H. 스펜서에 의하면 각종의 정당이 다수표를 얻기 위해 보다 좋은 사회복지의 약속을 서로 경쟁적으로 하는 것은 하나의 위험물이라고 갈파했다.[119]

모든 사회주의는 인권 윤리면에서 노예제도로 평가할 수 있다. "자유 아니면 주검을 달라"고 외친 H. 페트릭은 "나는 편안한 것이 싫다. 자유는 스스로 개척하고 창조하는 노력의 정신이다. 편안한 사람은 동굴 속의 거지이며 더 편안하기를 원하는 사람은 무덤의 시체다"라고 했다. 이러한 자유의 정신이 미국을 자본주의 국가로 경제를 성장시켰다. 개나리 봇짐을 지고 미국 대륙에 상륙한 청교도들이 제 조건이 평등한 가운데 대륙을 개척하면서 어떤 애로 사항이 나타나면 그것을 해결하기 위한 여론이 일정하게 일어나고 그것을 국회에서 논의하며 법을 만들고 법을 정부가 집행하면서 미국은 민주국가로 성장한 것이다. 민주주의는 국민의 생활수준을 향상시키면서 공업화 성장을 도왔으나 다른 한편으로는 산업화 과정이 민주주의의 유일한 기초를 위협하는 새로운 불평등 문제를 제기했다. 정치적 자유는 경제적 불평등을 낳은 것이다. 여기에 개인의 자유가 빼앗기지 않는 절도를 지키는 평등의 현실이 과제가 되어 있다.

J. M. 케인즈가 처음으로 이 과제를 해결하는 노력의 산물을 제시했다. 그는 경제학에서 가장 중대한 공헌을 한 「고용 이익 화폐의 일반이론」이라는 저서로 자본주의와 사회주의의 양립을 해소하는 주장을 내세워 한편으로는 개인주의의 수정과 경제 질서의 공동체적 조절을 외치고 다른 한편으로는 사회주의 계급투쟁과 노동가치설을 배격하였다.[120]

151~162.

119) H. Sencer, The Principle of Ethics(Contemporary Review 2 vol. London, 1892), pp. 126~141.

120) W. Ebenstein, Introduction to political philosophy(New York: Reinhartf company inc.,

이 같은 학설을 W. 에벤스타인 교수는 다음과 같이 평가하고 있다. A. 스미스는 「국부론」을 통해 자본주의의 테제(Thesis)를 제시했다. 이에 대한 K. 마르크스는 「자본론」을 통해 자본주의 반대론 안티테제(Anti Thesis)를 제시했다.

이제 J. M. 케인즈는 그의 「일반론」을 통해 새로운 경제의 신 테제(Syn Thesis)의 이론을 제시했다.[121]

우리 사회가 당면한 경제적 양극화의 이념적 해소 방안으로 이 이론을 받아들이는데 어느 쪽도 인색하지 말아야 한다. 케인즈는 국가가 투자를 자극하고 소비자들이 실질적 구매력을 증가시킴으로써 완전고용을 어느 정도 보장할 수 있다고 갈파했던 것이다. 우리나라에서도 "노, 사, 정" 위원회를 설치하고 경제의 공동체적 조절을 시행하고 있다. 그러나 우리나라의 노조에 대한 실망은 너무 크다.

첫째가 폭력시위가 전쟁을 방불케 하는 폭력이 난무한다. 아까운 기구가 파괴된다. 생산에 차질을 빚는다. 아랑곳하지 않는다. 무노동인데 임금은 받아간다. 폭력시위와 파업이 끝나면 임금은 오른다. 다른 사회단체에도 이를 본받아 폭력시위가 유행하고 있다. 안타까운 일은 전교조의 그릇된 교육관이 우리의 자녀들을 잘못 가르치고 있다. 좌파세력은 이를 부추긴다. "평등"한 대우를 요구하는 행위일 것이다. 이제 여성들이 나서야 한다. 노동계의 좌파 여성들과 손을 잡고 이들과 의견을 조율한 후 어머니와 아내와 같은 심정으로 노동쟁의를 수습하는데 우리 여성들이 앞장서야 한다. 일제 시대 근우회의 좌파 여성들은 독립운동은 접어두고 사회주의 이념 선전에 열을 올리고 있었다. 그 당시 민족주의 우파회원들은 상록수적인 여성운동에만 열중하였다. 이제 우파 여성들은 자유의 깃발을 들고 자유의 이념, 자유의 정신으로 설득하는 무기로 돌진하여야 한 자유를 버린 나라와 집단들이 모두 망한 교훈이 뒷받침되지

1952), pp. 221~235.

121) J. M. Keynes, the End of Laissez-fair(London: L & V woolf, 1926), pp. 55~97.

않겠는가.

둘째가 민족통일의 문제다. 좌파들은 주장한다. "민족은 하나"라고 한다. 그러므로 무조건 통일하여야 한다는 것이다. 그야말로 어불성설이다. 그런데 한 민족을 지배하고 있는 두 정부가 너무나 이질적인 것이다. 남한 정부는 국민에게 자유권이 주어져 있다. 개인의 소유권도 존중된다. 그러나 북한은 국민을 구속하고 핍박하고 있다. 국민에게는 자유가 없다. 인권탄압, 인권유린의 나라다. 우리 국민뿐 아니라 다른 나라 국민들도 납북하고 있다. 이산가족상봉은 명분뿐 아니라 정치적, 상업적 책략으로 이용하고 있다. 오죽하면 탈북자가 나날이 늘고 있는가. 어린이들이 끼니를 굶고 영양실조로 죽어가고 있는데 공산당 간부들은 양주로 취하고 고가 사치품을 자랑하는 실정이다. 정부가 마약장사를 하고 위조지폐를 만들고 있다. 민족은 하나이니 정부도 하나가 되어야 하는데 김정일 정부의 기치아래 모두 뭉쳐야 된다는 이론을 어떻게 주장을 할 수 있는가? 그동안 남한의 정권들이 과오를 저지른 것은 사실이다. 북한의 정권이 국민을 착취하면서 군사력을 증대시켜 남침의 야욕을 버리지 않고 있기 때문에 남한정부는 미국의 힘을 빌어 군사적으로 대치하면서 민주화를 주장하는 의사들을 "빨갱이"로 몰고 탄압했다. 민주주의를 위해 투쟁하던 인사들의 맺힌 한은 "빨갱이"이면 어떻단 말이냐고 그 한을 남한의 우파 세력에 퍼붓는 것이다. 그러나 이제 이른바 민주운동 인사들이 승리했으면 승리자다운 너그러움을 갖고 우파의 잘못을 지적하면서 좌파의 배경을 돌아보며 우파의 설득을 받아들여 북한을 개방과 자유화로 포용하면서 통일운동을 전개해 나가야 한다. 이제 새로운 우리 여성들의 사명이 모성애다운 포용력으로 북한을 설득하고 친북인사와 손을 잡는 활동을 꾸려가는 것이다. 햇볕정책을 놓고 양극화의 현상이 벌어지고 있다. 하나의 민족이기에 평화 통일을 위해 북한을 도와 개방과 개혁을 유도하고 전쟁야욕을 포기하도록 하자는 것이다. 그런데 그들은 핵을 포기하지 아니하고 선군정책을 강행하고 있다. 이제 우리는 북한정권을 끌어안기 위해 경제적으로 크게 돕고 있으면서도 그들의 비위를 맞추고 눈치를 보면서 끌려가는 꼴이다. 물론 도움을 받는 그들의 자존심을 상하지 않게 조심하는 것은 좋다. 그러나 큰소리치면서 빼앗아가듯 받아가는 모습은 우파의 반발을 살 수 있다. 그렇다고 친북세력을 빨갱이로 몰아쳐서도 안 된다. 이들 좌파세력과 손을 잡고 함께 도와주면서 북한의 개혁과 개방을 유도하도록 하는 방법을 모색하여야 한다.

끝으로 우리의 평화통일을 위해 좌우 여성들이 합작하여 새로운 여성운동으로 공헌할 방향을 제시해 본다.

첫째, 통일의 시기를 늦추는 것이다. 좌우의 갈등을 완화시키는 최선의 방법이 될 것이다. 각자의 위치를 돌이켜 볼 수 있는 여유가 있게 된다.

둘째, 그 시기는 백년 후로 전망하자. 그 때까지 남북이 불가침조약을 맺고 6자회담이 공동 보장하는 결의안이 채택되어야 한다.

셋째, 통일정부 수립을 미리 설정한다. 2107년 8월 15일이면 좋겠다. 3개월 전 남북이 각기 국회의원 선거를 거치고 1개월 전 합동회의를 개최하고 의원내각제 헌법을 제정하고 수상을 선출하고 통일정부를 수립하는 것이다.

넷째, 조약이 성립되면 바로 남, 북 양국 간의 국교를 정상화 한다. 남, 북은 UN의 승인을 받은 독립국가다. 국교를 맺으면 평양에 대한민국 대사관을 설치한다. 대사관에는 태극기가 게양된다. 서울에는 조선 인민 공화국 대사관이 세워진다. 그 건물에 인공기가 게양된다. 이산가족 상봉은 여권과 비자를 갖고 판문점을 통해 입·출국한다. 교통편도 항공기와 열차와 자동차를 모두 이용한다. 무역도 국제 무역법에 준하게 된다.

다섯째, 북한의 체제보장이 확고해지고 남한은 침략의 위협에서 자유롭다. 남, 북이 정치, 경제, 문화발전에 경쟁적으로 발전을 도모한다. 그리고 교류하고 협력한다. 자연스러운 교류가 곧 통일이다. 우리 여성들이 주도하여 평화적 남북통일을 개척하고 창조해 줄 것을 우리는 바란다.

⑧ 맺는말

좌우합작 여성운동의 활성화를 기대한다.

일제하 독립운동을 하던 선조들이 신간회와 근우회를 조직하고 활동하던 정신을 계승할 수 있는 여성단체가 있어야 한다.

일제하 독립투사들의 좌우대결보다 더 심각한 것이 오늘날 우리사회의 양극화 현상이다. 독립투사들의 좌우합작은 깨졌어도 일본은 패망했고 우리는 해방이 되었다. 그리고 분단 상태일망정 남과 북은 제각기 독립정부를 세웠고 UN의 승인과 함께 UN회원국이 되었다. 그러나 우리의 양극화가 해소 방안을 마련하고 각기의 지도자들이나 추진세력들이 손에 손잡고 통합되지 않고 갈등과 증오로 대립하게 된다면 우리나라의 장래는 암담하다고 표류할 길밖에 없다.

이제 좌우합작의 길을 신간회의 재건에만 기대하지 말고 근우회를 모델로 하자는 것이다. 1929년 2월에 신간회가 창설되고 그보다 3개월 뒤 근우회가 창설된 것은 당시만 하더라도 남성들의 세계에 여성들이 참여하는 것이 용이한 일이 아니라고 했다. 오늘날은 양성평등 시대이고 여권우위의 국가가 되었는데 왜 여성만의 좌우합작운동 단체를 선호하는가 하는 비난을 받을 수도 있다.

그러나 우리는 우리나라의 어머니상(像)을 이어받아야 한다. 싸우는 아들을 품어 안는 어머님의 가슴을 떠올리자는 것이다. 그리고 남편이야 어쨌든 집안에서 알뜰살뜰 집안 구석구석 보살피는 살림꾼의 주부를 교훈삼자는 것이다. 양극화 해소에 여성들의 힘을 빌어보자는 저의가 바로 여기에 있다. 우리 여성운동의 새로운 방향을 여기서 찾아야 한다.

우리 여성들의 이름으로 좌, 우편에 서 있는 여성들 모두가 한데 모여 중간에 서서 통합을 외치는 여성들이 함께 어우러지는 것이다. 그리고 이념적인 케인즈의 "새로운 경제이론에 맞추어 개인주의도 수정하고 사회주의 이론을 배격하면서 우리의 경제를 성장시키고 사회복지정책을 순리적으로 확대하는 길을 열자는 강령을 못 박고자" 하는 것이다. 반미고, 친미고, 친북이고, 반공이고, 예의국가의 국민답게 예(禮)로서 상대를 높여주고 실리를 찾는 대외정책을 바탕으로 하는 정강정책을 구체화시켜 놓고 좌우합작 보수와 진보의 통합을 성공시켜 세계가 부러워하는 국가 발전의 길로 매진하였으면 하는 생각이다.[122]

122) 이달순, "신간회와 여성활동,"「신간회 창립80주년 기념 학술대회논문집」(민세 안재홍선생 기념사업회, 2007), p. 115.

제 4 장

해방정국과 좌우합작운동 그리고 남북협상파의 정치활동

제 1 절　공산당의 정치활동
제 2 절　좌우합작파의 정치활동
제 3 절　임정의 정치활동
제 4 절　남북협상파의 정치활동

제 4 장

해방정국과 좌우합작운동 그리고 남북협상파의 정치활동

제 1 절 공산당의 정치활동

1945년 10월 16일 이승만은 맥아더의 전용비행기를 타고 서울에 도착했다. 이승만은 아마도 미국무성의 방해를 받지 않기 위해서 아무런 예고도 없이 서울에 도착했다. 윤치영과 임영신이 보좌역을 담당했을 뿐이었다. 다음날인 17일 오전 10시 조선총독부에 있던 미 군정청 제1회의실에서 열린 기자회견장에 이승만이 참석해 환국 사실이 국내에 알려졌다. 신문들은 호외를 돌렸고 라디오는 그 날 오후 7시 30분 첫 방송을 했다. 그는 좌·우익으로부터 초당파적인 환영을 받았으며 20일 서울시가 주최한 연합군 및 임시정부 영수환영대회에 참석하여 군중으로부터 열렬한 환영을 받았다. 그리고 기성 정치세력들은 저마다 그를 영수로 추대하려 했다. 우익진영은 물론 이른바 '인민공화국'을 선포한 공산당의 박헌영까지도 그를 찾아와 당수가 되어줄 것을 청하였다. 그러나 그는 특정한 정당이나 단체와 선뜻 제휴하려 하지 않았다. 그리고 23일

조선호텔로 전국의 65개 정당단체 대표 약 200여명을 모이도록 했다. 이날밤 정치단체협의기구 형식으로 '독립촉성중앙협의회'를 발족시켰으며 11월 2일 결성대회를 가졌다.

그러나 16일 공산당이 정식으로 '독립촉성중앙협의회'에서 탈퇴했다. 이승만은 10월 21일 중앙방송을 통해 "나는 공산당에 대하여 호감을 가지고 있는 사람입니다. … 경제정책을 세울 때 공산주의를 채용할 점이 많이 있습니다"라고 하였다. 그러나 23일 조선호텔모임에서 조선공산당은 대동단결의 선결조건으로 '임정'을 계승할 것인지 '인공'을 강화할 것인지를 분명히 해달라고 하면서 임정에 비중을 둔 그에게 반기를 들었던 것이다. 이승만은 10월 31일 박헌영과 단독회담을 가졌다. 박헌영은 친일파의 선 숙청을 고집하였다. 그러나 논쟁의 불씨를 남겨둔 채 외형상의 '의견일치'를 본 형식으로 11월 2일 결성대회를 가졌던 것이다. 그러자 11월 6일 좌익청년 26개 단체와 조선노조건국평의회가 그에게 '인민공화국' 주석에 취임하여 주지 않으면 이승만을 민족통일전선 실패의 최고책임자로 규정하겠다고 선언하였다. 그리고 그들은 떨어져 나간 것이다.

박헌영은 1939년 마지막으로 경성 콤클럽을 조직 지하활동을 하며 광주의 벽돌공장에 잠입, 벽돌공으로 은신하다가 광복 후 19일 상경하여 당 재건에 나섰다. 그리고 9월 11일 남북한을 망라한 조선공산당을 조직했는데 이것이 소위 재건파 공산당이다.[1] 한편 8월 15일 아침 조선총독부의 엔도 정무총감, 나시히로 경무국장과의 회담을 마치고 돌아온 여운형은 벌써 치안유지협력의 한도를 넘어서 신 정부건설의 준비를 명백히 하고 안재홍이 이름 지은 조선건국준비위원회의 발족준비에 들어갔다.[2] 그러나 건준 내부에는 좌·우익 세력간의 갈등이 심화되었고 마침내 안재홍 일파의 우익세력은 탈퇴했다. 그러나 9월 6일

1) 이기하 등 공저, 「한국의 정당」(서울: 한국일보사, 1987), pp. 60~61.

2) 이기하·삼전방부, 「조선종전의 기록」, p. 176.

좌익만을 규합하여 전국인민대표자대회를 개최하였다. 이 대회는 여운형이 임시의장이 되어 회의를 진행시켰으나 이것은 어디까지나 공산주의자에게 이끌려 본의 아니게 피동적으로 움직인 데 불과하다. 이날 밤 대회는 재건파 공산당이 경인지구의 철도노조원을 동원하여 진행된 것이다.[3] 이 대회에서 민주주의적 정부를 수립하기로 결정하고 국호를 '조선인민공화국'으로 결정하였다. 인민공화국 수립을 선포한지 2일 후인 9월 8일에는 '인공'정부를 운영할 중앙인민위원회 부서를 결정하기 위한 회의를 열었다. 이날 여운형은 교통사고로 불참했었다. 그래서 각 부서의 책임자는 공산주의자들의 일방적 결정으로 14일에 발표되었다.[4] 이것은 박헌영의 배후공작과 이에 따른 여운형의 큰 정치적 과오가 아닐 수 없다.[5] 그리고 '건준'은 발족한지 두 달도 못 돼 10월 7일 인민공화국청사에서 정식해체 결의를 거쳐 이루어졌다.

이처럼 좌·우 분열로 심각하게 대립되어 있던 해방정국은 신탁 통치안이 나오자 더욱 첨예화하였다. 전후문제를 처리하기 위하여 모스크바에 모인 미국의 번즈, 소련의 몰로토프, 영국의 베반 등 세 나라의 외상은 1945년 12월 27일 "한국을 5년간 신탁통치한다"고 결정한 것이다. 이 결정이 국내에 전해지자 즉각적 독립만을 생각했던 우리 국민의 전면적인 반발을 불러 일으켰고 이는 이념과 정파를 초월하였다. 조선인민공화국 중앙인민위원회도 개인적인 입장임을 전제로 12월 29일에 신탁배격의 담화를 발표했고 조선공산당의 정태식, 조선인민당의 여성들이 반탁의 입장을 밝힌 바 있고 30일에는 조선청년동맹에서, 그리고 31일에는 좌익의 40여개 단체 100여명이 반 파쇼공동투쟁위원회 결성총회를 열고 신탁통치안의 철폐를 요구하는 성명을 발표했다. 그러다가 1946년 1월 2일 박헌영이 평양을 다녀 온 뒤에는 찬탁으로 돌아

3) 송남헌, "해방정국의 상황과 여운형의 건국준비운동," 「해방전후사의 쟁점과 평가 I」(서울: 형설출판사, 1990), p. 296.

4) 여운홍, 「몽양 여운형」(1967), pp. 85~90.

5) 송남헌, 앞의 논문, p. 206.

섰다.[6] 좌익진영의 이 같은 찬탁선회는 조선공산당 북조선분국과 그 외곽단체의 찬탁성명과 동시에 발표되었다. 이것은 소련의 지시 때문이라는 견해이다. 소련은 미국과는 달리 한국에 대해 위성국의 목표를 두고 처음부터 적극성을 띠었다. 그것은 이미 1917년 러시아 혁명 직후부터 나타난다. '약소민족해방'이라는 구실 하에 한국군을 후원해주는 대가로 한인들로 하여금 공산당을 조직케 하여 국제공산당으로 묶어 소련의 의도대로 활동케 했다. 그리고 만주에서 한국공산주의자들을 중공당에 일본에서는 일본공산당에 각각 편입해 각기 조선공산당 재건공작을 준비토록 했다. 이와 같은 역사적인 배경 속에 8 · 15해방과 더불어 재빨리 북한에 진주한 소련점령당국은 그들이 이미 구축해놓은 좌익세력을 발판으로 소련국적 또는 소련공산당 당원자격을 갖고 귀국한 약 300명의 훈련된 한인 정치요원을 배치하여 간접 통치식의 지배체제를 구축하고 친소좌익계의 인민공화국 인민위원회를 구성하였으며, 이를 기반으로 1945년 10월 8일에 5도 임시인민위원회를 구성하고 10월 28일 이를 북조선 5도 행정국으로 개편하였다. 이는 북한이 하나의 '태아적 정부'로서 북한의 단독정부수립을 향한 제일보였다. 그리고 북한의 소비에트화를 추진하는 출발이 되었던 것이다.[7]

어쨌든 모스크바 3상회의 실행차 46년 1월 15일 이래 개최된 '미 · 소 공동위원회'는 이에 참가대상인 민주주의 정당 사회단체라는 자격여부를 놓고 소련은 좌익만이 미국 측은 우익만이 민주단체라고 왈가왈부하다가 양측이 각기 상이한 목적하의 동상이몽이 실패로 끝났다. 실패의 원인은 1차공위 때에는 반탁진영 모략으로 깨졌고 2차공위 때에는 좌익보다 우익이 많은데 대해 소련의 책동으로 실패로 끝났다. 더욱이 1차공위 때에 소련측 대표들은 박헌영, 허헌, 이강국, 이주하, 김삼룡, 이관술 등 공산당 핵심간부들을 소련영사관으로 불러놓고 치스챠코프 대장은 "남한의 좌익진영을 총동원하여 공위 개최중 미군정

6) 민병천, "신탁안에 대한 좌 · 우파의 찬반논리," 「해방전후사의 쟁점과 평가 I」, p. 331.

7) 이달순, 「한국정치사의 재평가」(수원: 수원대 출판부, 1995), p. 160.

의 실정을 낱낱이 폭로해 좌익진영에 유리하게 전개하라"고 지시했다. 또한 소련 공위 대표 카크렝케 중좌는 포리안스키 영사관과 함께 "박헌영 동무는 대소 보고서에 조선공산당은 인민의 지지를 받는 다수당이라 했는데 어찌 투쟁하지 못하고 유아적 단계에 있는가? 반동세력 집결체인 민주의원을 파괴하고 학병동맹사건에 대한 보복을 전개하라. 미 · 소 공위가 실패할 때는 무력으로 혁명을 성공시켜라. 그 방법으로는 우선 이승만, 김구, 김규식, 김성수, 조병옥, 장택상, 여운형, 장덕수, 김두한 등 124명의 반동세력두목을 암살 처치하라"고 지시하며 그 명단까지 수교했다. 참가한 핵심간부들은 '향하이'집에 모여 논의하고 민심이탈이라는 이유로 반대했으나 이관술은 이를 지지하고 우선 좌익타도의 행동대장인 대한 청년단장 김두한부터 암살하자고 주장했다는 것이다.[8)]

그러나 미 · 소공동위원회는 실패로 끝났다. 이때 하지의 정치담당보좌관 버취가 중도지향적 우익인사인 김규식과 원세훈 그리고 온건좌익인사로서 중도지향성이 강해진 여운형과 황남진을 모아 '좌우합작운동'을 촉진하였다. 이승만과 김구는 합작지지담화를 발표했다. 그러나 박헌영이 이끄는 강경 좌파는 처음부터 합작운동에 대해 부정적인 입장을 나타냈다. 따라서 공산당은 명분과 여론 때문에 좌우합작에 소극적으로 참여하면서 합작을 방해하는 공작을 전개했다. 이러한 회오리 과정에서 박헌영의 조선공산당이 중심이 되어 인민당, 신민당의 3당이 통합하여 남로당으로 발족하게 된다. 초기 광복정국을 주름잡던 공산당은 친일파자금, 적산 처분금 등으로 활동을 강화하다가 활동자금이 떨어지자 궁여지책으로 1945년 10월 하순 그들의 기관지인 해방일보가 들어선 조선 정판사에서 1200만원의 위조지폐를 인쇄, 사용하다가 이듬해 5월 발각되어 이주하, 김삼룡, 이관술, 박낙종, 송언필, 김창선 등 14명이 차례로 검거되는 가운데 체포령이 내려진 박헌영은 이미 영구차로 38°선 너머로 월북했다.

---

8) 이기하, "찬 · 반탁운동에 대한 역사적 평가," 「해방전후사의 쟁점과 평가 I」(서울: 형설출판사, 1990), p. 365.

정판사 사건으로 위축된 공산당을 강화하기 위해 북한의 김일성은 조선신당과 1946년 8월 30일 합당하여 북노당을 만들었던 것이다. 그리고 남북을 통틀어 공산당의 이니시아티브를 장악하고 있었다. 김일성의 지령으로 공산당은 9월 23일 용산 철도파업을 스타트로 10월에는 대구폭동으로 확대시켜(10 · 1폭동) 경찰관 50명이 죽고 폭도 17명이 죽는 대폭동으로 미군까지 출동한 끝에 진압되었다. 그러나 이 폭동은 왜관, 부산, 마산, 창녕 등으로 확산되어 공장, 철도, 전선 등의 파괴와 살인, 방화 등 이른바 영남폭동으로 발전했다. 이후 계속해서 학생동맹휴학, 동맹파업, 인민폭동, 군반란 등을 일으켰다. 그러나 미군정에 의해서 남로당원들이 대거 검거되고 막판에는 김삼룡, 이주하 마저 체포됨으로써 남로당은 붕괴되었다.[9]

제 2 절 좌우합작파의 정치활동

신탁통치문제를 둘러싸고 좌익과 우익이 찬탁과 반탁으로 양극화 된 가운데 모스크바협정에 규정된 바에 따라 1946년 1월 16일부터 서울에서 제1차 미 · 소공동위원회 예비회의가 열렸다. 그리고 본회의는 3월 20일 개막되었다. 그러나 미 · 소공위의 협의대상이 된 정당단체를 선정하는 문제를 놓고 소련과 미국측의 입장이 달라 한국의 통일정부 구성에 관한 아무런 토론도 해보지 못한 채 결렬되었다. 미국정부로서는 한반도 문제를 소련과의 협상에 의해 해결해야 했는데 반소 · 친미적 정치세력의 극렬한 반탁운동 때문에 소련과의 협상에 의한 한반도 문제해결이 어렵게 되었다. 또한 미군정은 좌익이 찬탁을 하고 우익이 반탁을 하는 상황에서 도와서는 안될 적을 도와야 할 처지인데 그럴 수도 없는 딜레마에 빠졌다.

뿐만 아니라 미군정청은 좌 · 우익이 모두 군정청을 비난하고 있어서 미군

9) 한국일보, 「한국의 정당」(1989), p. 139.

정청에 협조할 정치 세력을 갖지 못하는 고립상태에 빠져있었다.[10] 통일정부 수립을 위한 좌우합작은 바로 이러한 곤란한 입장에서 벗어나 모스크바협정의 테두리 내에서 한국문제를 해결하는 데 대한 대비를 위해 미국정부 및 주한 미군정청의 노력의 일환으로 추진되었다. 미국무성은 극렬한 반탁운동을 전개하고 있는 이승만과 김구를 미국의 대한정책집행에 방해가 되는 인물로 규정하고 미군정청이 이, 김과의 유대를 단절하고 "김구 일파와도 연결되지 않았으면서 소련의 조종을 받는 세력과도 연결되지 않는 지도자들을 물색해내기 위한 노력이 경주되어야 할 것이다…. 우리는 소련의 지지를 받는 공산주의세력에 대항하기 위하여 그러한 세력에 대해 전폭적 지지를 보낼 준비를 하게 될 것이다. 우리는 김구 및 이승만 일파에 대해서는 결코 어떠한 호의도 보일 수 없을 것이다"[11]라는 지시를 미군정청에 보냈다. 그 뒤 3개월이 지나 미군정청이 고립되고 한국에서의 미국의 권위가 크게 실추되자 미군정당국은 좌·우익을 견제하며 중도파에 의한 좌우합작을 적극적으로 추진·지원하게 된다.

미군정당국은 정판사 위조지폐사건을 발표하고 그와 관련된 조선공산당본부를 수색하고 공산당기관지 해방일보를 정간처분을 했다. 미군정당국은 좌·우익을 견제하면서 5월 25일 좌우합작이 얼마나 강하게 미군정당국의 지원을 받고 있는가를 잘 말해준다. 첫 번째 예비회담이 있은 후 좌익 측에서는 여운형의 비서였던 황진남보다 박헌영과 가까운 허헌으로 교체되었고 5월 30일과 6월 14일에 역시 버취 중위의 집에서 두 차례의 예비회담을 더 가졌다. 미군정 측은 좌우합작을 격려하기 위해 6월 30일과 7월 2일에 하지 중장과 아놀드 소장이 합작지지성명을 각각 발표했다. 그리고 우익 측에서 이승만과 한독당의 김구도 지지담화를 발표했다. 드디어 7월 10일 좌우합작위원회를 결성했다. 좌

10) 이호재, "한국외교정책의 이상과 현실," 「이승만 외교와 미국」(서울: 법문사, 1969), pp. 156~170.

11) Foreign Relation of the United State Ⅶ(1946), pp. 645~646.

우합작위원회에는 예비회담에 참석했던 인사들 외에 우익측에서 안재홍, 김봉준, 최동오, 좌익 측에서 정오식, 이강국, 성주식 등이 추가 가담했다.12)

처음 원칙문제에 대한 의견조정으로 진전이 되지 않던 좌우합작위원회는 하지가 "김규식 박사와 여운형 씨가 남조선에 있는 중요한 정당간에 배전의 협동과 통일을 위하여 노력하시는 것"을 격려하고 "나는 미군사령관으로써 김박사, 여운형 씨의 노력을 할 수 있는 데까지 전적으로 시인하고 지지합니다"라는 6월 30일자 성명과 함께 공공연히 후원함으로써 7월 25일에는 덕수궁에서 제1차 공식회합이 열리고 그 뒤 여러 차례의 회합을 거치는 동안 좌익 측이 내놓은 이른바 합작 5원칙과 우익 측의 8원칙을 절충한 합작 7원칙이 김규식과 여운형 간에 합의되어 10월 4일 두 사람 공동명의로 발표되었다.

1. 조선의 민주독립을 보장한 3상회의 결정에 의하여 남북을 통한 좌우합작으로 민주주의 임시정부를 수립할 것.
2. 미·소공동위원회의 속개를 요청하는 공동성명을 발표할 것.
3. 토지개혁에 있어 몰수, 유조건물수, 체감매상 등으로 토지를 농민에게 무상으로 분배하여 시가지의 기지 및 대건물을 적정 처리하며, 중요산업을 국유화하며, 사회 노동법령 및 정치적 자유를 기본으로 지방자치제의 확립을 속히 실시하여 통화 및 민생문제 등을 급속히 처리하여 민주주의 건국 과업완수에 매진할 것.
4. 친일파 민족반역자를 처리할 조례를 본 합작위원회에서 입법기구에 제안하여 입법기구로 하여금 심리 결정하여 실시케 할 것.
5. 남북을 통하여 현 정권 하에 검거된 정치운동자의 석방에 노력하고 아울러 남북좌우의 테러행동을 일체 즉시로 제지토록 노력할 것.
6. 입법기구에 있어서는 일체 그 권능, 구성방법, 운영 등에 관한 대안을 본 합

12) 양동안, "혼란속의 국가형성," 「현대한국정치사」(성남: 한국정신문화연구원, 1987), pp. 67~69.

작위원회에서 작성하여 적극적으로 실행을 기도할 것.

7. 전국적으로 언론, 집회, 결사, 출판, 교통, 투표 등 자유가 절대 보장되도록 노력할 것.[13)]

이처럼 좌우합작이 진행되고 있는 동안 미군정당국은 좌우합작과 과도입법의원 창설 등을 일종의 커플·프로젝트로 추진했다. 두 계획은 동시에 기초되었으며 서로 밀접한 연관성을 가진 것이었다.[14)] 그러나 입법의원의 구상과 설립은 미군정의 뜻대로 진행되지 않았다. 의원 수는 복식 또는 간접으로 각 리·정·면·군의 대표들에 의해 선거되는 민선의원 45명과 군정장관이 임명하는 관선의원 45명으로 도합 90명이었는데 이승만과 김구 등이 보이콧한 채 10월 중순부터 하순에 걸쳐 실시된 선거에서 선출된 민선의원은 독촉국민회계와 한민당이 31석을 차지하여 2/3를 넘었다.

미군정은 김규식의 의견을 받아들여 경찰이 관여한 부정선거를 이유로 서울에서 김성수, 장덕수, 김도연 3인과 강원도 대표의 재선거를 실시하였다. 관선의원 중에 공산당이 포함되지 않은 것은 물론이고 이승만과 김구도 들어있지 않았는데 이 인선은 김규식, 원세훈, 최동호, 안재홍, 김명준 및 버취 등 6인의 합의에 의한 것이다. 관선의원에 선정된 여운형과 장건상도 입법의원을 배척했다. 한민당은 재선거에 불만을 품고 등원을 거부했다. 하지는 버취 군정장관으로 하여금 의원의 2분지 1로서 회의가 구성된다는 수정법을 공포하여 12월 12일 개원을 하였다. 김규식은 전날 예비회의에서 전 참석의원 53인 중 49표로 입법의원장에 당선되었다. 그는 12일 개원식이 끝나자 입법의원 의장자격으로 각 방면에 보내는 메시지와 함께 북한의 김일성에게도 "전 민족의 단결로 미·소공동위원회의 재개촉진과 남북통일을 위한 임시정부수립에 대해 공

---

13) 여운홍, 앞의 책, pp. 210~211.

14) Bruce Cumings, The Origins of the Korean WAR(PRINCETON, N.J.: PRINCETON Univ. Press, 1981), p. 253.

동투쟁하자"는 전보를 발송했다는데 이는 후일 그가 남북협상에 나서는 것과 같은 발상에서였을 것이다.[15]

그러나 이렇게 발족한 입법의원이 맨 처음 결의한 것은 하지나 김규식의 의사와는 달리 신탁통치반대 결의였다. 그리고 개원 후 한민당 소속 의원들이 참여함으로써 입법의원은 좌우합작위원회의 통제보다는 한민당과 이승만의 통제를 강하게 받았다. 이러한 과정에서 1947년 6월 15일에는 김규식을 위시해서 여운형, 안재홍, 원세훈, 홍영희, 정구영 등 1백여 명이 시국대책회의를 결성, 중간파세력의 기반을 더욱 튼튼히 한다. 그러던 차에 여운형이 7월 19일 우익테러에 의해 암살당하였다. 이러한 가운데 김규식은 정국의 주도세력이 되었다. 이승만의 후원을 얻어 좌우합작에 나섰던 김규식이건만 그는 이승만을 공격하기 시작했다. 김규식은 주요산업의 국유화와 농지개혁 그리고 사회보장제를 주장하는 입장에서 좌·우익을 공격하고 그 중에서도 그가 가장 신랄하게 공격한 사람은 이승만이었다.

한편 미군정은 한국인화(Korealization)를 더 진전시켰다. 입법의원의 개원 그 자체도 한인화의 한 진전이었고 '남조선 과도정부'를 설치하기에 이른 것이다. 미군정청은 1947년 2월에 안재홍을 미군정청의 한국인 부처장을 관할하는 민정장관에 임명했다. 뒤이어 6월 3일에는 군정법령 제141호로써 군정청 내의 입법, 행정, 사법을 담당하는 한국인 기관을 통틀어 '남조선 과도정부'라고 호칭하도록 했다. 이 같은 과도정부의 호칭이 주어졌음에도 불구하고 실질적인 권한은 거부권을 가진 미국인 고문에게 있었기 때문에 실질적으로 정권이 한국인에 이양된 것은 아니었으며 그 후 과도정부는 미군정청으로부터 정권을 이양 받지도 못했다.[16] 이러한 과도정부 속에서 입법의원은 5·10선거의 기본이 되는 선거법을 제정한 것 이외에는 주목을 끌만한 의안을 처리하지 못하였

15) 손세일, 「이승만, 김구」(서울: 일조각, 1970), pp. 240~250.

16) 송남헌, 「해방 3년사」(서울: 까치, 1985), p. 453.

으며 민정장관도 이렇다 할 업적을 내지 못했다.[17)]

좌우합작운동이 본래의 목적인 좌우합작에 실패하고 미군정의 한국인화 계획을 지원한 부수적 결실을 얻고 난 다음 가야할 코스는 소멸이었다. 그 존재 이유가 상실되었기 때문이다. 제2차 미·소공동위원회가 무위로 끝나 모스크바협정의 테두리 속에서 한국문제를 해결할 수 있는 가능성이 사라짐에 따라 좌우합작운동의 의미는 상실되었고, 미군정도 그것을 크게 필요로 하지 않게 되었다. 게다가 여운형의 죽음으로 좌우합작운동은 더욱 활력이 없어지게 된 것이다.

모든 정치운동은 소멸하면서 조직상의 흔적을 남기기 마련이어서 좌우합작운동 역시 민족자주연맹이라는 중간파세력의 연합체를 남기고 소멸했다. 좌우합작에 참여했던 중간세력에 속하는 군소정당들인 민중동맹, 건민회, 신진당, 한독당 이탈파, 보국당, 민주독립당, 근로인민당, 애국부녀동맹 등은 민주주의 독립전선, 미·소공동대책협의회, 시국대책협의회, 민족통일 재편성 준비회 등의 명칭으로 정치적 집합체를 이루어 오다가 1947년 10월 20일 마침내 '민족자주연맹'이라는 정당연합체를 구성했다. 좌우합작운동 참여 정치가들이 민족자주연맹을 결성한 명분은 "좌우합작을 효과적으로 추진하기 위해 우선 중간진영을 단결시킨다"는 것이었다. 김규식을 주석으로 한 민족자주연맹이 결성한 명분은 "좌우합작을 효과적으로 추진하기 위해 우선 중간진영을 단결시킨다"는 것이었다. 김규식을 주석으로 한 민족자주연맹이 결성된 약 2개월 후인 1947년 12월 15일 좌우합작위원회는 끝내 해체를 선언함으로써 1년 7개월간의 좌우합작운동에 종지부를 찍었다.

---

17) 이정식, 「김규식의 생애」(서울: 신구문화사, 1947), p. 21.

제 3 절 임정의 정치활동

1945년 11월 23일 김구 주석을 비롯한 임정요인 5명과 함께 1진 15명이 미군정이 보내준 C-47 수송기로 김포공항에 이승만과 마찬가지로 개인자격이라는 단서를 달고 귀국했다. 그날 저녁 이승만은 김구가 거처로 정한 죽첨장(뒤에 경교장으로 개칭)으로 찾아가 회포를 풀었다. 다음날 이승만은 자신을 찾아온 김구를 군정청으로 데리고 하지장군에게 소개시켰다. 김구는 24일 하지와 만난 후 군정청회의실에서 첫 기자회견을 가졌다.

김구는 25일에 다시 돈암장으로 이승만을 찾아 늦게까지 환담했으며 12월 1일 서울운동장에서 열린 임시정부 환영회에도 함께 참석해 우익 진영의 쌍두마차임을 분명히 했다. 12월 2일에는 임시정부 의정원장 홍진을 비롯한 22인의 임정요인 2진이 서울에 도착해 3일 오전 경교장에서 전 국무위원이 참석한 가운데 '역사적인 첫 국무회의'가 열렸다. 이 자리에 이승만도 주미 외교위원회 위원장 자격으로 참석했다. 임정보다 먼저 입국한 이승만이 '독촉'을 결성하고 '인민공화국' 주석 취임요청을 거절하면서 이렇게 말했다.

"나는 한국임시정부의 김구 씨를 옹호하며 온 터이니 다른 방법으로 정식타협이 있기 전에는 다른 정부나 정당에는 이름을 둘 수 없습니다."

이날 국무회의는 미군정 이외의 그 어떤 정부도 인정치 않겠다는 미군정의 방침에 정면으로 도전한 것이다. 3일 오후 임정간부들은 군정청으로 하지사령관과 아놀드 군정장관을 방문하고 임정의 지위에 대한 보장여부를 타진했으나 "국제적 승인 없이 합법적 정부로 인정할 수 없다"는 부정적인 답변만을 들었을 뿐이다. 귀국 후 한동안 기세를 올리던 임정세력은 이로 인해 위축될 수밖에 없었다. 이때 신탁통치안이 제기되었다. 온 국민이 반탁투쟁을 제2독립운동으로 결의하고 나섰다.

이승만과 김구는 반탁투쟁 초창기부터 행동을 함께 했다. 하지만 주도권은 김구에게 있었다. 김구를 비롯한 임정세력은 반탁을 중경임정추대운동으로 연결시키려 했다. 그 배경에는 이승만에 대한 김구의 견제의식도 내포되었음 직하다. 임정내무국장 신익희는 '현재 전국행정청소속의 경찰기구 및 한인직원은 전부 본 정부 지휘하에 예속케 함'이라는 포고문을 발표했다. 이것은 미군정에게 쿠데타처럼 보였다. 하지는 김구에게 강력 경고를 했고 임정측은 파업중지를 국민에게 방송을 통해 요청했다. 1차 반탁운동은 한풀 꺾이는 격이 되었다. 그런데 송진우가 30일 반탁을 지지하는 열혈청년에게 암살당하는 사건이 발생했다. 송진우는 찬탁의 입장은 아니었다. 그러나 군정의 여당격인 한민당으로서는 반탁의 선두에는 설 수 없었다. 다만 그로서는 임정세력의 정권인수기도를 무모하고 비현실적으로 보았을 개연성이 높다. 이승만도 반탁이 반미로 이어지는 것을 경계하였다. 이는 사실상 반탁투쟁에 있어 김구와 이승만의 정책이 다르다는 것으로 분석할 수 있다.[18)]

공산당이 찬탁으로 돌아선 뒤 김구는 비상정치회의에 의한 '과도정부'의 수립과 '임정'의 해체, 그리고 '과정'으로 하여금 국민대표회의를 소집해서 정식정권을 소집할 것을 제의했다. 비상국민회의는 46년 2월 1일 46개 단체의 대표들이 참가한 가운데 본 회의를 개최하고 과도정부수립을 위해 행정부 격인 최고정무위원회를 설치할 것과 최고정무위원회의 구성인원수 및 인원선정을 이승만과 김구에 일임키로 결정했다.

임시정부가 주도하는 비상정치회의와 이승만이 주도하는 독촉이 이처럼 협력하게 되자 양측의 반탁투쟁 조직도 하나로 통합되었다. 이러한 이승만과 김구의 협력분위기 속에 두 지도자는 앞서 위임받은 바에 따라 2월 13일 28명의 최고정무위원을 선임했다. 미군정청은 정권인수를 목표로 한 이 같은 우익진영의 움직임을 완화시키기 위해 일종의 타협적 조치로서 그리고 우익을 회유하기 위한 조치로서 비상국민회의 최고정무위원을 미군정의 자문기관으로

---

18) 이한우, 「이승만 90년」(서울: 조선일보사 출판국, 1995), pp. 223~233.

흡수했다. 즉, 최고정무위원이 선임된 바로 다음 날 하지는 미군정청의 자문기관이 남조선 대한민국 민주의원을 설치하고 비상국민회의의 최고정무위원 전원을 민주의원의 의원으로 임명했다. 민주의원 의장에는 이승만, 부의장에는 김구와 김규식이 선임되었다. 비상국민회의의 최고정무위원 28명의 명단에는 여운형, 황남진, 백상규 등 인민당 소속 인사 3명이 포함되었으나 그중 우익성향이 강한 백상규만 최고정무위원과 민주의원에 참여하고 나머지는 참여하지 않았다.[19]

한편 반탁에서 찬탁으로 갑자기 선회하여 우익으로부터 매도당하고 대중으로부터 고립될 위험에 빠진 좌익진영은 또 그들대로 찬탁노선의 좌익진영을 규합하기 위해 '민주주의 민족전선'을 결성하는 작업을 개시했다. 앞서부터 민주주의 민족전선의 결성을 주장해 온 공산당과 인민당은 임정주도의 비상정치회의에 참여하는 듯하다가 끝내는 비상정치회의를 거부하고 1월 19일 각 정당단체 대표자 회의를 개최, 민주주의 민족전선 준비위원회를 구성키로 했다.[20] 민전준비위원회는 2월 1일 민주주의 민족전선은 과도적 임시국회의 역할을 하며 모스크바 협정에 규정된 미·소공위의 임시적 민주정부조직에 참여할 조선민족의 유일한 대표단체라고 주장하면서 남한의 여운형, 박헌영 등과 북한의 김일성, 김두봉 등 남북한 주도 좌익지도자를 망라한 준비위원 24명의 명단을 발표했다. 그리고 제1차 미·소공동위원회 하루 전날인 2월 15일 좌익정당 단체들만이 참석한 가운데 정식으로 조선민주주의 민족전선을 결성했다. 여기서 주목되는 것은 건준 위원장이며 인공수상이던 여운형이 의장이 아니라 5명의 의장단의 일원으로 선출되었다는 점이었다. 이러한 사실은 좌익진영에서 여운형의 위치가 크게 몰락했으며 좌익진영 내의 공산당주도권이 더욱 분명해졌음을 말해 주는 것이다.[21]

---

19) 송남헌, 앞의 책, p. 281.

20) 이기하, 「한국정당발달사」(서울: 의회정치사, 1958), p. 101.

21) 양동안, "혼란속의 국가형성," 「현대한국정치사」(성남: 한국정신문화연구원, 1987), pp. 60~64.

어쨌든 당시의 정국은 이승만이 주도적 역할을 하게 되었다. 이승만을 견제하려는 세력은 공산당보다 오히려 미군정의 하지였다. 이승만과 하지의 갈등관계를 설명하는 두 축은 반탁과 미·소공동위원회이다. 이승만의 확고한 반탁은 아무래도 하지에게는 부담이 되었고 미·소공동위원회를 성공적으로 이끌어야 하는 하지는 명확한 반공의 입장을 갖고 있던 이승만에게 부담이었다. 그래서 양측이 협력할 소지는 거의 찾을 길이 없었다.[22] 하지가 이승만에게 취한 첫 번째 조치는 이승만을 민주위원 의장직에서 사임시킨 것이다. 소련과의 협상에 걸림돌로 작용할 것을 우려한 때문이다.[23] 미·소 공위가 진행된 3월부터 4월초까지 이승만은 지방유세를 떠났다. 우리는 이점에 그 동안 별로 주목을 하지 않았다. 그러나 애당초 명망을 갖춘 이승만이 독촉이라는 자신의 전위 조직을 구성하고 난 다음 전국 유세를 떠났다는 것은 명망 조직에 이어 대중의 지지라는 '파워 3박자'를 치밀하게 만들어 갔다는 점에서 대단히 중요한 대목이다. 동시에 대중의 지지는 그가 하지와 맞설 수 있는 거의 유일한 버팀목이나 다름없었다. 그리고 이승만은 '현장의 감'을 발로 뛰어 확인함으로써 새로운 구상을 하게 된다.[24] 그가 지방을 돌아다니면서 한 연설의 내용은 주로 반공이다.

> "이론상으로 공산주의는 그럴 듯하다. 만일 이 주의를 전달하는 사람들이 이 주의를 전하는 대로 실천한다면 나도 그들을 존경할 것이다…. 그들은 세계사람들에게 각각 그들의 정부를 파괴시키고 나라를 크레믈린의 독재하에 넣도록 훈련시키고 있다…. 당신의 동생일지라도 공산주의의 훈련을 과학적으로 받았다면 이제는 당신의 동생이 아니다. 그 동생은 소련을 자신의 조국이라 부르며 … 동

---

22) Robert T. Oliver, Syngman Rhee: The Man Behind the Myth(Dodd Mead Company, 1955), p. 219.

23) 임병직, 「임병직회고록」(서울: 여원사, 1964), p. 150.

24) 이한우, 앞의 책, p. 237.

포들을 소련에 넘겨주려 할 것이다. 그러면 드디어는 당신의 나라는 소련의 위성국이 되는 것이다.”

이 같은 내용의 연설이 일반 국민들에게 먹혀 들어가는 것을 정치가 이승만은 파악했을 것이며 그가 말한 ‘민족사상 통일’이란 다름 아닌 반공에 대한 국민적 합의를 어느 정도 확인하게 되었다는 뜻이다. 그러한 감을 바탕으로 그는 5월 11일 민주의원에서 “…자율적 정부 수립에 대한 민심이 높다”고 중대한 발언을 했다. 여기서 ‘자율적 정부수립’이란 다름 아닌 남한만의 단독정부 수립이다. 이 같은 단정구상이 명확하게 언명되는 것은 이승만이 호남 유세에 나서 정읍의 강연회에서 연설할 때였다.

“이제 우리는 무기 휴회된 미 · 소공동위원회가 재개될 기색도 보이지 않으며 통일정부를 고대하나 여의치 않게 되니 우리는 남방만이라도 임시정부 혹은 위원회 같은 것을 조직하여 38°선 이북에서 소련이 철퇴하도록 세계공론에 호소하여야 될 것이니 여러분도 결심하여야 될 것이다.”[25)]

이 발언은 사실상 국내의 모든 정파들은 말할 것도 없고 모스크바협정의 준수를 고수하던 하지에게도 ‘폭탄’이었다. 김구의 한독당과 좌익연합 세력인 ‘민전’은 즉각 남북 분열과 정권욕에서 나온 책동이라는 비난성명을 발표했다. 그러나 한민당은 이승만을 지지하는 성명을 냈다. 김구는 단정 노선에 적극 반발했음에도 그의 신탁통치반대 국민총동원위원회와 이승만의 독촉과 통합이 되어 대한독립촉성국민회의가 발족되어 이승만 의장, 김구가 부의장으로 선출되었음은 앞에서 설명한 바와 같다.[26)]

---

25) 조선일보, 1946. 6. 5.

26) 이한우, 앞의 책, p. 238.

제 4 절 남북협상파의 정치활동

입법위원의 관선의원이 발표되고 나서 이승만은 하지의 부당성을 지적했다. 그리고 그는 미국으로 떠났다. 물론 미국행은 하지와 미국무성의 방해가 있었다. 그러나 맥아더의 도움을 얻어 12월 7일에 미국에 도착하였다. 이승만은 1947년 4월 21일 귀국할 때까지 약 5개월 동안 미국에 체류하면서 그의 추종자들인 임병직, 임영신과 올리버 박사 등 미국인 친구들을 동원, 한국에 단정을 수립할 것과 한국문제를 미 · 소 협상의 차원을 떠나 UN에 이관할 것 등을 미국정부와 UN에 호소하였다.[27] 이승만은 귀국 후 더욱 자신 있게 단정수립운동을 전재했다. 1947년 8월 제2차 미 · 소공동위원회가 결렬되고 한국문제가 UN에 이관되면서 그는 정국의 기선을 잡게 된다. 앞서 이승만은 김구와 접촉하여 자신의 단정론이 김구의 자주통일 정부수립에 관한 완전 의견일치를 보았다.[28] 이처럼 일치했던 이승만과 김구의 정부수립노선이 김구가 돌연 단정 절대반대성명을 발표함으로써 다시 갈라지고 말았다. 그 당시의 상황은 이러했다. 서울운동장에서 열린 이승만의 도미귀국환영회에서 이승만은 다음과 같이 연설했다.

> "… 미국본부의 정책은 공산주의자와의 합작을 단념하였으므로 이제 캄캄하기만 했던 우리의 앞길은 열리게 되었다. 임시 입법의원으로 하여금 총선거 법안을 속히 제정케 하여 남북통일을 위한 과정정권을 수립하여야 한다. 우리는 대한민국임시정부의 법통을 고집할 필요가 없으며 이 문제는 보류해 두어야 한다. 김규식 박사도 이제 합작을 단념하고 나와 보조를 같이할 것을 결정했다…."

---

27) 이원순, 「인간 이승만」(서울: 신태양사, 1988), pp. 280~282.

28) 조선일보, 1947. 12. 2.

이럴 때 김구에게 다음과 같은 질문이 던져졌다.

"… 작년 1월 이 박사가 도미하여 단독정부수립운동을 전개할 때 선생은 시종일관 침묵을 지켰었다. 조소앙 씨가 남북협상을 일시 중지한다고 선언한 직후에는 이 박사와 공동보조를 취하여 단독정부에 참가할 의사가 있는 것 같은 태도를 보였었다…."

이 같은 물음에 김구는 다음과 같이 답하였다.

"… 그래서 나는 이 박사가 돌아오는 즉시 만나서 나의 뜻을 말하였던 것이다. 그러나 이 박사는 나의 권고를 듣지 않고 마침내 단정노선으로 돌진한 것이다…."[29)]

그리고 김구는 김규식과 손을 잡았다.

이러한 때 UN총회에서는 남북한이 UN 감시 하에서 총선거를 하여 국회를 구성하고 통일정부를 수립케 한 뒤 미·소 양국이 동시에 철수하자는 미국안이 가결되고 이를 실천하기 위한 UN한국위원단이 1948년 1월 8일 서울에 도착했다. 그러나 북한 주둔 소련 군사령부가 이들의 입북을 거절했다. 남북한을 통한 통일 총선은 희망이 없어졌다. 이럴 때 이승만은 메론 인도대표를 단장으로 하는 위원단에게 북한에 대한 시도는 허사이니 남한만이라도 선거를 해서 주권이 한국인에게 돌아오는 것을 서둘러야 하고 UN이 수립한 국가라면 정부가 수립되는 대로 UN의 회원국이 됨으로 UN을 통한 소련과 교섭이 가능하다는 주장으로 이른바 단독정부안을 내세웠던 것이다. 이에 대해 김구는 남북한의 주둔군이 철수한 뒤 자유선거가 가능하다는 의견과 함께 한국인끼리의

29) 김구, "신민일보사장과의 회담기," 대한민국 30년 3월 21일, 「백범 김구선생 언론집」(나남출판사, 2004).

남북협상을 통해 다시 한번 노력해 보는 안을 UN한국위원단에 제출하고 국토 양단과 민족분열을 막으려고 노력한다. 그러나 UN은 '가능한 범위 내에서의 선거'가 가결되고 만다.30)

김구와 김규식은 2월 16일자로 북한의 김일성과 김두봉에게 "남북정치지도자간의 정치협상을 통하여 통일정부 수립과 새로운 민주국가건설에 관한 방안을 토의하자"는 것을 주된 내용으로 한 서신을 보냈다. 이러한 서신에 대해 북한의 김일성, 김두봉은 아무런 회신이나 반응을 보이지 않았다. 북한측은 3월 25일 밤 평양방송을 통해 북조선 민주주의 통일전선 중앙위원회가 UN결정과 남조선 단독선거, 단독정부를 반대하고 조선의 통일적 자주독립을 위하여 전조선 정당사회단체 대표자 연석회의를 4월 14일부터 평양에서 개최하는 의제를 채택했으며 단독선거, 단독정부를 반대하는 남조선의 모든 정당과 사회단체는 이에 참석할 것을 요청했다고 보도했다. 그 이틀 후에는 김일성, 김두봉의 연서로 김구, 김규식 앞으로 남북지도자 연석회의를 4월초 평양에서 소집할 것에 동의한다는 내용과 일방적으로 결정한 양측의 참석자 명단이 든 서신을 보내 왔다. 또 북조선 민주주의 민족통일전선은 김일성, 김두봉을 비롯하여 9개 정당 단체의 대표자들의 연서로 4월 14일 평양에서 남북 정당사회단체 연석회의를 개최하자는 서한을 한독당, 민족자주연맹, 남로당 등 단독선거에 반대하는 모든 정당 단체에 보내 왔다.

이 같은 북한측의 통고는 전술한 김구, 김규식의 서신에 대한 회답이 아니라 그 서신을 무시한 일방적 통고였다.31) 이러한 북측의 모욕적인 행위에도 불구하고 김구, 김규식은 이를 완전히 거부할 수가 없다. 남한에서의 선거일자는 임박하고 어떤 형태로든 남북지도자 회담이 개최되어야 자신들의 정치적 위신

30) 최서면, "해방후 김구 노선의 평가," 「해방전후사의 쟁점과 평가」(서울: 형설출판사, 1990), pp. 80~88.

31) 송남헌, 앞의 책, pp. 531~547.

과 남북협상론의 대의가 살 수 있을 것이기 때문이다. 그래서 양인은 3월 31일 "미리 다 준비한 잔치에 참례만 하라는 것이 아닌가 하는 우려가 없지 않다. 그러나 우리 두 사람은 남북회담을 요구한 이상 좌우간 가는 것이 옳다고 생각한다"며 북행을 결정[32]하고 그 다음날 평양을 다녀온 연락원은 김일성이 "두 분 선생께서 무조건 이곳으로 오셔서 우리와 상의하시면 모든 문제는 해결됩니다"라고 말했다고 전했다.

김구는 김일성의 '무조건 참석'을 받아들며 먼저 평양으로 갔고 김규식은 몇 가지 조건을 김일성에 제시한 후에 김일성이 수락한다는 신호를 보낸 후에 북으로 갔다. 그러나 북한측은 김구, 김규식이 도착하기도 전에 예정대로 19일부터 회의를 개최하고 있었다.

남측 대표단은 22일 오후부터 회의에 참석했다. 김구는 회의에서 남조선 대표로서 축사를 했다. 그리고 회의에 참석한 남측 대표들은 "남·북 조선 제 정당 사회단체대표자 연석회의는 어떠한 조건, 어떠한 환경 어느 때든지 남조선 단독정부를 절대승인하지 않을 것"이라는 내용을 포함한 북측이 일방적으로 작성한 선전적 문서들을 채택하는 데 동의했다. 회의는 남측 참석자들에게는 발언기회도 제대로 주어지지 않고 정해진 결의문에 대한 남측 대표들의 수정 요구도 일체 묵살한 채 오로지 남북한 공산당이 미리 만들어 놓은 각본에 따라 일방적으로 그리고 남측 참석자들에게는 모욕적으로 진행되고 끝났다.[33]

회의가 끝난 후에는 남·북 제정당 사회단체 지도자 협의회를 개최, 미·소 양군의 즉시 철회 양국군대 철퇴 후 제 정당 단체들이 정치회의를 소집하여 임시정부 구성들을 내용으로 하는 공동성명서를 채택·발표했다. 김구, 김규식, 김일성, 김두봉은 별도의 회담을 갖고 당면문제들을 협의했다. 5월 5일 평양으로부터 서울에 도착한 김구, 김규식은 "… 북조선 당국자도 단정은 절대로 수

32) 경향신문, 1948. 4. 1.

33) 이정식, 「김규식의 생애」(서울: 신구문화사, 1947), pp. 193~195.

립하지 아니하겠다고 약속하였다"는 성명을 발표했다.[34] 그 후 두 김씨는 일체 침묵을 지켰다.

그리고 5 · 10선거가 끝난 후인 6월초 북한측이 제2차 남북협상을 제의해 왔을 때 그들은 이를 거절했다. 후에 비밀자료로 정리된 '한독당 북한방문 보고서'에 김구가 북조선노동당과 한독당은 절대로 공조할 수 없다고 밝히고 있다.[35] 김규식도 평양을 다녀오고 나서는 "이제는 단독정부를 반대하지 않는다. 물론 나는 남북협상에 책임을 지고 선거에도 참여하지 않는다"고 말하며 평양에서 남북협상이 굴욕적인 실패였음을 자인했다.[36] 또 북한측은 그들의 단독정부 수립을 추진함으로써 김구, 김규식이 발표한 성명 중의 "북조선 당국자도 단정은 절대로 수립하지 아니하겠다고 약속했다"는 구절을 뒤집었다. 이미 북한 공산당은 앞에서 언급된 바 있는 것처럼 1946년에 각군 인민위원회를 구성해 놓았으며 그에 입각하여 토지개혁을 비롯한 행정을 실시해 왔고 1947년 11월에는 제3차 북조선 인민위원회에 임시헌법제정준비위원회를 구성했으며 1948년 7월에는 중국과 비밀군사협정을 체결하는 등 완전한 단독 정부를 수립 · 운영하고 있었다. 그리고 남한의 단독정부가 수립되자 8월 25일 대의원 선거를 실시하는 쇼를 펼치면서 9월 3일 헌법을 공식으로 채택하고 9월 9일 김일성을 수상으로 하는 조선민주주의 인민공화국 정부의 수립을 선포하였다. 남북협상은 민족의 분단을 막으려는 대의에서 출발한 것이지만 이미 남북이 통일정부를 구성할 수 없게 된 명백한 현실을 직시하지 못한 것이었다. 남북협상은 현실을 무시한 이상주의적 민족주의가 연출한 실패작인 셈이다.[37]

1948년 5월 10일 남한에서는 제헌의회를 구성하기 위한 총선거가 UN한국

---

34) 경향신문, 5. 7.

35) 임건언, 최현 역, 「한국현대사」(서울: 삼민사, 1986), p. 118.

36) 위의 책, p. 118.

37) 양동안, "혼란속의 국가형성," 「현대한국정치사」(성남: 한국정신문화연구원, 1987), pp. 96~100.

임시위원단의 감시 아래 실시되었다. 여기서 198명의 의원을 선출하였다. 제헌의회는 5월 31일에 최초로 개원하여 이승만을 의장으로 선출하고 헌법으로 제정·포고한 뒤 초대 대통령으로 이승만을 선출했으며 이어 행정부가 조직되어 8월 15일에는 대한민국정부의 수립을 국내·외에 선포하자 하지장군은 같은 날로 미군정은 종식된다고 발표하였다. 1948년 12월 12일 파리에서 개최된 제3차 UN총회는 찬성 41표, 반대 6표(기권 1표)로 대한민국정부가 '한국에 있어 유일한 정부이다'라는 결의를 통과시켰다.

UN총회의 결의는 대한민국정부가 실질상 한반도에 있어 유일한 합법정부임을 함축하고 있는 것이며 적어도 하등의 국제 뒷받침이 없었던 북한 정권에 비해 대한민국정부에 정통성을 부여하는 확실하고 충분한 국제 정치적 근거가 되었던 것이다.[38] 이 결의문은 대한민국이 한반도 전역에 걸친 전국적 정부라고 선언하는 것을 조심스럽게 피했으나 그렇지 않다고 특별히 선언하지 않았다.[39] 이 같은 대한민국정부의 수립은 '이승만의 위대한 업적'이라고 평가될 것이다.

이승만의 집권과정에서 제일 큰 상대는 말할 것도 없이 공산당이었다. 이승만은 소련의 야욕과 공산주의의 기본 이념과 전략을 날카롭게 꿰뚫고 있었다는 것이다. 소련은 지정학적으로 한반도를 탐내고 있었고 김일성을 내세워 그 야욕을 달성하려는 전략과 전술을 간파하고 있었던 것이다. 이승만은 귀국과 함께 계몽강연을 통해 지방유세를 강행함으로써 국민을 깨우쳐 주었다. 하필이면 공산당은 그들의 폭력혁명 이론에 따라 테러를 자행했는데 남한의 미군에 의해 진압되고 각성된 우리 국민들에 의해 실패하고 말았다. 두 번째 이승만을 괴롭힌 것은 좌우합작정치였다. 그것은 소련을 모르는 미국무성의 유화정책을

---

38) 김운태, "제1공화국," 「한국현대정치사」 제2권(서울: 성문각), pp. 15~36.

39) 김학준, "민주주의와 민족주의 연계에 관한 정치사적 고찰," 한국정신문화원 연구과제, 1981, p. 43.

따른 하지의 졸작과 북한의 공산당의 전략전술에 무지한 김규식의 합작품이었다.

더욱이 그 입법의원은 여운형 등의 세력이 불참했으며 더욱이 합작의 범위를 남한 내로 국한시키고 있었기 때문에 김규식의 주장과 방법은 도저히 실천할 수 없었음이 명백한 것이었다. 셋째로 이승만을 난처하게 하였던 정치활동이 김구, 김규식이 추진한 남북협상정치이다. 그러나 소비에트의 꼭두각시인 김일성 일당에게 조롱당한 꼴이 된 셈이다. 그러나 민족과 통일이라는 명분이 이승만으로 하여금 단정과 분단의 원흉으로 부각되는 안타까움이 지금껏 인상지어 지고 있는 것이다.

어쨌든 이승만은 미국과 UN에 호소하는 외교활동에 성공 정부수립과 동시에 집권의 영광을 누렸다. 그것은 국제정치에 대한 그의 통찰력의 판단이었다. 1946년 3월 영국의 W. 처칠이 '철의 장막' 연설을 한 뒤 국제정치의 변화를 예측하고 미국 설득에 나서는데 주저하지 않은 용기는 정권장악을 추구할 만한 정치가로 평가하게 되는 것이다. 이승만의 호소를 외면하던 미국의 정책당국도 처칠 연설 이후 트루먼 독트린으로 반공정책을 수립하고 마샬의 유럽부흥계획이 나오고 G. 케넌이 말하는 봉쇄정책의 전략이 나오게 되었으니 그는 세계적 국제정치가로서의 평가마저 나올 만한 것이다.

끝으로 해방정국과 통일문제를 분석함에 있어 우리는 '민족'이라는 애정에 너무 집착하지 말아야 한다는 것이다. 공산주의 이념에는 '민족'에 개의치 않는 오직 '계급'만이 있을 뿐이다. 후르시초프의 평화 공존론은 공산주의 체제를 포기하고 자유민주주의 체제로 전환을 추구하는 신호탄이었지 실제로 평화공존을 영구히 가능하다고 본 것이 아니다. 남한마저 소비에트화 하려는 그들과 민족이라는 이름으로 통일을 이룩하려는 것은 헛된 꿈이었다. 꿈이 아니면 '민족'이라는 깊은 애정 때문에 공산주의면 어떠냐 통일이 곧 지상낙원이라는 망상이다. 우리는 공산주의도 민주혁명으로 타파할 수 있으니 '선 민족통일 후 자유민주주의 실현'의 주장도 설득력이 있을 수 있다. 그러나 그것도 현실적으로 망상이다. 민족주의를 외치면서 이승만을 비판하고 그 반대파들의 정치활동에 찬사를 보내는 논리는 그것이 '민족' 개념에 대한 애정 때문으로 평가할 수 있다. 이제 우리의 목적은 민주정치의 구현이다. 그러기에 우리는 '민족통일'이 아닌 '민주통일'의 길을 모색하여야 한다. 해방정국과 통일의 문제를 역사적으로 분석하는 데는 '민족사관'을 극복해서 '민주사관'[40]의 인식을 바탕에 두고 올바른 분석의 틀을 짜야 할 때라고 본다.[41]

---

40) 이달순, 「한국정치사의 재평가」(수원대 출판부, 1995), pp. 10~25.

41) 이달순, 「이승만 정치연구」(수원대 출판부, 2000), pp. 96~123.

제 5 장

역대 대통령의 통일정책

제 1 절 이승만정부의 통일정책
제 2 절 장면정부의 통일정책
제 3 절 박정희정부의 통일정책
제 4 절 전두환정부의 통일정책
제 5 절 노태우정부의 통일정책
제 6 절 김영삼정부의 통일정책
제 7 절 김대중정부의 통일정책

제 5 장

역대 대통령의 통일정책

제 1 절 이승만정부의 통일정책

1. 반공이념과 북진통일정책

귀국직후 이승만은 공산주의에 대해서 호감을 표시했었다. 예컨대 1945년 10월 21일 그는 서울 중앙방송을 통해 "나는 공산주의에 대해 호감을 가지고 있으며 한국의 경제대책도 이에서 취택할 점이 많으나 극렬한 분자가 농민의 추수를 방해하고 동맹파업을 선동하는 등의 행위는 지양되어야 할 것이다"[1]라고 밝혔던 것이다. 그러나 2개월 뒤 그는 단호히 공산당을 비판했다. 즉 공산주의자들과는 타협은커녕 애국자이면 누구나 그들과 '목숨을 내놓고 싸워야 한다'[2]라고 했다.

이러한 이승만의 주장은 현실적으로 아무런 강제력도 갖지 못하고 있던

1) 성남천, 「건국전야」, p. 190.
2) 서울신문, 1945. 12. 21.

상황에 조직적인 지령과 막대한 자금으로 맹렬한 정치공세를 취하고 있던 공산당에 대한 용감한 결단이었을 뿐만 아니라 임시정부 측에 대해서도 경고적인 압력이 아닐 수 없다.[3] 마침내 1945년 12월 28일 5개년 신탁통치라고 하는 모스크바협정이 알려지면서 남한의 정국은 공산당이 지배하는 좌익과 반탁을 주장하는 민주진영으로 완전히 분립, 대결하게 되었다.

이 와중에서 미군정은 미·소공동위원회를 추진하였고 좌우합작을 시도했다. 한편 임정계에서는 남북협상을 추진하였으나 실패하였다. 이승만은 국제정세가 냉전화하고 그 바탕 위에 소련은 이미 북한에 공산세력을 완전히 조직화했기 때문에 남한에 반공정부를 조속히 세우는 일 이외에는 다른 방도가 없다고 단정했다. 그 반공이념이 남한의 단독정부를 서둘러 연 것이다. 이것을 정권야욕으로만 비판하는 것은 잘못된 것이다. 이승만은 '반공' 기치를 높이 들고 제 1공화국의 정부를 수립하였다. 특히 1948년 4월의 제주도 '4·3폭동'과 같은 해 10월 '여순 반란사건'을 계기로 반공사조는 더욱 비등해 갔다. 즉 이승만의 반공이념은 한층 더 확고해졌다.

1945년 8월 15일 남한의 단독정부를 수립한 이승만은 헌법의 인구비례에 따라 대한민국 국회 전체 의석 300석 가운데 100석을 남겨두고 이를 북측지역에서 유엔 감시하 자유총선거를 통해 선출된 사람들로 채워 통일한다고 주장하였다.

반공을 이념으로 정부를 수립한 이승만은 공산주의 남침을 방어하는 정책 수립에 고심했다. NATO동맹과 같은 태평양동맹의 결성이라든가 남한에 대한 침략을 자국에 대한 공격으로 본다는 트루먼 대통령의 성명이라도 받아 내려고 노력하였다.[4] 이승만의 이와 같은 노력은 허사였고 마침내 6·25 한국전쟁이 발발하였다. 공산주의의 거센 물결을 방어하고 자유세계를 지키려는 그의

---

3) 손세일, 「이승만과 김구」(서울: 일조각, 1970), p. 196.

4) 이원순, 「인간 이승만」(서울: 신태평양사, 1988), pp. 329~331.

결심은 대단했다. 드디어 전세는 역전했다. 이승만은 평양을 탈환하자 평양시청에서 환호하는 국민에게 연설했을 때 주위의 권고를 뿌리치고 "공산당의 공포 속에서 해방된 동포들과 내가 섞일 수 없다면 나는 대통령이 되지도 않았을 것이고 따라서 살고도 싶지 않다"고 말하고 군중 속으로 끼어 들어 동포들과 악수를 하였다. 그리고 이승만은 자주 전선을 시찰했다. 이러한 그의 행태는 군대의 사기를 고무시킨 한편 자신의 반공결의도 한층 굳힌 것이었다.

그러나 이승만과 맥아더가 주장하는 남북통일의 기회는 무산된 채 1953년 여름 휴전이 되었다. 이승만은 전국민의 휴전반대 궐기대회를 부추겼고 '휴전반대와 북진통일'의 데모는 전국적으로 파급되었다. 휴전직전 반공포로 2만 7천여 명을 석방하였다. 이 용단은 당시 전세계를 놀라게 했다. 아이젠하워 대통령의 특사 로버트슨과의 회담에서 이승만은 "휴전은 공산주의자의 침략에 대한 굴복이며 자유세계의 위신에 커다란 타격이고 장래의 평화에 대한 위협이며 한국의 독립에 대한 치명적인 상처이다"[5]라고 외쳤다.

이승만은 중요연설 때마다 모든 부분에서 '반공·통일'에 대해 언급하고 있었으며 그 내용의 양도 다른 부분에 비해 가장 많이 할애하고 있다. 그는 완전한 독립을 위해서는 북진통일이 가장 시급한 과제이며 국민이 통일을 위해서는 또 뭉쳐야 한다고 강조해 왔다. 그리고 북한의 남침에 대한 비방과 함께 공산주의를 반대하는 내용을 강하게 주장하고 있었으며 공산치하에 살고 있는 북한동포를 구출하기 위해서 하루 빨리 북진 통일을 해야 한다고 강조하곤 했다. 심지어는 주택사업의 중요성을 논함에 있어서도 그에 대한 내용의 반 이상을 주택을 파괴한 북한의 침략을 비난하는데 열중하였으며 주택건설의 구체적 방법에는 오히려 언급이 적었다. 한 마디로 말해서 공산주의를 물리치고 통일을 이룩하는 일이 국가시책의 가장 중요한 것이라고 역설하고 있었다.[6]

---

5) 위의 책, pp. 345~356.

6) 이근철, "이승만·박정희 대통령의 지도행태 분석," 영남대 대학원 석사 학위논문(1985), p. 11.

이승만의 반공이념이 힘을 얻게 된 것은 국제정세의 영향이 큰 뒷받침이 되었다. 1946년 처칠 전 영국수상이 '철의 장막' 연설을 한 뒤 1947년 트루먼 대통령은 반공정책을 선언하였다. 이어서 바로 봉쇄정책이 전개되었고 미국정부는 공산주의에 대항하는 유럽의 경제부흥을 원조하는 것이 봉쇄정책의 현실적 과제라고 하여 마샬 경제부흥 계획이 추진되었다. 이에 맞서 러시아는 몰로토프계획을 추진하고 NATO의 대항세력으로 COMECON을 조직하였다. 당시 미국의 평론가들은 이 양극체제를 '냉전시대'의 전개라는 평가를 내리고 있었다. 이러한 국제정세 속에서 북한에 러시아의 괴뢰정부가 세워질 것을 간파한 이승만이 미국을 설득하며 남한에 '반공'을 국시로 한 단독정부를 수립한 것은 옳은 판단으로 평가된다. 혹자는 이승만의 정권야욕이 아니었다면 통일정부를 세웠을 것이라고 가정하나 이것은 공산정권하의 통일이라면 가능하였을 뿐 그 이외의 통일은 불가능했음은 확실하다. '만일'이라는 가정을 전제하여 역사해석을 오늘의 현실에 적용시키는 일은 터무니없는 추리극의 말장난에 불과한 것이다.[7] 결국 한국전쟁의 발발은 이승만의 반공정부수립을 긍정적으로 평가하게 했다.[8]

이승만의 북진정책도 전술한 바와 그 맥을 같이 한다고 하겠다. 국제연합군의 편성과 출동이 안보이사회에 의해 가결되고 총사령관 맥아더 지휘하에 38°선을 돌파하여 평양을 거쳐 압록강까지 탈환하기에 이르렀다. 그러나 중공군의 개입은 북진통일의 기회를 상실했다. 이때 맥아더는 중공본토의 군수산업 시설의 폭격, 중공해안의 봉쇄, 장개석군의 중국본토에 대한 견제공격을 건의했다. 그러나 트루먼은 맥아더를 해임했다. 그 뒤 한국전쟁은 휴전으로 끝이 났다.[9]

---

7) S. Hook, The hero in history(Beacon Press Boston, 1943), p. 146.

8) 이달순, "이승만 정권시대,"「한국현대사의 재조명」(한국정치외교사학회 편, 1990), p. 97.

9) 김학준,「한국전쟁」(서울: 박영사, 1989), pp. 55~316.

맥아더는 군인이기에 적군을 무릎 꿇게 하는 기개가 있다. 그러나 맥아더의 공산군에 대한 적개심은 전쟁 이전에 이념의 대결에서 세계에서 공산주의 이념과 체제를 붕괴시켜야 한다는 단호한 결의를 지니고 있는 것이라 하겠다. 그러기에 그는 1951년 4월 19일 상·하 양원 합동회의에서 연설을 통해 "공산주의 위협은 세계적인 것이다. 아시아 유화정책으로는 유럽에서도 반공은 안 된다. 강력한 반공정책은 대만도 다시 중국본토를 찾을 수 있다"고 주창했던 것이다. 그리고 그는 "나는 52년간의 군인생활을 마친다. … 노병은 죽지 않고 다만 사라질 뿐이다"고 했다. 그 뒤를 이은 아이젠하워 대통령도 그의 이념에 따라 '힘을 통한 평화'를 외치며 "공산주의를 택하느니 죽음을 택하겠다"고 주창했으니 미국인들로서는 흔히 쓰지 않는 '죽음으로…'의 표현을 한 것은 공산주의를 얼마나 저주한 것인지를 짐작케 한다. 그리고 그는 "봉쇄정책은 러시아에게 투쟁의 주도권을 넘겨주는 미봉책일 뿐이다…"고 하면서 핵 병기와 해·공군을 중심으로 하는 대량보복전략을 밀고 나갔던 것이다. 이러한 미국인들의 공산주의 붕괴정책이 곧 이승만의 반공이념 그리고 북진통일정책과 맥을 같이 하는 것이라고 하겠다. 이승만의 북진통일정책은 통일 그 자체보다 공산주의 체제붕괴에 힘을 더 싣고 있다는 평가를 내릴 수 있는 것이 아닌가 생각할 정도로 공산주의를 증오하는 반공이념론자라 하겠다.

2. 전시안보외교 · 무력통일외교(1950. 6. – 1953. 7)

1950년 6월 25일 한국전쟁이 발발했다.

한국대표와 트리그브 리 UN 사무총장의 적극적인 로비 그리고 소련대표 말리크의 불참 덕분에 장면대사는 6월 25일 열린 UN 긴급 안전보장이사회에서 피침 당한 한국의 입장을 설명할 기회를 갖게 되었다. 미국 측이 제의한 결의안이 9 대 0으로 채택되었다. 결의한 요지는,

① 북한은 즉각 38°선 이북으로 철수할 것.

② 북한은 일체의 군사행동을 중지할 것.

③ UN 회원국은 북한에 대해 어떤 종류의 원조도 중지할 것.

④ UN 한국위원단은 이 결의안이 시행되는지를 감시해 안보리에 보고할 것 등이었다.

이승만 대통령의 지시로 장 대사는 트루먼 대통령을 면담하고 군사원조의 시급함을 탄원했다. 트루먼 대통령은 한국전선에 미국의 해·공군을 출동시킨다는 성명서를 발표했다.

6월 27일 2차 안보리가 열렸다. 미국은 대한민국에 대한 군사원조에 관한 결의안을 제안했다. 찬성 7, 반대 1, 기권 2표로 결의안이 통과되었다. 트루먼 대통령은 제7함대에 대한해협 봉쇄 등 군사작전명령을 내렸고 7월 7일 UN총회는 UN통합군 사령부 설치에 관한 결의를 통과시켰다. 한국전쟁으로 한국외교의 중심과제는 공산세력의 퇴치와 안보외교가 최우선의 과제가 되었다. 정부는 외무부장관 임병직을 통해 불법남침을 주한 UN 한국위원단과 주한 미 대사에게 통고하고 국회도 조속히 휴전조치를 취해 줄 것을 요구하는 결의를 했다. 신성모 국무총리 서리는 정식으로 미국의 무기원조를 요청하고 주미한국대사는 전쟁발발 당일 국무성을 방문하고 긴급히 무기원조를 요청했다. 미국은 주일 맥아더 사령관에게 대한무기원조를 요청했다. 미국은 주일 맥아더 사령관에게 대한 무기원조를 전보로 명령하고 안전보장이사회의 긴급소집을 요청하는 대응을 했다. 다음날 트루먼 대통령은 "이 침략에 대한 책임을 진 자들은 세계평화에 대한 이러한 위협을 미국정부가 얼마나 중대하게 볼 것인가 하는 것을 깨달을 것이다"라는 성명을 발표하고 공산군의 한국침략에 대한 미국정부의 원조결의를 표명했다.

이와 관련하여 6월 26일 미 상하의원은 1천만 달러의 대한추가원조를, 미 상원 세출위원회는 한국에 대하여 경제원조를 1억 달러를 지출할 것을 가결했다. 30일에 미 상원 본회의는 새로이 3억 2천 4백만 달러의 한국원조비를 할

당했다. 이승만 대통령은 6월 30일 맥아더 장군과 회담을 가졌다. 미국은 북한 공산군의 침략을 소련이 조종한 침략전쟁으로 자유민주주의와 세계평화에 대한 도전으로 인식하고 이에 대응해 공산군의 팽창을 저지하는 데 자유 국민의 단결과 협력을 요청했다.

7월 30일 미국정부는 한국에서의 국제연합에 협력하지 않는 국가에 대하여 마셜 플랜, 원조를 중지할 것을 결의하는 등 적극적인 대응정책으로 나갔다. 한편 미국은 한국전의 확대를 막기 위해 6월 27일 소련정부에게 북한의 군사행동의 중지를 요청하는 외교협상을 벌였다.[10]

이에 대해 소련은 전쟁책임을 대한민국과 미국에 전가하고 안전보장이사회의 결의를 거절하면서 미 해군의 한국과 중국 해안봉쇄는 새로운 침략행위라고 비난했다.

한국전쟁 발발에 즈음해서 소련은 중화인민공화국의 가입문제를 놓고 안전보장이사회에 불참했다. 7월 13일 네루는 미·소 양국엔 각서를 보내 중공의 가입승인과 38°선 철수문제를 상호 협의하는 선에서 타협·조정시키고자 하였는데 소련은 이에 찬성하였으나 미국은 이 문제를 별개로 취급해야 한다고 거부했다.

9월 들어 안전보장이사회는 한국전쟁의 실마리를 찾기 위해 남한 대표를 초청하였는데 장면대사가 12일 안보리에 출석하여 북한 공산군의 침략과 소련의 배후조정을 지적하고 UN의 전국적인 지원을 호소했다. 이어 임병직 외무장관도 도미하여 한국의 재건에 대한 원조를 요청했다. 9월 4일 UN한국위원단은 한국전쟁의 원인과 성격에 관하여 검토한 결과를 보고하였는데 북한공산군에 의한 침략은 사전에 준비한 계획을 실시한 침략전쟁으로 규정했다. 그러나 미국은 10월 들어 안보리가 소련의 거부권행사로 결의가 불가능하게 되자 평화를 위한 통일 결의안을 발의하며 통과시킴으로써 총회의 결의로서 국제연합

---

10) 외무부, 「한국외교 40년」(1990), pp. 45~231.

이 행동할 수 있는 근거를 마련했다. 이로써 미국정책은 침략군의 격퇴 및 평화회복이라는 소극적 입장으로부터 한국통일이라는 적극적인 정책으로 전환되었다.[11)]

UN군이 38°선을 통과하고 통일의 모멘트가 될 결의안까지 통과되자 이에 대해 제동을 걸려는 움직임이 나오기 시작했다. 인도가 선봉에 나섰다. 비록 남한이 전체 인구의 3분의 2을 차지하고 또 UN이 유일 합법정부로 인정했더라도 남한의 주권이 자동으로 북한에까지 미친다는 것은 문제가 있다는 주장이었다. 이 무렵 UN이 북한을 점령한 뒤의 통치문제를 놓고 조정을 실시하느냐, 신탁통치를 하느냐는 등의 대책이 거론되어 38°선 돌파 후 2주일 정도 통일의 설렘 속에서도 신경이 날카로웠다. 인도의 문제제기도 대한민국의 통치권을 북한에 연장 적용하느냐, 다른 통치기구를 잠정적으로 설치할 것이냐, 남북한에 새로운 통일정부를 수립할 것이냐는 것들이 미 국무성 안에서 논의되었다. 이 같은 움직임에 대해 이대통령은 주미 한국대사관에 지급전문을 보내 서울에서 파악하기로는 이북 해방 지역에 미 군정체제를 수립하는 기미가 보이고 있으므로 서울은 서울대로 방지하겠으나 UN대표부에서도 적극 저지하라고 지시했다.

북한 점령 후의 문제에 관한 한·미 정부간의 이 같은 이견은 10월 25일 중공군이 얼어붙은 압록강을 건너 한국전에 개입함으로써 통일이 희망과 함께 허망하게 무산돼 버렸다. 남한에 비우호적인 입장을 취하고 있던 나라들은 UN군이 중공군에 적극적인 태도를 취할까봐 걱정이었다. 버마를 포함한 아시아 몇 개국과 이집트 등 중동국가들이 끼어 모두 13개국의 이름으로 결의안을 제출했다. 한반도 문제의 평화적 해결을 모색하는 역할을 수행할 3인 위원단을 구상하자는 내용이었다. 결국 이란 외무장관이었던 엔테잠 UN총회의장, 라우 인도대표 캐나다 대표인 디어슨 외상 등 3명으로 위원단이 구성되었다. 이들은

---

11) 고휘주, "이승만 외교," 이달순 외, 「한국정치사 논쟁」(수원대출판부, 2002), pp. 320~329.

UN군사령관과 중공군 측에 대해 어떤 조건으로 한국전을 가라앉히고 평화적으로 해결할 수 있는지 질의를 보냈다. 휴전문제가 최초로 거론된 것이다. 우리 UN대표단은 각국 대표들을 상대로 휴전구상에 대한 치열한 반대에 나섰다. 중공은 3인위의 휴전제의를 일축했고 미국은 반격으로 적극적인 전쟁을 수행하며 전세는 호전되었다. 한국 UN대표단은 각국 대표단을 연쇄적으로 접촉했다. 중공군을 격퇴해버려야 한다. 그래야만 한반도 문제가 근본적으로 해결된다고 주장했다. 이 무렵 미국의 상·하원은 한반도에서 군사적으로 매우 강경한 조치를 취해야 한다는 결의안을 통과시켰다. 하원은 51년 1월 19일 상원은 1월 23일 의결했다. 트루먼 대통령은 기자회견을 통해 미국이 필요하다면 원자무기를 사용할지도 모른다고 경고했다. 영국은 경악했다. 애틀리 영국수상이 50년 12월 4일 워싱턴으로 날아갔다. 트루먼과 애틀리는 워싱턴에서 여섯 차례나 회담을 가졌다. 중공군이 한국전에 개입한지 채 2개월도 못돼 미국정부는 참전 우방의 압력과 확전 및 장기전에 대한 국내의 우려 등으로 휴전을 논의하기에 이르렀다.[12] 이른바 '군사분계선상의 휴전'은 애치슨 국무장관의 재가를 얻어 미국의 정책으로 확정되었다.[13] 때를 같이 하여 중공이 전쟁의 참담한 상환에서 얻은 결론은 1950년 6월 25일 이전의 상황을 회복할 수만 있다면 휴전하는 것이 득책이라는 점이었다.[14]

한편 소련은 미·소가 한국에서의 평화를 통해서 피차 이득인 휴전을 받아들이는 요인으로 작용하게 되었다.[15]

미국의 대 중공 휴전비밀협상은 먼저 국무성 정책기획 참모국(P.P.S)에서

12) 한표욱, 「한국통일의 문제」(연세대출판부, 2000), pp. 111~123.

13) Memo by Rusu(Feb. 11, 1951) in FRUS Vol. Ⅶ, PART. GPO Wash. D.C, 1983, p. 155.

14) Chinese communist Government, Agent Report by 308th cic Det RG 338 BOX, July 28, 1951, p. 605.

15) Blais Bolles, US fussr world Both Gain by Korean truce, in Foreign policy bulletin, vol. x, no. 37, July 6, 1951, p. 1.

주도하였다. P.P.S 요원 C. 마셜과 그 일행은 1951년 5월 4일 마닐라에서 일박하고 보안상 배편으로 홍콩에 도착하여 반도 호텔에 투숙하였다. 마셜과 체이스 그리고 슐타이즈는 맥카나기 홍콩총영사 미주관리인 애거, 익명의 1인 등 7인이 모여 방안을 숙의하였다. 마셜이 최초로 만난 인물은 장국도였다. 두 번째는 '대공보' 사장인 쵸우를 만났다. 그 후 마셜은 모택동 친구의 제자인 한 청년을 만났고 모택동과는 부인끼리 가까운 친구인 한 노인을 만났다. 그리고 당시 중공의 의정원 의원인 챵시챠오를 만났으나 북경정부와의 정식대화는 이루어지지 않았다.

그러던 차 5월 17일에 북경의 권력중심부와 분명히 선이 닿는 익명의 한 중공인의 내방을 받았다.[16] 그러나 그와의 협상도 진전이 없었다. 마셜은 미국을 대표하는 것이 아니라는 불필요한 주장을 했고 북경정부의 정통성을 인정하지 않음으로써 중공으로 하여금 마음의 문을 열도록 만들지 못했다.[17]

마셜의 홍콩밀행이 실패한 후 미국은 비밀리에 소련과의 교섭을 하기로 하였다. 1951년 5월 18일 국무성 유럽 담당차관보인 매튜스가 당시 공직을 잠시 떠나 프린스턴 대학에서 연구중인 G. 케난을 불러 애치슨 국무장관 그리고 코리 등 4명이 합석한 자리에서 대소휴전교섭을 부탁하고 케난이 이를 응낙하자 애치슨은 그에게 Y. 말리크를 만나줄 것을 요청했다.

케난은 당시 미국에서 그보다 지식 있는 사람이 있는지 의심스러울 정도의 인물로 평가되고 있었고 말리크는 미국에서 제일 가는 소련의 전문외교가로 평가받고 있었다. 케난은 "본시부터 미국이 왜 한반도에서 전쟁 수행을 계획했는지 이해할 수 없다"는 입장을 견지할 만큼 한국전쟁에 미국이 참전한 것을 달갑지 않게 생각했을 뿐만 아니라 38°선의 돌파를 극력 반대하던 인물이

16) Memo by Marshall(Hong Kong. May 17, 1951) in FRUS Vol. Ⅶ, PART 2, p. 1652.

17) 신복용, "한국전쟁의 휴전,"「한국전쟁의 정치외교사적 고찰」, 한국정치외교사학회논총(1989).

었으나 5월 22일부터 '공굴리기(Ball Rolling)'를 시작했다.[18] 케난과 말리크는 5월 29일과 6월 5일 두 차례 뉴욕 근교 롱아일랜드의 글렌코브에 있는 말리크의 빌라에서 만났다. 6월 23일 말리크는 UN 라디오가 마련한 특집방송 '평화의 대가'라는 프로에 출연하며 "정전을 위해 38°선에서 상호 철군함으로써 교전국 사이에 대화가 시작되어야 한다"고 제안했고 6월 25일 테네시주 튤라호마에서 트루먼 대통령은 이를 수락하는 방송을 했다. 두 사람의 협상을 볼 때 말리크는 노화한 케난의 적수가 되지 못했다. 실제로 휴전이 더 다급했던 쪽은 미국이었고 이미 확전은 금기로 된 상태에서 미국은 자신에게 필요한 사항을 말리크의 입을 통해 제기함으로써 국제사회에서 체면을 유지할 수 있었다.[19]

미국의 휴전회담 태도에 대한 정부의 입장은 무력통일론을 견지한 가운데 전국민의 휴전반대 궐기는 일대 국민운동으로 발전되었다. 이러한 상황 하에서 이대통령은 27,366명의 반공포로들을 일제히 석방했다.[20] 이를 둘러싸고 미국 등은 강한 반발을 했다. 이대통령은 휴전문제를 놓고 1953년 4월 29일 기자회견 석에서 한국이 분단된 채 조인하게 될 휴전협정은 절대로 수락할 수 없다는 강경입장을 고수했다. 미국은 이대통령의 결사반대 · 북침 결의 심지어는 미국의 정책에 도전하는 이대통령을 감금하고 UN군이 군사정부를 세우는 에버레디작전(operation everready)을 준비하기도 했다.[21] 이러한 거족적인 휴전반대에도 불구하고 7월 27일 휴전협정이 조인되었다. 이때 이대통령은 휴전은 되었으나 통일목표는 기필코 성취할 것이라고 강조했고 북진통일만이 유일한 통일의 길이라고 강변했다.

---

18) Memo by Kennan(May 25, 1951) in FRUS Vol. Ⅶ, PART 1, pp. 461~462.

19) 신복용, 앞의 책, pp. 270~274.

20) 외무부, 앞의 책, p. 62.

21) 김개동, "미국의 대한반도 군사정책변화 철수 불개입정책에서 한국전 참전으로의 결정과정," 「군사」(1990), pp. 141~187.

한국전쟁의 발발은 한미관계를 불평등한 관계로 심화시킨 직접적인 계기가 되었다. 30만 명 투입 1950년 7월 15일 주권의 상징이며 대통령의 고유권한 국군통수권과 한국군의 작전권을 UN군 사령관에게 위임한 이대통령은 정전을 위한 3개항의 요구조건을 내세우는 등 약자로서의 장점을 충분히 활용하며 미국으로부터 많은 양보를 얻어내기도 했다.[22]

한미상호방위조약은 휴전에 대한 협의과정에서 생긴 부산물이다. 북한의 침략으로 인하여 한국정부는 자청해서 우리생존을 미국에 의존해야 했고 군사적 작전권까지도 양도한 것은 우리정부가 군사적 종속관계를 해결해야 할 과제를 남겨주었다. 한·미 방위동맹 체결 후 미국의 군사 경제원조액은 전세계의 8%에 달했고 1957년부터 1973년까지 기간의 경우 110억 달러의 원조가 제공되기도 했다.[23] 이대통령의 한미상호방위조약의 체결 자체가 반공안보체제를 구축하는 데 중요한 결실이었으나 미국에 대한 일방적인 군사적 의존은 상호관계를 비대칭적으로 만들었고 우리 정부의 군사안보 체제와 자주성 문제를 낳았으나 대통령은 한·미 상호방위조약 체결을 우리정부의 국제적 지위를 향상시키고 한국의 주권과 독립을 유지하기 위한 지렛대로 이용하고자 하는[24] 데는 그 성과가 컸다고 볼 수 있다.[25]

---

22) 홍규덕, "한국의 대 미국의 외교정책," 「한국 외교 정책론」(법문사).

23) EUL Yong Park, Foreign Economic Polices and Economic Development, Foreign Policy of the Republic of Korea, young nok Koo and sung goo HA(New York: Columbia Press).

24) 신복용, 앞의 책, p. 280.

25) 이달순, 앞의 책, p. 121.

제 2 절 장면정부의 통일정책

1. 4 · 19와 중립화 통일론

1960년 4 · 19혁명에 의해 이승만정권이 붕괴된 뒤 장면정부는 7 · 29총선을 통해 출범했다. 반면에 4 · 19라는 혁명적 상황에서의 통일논의와 통일운동은 단순히 남과 북을 하나로 통합하는 절차와 방법론에 국한된 문제만이 아니었다. 이는 민주주의와 경제적 평화정착과 민족자주의 문제 등 현실적인 문제와 직결되어 있는 당면한 생활상의 문제였다. 때문에 4 · 19시기에는 통일논의가 폭발적으로 분출될 수밖에 없었다. 그리하여 1960년 가을에 이르러 통일문제에 관한 토론회, 연구발표회, 시국강연회가 빈번하였고 민족통일전국학생연맹, 민족자주통일 중앙협의회 중립화조국통일총연맹과 같은 통일운동단체가 조직되는 등 학생과 혁신진영에서 본격적으로 통일운동이 시작되었다. 또한 남북협상론, 외세배격론, 각종 형태의 남북교류론, 중립화통일론 등 통일논의는 물론 "가자 북으로, 오라 남으로, 만나자 판문점. 이 땅이 뉘땅인데 오도 가도 못하느냐"라는 구호와 함께 민족자주통일이라는 펼침막을 앞세운 학생들의 횃불(필자주)시위, 이를 지지하는 혁신세력의 대중 강연회 등 통일운동이 힘차게 진행되었다.[26)]

그 가운데 중립화통일론자 김상규의 지론을 살펴보자.

"우리가 미 · 소의 세력권 투쟁에서 해방된다는 것은 심리학적으로 말하면 통일한국이 어디로 가느냐고 의구심을 갖는 관계 각국의 불안감을 일소하는 것이다. 중립국을 세워서 군사상으로는 어느 나라와도 군사동맹을 맺지 않고 외교상

---

26) 노중선, "남한역대정권의 통일문제인식과 통일정책"(특집 해방 60년 분단시대의 통일정책과 통일운동), 「남북한 통일정책과 통일운동 50년」(사계절, 1996), pp. 70~93.

으로는 인근 국가와의 이해관계를 적절히 조정하여 우호관계를 촉진시키겠다는 우리의 의사를 규명하는 것을 의미한다. 따라서 우리의 통일독립은 미·소 양대 진영의 세력권 투쟁에서 우리가 해방되는 것을 의미하므로 남북협상이 아니라 관계 각국의 협상에 의해서만 이루어진다. 따라서 통일독립을 염원하는 우리로서는 항상 미·소의 대립과 긴장을 유화시키도록 노력해야 한다는 것이다. 그러므로 중립화 운동이야말로 우리의 통일독립(민족자결)을 민주주의적 방법(자유총선거)에 의하여 세계평화에 기여하는 통일운동에 기반을 두어야 한다는 것이다. 그리고 여기서 추가로 언급해 둘 필요가 있는 것은 이러한 통일운동이야말로 기본적인 안전이 확보된 남한 동포사이에서 초당파적 국민운동으로 전개되어야 한다는 사실이다. 국제여론에 호소할 수 있는 힘을 갖는 것은 남한 동포들뿐이요, 또 이러한 노력에 의해서만 남한 동포들은 비로소 조국의 통일독립에 대하여 주도권을 장악할 수 있다는 것이다. 이러한 주도권은 4월혁명에서 흘린 피가 얼마나 고귀한가를 북한 동포들에게 보여주는 것이기도 하다."[27)]

다음으로 한국영세중립화 통일추진위원회의 활동을 살펴보면 이 위원회는 장면정부시절 정당 사회단체 등록법에 따라 문공부에 사회단체로 등록을 하였고 반공법과 집회법을 반대하기 위하여 신·구마산지역 중간에 위치한 무학초등학교에서 마산시민 보고대회를 개최했으며 이로 인해 주변 교통이 차단될 정도로 많은 사람들이 모였다고 한다. 당시 김문갑 위원장은 다음과 같은 연설을 하였다.

"우리의 통일방법은 세 가지가 있다. 첫째는 미국을 배경으로 한 대한민국의 북진통일 방법이 있고 둘째는 김일성이 남진 공산화 통일방법이 있으며 셋째는 우리가 주장하는 스위스식 영세중립화 통일방법 등이다."

---

27) 김상규, "통일독립 공화국에의 길,"「사상계」(1960. 9), pp. 120~125.

그는 참석자들에게 희망하는 쪽에 투표하라고 한 결과 투표상자마다 중립화 통일을 주장하는 사람이 많았고 북진통일과 남진통일은 불과 두서너 명에 불과하였다고 주장한다. 김문갑은 평소에 하는 말이 있는데 대중을 우매하다고 생각하는 사람은 그 자신이 우매하다는 것이었다. 학자나 정치인처럼 분석할 힘은 부족하더라도 대중 그 자신이 갈길과 살길을 안다는 것이 그의 지론이었다. 그러나 재정문제로 한번도 대중에 대한 중립화 교양이나 강연을 하지 못했다고 안타까워했다.[28]

1960년대에 들면서 중립화운동이 본격화되자 각지에서 지부설치를 신청했다고 한다. 그런데 지부설치를 위한 활동을 남로당 인사들이 방해했다고 한다. 김문갑이 지부설치를 위해 진주에 약속된 날 오전 8시에 약속장소에 갔다 놀라 경악을 금치 못했다. 지난날 마산 남로당 최고 간부급 2명이 그 자리에 와 있었다. 나는 그 사람들이 그 많은 살육전 당시 벌써 저승사람들이 되어 있을 것으로 믿었는데 그 자리에 참석하고 있는 데에 더욱 놀랐다. 그것도 그 사람들이 상당한 직장을 가지고 있는 데에는 더욱 놀랐다. 이 사람들은 그들 고유의 지론과 함께 영세중립화를 반대했다. 이러한 내용으로 볼 때 남로당 인사들과 사이가 좋지 않았고 따라서 김문갑은 공산주의자는 아니었다.[29]

이제 혁신계의 중립화운동을 보자. 원래 혁신의 뜻은 "민중의 보다 큰 감독하에 보다 광범한 사회적 계획을 실행하는 보다 강력한 정부의 사상"이라고 C. E. 메리암은 그의 저서 「미국의 정치이념」에서 피력했다. 그러기에 혁신은 위로부터의 수정인 것이다. 평화통일론은 북진·반공정책같은 집권세력에 대하여 피치자층이 이에 반항하고 비평하며 새로운 대안을 제시하는 아래로부터의 수정안이니 혁신정책이라 할 수는 없고 바로 민주사회주의적 진보주의세력이

28) 김문갑, 「코리아 영세중립과 민족통일」(부산: 경남출판사, 1997), p. 235.

29) 정지용, "김문갑의 생애와 중립화통일운동," 강종일 편저, 「한반도 중립화로 가는 길」(광양사, 2007), pp. 90~95.

주창하는 진보적 정책인 것이다. 이들 세력이 4·19이후 진보정책이라는 용어를 혁신정책이라고 표한 것은 조봉암이 진보당을 창당, 이승만과 대통령선거에서 대결하다가 신익희의 급서로 그 표가 조봉암으로 몰리면서 이승만을 위협하자 그를 공산당으로 몰아 사형시켰고 공산당이라는 오해를 기피하는 방법으로 진보의 용어대신 혁신이라고 표현한 것이라는 견해가 있다. 어쨌든 4월혁명후 혁신세력중에서 가장 먼저 당명을 내걸고 활발한 활동을 전개한 것은 사회대중당이었다. 구 진보당의 김달호·윤길중·박기출계와 민혁당의 서상일계의 제휴로 이룩된 동당은 "공산독재와 극우독재를 엄격히 배격하고 민족적 입장을 고수하며 평화적 남북통일을 추진한다"[30]는 것을 강령으로 삼고 출발, 활동했다.

이때 김일성이 중립화방략에 의한 통일방안을 내놓았다. 원래 김일성은 이승만의 북진통일론에 맞서 남진 전쟁에 의한 통일론을 주창했다.

> "조국의 통일 문제는 평화적 방법이 아니라 전쟁에 의하여 해결할 수도 있습니다. 만일 제국주의자들이 세계적 범위에서 큰 전쟁을 도발한다면 불가불 우리는 싸워야 하는데 그 때에는 우리 힘으로도 조선에서 미제국자들과 싸워 능히 승리할 수 있습니다. 우리가 단독으로 미제국주의를 상대로 싸우기는 좀 힘들지만 그들이 세계적 범위에서 자기의 힘을 분산시키지 않을 수 없을 때에는 우리는 비교적 쉽게 그들을 타도할 수 있을 것입니다. 이리하여 우리는 조선에서 미제국주의의 세력을 소탕하는 과정에서 나라의 통일을 달성하게 될 것입니다. 이것이 조선혁명의 발전과 나라의 통일의 다른 하나의 진도입니다."[31]

김일성은 1950년 6월 25일 새벽 4시 북한군은 포병의 엄호사격과 함께 탱크를 선두로 약 9개 사단의 10만의 병력이 38°선 전 지역에 걸쳐(서-옹진반도,

30) 「정당의 기구, 기능과 정강정책」(중앙선거관리위 간, 1965. 2), p. 200 참조.

31) 「우리 혁명에서의 주체에 대하여」(평양: 조선로동당 출판사, 1990. 5), p. 43.

동-주문진) 남침을 개시했다. 한국전쟁의 기원과 원인에 관하여 전통주의자들에 따르면 한국전쟁은 러시아공산당 서기장이며 내각수상인 스탈린에 의해 계획되고 추진된다. 역사적인 관점에서 한반도를 손에 넣고자 하는 러시아의 노력은 1986년 니콜라이 2세 대관식에서 로마노프의 발언에서부터 구체화되고 있었고 2차대전 때의 스탈린의 전후정책에서 명백히 드러나고 있었다. 철의 장막을 바탕으로 한 냉전의 전략에서부터 스탈린은 중국에 이어 한국의 공산화를 시도하고 있던 가운데, 1950년 1월 12일 애치슨 국무장관의 극동방어선 남하정책의 발표로 그의 결심은 굳어진 것이다. 이어 김일성과 함께 오판이 작용했고 박헌영이 남한의 빨치산 전술을 믿고 행한 막강한 준비로 남한의 공산화가 용이하다는 판단에서 스탈린과 공동작전을 준비한 것이다. 그러기에 북한군은 28일 서울에 입성하고 바로 남한의 국회를 소집했으나 당시 이에 응한 의원이 불과 5~6명밖에 되지 않아 3일간 체류를 미루다가 남진 개전 일주일만에 80km를 진격해서 수원에 도달하게 된다.[32)]

이후 김일성은 중립화통일론을 거론하곤 했다. 김일성의 중립화통일론은 "남조선민의 중립화"를 말하며 북한은 이와 관계없이 주체사상과 "자주노선"으로 독립의 주체를 지켜나간다는 주장이다. 이 주장은 원래 평화적 통일방안의 다른 하나로 주장된 것인데 그 내용은 다음과 같다.

"김일성동지께서 밝히신 평화통일의 다른 하나의 가능성은 남조선에 반제자주적인 정권이 서거나 남조선이 중립화되는 경우이다. 경애하는 김일성동지께서는 남조선에도 자주적인 정권이 서거나 혹은 남조선이 중립화라도 된다면 우리 인민자신의 손으로 나라의 통일을 이룩하는데 사실상 큰 난관은 없게 될 것이라고 가르치시었다.

이런 경우 남조선에서 외세의존정책이 포기되고 남조선과 미일제국주의자들

32) 이달순, 「이승만 정치연구」(수원대 출판부, 2008), pp. 153~161.

간에 맺어졌던 온갖 예속적인 조약들은 무효로 선포될 것이며 사회정치생활의 민주화가 실현될 수 있다. 남조선사회의 민주화가 실현되면 자주성의 원칙, 민주주의 원칙이 관철되고 평화통일이 이룩될 수 있다."[33]

2. 장면정부의 평화통일정책

4·19혁명을 통해 많은 정당과 단체들이 정치활동에 참여함으로 인해 통일방안에 대한 논의는 다양하게 전개되었다. 내각책임제 헌법에 기초하여 출범한 장면정부는 1960년 8월 UN감시하의 남북자유총선거를 통일정책의 기조로 제시하였다. 또한 1960년 11월 2일 국회는 대한민국 헌법 절차에 의하여 유엔감시하의 인구비례에 따른 남북한 총선거를 결의하였다. 장면정부의 통일정책은 이승만정부의 북한만의 선거단과는 달리 남북한에 걸쳐서 새로 선거를 한다는 점에 있어서 다소 차이를 보였다.

4·19혁명에 의해 제2공화국이 등장하였으나 친미·반공·보수적인 민주당 정권은 4·19이후 활발히 전개된 통일논의를 수용할 수 없는 한계를 지니고 있었다. 민주당 정권하에서 무력에 의한 북진통일정책은 사실상 폐기되었으나 새로운 통일정책이 제시되지는 않았다. 장면정권은 제네바 정치회담에서 제시된 이승만 정권의 통일정책인 "UN감시하 남북한 자유 총선거" 정책을 계승하였을 뿐이다.[34]

그러나 구체적인 통일정책은 총선거에서 천명되었다. 그 정책은 다음과 같다.

첫째, 유엔 감시하 남북한의 완전한 자유선거로서 평화통일을 도모할 것을 원칙으로 한다. 둘째, 선거감시단의 구성은 유엔결의에 의거하여 선임하되 과

---

33) 김창순, "주체사상에 의한 남조선혁명과 조국통일론," p. 269; 김창순, "김일성의 전쟁, 통일, 중립화 통일론," 강종일 편저, 「한반도 중립화로 가는 길」(광양사, 2007), p. 128에서 전재.

34) 박광기, "한국의 통일·대북 정책 60년: 회고와 전망," 「한국행정 60주년 기념 학술대회 논문집」(2008), p. 5.

거 자유선거를 실시하여 온 회원국가이어야 한다. 셋째, 선거 이전에 남북연합위원회 등을 구성한다는 안은 대한민국이 한반도에서 유일한 합법정부라는 유엔결의와 배치되므로 이를 반대한다. 넷째, 통일 전 남북 문화, 경제교류 문제는 대한민국에 대한 공산 파괴공작이 진정하게 정지되리라는 보장이 없으므로 이를 거부한다. 다섯째, 통일된 한국은 민주주의와 민권 자유를 보유하는 국가가 되어야 하며 적색독재나 백색독재국가가 되어서는 안 된다.[35)]

사실 민주당의 통일정책은 경제건설이 통일보다 우월한 "선건설 후통일" 원칙이다.[36)] 보수정당인 신민당(60. 11. 8.)은 정당에서 "우리당은 한국은 언제나 하나이다"라는 사실을 확인한다. 따라서 자유와 민주적 수단으로서 국토는 결합되어야 하고 민족은 통일되어야 한다"고 전제하면서 중립화 논의를 반대했다.[37)]

한편 이승만정부의 퇴진으로 북한은 남한정부를 인정하는 태도로 변경했다. 이러한 전제하에서 북한은 60년 8월 14일에 외세의 간섭없이 남북총선거 실시와 남북연방제의 통일방안을 제시했다. 그 내용은 다음과 같다.

① 어떠한 외국의 간섭도 없이 민주주의적 기초위에서 자유로운 남북총선거를 실시한다. ② 아직 남조선 당국이 자유로운 남북총선거를 받아들일 수 없다면 과도적 조치로서 남북조선에 연방제를 제의한다. 남북조선에 현존하는 정치제도를 그대로 두고 양 정부의 독자적인 활동을 보장하는 동시에 양 정부 대표로 구성되는 최고민족위원회를 조직하며 주로 남북간의 경제, 문화발전으로 통일적으로 조절한다. ③ 만일 상기 제안 등을 남조선 당국이 동의치 않는다면 남북조선 실업계 대표로 구성되는 순전한 경제위원회라도 조직한다. ④ 남북조선 문화사절의 왕래와 과학, 문화, 예술, 체육 등 모든 분야에서의 교류를 다

35) 정영화, "분단이후 정부의 평화통일정책의 비교 및 헌법적 평가," 「공법연구」 제39집 제2호(한국공법학회, 2010), p. 260.

36) 김학준, "제2공화국시대의 통일논의," 「국제정치논총」 제15권(국제정치학회, 1975), p. 85.

37) 정영화, 앞의 논문, p. 265.

시 한번 제의한다. ⑤ 남조선에서 미군의 즉시 철거를 요구하며 남북 조선군대를 각각 10만 또는 이 이하로 축소할 것을 제의한다. ⑥ 이상의 제 문제를 협의하기 위해 남북조선 대표들이 평양이나 서울 또는 판문점에서 회담할 것을 남조선 당국과 정당 사회단체 및 개인 인사에게 제의한다.

결국 장면정부 때는 정당 사회단체, 언론 및 학원 등을 비롯하여 해외동포까지 백가쟁명식의 통일논의가 만발하였고, 정국의 불안을 촉진하여 쿠데타의 빌미로 작용하였다.[38]

제 3 절 박정희정부의 통일정책

1. 5 · 16쿠데타와 반공정책

① 1960년 7 · 29선거 중 민주당은 한국군의 수를 10만명으로 줄이겠다고 시사하고 장면 자신이 국무총리에 선출된 후 그러한 구상을 8월 27일 국회에서 행한 연설에서 확인했다.[39]

또한 민주당 정부는 경제 제1정책과 부응하여 자유당 정권하에서 30내지 40%를 차지하던 국방비를 20% 이하로 줄이려고 노력했다.

군대의 절대숫자의 감소는 장비의 극대화와 화력의 증강으로 보강하겠다고 하였다.[40] 물론 이러한 장면정부의 안은 미국의 압력으로 60만을 계속 유지하게 된다. 이로 인하여 군의 사기와 지위는 저하되었고 소장파들의 분노는 더욱 고조되었다.[41]

② 쿠데타의 또 하나의 배경은 용공사상의 대두였다. 4 · 19 이후 남한의

---

38) 위의 논문, p. 260.

39) 민주의원 회의록, 36차 회기 1960. 5. 27, p. 4.

40) 한승주, "제2공화국," 「현대한국정치론」, p. 215.

41) 이달순, 「한국정치사의 재평가」(수원대 출판부, 1999), p. 293.

학생은 혁명의 사자로서 사기가 충천하였으며 발언권도 대단하였다. 더구나 이들 세대는 6·25의 참화를 직접 경험하지 못한데다가 그들이 혈기왕성하고 감수성이 예민하다는 점에서 침투대상의 호의를 그대로 간과할 이는 없었던 것이다. 이것이 이른바 사상적 정공법을 학생층에게 집중시킨 요인이었다. 그리하여 그들은 이른바 사상적 정공법 침투수법 이외에도 평화적 통일론이라는 간접적 수법을 가하여 무기력한 남한국민의 마음속에 평화통일이라는 그럴듯한 관념과 의식을 주입시켜 좌경적인 혁신계 언론인의 배경을 매개체로 일거양득의 효과를 기도하는 양면작전을 썼던 것이다.

그럼에도 불구하고 장면정권은 북한의 간접침략 앞에 속수무책으로 허송세월했고 국가의 위기는 시시각각으로 나타났다.[42)]

③ 그 다음으로 5·16의 주역인 김종필은 1960년대 초부터 그동안 미국의 영향권에 속해온 남미제국에서 공산주의의 침투 및 확산을 막고 경제적 민족주의를 확립해야 한다는 요청에 의하여 군부의 정치개입이 빈발했던 교훈을 거울삼게 되었을 것이다.[43)]

이외에 사회질서의 혼란, 부정부패의 만연 등이 군 쿠데타의 빌미를 주었다.

2. 7·4공동성명

긴장완화로 비롯된 다극화의 국제정치는 대화협조의 시대로 접어들게 되었다. 1966년 4월 그로미코 소련 외상이 이탈리아를 방문하고 교황을 예방하였다. 두달 뒤 불란서 외상 물빌이 동유럽을 순방했고 이어서 드골 대통령이 모스크바를 방문했다. 1967년 6월 미국의 존슨대통령이 모스크바를 방문했다. 1967년 6월 미국의 존슨대통령과 소련의 코시긴 수상이 그라스보로에서 수뇌회담을 갖는데 이어 1968년 7월 '미·소 핵확산금지조약'이 조인되었다. 1969년

---

42) 이택휘, 「현대한국정치사」(서울: 한국정신문화연구원, 1990), p. 213.

43) 한용희, 「혁명의 이론과 역사」(대왕사, 1985), pp. 154~155.

7월 아시아 각국을 돌아본 미국의 닉슨 대통령이 그해 7월 25일 태평양의 구암도에서 가진 기자회견에서 "아시아 각국은 자국의 방위를 대미의존을 점차 줄이고 독자적으로 해결하도록 해야 한다"는 소위 미국의 탈아시아정책인 '닉슨독트린'을 밝혔다.

한편 1969년 3월 서독 사회민주당의 브란트 수상은 동방정책을 발표했다. 그리고 일년이 지난 1970년 3월 브란트 수상은 동독으로 건너가 엘후르트에서 동독의 스트푸와 회담을 가졌다. 이어서 브란트는 소련으로 날아가 모스크바에서 브레즈네프(Breznev) 소련 수상과 회담하고 서독과 소련의 우호협력조약에 조인했다. 이제 국제정세는 B-B(브레즈네프, 브란트)시대의 개막을 보게 되는 것이다. 그런가 하면 괌선언에 이어 미국은 1971년 탁구선수단을 중국으로 보내 핑퐁외교를 서막으로 1972년 닉슨대통령이 중국을 방문하고 만리장성을 둘러보더니 소련도 방문하기에 이르렀다. 세계는 대화협조시대 무드에 빠져 들었다. 이러한 국제정세의 변화속에서 미국은 1970년대 초부터 '윌리암 포터' 주한미대사를 통하여 박대통령에게 북한과의 대화를 여러번 종용하여 왔었다.[44] 한편 한반도 주변의 4대강국간의 화해 분위기에 대응하기 위해서 박대통령은 1970년 8월 15일 이른바 '8 · 15'선언을 발표하였다. 그것은 "남북한에 가로놓인 인위적 장벽을 단계적으로 제거해 나갈 수 있는 획기적이고 보다 현실적인 방안을 제시, 시행할 용의가 있다"는 내용이었다.[45] 이러한 8 · 15선언에 대하여 북한측은 처음에는 전연 거부하는 태도를 보여주었다. 그러나 미국의 '키신저' 국무장관이 북경을 방문하고 김일성이 북경을 다녀온 뒤 북한 적십자사는 1971년 8월 14일 '남북이산가족찾기 회담'의 남한측 제의를 받아들인다고 발표했다. 그리고 9월 20일 분단 26년만에 처음으로 역사적인 남북적십자사 가족찾기 예비회담이 판문점에서 열리게 되었다. 그 이후 남쪽의 이후락 중앙정보 부장이 5

44) 이상우, "남북관계 · 내정과의 표리," 「신동아」(1984. 11), p. 261.

45) 오소백, 「광복 30년사」(서울: 세문사, 1995), p. 260.

월 2일부터 5일까지 평양을 방문하였고 북측의 박성철이 5월 29일 서울을 방문했다. 그 결과 1972년 7월 4일 소위 '7·4남북공동성명'을 남북한이 동시에 발표하기에 이르렀다. 이것이 10월 유신이 발표되기 불과 3개월 전의 일이었다.

그 이후 평양에서 8월 29일 제1차 적십자 본회담이 열렸고 9월에는 제2차 본회담이 서울에서 열렸다. 이어서 남북공동성명을 실천하기 위한 남북조절위원회 제1차 공동위원장회의가 10월 12일 판문점 자유의 집에서 열렸다. 여기서는 7·4공동성명의 정신을 재확인하고 합의사항을 성실히 이행하기로 다짐하였으니 이때가 남북대화의 절정이었다고 할 수 있다. 또한 그것은 10월 유신이 발표되기 전 10·17 조치가 있기 불과 5일전 일이었다. 이와 같은 몇 차례의 남북대화가 진행되는 동안 해빙분위기는 무르익었고 국내의 대부분의 국민들로 하여금 머지 않아 남북통일이 실현될지도 모른다는 희망과 서울을 오고 가면서 1973년 6월 중순까지 세 차례의 회담을 가졌으나 그동안 이루어진 성과는 하나도 없었다. 1973년 8월 28일 평양측 공동위원장 김영주가 일방적으로 남북대화의 결렬을 선언하는 성명을 발표했다.[46)]

결국 7·4 공동성명은 국제정세에 밀려 성사되었던 것에 불과했다. 남측은 일본과 미국을 배경으로 북에 대항한 것이었고 북은 소련과 중공을 배경으로 큰 소리를 치고 있었던 것인데 4강이 대결에서 대화협조체제로 전환됨에 따라 남과 북이 손을 잡자고 하지 않을 수 없었던 것에 불과했다. 그런데 양측은 화해무드가 강력한 정권유지에 금이 가는 것을 느끼게 되었을 뿐이다. 남한의 경우 1971년 대통령선거와 총선거에서의 고전 그리고 전술한 바 있는 10·2 항명파동으로 나타난 여당 자체 내의 의원들에 대한 통제의 한계라는 심각한 국면이 노정되었다. 박대통령의 지시를 공화당의원이 집단적으로 외면하는 현상이 나타난 것이다. 이것은 막강한 권위를 과시하던 박대통령의 위상이 자체 내

46) 안병만, "국가존속력 강화와 권위주의체제," 「한국현대정치사」(한국정신문화연구원, 1990), pp. 297~299.

에서 동요하는 증후가 나타난 것이다. 이것은 분명 유신의 정치적 배경이다.[47)]

이때 북한은 사회주의헌법(12. 27.)을 채택하며 각자의 독재체제를 강화하면서 남북조절위원회는 구체적 진전이 없었다. 양측이 공동성명을 기점으로 정권강화연장을 묵계한 것인가 아닌가 하는 의구심도 느낄만 했다. 박정희 정부는 1979. 6. 23.선언을 통해서 7개항의 외교통일정책을 발표했지만 북한은 김대중 납치사건(1973. 8. 8.)을 이유로 남북대화를 중단했다.[48)] 이런 상황에서 남한은 1974년 1월에 한반도 평화정착을 위한 "남북상호불가침협정"체결을 제의하고 또 8·15경축사에서 평화통일 3대기본원칙을 밝혔다. 그 내용은 다음과 같다.

① 한반도에 평화를 정착시켜야 한다. 이를 위하여 남북은 상호불가침협정을 체결하여야 한다. ② 남북간에 상호 문호를 개방하고 신뢰를 회복해야 한다. 이를 위하여 남북대화를 성실히 진행시켜야 하며 다각적인 교류와 협력이 이루어져야 한다. ③ 이 바탕 위에서 공정한 선거관리와 감시 하에 토착인구비례에 의한 남북한 자유 총선거를 실시하며 통일을 이룩한다.[49)]

3. 유신독재비판

박정희대통령은 "주변정세의 변화가 국제평화의 증진 쪽으로 가고 있으나 열강들이 언젠가 실리추구 경쟁을 하게 된다면 우리나라와 같은 약소국은 그들의 희생이 될 가능성이 크다"고 보았다. 따라서 이는 한국 안보에 대한 위험요소인 것으로 단정하였다. 여기에 그는 10·17선언을 발표하고 한반도 주변정세에 대처하는 길은 주체적인 역량을 키우는 것밖에 없으며 그러기 위해서는

47) 이달순, 「현대정치사와 김종필」(박영사, 2012), pp. 273~276.

48) 첫째, 6·23선언의 철회. 둘째, 반국가 보안사범 처벌의 중지 및 모든 정당사회단체 등의 정치활동 합법화. 셋째, 서울측 공동위원장 교체. 넷째, 조절위원회, 각 정당, 사회단체 각계 각층 대표들 참가 등이다(국토통일원, 남북대화백서, p. 13).

49) 정영화, 앞의 논문, p. 262.

"유신"이라는 새로운 개혁이 필요하다는 것이다.[50)]

그리고 남북대화를 굳게 뒷받침 해줌으로써 평화통일과 번영의 기틀을 마련하고자 이 개혁을 단행한다는 것이다. 그리고 그는 유신헌법이 평화통일을 지향하며 능률을 극대화하여 안정과 번영의 기초를 굳게 다져나감으로써 민주주의 제도를 우리에게 가장 알맞게 토착화시킬 수 있는 올바른 헌정생활의 규범임을 확인[51)]한다고 하였다. 이것이 명분이다. 그러나 실제는 박대통령의 강한 장기집권욕구에서 비롯되었다. 그는 자주국방, 남북통일, 경제건설 등이 자신이 아니면 안되는 것으로 믿고 있었고 조국 근대화 작업을 성공적으로 수행할 수 있는 사람도 자신뿐이라고 믿었던 것으로 알려지고 있다.[52)] 결국 유신개헌의 이면적이며 근본적인 동기는 그의 집권욕에 기인한 것이라고 보여진다. 그를 18년간 장기집권한 독재자로 기록하게 된 것이다.[53)]

명분과 실제가 달랐다. 유신체제를 부정적인 견해로 평가할 수밖에 없다. 그러나 강대국들이 북한과 남한을 함께 평화통일로 압박하고 있고 국제정세가 평화무드로 젖어들고 있는 시점에서 열강들이 남북의 평화통일을 힘으로 밀어붙일 날이 올지도 모른다는 강박관념에 사로잡힌 지도자로서 택해야 될 방안은 북한에 대항하기 위해 강한 통치권으로 일사불란하게 움직여야 할 필요성에 대비하고 그를 위해 경제건설도 수행해야 한다면 역시 권력을 집중해야겠다는 일념으로 명분과 현실을 병행하였다는 긍정적인 면도 재조명하여야 하지 않을까 하는 평가도 나올만 하다.

---

50) 안병만, 앞의 책, pp. 300~302.

51) 오소백, 「광복30년사」(서울: 세문사, 1995), pp. 300~310.

52) 이정복, "절대권력에 숨죽인 민주주의," 「신동아」(1984. 10), p. 154.

53) 이달순, 앞의 책(박영사, 2012), p. 296.

제 4 절 전두환정부의 통일정책

1979년 10 · 26사건으로 유신체제가 종말을 고하고 신군부의 12 · 12 쿠데타와 "광주민주화운동"으로 민주적 정당성을 결한 전두환정부는 정권의 정통성을 보완하고자 남북문제 해결을 위한 대북정책에 주력하였다. 한편, 북한은 남한의 정치적 혼란기를 이용하여 통일문제에 대한 대북정책에 주도권을 잡기 위해 1980년 10월에 새로운 통일제안인 "고려민주연방공화국"안을 제시하였다. 그 전제조건은 주한미군의 철수, 남한내 연공정부수립 등을 주장하며 공산화의 의도를 확고하게 유지했다.

이에 대응하여 남한은 1982년 1월 "민족화합민주통일"방안을 제시하였다. 통일정책과 함께 남북대화를 정략적인 방식에 의하여 이산가족 고향방문단과 예술공연단의 서울 평양교환 등 20개항의 시범사업을 제의했다. 전두환정부가 내세운 "민족화합민주통일방안"의 특징은 첫째, 통일을 과정으로 보고 분단의 현실로부터 출발하여 통일의 완성에 이르는 과정을 제시하였고 둘째, 통일과정에서 민족화합이 선행되어야 함을 강조하였으며 셋째, 통일헌법과 통일국가를 완성시키는 과정 및 절차를 처음으로 제시하였다는 것이다.[54]

그러나 북한은 1983년 미얀마 아웅산 폭발사건을 야기하여 남북문제가 악화되었다. 그러나 1984년 8월 남한의 폭우피해에 대해서 북한 적십자회가 복구지원의 물품을 제공한 후에 1985년 9월 20일 남북이산가족 고향방문 및 예술공연단 교환방문이 실현되었다. 1985년 북한의 수해물자 제공을 계기로 개시되었던 남북대화는 적십자회담, 경제회담, 체육회담, 국회회담을 위한 예비접촉 등 수차례 이루어졌다.[55]

---

54) 박광기, 앞의 논문, p. 7.

55) 정영화, 앞의 논문, p. 263.

제 5 절 노태우정부의 통일정책

1987년 6월 민주화투쟁과 대통령직선제에 입각한 노태우정부는 내적으로 시민사회의 통일운동이 가열되었다. 동유럽 구러시아 민주화혁명과 개혁개방의 국제정세의 급변으로 동서진영의 협력과 화해의 분위기가 고조되었다. 정부는 1988년 6월 2일 "통일논의의 자유화 조치"를 취하고 7·7민족자존과 통일번영을 위한 특별선언을 통해서 남북관계 개선을 천명했다.[56] 정책선언 6개항은 다음과 같다. 첫째, 정치인, 경제인, 언론인, 종교인, 문화·예술인, 체육인, 학자 및 학생 등 남북동포간의 상호교류를 적극 추진하며 해외동포들이 자유로이 남북을 왕래하도록 문호를 개방한다. 둘째, 남북적십자회담이 타결되기 이전이라도 인도주의적 견지에서 가능한 모든 방법을 통해 이산가족들간에 생사, 주소확인, 서신왕래, 상호방문 등이 이루어질 수 있도록 적극 주선·지원한다. 셋째, 남북간 교역의 문호를 개방하고 남북간 교역을 민족내부교역으로 간주한다. 넷째, 남북 모든 동포의 삶의 질을 향상시킬 수 있도록 민족경제의 균형적 발전이 이루어지기를 희망하며, 비군사적 물자에 대해 우리 우방들이 북한과 교역을 하는 데 반대하지 않는다. 다섯째, 남북간의 소모적인 경쟁, 대결외교를 종결하고 북한이 국제사회에 발전적 기여를 할 수 있도록 협력하며, 또한 남북대표가 국제무대에서 자유롭게 만나 민족의 공동이익을 위하여 서로 협력할 것을 희망한다. 여섯째, 한반도의 평화를 정착시킬 여건을 조성하기 위하여 북한이 미국·일본 등 우리 우방과의 관계를 개선하는 데 협조할 용의가 있으며 우리는 소련·중국을 비롯한 사회주의 국가들과의 관계개선을 추구한다.[57]

그리고 '한민족공동체 통일방안'은 '7·7선언'을 계승한 것으로, 남북 불신과 대결의식을 그대로 둔 채 일시에 통일을 이룩하는 것이 현실적으로 어렵다

56) 위의 논문, p. 263.

57) 통일부, 「통일백서」(1995), p. 66.

는 점을 전제하고, 교류와 협력을 통해 먼저 민족공동체를 회복하고 이를 바탕으로 정치적 통일을 이룩하자는 것이다. 이 방안의 주요 특징은 다음과 같다. 첫째, 분단 현실을 인정하면서 민족공동체를 회복하고 이를 바탕으로 정치적 통일을 이룩하자는 것이다. 이 방안의 주요 특징은 다음과 같다. 첫째, 분단 현실을 인정하면서 민족공동체 회복이라는 중간과정을 거쳐 최종통일을 실현한다. 둘째, 남북 상호협력과 공존공영의 관계를 증진시켜 통일기반을 조성해 나가는 과도적 통일체제인 '남북연합'을 제시한다. 셋째, 교류협력과 정치·군사문제를 함께 해결한다.

한민족 공동체 통일방안은 통일과정을 화해협력단계, 남북연합단계, 통일국가단계의 3단계 과정으로 설정하였다. 제1단계인 화해협력단계에서는 남북한이 화해를 증진하고 각 분야에서 협력을 확대하며, 제2단계인 남북연합단계에서는 '남북연합헌장'을 채택하여 남북한이 대외적 주권을 유지하되 정상회의, 연합의회, 연합각료회의, 연합회의사무처 등의 제도를 갖추어 1민족 2국가 2체제, 2정부를 특징으로 하는 남북관계를 제도화한다. 남북연합단계에서 남과 북은 국제사회에서 독립된 개별적 주권국가로 존재하되 민족내부관계에서는 기능적으로 결합된 느슨한 형태의 민족공동체의 집을 마련한다는 것이었다. 이후 남북연합단계에서 구축된 민족공동의 생활권을 바탕으로 남북한 두 체제를 완전히 통합하여 마지막 단계인 1민족 1국가의 통일국가를 완성한다는 것이었다.[58)]

한편 북방외교가 동유럽에서부터 열리기 시작했다. 1987년 2월 서울올림픽에 동유럽국가중 맨 처음으로 참가신청을 했던 헝가리와 역시 공산국가로는 처음으로 수교가 이루어졌다. 그해 11월 노대통령은 유럽순방에서 영국, 프랑스, 서독과 함께 헝가리를 공식 방문했다. 한국의 대통령이 공식환영식에서 바

58) 임혁백, "평화통일정책과 남남갈등의 극복"(경남대학교, 극동문제연구소, 2004), pp. 297~298.

르샤바조약 군대를 사열하는 역사적인 일이 이루어졌다.

헝가리에 이어 그해 11월, 12월에 폴란드, 유고슬라비아와 각각 수교했다. 1990년 3월에는 체코슬로바키아, 불가리아, 루마니아 및 몽골과 수교했으며 1991년 8월 알바니아와 수교했다. 이로써 우리나라는 동유럽의 모든 나라와 외교관계를 맺게 되었다.

이보다 앞서 1989년 10월 15일 노대통령은 취임후 처음으로 미국을 공식 방문하여 부시대통령과 정상회담을 가졌고 18일에는 미국 상하 양의원 합동회의에서 영어로 연설을 했다. 그리고 1990년 5월 24일 노대통령은 취임후 첫 일본방문 길에 올랐다. 민주주의로 새롭게 태어난 한국의 노대통령과 새 천황의 즉위로 헤이세이(平成)의 새연대를 시작한 일본과의 첫 만남이 이루어졌다.

일본에서 귀국한 직후 소련의 고르바초프 대통령측으로부터 한·소 정상회담을 빠른 시일안에 제3국에서 갖자는 제의가 들어왔다. 이 제의에 따라 1990년 6월 4일 미국의 샌프란시스코에서 실로 역사적인 한·소 정상회담이 이루어졌다. 이 회담에서 두 나라 대통령은 양국의 수교에 합의했고 그해 9월 30일 한국과 소련은 정식 외교관계를 맺었다. 그해 12월 13일에 노대통령은 한국의 대통령으로는 처음으로 소련을 공식 방문했다.

동유럽에서 시작한 변혁의 바람과 한·소관계의 급격한 진전앞에서 북한도 변하지 않을 수 없었다. 1989년 2월부터 남북은 10차례에 걸친 예비접촉 끝에 마침내 1990년 9월 4일 서울에서 남북한 제1차 고위급회담을 가졌다. 강영훈 국무총리를 수석대표로 하는 남측대표단과 연형묵 정무위원총리를 수석대표로 하는 북측 대표단이 서울에서 만난 것이다.

마침내 1991년 가을 남북관계에 큰 전기가 왔다. 북한이 고집을 버리고 대한민국과 함께 유엔에 동시가입을 하게 된 것이다. 노대통령은 9월 24일 회원국 국가원수의 자격으로 유엔총회에서 기조연설을 했다.

11월 노대통령은 '한반도의 비핵화와 평화구축을 위한 선언'을 발표한데 이어 12월 18일에는 한국영토 내의 핵부재를 선언한다. 마침내 그해 12월 13일 서울에서 열린 제5차 남북고위급회담은 '남북간의 화해와 불가침 교류협력에 관한 합의서'와 '한반도 비핵화에 관한 공동선언'을 채택했다. 1992년 2월 19일 평양에서 열린 제6차 회담에서 이 합의서는 정식으로 발효되었다.[59)]

제 6 절 김영삼정부의 통일정책

김영삼 대통령은 1993년 2월 취임일성으로 "문민 민주주의 시대의 개막"을 선언하고 "어느 동맹국도 민족보다는 나을 수는 없습니다. 어떤 이념이나 어떤 사상도 민족보다 더 큰 행복을 가져다주지 못합니다"라면서 김일성주석을 향해 언제 어디서라도 만나 민족이라는 원점에 와서 모든 문제를 풀어가자고 대북정상회담을 제의하였다. 그해 여름 "민주평화통일자문회의"연설에서 "통일은 선화해와 협력의 단계를 거쳐 남북연합단계로 발전되어야 한다"면서 이를 통해서 남과 북은 1민족 1국가의 통일조국으로 나가게 될 것이라고 하였다. 이는 전두환, 노태우정부의 통일방안을 보완하여 점진적, 단계적으로 하나의 민족공동체를 건설해 나가야 한다는 민족공동체 통일방안을 내놓은 것이다.

이 과정에서 마침내 남북정상회담 개최가 합의되었는데 뜻밖에도 1994년 7월 정상회담 직전에 북측 김일성 주석의 사망으로 남북정상회담은 무산되었다. 그후 남북관계는 급격히 냉각되고 남북간 대화는 단절되고 말았다.[60)]

이에 대해서 북한은 미국과의 직접대화를 고집하는 이른바 "통미봉남" 전략을 취하며 남북관계의 대화채널 자체도 봉쇄되고 말았다.[61)]

문민정부의 통일방안은 독일의 통일과 동유럽의 민주화 및 러시아 국가연

59) 청와대 홍보수석비서관실, "참고 기다리고 용서해온 마지막 군인 대통령,"「비록 한국의 대통령」(조선일보사, 1993), pp. 162~164.

60) 노중선, 앞의 논문, p. 77.

61) 위의 논문, p. 77.

합 등 국제적인 냉전체제의 붕괴와 북한의 유훈통치에 의한 체제위기를 배경으로 종래의 통일정책을 보완하여 '민족공동체 통일방안'을 천명하였다.[62]

통일의 기본철학은 자유민주주의에 입각하여 민족공동체의 토대 위에서 통일국가를 이룩한다는 것이다. 남북한이 동일한 민족으로서 경제·사회·문화 공동체를 형성하고 발전시켜 단일한 민족국가의 정치적 통일을 완성하는 점진적인 평화통일방안이다. 민족공동체건설을 위해서 점진적인「화해협력·남북연합·통일국가」3단계[63]로 설정하였다.

북미간의 제네바 기본합의는 근본적인 문제해결을 위한 토대를 마련했다는 데 의의가 있다. 남한은 제네바 합의 이후 한·미·일 3국이 주도하여 경수로의 공급과 재원조달을 담당할 한반도에너지개발기구(KEDO: The Korean Penisula Energy Development Organization)가 설립되었다. 경수로 지원사업의 목적은 북한의 핵무기 개발 의혹 해소 및 억제와 함께 남북관계를 개선하기 위하여 1996년부터 2006년까지 10년간 경수로사업이 진척되었으나 2002년 2차 북핵위기가 제기되어 제네바합의를 무력화함으로써 케도사업도 중단되었다.

요컨대, 통일정책은 외형상으로 적극성과 일관성을 유지했지만, 실질은 국제정세의 변동과 내부의 의견조율이 이루어지지 못해서 남북한 신뢰구축이 되지 못했다. 예컨대, 남북 정상회담의 합의에도 불구하고 실제는 무산되었다. 북핵문제와 관련하여 미국을 협상대상으로 정하면서도, 남북대화에서 남한을

---

62) 양영식,「남과 북 하나가 되는 길」(대한매일신보사, 1999), pp. 363~368 참조.

63) 제1단계의 화해협력은 남북이 적대와 불신, 대립 관계를 청산하고 상호신뢰 속에서 남북화해를 제도적인 정착으로서 실질적인 교류협력을 실시해서 공존공영을 추구하는 과정이다. 제2단계의 남북연합은 통일국가를 추구하는 과정에서 남북이 잠정적인 연합을 구성하여 평화를 제도화하고 공동생활권을 형성하면서 경제·사회·문화적 공동체를 이루는 과도적인 통일체이다. 이 단계에서는 남북 합의에 따라 국가통합을 위하여 필요한 법적·제도적 장치로서 정상회의와 각료회의를 상설화하고 법절차를 준비한다. 제3단계의 통일국가단계는 남북연합단계에서 구축된 공동생활권을 바탕으로 단일한 통일국가로서 1민족·1국가를 실현한다.

부수적인 대상으로 취급했다. 그러한 원인은 남북한의 대화에서 신뢰관계나 이해타산의 결과 북한에게 실질적 이익이 적었기 때문이다. 따라서 북한은 미국과의 핵협상에서 남한을 배제하는 행태를 보였다.

그러나 문민정부의 통일방안은 현재까지 우리 정부의 공식적인 통일방안으로 지속되고 있다는 점에서 향후 남북관계의 진전에 있어서 방향성을 제시하는 중요한 기준으로 평가하는 입장도 있다.[64]

제 7 절 김대중정부의 통일정책

1. 남북연합 3단계 통일론

김대중 대통령은 그의 취임 6개월 되는 8 · 15경축사에서 바로 1992년 남북기본합의서 정신으로 돌아가자고 호소했다. 그리고 김 대통령은 당면한 대북정책의 3원칙을 분명히 밝혔다. 그 첫째는 북한의 어떠한 무력도발도 결코 용납하지 않겠다는 것이고, 둘째는 우리가 북한을 해치거나 흡수할 생각이 없다는 것이고, 그 셋째는 남북한 간의 화해와 협력을 가능한 분야부터 적극적으로 추진해 나간다는 것이다. 다음으로 김 대통령의 대북정책에서 특이한 점을 찾는다면 새로운 착상이라고 할 수 있는 철저한 정경분리 원칙에 입각한 화해, 협력의 적극화와 아울러 정부당국 차원의 대북정책과 민간 차원의 대북정책을 엄격히 구분하되 전자의 경우는 반드시 '상호주의 원칙'을 고수하겠다는 점이다.[65]

이러한 구상을 실천에 옮기기 위해 김 대통령의 평소지론인 "제3단계 통일론"의 첫 단계인 남북연합의 초기 상황을 연상케 한다. 3단계 통일론의 남북

---

64) 신영석, 「역대정권의 통일정책 변천사」(평화문제연구소, 2005), p. 240.

65) 장수련, "남북한 통일정책의 어제와 오늘," 「북한」(1998. 8), p. 168.

연합은 화해협력의 '결과물'이 아니라 화해협력을 진지하게 이끌어 내는 '장치'로서 상정되고 있다. 그러기에 그는 "장 · 차관급을 대표로 하는 남북 상설대화기구를 창설하여 성실한 대화의 장을 갖자"고 제의하였고 "북한이 원한다면 이 모든 문제를 협의하기 위하여 대통령특사를 평양에 보낼 용의가 있다"고 밝혔다. 우리는 김대중 대통령의 새로운 통일정책을 '햇볕정책'이라고 했다. 구체적으로 김성윤 교수의 주장을 보자.

> 햇볕정책은 북한이 쉽게 붕괴하지 않을 것이라는 점을 전제로 하여 한반도의 평화정착과 북한의 변화촉진을 위하여 남북한 관계를 북한의 존재 인정과 함께 향후 중장기적으로 풀어나가야 하는 문제라는 데 초점을 두고 추진된 정책이다. 우선 햇볕정책은 대북 봉쇄정책에서 벗어나 포용정책을 추구함으로써 남북한 간의 긴장을 완화시키고 북한의 대남적화 전략이라는 외투를 벗김으로써 평화를 정착시키겠다는 전략이다. 이러한 정책은 궁극적으로는 시장경제와 민주주의 방향으로 북한의 체제 전환을 추구하는 데 의의가 있으며 남북한간 교류협력을 증대시켜 상호 신뢰관계를 구축할 수 있도록 하며 점진적으로 평화를 구축하고자 하는 노력을 의미한다(김성윤, "햇볕정책의 빛과 그림자," 「북한」(1998, 8월호), p. 87).

김대중 대통령의 햇볕정책은 투쟁과 고통의 산물이다. 반공정책과 평화통일의 안보정책에 대항해서 그의 통일론을 주장하는 가운데 납치당해 죽을 고비도 넘겼고 간첩죄로 사형언도도 당한 바 있는 지론이기도 하다. 그러나 북한 당국은 그의 햇볕통일론을 비웃기도 하는 양 심술만 부리고 있다. 그러나 마침내 2000년 6월 15일 인내로 무수한 고난과 손해를 본 대북정책이 성공을 거두어 국민들의 소망과 김대중의 꿈이 이루어졌다. 그리하여 분단 후 첫 남북정상회담이 이루어져 김대중과 김정일 두 정상은 남북공동선언을 발표하였다.[66]

---

66) 한광옥, 「선택」(우진애드, 2010), pp. 236~238.

2000년 6월 13일 오전 성남 서울 비행장에서 대한민국 공군 1호기가 역사적인 남북정상회담을 위해 이륙하였다. 대통령 비서실장이던 그는 대통령을 모시고 평양행 1호기에 타고 있었다. 대통령 일행을 태운 비행기는 한 시간도 채 되지 않아 평양 순안비행장에 도착하였다. 비행기가 평양에 착륙하는 순간 '불과 50여 분이면 닿는 이 길을 오는데 반세기의 세월이 걸렸구나!' 하고 생각하니 만감이 교차했다. 김대중 대통령 일행은 김정일 국방위원장이 비행장에 마중을 나오는지 여부를 몰랐다가 착륙 2~3분 전에 김 위원장이 나온다는 통보를 받았다. 사회주의 국가들이 다 그러한지 모르겠지만 북측은 김정일 위원장의 스케줄을 공개하지 않았다. 그러다 보니 대통령을 수행하는 비서실장으로서 역사적인 남북정상회담을 몇 시에 어디서 시작하는지 일정을 수립할 수 없어서 매순간 긴장했다. 김대중 대통령이 트랩을 내려 김정일 국방위원장과 뜨거운 악수를 나누었다. "반갑습니다. 만나고 싶었습니다." 김 대통령께서 김 위원장에 건넨 첫인사였다. 그 모습을 보면서 그는 '아, 이제 한반도에 평화라는 새로운 역사가 쓰이기 시작하는구나!'라는 일종의 확신이 들었다.

공항에서 공식적인 영접행사는 13분간 진행되었다. 비행장에서 차량으로 이동할 때는 김 대통령 옆자리에 김 위원장이 턱하니 탔다. 다들 놀랐다. 그렇게 나올 줄 사전에 우리는 전혀 몰랐다. 김대중 대통령과 김정일 위원장은 순안 비행장에서 백화원 영빈관까지 40여 분 동안 동승하였다. 그리고 2박 3일 동안 평양에 머물면서 정상회담 일정과 장소를 따로 조율하지 않았다. 예를 들면 "노인네가 여기까지 오셨으니까 내일 여기로 오시죠"라고 김 위원장이 말하면 그렇게 해서 정상회담 장소도 즉석에서 결정되는 식이었다. 김 대통령께서는 워낙 노련한 분이어서 전혀 내색하지 않고 대화를 잘 이끌었다. 물론 김 위원장도 어른에 대해서 예의를 갖췄다. 그런 것 하나하나 북측은 전혀 예측 불가능한 행동을 하였다.

한번은 북측에서 김일성 전 주석 시신이 안치된 금수산기념궁전에 김대중

대통령이 참배해야 한다는 요구를 했다. 있을 수 없는 일이었다. 사실 그 문제는 김대중 대통령이 평양에 갈 때까지도 해결이 안 되었다. “이건 안 된다. 한 국가의 대통령 입장에서 어떻게 참배를 하느냐. 그것이 걸림돌이 돼서 남북정상회담이 깨지면 안 되니까 대통령 대신 비서실장이 금수산기념궁전에 가면 되지 않겠냐. 만약에 그가 금수산에 참배한 일이 정치적인 문제나 실정법을 위반하는 것이라면 남한에 가서 그가 책임지겠다고 북한 측에 전해 달라.” 그가 임동원 당시 국정원장에게 말했다. 비서실장이라는 것을 이해 못하던 북측은 금수산기념궁전 참배를 다시 꺼내지 않았다. 김대중 대통령을 수행하며 보니 김정일 위원장은 예상보다 표정이 밝고 성격도 소탈했다고 그는 느꼈다. 정상회담을 하는 동안 김정일 위원장의 그런 이미지를 한국 사람들뿐만 아니라 지구촌 여러 나라 사람들이 TV로 목격하였다. 남북정상회담에 나온 김정일 위원장을 지켜보면서 김정일 위원장도 우리와 같은 인간이라고 사람들은 느꼈다.

2. 6 · 15 남북공동선언

분단 후 첫 남북정상회담을 하면서 김정일 위원장은 지구촌 사람들에게 긍정적인 이미지를 심어주는 홍보효과를 얻었다. 제1차 남북정상회담과 6 · 15 남북공동선언으로 남과 북은 적대적인 대결과 반복을 넘어 평화 정착의 시대로 이행하는 걸음을 시작하였다. 1945년 이후 반세기 남짓 줄곧 적대적인 반목과 대결로 맞서던 남북관계를 화해와 협력의 관계로 전환하고 남과 북이 평화 공존하는 틀을 마련하였다. 즉, 제1차 남북정상회담과 6 · 15 남북공동선언은 안보 위협을 근본적으로 해소하고 평화를 정착시킬 수 있는 계기를 마련한 데 큰 의의가 있었다. 남북 두 정상은 전쟁이 민족의 공멸을 초래한다는 데 인식을 같이 하고, 서로 침략하지 않을 것이라고 다짐하고 평화 공존의 기반을 다지기로 하였다.

제1차 남북정상회담과 6 · 15 남북공동선언은 또, 통일 방안에 대한 접점을 찾았다. 두 정상은 남측의 '연합체' 통일안과 북측의 '낮은 단계의 연방제' 통일안이 서로 공통성이 있다고 인정하고, 앞으로 이 방향에서 통일을 지향해 나가기로 합의 했다. 명칭은 다르지만, 통일을 목표이면서 과정이라고 인식하고, 남북이 평화 공존하면서 교류와 협력을 통해 점진적, 단계적으로 통일을 이룩해 나가며, 평화와 통일의 과정을 공동으로 관리하자고 합의 했다.

제1차 남북정상회담과 6·15 남북공동선언 이후 남과 북에서 통일은 더 이상 '논쟁'이 아니라 '현재진행형'으로 추진하게 되었다.

제1차 남북 정상회담과 6·15 남북공동선언을 통해 남과 북은 다양한 교류협력을 실천하면서 상호 신뢰를 다지기 시작했다.

남북 관계에서 가장 큰 걸림돌은 지난 반세기 넘게 지속된 상호 불신이었다. 그런 만큼, 상호 신뢰를 조성하는 것이 평화 통일을 이루는 길이라고 인식을 같이하고, 교류와 협력의 실천을 통해 신뢰를 다져나가기로 하였다. 이에 철도와 도로의 연결, 산업공단 건설, 관광사업 활성화, 이산가족 상봉과 사회문화 등 여러 분야에서 교류 협력하기로 합의하였다.

한편, 김대중 '국민의 정부'가 시작한 햇볕정책이나 남북정상회담 등을 두고 '퍼주기'라고 비난하는 사람들도 있다. 이는 대단히 잘못된 인식이다. 퍼주기라고 말하기에는 부적절한 표현이었다. 게다가 주로 현물, 물자 등을 지원했다. 남북은 형제다. 통일을 하려고 하면 어려운 형제한테 도와준다는 사고를 가져야 한다. 그런데 퍼주기를 했다는 식으로 비난하는 것은 하나의 정치공세에 지나지 않는다. 우리는 계속 대북 포용정책을 펴야한다. 어쨌든 북한을 끌어안아 안심시키고 거꾸로 우리가 침입하지 않고 같은 민족끼리 잘 살아보자는 인식을 공유하게끔 교류해야 한다. 남한의 사고방식과 실정이 이렇다는 것을 교류해서 알게 하고, 북한정권의 일방적인 선전이 오도라고 인식하게끔 해야 한다. 교류하는 데는 비용이 들 수밖에 없다. 우리가 잘사니까 그런 노력도 없이 어떻게 가능하겠는가.

한반도 통일이 이루어지면 인구가 8,000여만 명에 이른다. 강대국으로 도약할 수 있는 조건인 인구 1억 명에 근접할 수 있다는 뜻이다. 남한만 하더라도 경제 규모가 세계10위권인데 남북통일이 되면 지금보다 훨씬 잘살 수 있다. 그런 면에서 앞으로 긴 안목을 보고 우리가 잘살게 되기 위해서라도 한반도는 통일을 해야 한다. 민족적인 염원을 이루기 위해서도 통일을 이루어야 한다. 그리고 북핵문제는 북이 핵개발을 더 이상 진전시키지 않고 폐기하도록 6자회담 등을 통해 대화하고, 대화로 얻은 성과를 실행해야 한다.

북한과 미국의 양자대화도 6자회담 틀 내에서 가지도록 유도할 수 있으리라고 본다. 결국 북한은 대화의 광장에 적극 나서야 한다. 그렇지 않으면 경제적인 면에서 굉장히 어려울 것이다.[67]

---

67) 한광옥, 앞의 책, pp. 522~526.

제 6 장

다극화 개방의 시대와 제3세계의 중립주의

제 1 절　냉전의 시대와 A.A. 동맹
제 2 절　비동맹정상회의
제 3 절　비동맹정상회의의 90년대 개관
제 4 절　해빙의 시대와 비동맹회의
제 5 절　북한과 비동맹운동—40년 역사

제 6 장

다극화 개방의 시대와 제3세계의 중립주의

제 1 절 냉전의 시대와 A.A. 동맹

1. 콜롬보회의

1945년 8월 15일 일본의 무조건 항복으로 2차대전이 끝난 다음해 1946년 3월 영국의 전 수상 W. 처칠이 미국의 미조리주의 휼튼시 웨스미니스터 여자대학에서 특강을 하면서 "오늘날 발틱해 스테틴에서 아드리해의 트리에스트에 이르기까지의 대륙을 횡단하여 철의 장막이 드리워졌다. 이 선의 뒤는 모스크바의 지배에 속한다.… 러시아의 팽창주의에 대항하기 위해 영어권의 국민들은 결속해야 한다"고 경종을 울렸다. 때를 같이 하여 주 러시아 미대사 G. 케난은 긴 문장의 전보를 통해 러시아의 군사배경 등을 미국정부에 송부했다.

그는 바로 냉전의 입안자가 되었다. 미국의 트루만 대통령은 반공정책을 선언했고 봉쇄정책에 돌입했다. 2차대전중의 모든 미군 기지 무기를 러시아를 향해 전투태세를 갖추게 했다. 이를 "기지전략" 또는 "주변전략"이라고 부른다. G. 케난에 의해 "유럽부흥계획"이 진행되었다. 전쟁으로 인해 경제적으로 허덕이는 유럽국가들에게 미국에서 식량 등을 지원해 준 것이다. 마샬장관에 의해 집행된 "마셜플랜"이라고 이름 붙여진 이 계획으로 미국에 감사하는 나라들이 늘어났다.

서방 자유국가권이 형성된 것이다. 한편 러시아에서는 코민포름을 형성했다. 러시아 · 유고 · 불가리아 · 폴란드 · 헝가리 · 루마니아 · 체코 · 프랑스 · 이태리 등 9개국으로 동방 공산권이 형성되었다. 1949년에는 대서양조약기구(NATO)가 12개국으로 이루어졌고, 바르샤바 조약기구(COMECON)가 5개국으로 이루어지고 1949년 중국이 공산화되면서 "죽의 장막" 정책을 내걸고 이에 가담했다. 세계는 동 · 서 진영으로 갈라지게 되어 이를 양극체제라고 불렀고 유엔의 원자력 위원장 바르크는 "냉전의 시대"가 열렸다고 했다. W. 리프맨은 시사지에 "냉전의 시대"라는 제목하에 칼럼을 기재했다. 이 냉전의 시대에 발발한 것이 1950년의 한국전쟁이다.

이와 같은 국제정세속에 중립주의를 표방하는 지도자와 나라들이 등장한 것이다. 이들은 동 · 서 어느 쪽에도 군사동맹에 불참하고 그들의 국가이익 신장에만 힘을 쏟고 국제긴장의 조정자 역할을 자임한다는 데 뜻을 같이 하고 있는 것이다. 그 가운데 대표적인 지도자 인도의 자와할랄 네루는 중립주의를 택한 나라들을 제3세력이라고 평가하고 그 특성을 8개항으로 묶었다. 그리고 모든 파워블럭에의 불참을 선언하고 국제연합의 지지를 호소하는 외교정책을 펼쳤다. 이러한 목적으로 콜롬보회의가 개최되었는데 그 참가국은 세일론(오늘날의 스리랑카) · 미얀마 · 인도네시아 · 인도 · 파키스탄 등이었다. 그러나 이 회의에서는 각국이 주요 안건으로 강조한 것이 모두 상이하여 회의는 아무런 성과도 없이 끝났고 다만 인도네시아가 추진하고 있던 아시아 · 아프리카협의회를 지지한다는 점에서만 겨우 합의를 보고 말았다. 그리고 1955년 4월 18일~25일간 인도네시아에서 반둥회의가 열렸다.[1)]

---

1) 이우진, 「동남아정치론」(법문사, 1984), pp. 243~244.

2. 반둥회의

반둥회의 또는 제1차 아시아 · 아프리카협의회, A.A협의회라고 부른다. 참가국은 대부분 제2차 세계대전 직후 독립한 국가들이었다. 인도네시아 · 미얀마 · 스리랑카 · 인도 · 파키스탄 등 5개국이 주최국이 되어 양대륙의 독립국들을 초청하는 형식을 취했다. 30개국이 초청됐으나 중부 아프리카의 로이지아는 국내 정세 불안을 이유로 불참했다. 중국과 적대관계에 있던 남한과 중화민국(대만), 인종차별 정책을 유지하던 남아프리카 공화국을 비롯해 북한, 몽골, 이스라엘 등은 초청 대상에서 제외되었다.

1954년 중국 저우언라이 총리와 인도 자와할랄 네루 총리가 양국정상회담에서 발표한 평화5원칙이 A.A협의회의 개최 계기가 되었다. 평화5원칙은 미국과 러시아 어디에도 속하지 않는 제3의 입장을 지향하면서 반제국주의, 반식민주의, 민족자결의 정신을 강조했다. 이를 토대로 1954년 4월 스리랑카의 수도 콜롬보에서 인도 네루 총리 등 5개국 정상이 참석한 가운데 회의를 열고 A.A 협의회의 계획을 수립했다.

반둥회의에서 평화5원칙을 확장한 반둥 10원칙(세계평화와 협력의 추진에 관한 선언)이 발표됐다. 기본적인 인권과 유엔헌장의 목적과 원칙 존중, 모든 국가의 주권과 영토보전 존중, 모든 나라의 평등인정, 타국의 내정에 대한 불간섭, 국토방위권 존중, 다른 나라에 대한 압력 불행사, 무력행사금지, 평화적 수단에 의한 국제분쟁해결, 상호이익과 협력촉진, 정의와 국제의무 존중 등이었다.

A.A협의회는 반둥회의를 시작으로 계속 개최될 예정이었으나 중국과 인도의 국경분쟁, 이집트 나세르 대통령의 아랍 연방형성의 실패 등으로 지도자들 사이의 유대가 깨지면서 1964년 알제리에서 개최될 예정이던 제2차회의는 무산되었다.[2)]

---

2) Naver에서 인용.

제 2 절 비동맹정상회의

1. 비동맹정상회의의 특성

(1) 역사적 개관

1961년 벨그라드에서 최초의 비동맹정상회의가 개최된 이후 1979년까지 총 6차의 비동맹정상회의가 열렸다.[3] 그러나 비동맹회의의 연원은 1955년의 반둥회의에서 찾아야 할 것이다. 그 이유는 다음과 같다.

첫째, 비동맹회의 개최에 주역을 담당한 인물(인도의 네루 수상, 인도네시아의 수카르노 대통령, 이집트의 나세르 대통령)은 역시 반둥회의의 지도자들이었다.

둘째, 반둥회의 참가국의 대부분이 벨그라드회의에도 참가하였다.

셋째, 반둥회의에서 처음으로 비동맹정책이 논의되었다.

넷째, 반둥회의의 의제와 결의 내용은 비동맹회의의 의제와 결의 내용의 골간을 이루고 있다.

그러나 벨그라드회의는 역시 이상의 네 가지 면에서 반둥회의와 상이한 점이 있었다.

첫째, 벨그라드회의의 지도자는 반둥회의의 지도자 외에 유고의 티토 대통령과 가나의 응크루마 대통령을 포함하고 있다. 이는 정치사상이 다른 지도자가 비동맹이라는 외교정책의 공동 목표를 위하여 단결하였음을 의미한다.

---

3) 반둥회의와 제1, 2, 3, 4, 5차 비동맹회의까지의 자료는 Odette Jankowitsch and Karl P. Sauvant, eds., The Third World Without Superpowers: The Collected Documents of the Non-aligned Countries (4 vols; Dobbs Ferry, N.Y.: Oceana Publications, Inc., 1987). 하바나정상회담(1979)에 관한 자료는 외무부 국제기구국 보관의 Documents of the Sixth Conference of Heads of State or Government of Non-aligned Countries Held in Havana, Cuba, from 3 to 9 September 1979(Distributed as an official document of the United Nations General Assembly, Thirty-Fourth Session)을 참고함.

둘째, 반둥회의에는 정치체제의 여하를 막론하고 아시아 · 아프리카 지역의 독립국이 참가하였으나 벨그라드회의에는 비동맹주의를 신봉하는 국가, 다시 말하면 국제 공산주의와 서구 자본주의를 반대하는 국가들이 참가하였다는 점에서, 전자를 지역적 운동이라고 한다면 후자는 사상적 운동이라고 하겠다.

셋째, 반둥회의는 비동맹주의를 정식으로 규정하지 못했으나, 벨그라드회의(카이로 준비회의)는 이를 정식으로 정의하였다.

넷째, 반둥회의의 중요 관심사는 식민지주의였으나 벨그라드회의의 중요관심사는 동서분쟁이었다.

반둥회의는 그 후 지속되지 못했으나 벨그라드회의는 비동맹회의라는 이름으로 계속되어 왔다. 비동맹회의가 계속되는 동안 국제적 · 국내적 여건의 영향으로 그 성격도 다소 변해 왔으나, 반둥정신은 비동맹회의의 지도이념으로 지속되어 왔다.

반둥회의와 비동맹회의와의 차이점은 비동맹회의 자체가 변함에 따라 증대하였으나, 주제에 있어서는 강조점(priority)이 달라졌을 뿐 원칙에는 변함이 없었다.

비동맹회의의 역사적 변화과정을 회원국, 비동맹주의의 정의, 주제의 세 가지 측면에서 검토하기로 한다.

(2) 회 원 국

회원국 가입 추세를 보면 다음과 같다.

• 북아프리카국(이집트, 리비아, 모로코, 수단, 튜니시아, 알제리아)을 중동에 포함시킨다면 반둥회의는 지역적으로 아시아 · 아랍회의였다.

〈표 1〉

회 의 명	연도 \ 지원국 지역	아시아	중동	아프리카	라틴·아메리카	기타	총계
		회 원 국*					
반둥회의	1955	15	7	6	0	1	29
제1차 비동맹회의 (벨그라드)	1961	7	4	11	1(3)**	2	25(3)
제2차 비동맹회의 (카이로)	1964	8	7	29	1(9)	2(1)	47(10)
제3차 비동맹회의 (루사카)	1970	8	7	32	4(9)	2	53(9)
제4차 비동맹회의 (알지에)	1973	12***	12	41	7(8)	3	75(8)
제5차 비동맹회의 (콜롬보)	1976	15	12	48	7(9)	3	86(9)
제6차 비동맹회의 (하바나)	1979	16(1)	13	49	11(11)	3	92(12)

주: * 독립국만 포함
** 업저버 자격으로 참가한 국가
*** 베트콩이 월남을 대표, 따라서 계산에서 제외

• 반둥회의에는 친서방 자본주의국(일본, 월남, 필리핀, 타일랜드)과 공산국(중공, 월맹)을 포함한 모든 아시아·아프리카·중동 독립국이 참가하였으나, 비동맹회의에서는 이들 국가들이 전부 불참하였다. 공산국가로서는 유고가 비동맹회의 초창기부터 창립국으로 참여하였고, 월맹과 북한은 제5차 비동맹회의(1976년)부터 참가하기 시작했다.

• 제2차 비동맹회의 때부터는 아프리카 국가들이 비동맹회의의 대부분을 차지하게 되었다. 그리고 아프리카 국가들은 독립 직후부터 비동맹회의에 가입하였으나 다른 지역의 국가들은 그렇지 않았다. 이는 아프리카 국가들이 모두

비동맹주의를 외교원칙으로 표방하고 있는 데 대하여 아시아, 라틴·아메리카 국가는 반드시 그렇지 않다는 것을 의미하는 것이다.

• 라틴·아메리카 국가는 제3차 비동맹회의 때부터 정회원으로 참가하기 시작하여 제6차 회의에서는 라틴·아메리카 국가 중 거의 반이 정회원으로 참가하고 나머지 대부분은 업저버로 참가하였다. 오직 쿠바만이 처음부터 참가하였다.

• 중동 국가는 제2차 회의 때부터 전부 가입하기 시작했다. 중동 국가도 비동맹주의를 표방하고 있음에 주목하여야 할 것이다.

• 영구 중립국(핀란드, 스웨덴, 스위스, 오스트리아)은 제2차 회의부터 업저버나 게스트로 초청되었으나 정회원으로 참가하지는 않았다. 이는 비동맹주의와 영구 중립주의(permanent neutrality)가 동일한 외교원칙이 아님을 재삼 의미한다고 볼 수 있다.

• 약 20년간의 비동맹회의에 아프리카, 중동의 모든 국가와 라틴·아메리카 국가의 거의 반이 참가하게 되었다. 이들 국가의 공통점은 미개발국이라는 점이다. 이는 반둥회의로부터 하바나회의에 이르기까지 참가국의 성격에 세 번 큰 변화가 있었음을 의미한다. ① 반둥회의 참가국의 공통점은 아시아, 아프리카 지역이라는 점, ② 벨그라드회의부터 카이로회의까지 참가국의 공통점은 ①의 공통점 외에 유색인종국, 전식민지국, 미개발국이라는 점, ③ 루사카회의부터는 회원국 공통점이 오직 미개발국이라는 점이다.

(3) 비동맹의 정의

1) 반둥회의의 정의

비동맹주의를 정식으로 정의하지는 못하였으나 반둥 10원칙이 간접적으로 정의하고 있을 따름이다. 그러나 이 간접적 정의도 상반된 의견이 절충된 단결로 이루어진 것이므로 그 의미가 모호할 뿐만 아니라, 제5원칙과 상충되는 점도 있으므로 비동맹주의의 정의로 보기는 어렵다.

제5원칙은 개별적·집단적 자위권을 인정하나, 제6원칙은 집단적 자위권이 강대국의 특정 이익을 위하여 이용되는 것을 금지하고 있다. 강대국의 특정 이익을 위해 이용될 수 있는 집단적 자위체제가 어떠한 것인가에 대하여는 참가국간의 의견이 상충되었다. 다수 의견은 SEATO나 CENTO에의 가입과 비동맹주의와는 상반되는 것이 아니라고 본 데 대하여, 소수 의견(이집트, 인도, 중공)은 양립을 부인하였다.

2) 벨그라드회의의 정의

벨그라드정상회담은 카이로준비회담에서 작성한 5개 항목의 비동맹회원국 자격 요건을 정식 채택하였다.[4)]

① 평화공존과 비동맹주의에 기초를 둔 자주적 정책 혹은 그와 같은 정책을 지지하는 경향을 가진 국가
② 민족독립운동을 지지하는 국가
③ 강대국 분쟁에 관련하여 체결된 다자 군사동맹에 가입하지 않은 국가
④ 강대국 분쟁에 관련하여 체결된 쌍무 군사동맹이나 지역적 집단방위조약에 가입하지 않은 국가
⑤ 강대국 분쟁에 관련하여 군사기지를 타국에 제공하지 않은 국가

제① 조건은 반복적일 뿐 아니라 상반될 수 있는 두 원칙(평화공존과 비동맹주의)을 동시에 내포하고 있다. 벨그라드회의는 반식민지운동에 더욱 관심이 있는 국가와 동서분쟁을 더 염려하는 국가로 대립되었는데 제① 조건은 두 의견을 모두 반영한 규정이었다. 전자(다수 의견)는 비동맹주의를, 후자(다수 의견)는 평화공존을 더욱 강조한 결과 두 원칙을 동시에 포함하기로 한 것이다. 반

4) 카이로 준비회의는 1961년 6월에 개최됨, 동회의 성명서, p. 38 참조.

식민주의 세력은 비동맹주의와 식민지 해방운동간에 모순을 인정하지 않는다. 그들은 동서분쟁이 식민지 독립운동을 방해하며, 비동맹주의는 식민지 독립운동을 위하여 필요하다고 보고 있다. 특히 동서분쟁 당사자 중 서방세력은 식민지주의의 주동세력이므로 반서방정책은 비동맹주의와 모순되지 않는다고 본다. 다시 말하면 반식민주의와 반서방정책(친공정책)간에는 상관관계가 있다는 것이다.

한편 동서분쟁의 위기성을 더 강조하는 평화공존 세력은 비동맹운동이 세계 평화에 공헌하는 것을 주목적으로 하여야 하며, 반식민지운동도 또한 이 한계 내에서 지지하여야 한다고 보고 있다. 따라서 평화공존 세력은 반식민지주의 세력보다는 덜 반서방적이다.

제③, ④, ⑤ 조건은 반둥회의의 정의와 같은 모호한 점이 있다. 즉, 강대국 분쟁과의 관련성 여부를 판단하기 어렵기 때문이다.

3) 중공의 정의[5)]

중공은 1964년 제2차 반둥회의를 소집하려고 노력하였으나 실패한 이후, 비동맹운동에는 직접 참가하지 않고 이를 항상 지지하여 왔다. 중공은 반식민지운동이 비동맹회의의 주요 원칙이기 때문에 비동맹회의와 반둥회의와는 본질적으로 같은 운동이라고 주장한다. 더구나 비동맹운동과 반둥회의는 다같이 모든 형태의 식민지주의를 반대하고 있는데, 이에는 서구 식민지주의뿐만 아니라 러시아 제국주의도 포함된다고 주장한다. 중공과 친서방적 비동맹국이 같은 입장을 취하고 있는 것은 아이러니컬한 것이라 할 수 있다. 따라서 중공은 비동맹국을 러시아나 미국과 군사동맹을 체결하지 않는 국가라 규정하고 있다.

5) Sri Lanka-China Friendship Association, ed., Non-aligned Movement and China: Collection of Papers Read at Seminars Organized by the Sri Lanka-China Friendship Association on 6th, 15th, 22nd, and 29th July, 1976 at jubilee Hall Union Place, Colombo, pp. 1~3.

1960년대 중·러 분쟁이 격화된 후 미국과 더불어 러시아도 중공의 적이 되었으며, 1970년대 중·미 화해 후에는 러시아가 미국보다 더 중요한 적이 되었다.

중공의 정의에 의하면 남·북한은 다같이 회원국 자격이 없으나 중공은 유고처럼 자격이 있게 된다(1979년에 중·러 동맹조약을 폐기하였기 때문).

4) 리비아의 정의[6]

카다피 국가원수는 최근 비동맹국을 NATO나 Warsaw Pact Organization에 가입하지 않은 국가라고 규정하고 있다. 이 규정에 의하면 남·북한은 다같이 회원국 자격이 있으며 중공, 일본 또한 회원국 자격이 있게 되는 것이다.

이상에서 볼 때, 벨그라드회의에서 채택된 비동맹에 관한 정의가 점점 광범위하게 해석되어 왔음을 알 수 있다. 이제부터는 제⑤ 조건에만 저촉되지 않으면 회원국 자격이 있게 되었다. 그렇지 않고서는 북한과 월맹의 가입을 설명할 수 없기 때문이다.

5) 주　제[7]

〈표 2〉

주제별 \ 회의별	반둥	벨그라드	카이로	루사카	알지에	콜롬보	하바나
A. 경제협력							
1. 경제상호협력	1		24			10	
2. 기술상호협력	2				16	10	

6) Interview with Col. Muammar el-Qaddafi, Newsweek, 1979.

7) 이 표에서는 정상회담 결의문에 나타난 주제만 취급하였음. 경제협력, 문화협력, 인권 및 자결권, 식민지문제, 세계평화의 구별은 반둥회의 결의문의 구별에 의거한 것으로 비동맹회의가 얼마나 유사한 문제들을 취급하였는가를 보여주기 위하여 반둥회의의 구별을 사용하였음.

3. 유엔경제원조 기구확대	3	15					
4. 제1차 상품가격과 시장안정	4	16	23				
5. 수출업의 다양화	5						
6. 운수업의 후진국 유리화	6						
7. 은행·보험업의 협력	7						
8. 석유생산의 협력	8						
9. 원자력의 평화적 이용	9		14		10		7
10. 국제회의에서의 협력	10						
11. 자연자원 처분권		8			15		
12. 빈부국의 격차 제거		14	20	5	13		
13. 원조의 사용 자유, 원조 증가		17	22				
14. NIEO(UNCTAD)지지			21		14	9	
15. 자립경제 확립							
16. 해저자원의 평화 이용					17		
B. 문화협력							
17. 아시아·아프리카 문화교류	11						
18. 식민지문화 말살정책 반대	12		25				
19. 타문화권과의 협력	13		26				11
20. 학생교류	14		27				11
21. 쌍무문화협정 추진	15						
22. 뉴스기관 자립·강화						11	12
C. 인권 및 자결권							
23. 자결권 지지	16	9	3				10
24. 인종차별 반대	17	3	4	7	3		9
25. 소수단체 보호		4					
26. 정치·경제제도의 선택 자유		7	6				
D. 식민지 문제							
27. 모든 형태의 식민지주의 반대	18	2	1		1	3	1

28. 식민지 즉시 독립	19	2	1	6	1	2	1
29. 팔레스타인 권리 지지	20	5	2	*	2		*
30. 개별 식민지에 관한 선언						4	2
31. 신식민지주의 반대						7	8
E. 세계평화							
32. 모든 국가의 유엔 가입	21		17	8	11		
33. 완전 군비축소	23	10	9	4	9	6	5
34. 핵무기 생산 금지	24	11	11		9	6	5
35. 핵실험 금지	25	13	10		9	6	5
36. 반둥 10원칙(유사한 원칙)	26		8	1			
37. 외군 기지 반대		6	16		5		
38. 외기권의 평화 이용		12	12				
39. 유엔기구 개편(안보위 및 경제사회위 확대, 사무처 개편)	22	18	18		12	8	
40. 중공 대표권 회복		19	19	9			
41. 평화공존(냉전 반대)		1	5			1	4
42. 분단국 문제			7				
43. 비핵지역			13		7		6
44. 군사동맹 반대			15	2	4		
45. 국제관계의 민주화				3			
46. 국제 안전보장 제도 확립					6		
47. 무기 판매 금지					8		
48. 인도양의 비무장화						5	3

주: 1. 숫자는 정상회의 결의안에 나타난 순서
2. 루사카회의(1970)부터는 국제경제에 관한 선언이 별도로 채택되었으므로 여기서는 정치선언만 포함
* 별도의 결의한 채택

정상회담 최종 결의안에서 취급된 주제를 검토해 보면 다음과 같은 사실을 알 수 있다.

반둥회의의 주제를 이루었던 ① 후진국 개발, ② 식민지 독립, ③ 인권 및 자결권, ④ 군비축소, ⑤ 유엔 기구 개편문제는 비동맹회의의 주제가 되어 왔다.

반둥회의와 비동맹회의간의 중요한 상이점은 반둥회의가 동서분쟁문제와 남북문제를 주요 토의 내용으로 다루지 않았다는 사실이다.

동서분쟁문제는 벨그라드회의(1961)에서 본격적으로 토의되었으나 식민지 문제 토의에 더 관심이 쏠렸다. 그 후 비동맹회의에서도 동서분쟁문제보다는 다른 문제를 더욱 중점적으로 토의하였다. 이는 동서분쟁에 대한 외교원칙인 비동맹주의를 옹호하기 위한 운동이 그 성격을 달리하여 왔음을 의미한다.

루사카회의(1970)부터는 남북문제를 본격적으로 다루기 시작하였으며, 현재에 이르러서는 이 문제가 비동맹회의의 핵심 과제가 되었다.

하바나회의(1979)에서는 후진국 중 자원 보유국과 자원 부족국간의 갈등이 노골화되었다.

이상에서 볼 때 비동맹운동은 그 자체 내부에 다음과 같은 4개의 경향을 내포하고 있음을 알 수 있다.

① 비동맹운동

② 반식민지운동

③ 대개발국 투쟁

④ 대자원보유국 투쟁

(4) 종합평가

이상을 종합할 때 비동맹운동을 다음과 같이 특정지을 수 있을 것이다.

1) 비동맹운동은 동서분쟁에 대한 비동맹운동과 반식민지운동과의 혼합체로 시작되었다.

2) 중공은 반둥회의를 순수한 반식민지운동으로서 발전시키려 하였으나 실패하였다. 그러나 비동맹운동은 시일이 지남에 따라 본래의 설립 목적인 비동맹주의는 부차적인 목적이 되고 본래 부차적인 목적이었던 반식민지운동이 그 주류를 이루게 되었다.

3) 반식민지운동이 그 목적을 거의 완수하게 되자, 비동맹운동은 식민지주의 변신인 신식민지주의에 대한 반대운동으로 전환하였다. 따라서 회원국 자격도 비동맹주의보다는 신식민지주의 반대가 그 주요 요건으로 되었다. 다시 말하면, 세계 모든 미개발국이 회원국으로 가입하게 된 것이다. 이 때문에 제3세계(미개발국)와 비동맹국이 거의 동일하게 되었다. 유엔기구 내에서 제3세계는 유엔통상개발회의(UNCTAD)의 77그룹에 해당하는데, 이 77그룹 회원국과 비동맹 회원국은 거의 동일하다. 예컨대, 한국은 77그룹 회원국이나 비동맹회원국은 아니다.[8)]

4) 현재 비동맹운동체 내에서 신식민지주의에 대한 견해가 달라지게 되었다. 즉, 빈곤에 대한 책임이 서구 식민지주의 국가에만 국한되는 것이 아니라, 빈곤국 중 자원 보유국에도 있다는 견해가 대두하게 되었다. 소위 제4세계의 등장이 이것이다.

5) 이상에서 볼 때 비동맹운동체 내에는 8개의 세력이 있음을 알 수 있다.

- 동서분쟁에 대하여는 세 세력
  - ① 친서방세력
  - ② 친공산세력
  - ③ 중도세력[9)]
- 식민지문제에 대하여는 오직 한 세력
  - ④ 반식민지주의 세력

8) 1977년 4월 현재 77그룹 회원수는 114개국, 1개 단체(PLO)이다. 아시아, 아프리카, 라틴·아메리카 3대륙의 거의 모든 국가를 포함하고 있다. 77그룹은 속칭 제3세계와 동일하다. 그러나 비동맹운동체와 제3세계는 엄밀히 구별하여야 한다.

9) 친서방세력이나 친공산세력에 가담하지 않은 세력.

- 남북문제에 대하여는 두 세력
  ⑤ 반서방세력
  ⑥ 온건세력(공산주의 착취도 인정)
- 자원 분배에 대하여는 두 세력
  ⑦ 서방 단독책임론자
  ⑧ 자원보유국 공동책임자

2. 비동맹회의와 한국문제

비동맹회의에서 한국문제를 정식으로 취급한 것은 루사카정상회담(1970)부터이며, 그 후 한국문제는 비동맹정상회담, 조정위원회, 외상회담에서 정식 의제로 채택되었다. 한국통제에 관한 성명 내용을 분석해 보면 다음과 같다.

〈표 3〉

주제 \ 회의	루사카정상(70)	조지타운외상(72)	알지에정상(73)	하바나조정(75)	리마외상(75)	알지에조정(76)	콜롬보정상(76)	뉴델리조정(77)	하바나조정(78)	벨그라드외상(78)	하바나정상(79)	뉴델리정상(83)	하라레정상(86)
외군철수		×	×				×	×	×	×	×	×[4]	×[4]
유엔 기치하의 외국군 철수 (유엔 군사해체)				×	×	×	×[1]	×[1]	×[1]	×[1]	×[1]		
외군 기지 철수						×	×	×	×	×	×		
외부 간섭 없는 평화통일		×	×	×	×							×	×
남·북한 동시 유엔 가입 반대			×	×									
휴전 조약의 평화 조약에 의한 대체					×	×	×	×	×	×[3]	×[3]		
외군 주둔은 독립 및 세계 평화에 위협	×												

분단된 한국은 세계 평화 위협			×	×	×					×(2)	×(2)		×(2)
한반도 문제 불간섭			×										
유엔 기치하의 외군 철수 및 UNCURK해체 위한 한국 문제 유엔 토의			×										
북한 비동맹운동 가입				×	×								
남·북 조절위 3대 평화통일 원칙 지지					×	×	×	×	×	×	×	×	×
제국주의자의 전쟁도발 행위, 원자무기를 포함한 모든 전쟁 수단 철수							×						
한국문제를 위해 국제회의에서의 행동 통일							×						
두 개의 한국 반대			×	×					×	×	×		

주: (1) 유엔군사 해제. (2) 세계 평화를 위협할 가능성. (3) 한민족의 이익과 자유의사 반영을 조건부로 삽입. (4) 외국군 철수.

• 한국문제에 대하여 구체적 결의안을 채택한 것은 1972년 조지타운 외상회의부터이며, 알지에정상회담과 콜롬보회의에서는 한국문제에 관한 별도의 결의안을 채택하였다.

• 알지에정상회의부터 하바나조정회의(1978)까지는 한국문제에 대하여 북한을 적극 지지하는 결의안을 채택하였다. 그러나 벨그라드외상회의(1978)부터는 한국문제에 관하여 다소 온건한 태도를 취하였다.

• 이상에서 볼 때 한국문제에 관한 한, 비동맹운동의 역사를 ① 무관심기(1961~1970), ② 친북한기(1971~1978), ③ 중립기(1978~)로 구분할 수 있겠다.

• 1970년대에 비동맹운동이 친북한 태도를 취한 이유는 다음과 같은 것으로 사료된다.

① 이 시기는 동서화해기로서 비동맹국은 동서분쟁보다도 남북문제에 더 관심을 쏟게 되었다. 그런데, 빈부의 차별은 서구 자본주의에 책임이 있고, 이

서구 자본주의국의 주도국은 미국이라고 믿었다. 그리고 빈부의 격차는 신식민지주의 때문에 더욱 심해지며, 이 신식민지주의는 식민지주의의 탈바꿈에 불과하다는 것이다. 따라서 신식민지의 표본이고 미국의 「종속」국인 대한민국보다는 서구 자본주의국, 특히 미국에 도전하고 식민지주의, 신식민지주의를 반대하는 북한에게 더 친밀감을 느낄 것은 확실하다.

② 이 시기에 아프리카신생국이 대거 가입(1970년의 32개국에서 1973년의 41개국)하여 전회원국의 2/3에 육박하였는바, 아프리카 국가는 식민지주의를 극도로 반대하기 때문에 사실상 식민지상태에 있다고 생각되는 남한보다는 북한을 지지할 것은 확실하다.

③ 이 시기에 베트남전쟁은 최종 단계에 이르렀는데, 미국의 베트남전쟁 개입을 식민지주의·제국주의의 표본이라고 생각하였다. 1975년 월맹의 승리는 반식민지운동의 핵심체인 비동맹회의체를 흥분케 하기에 족했다. 제5차 콜롬보비동맹정상회의시 월맹과 북한이 가입하였는데, 이 당시 가장 친북한적인 결의안이 채택된 것은 이 때문인 것 같다.

④ 이 시기에 북한은 아프리카 국가와 대대적으로 외교관계를 수립하였으며, 아프리카 국가와의 외교 「채널」을 통해 비동맹회의에 적극 접근하였다.

⑤ 팔레스타인 독립운동을 적극 지지하는 북한의 친아랍정책이 아랍국가의 지지를 얻는 데 크게 공헌하였을 것이다.

1979년 하바나정상회의에서 채택된 결의안은 1976년 콜롬보정상회의 결의문에 비해 훨씬 짧고(한국문제에 관한 별도의 결의안이 없음), 내용도 온건한 것이었다.

3. 비동맹정상회의의 전망

제2항을 통해 볼 때 비동맹운동의 장래는 다음과 같이 전망할 수 있을 것이다.

1) 1980년대에는 비동맹운동체 내의 여러 세력 중 중도세력(동서분쟁에 대하여), 온건세력(남북문제에 대하여), 자원 보유국 책임론자(자원 분배에 대하여)가 강력한 세력으로 등장할 것 같다. 그런데, 이들 세 세력은 동일한 국가를 포함할 경우가 대부분이다. 즉, 동서분쟁에 있어서 중도세력이 남북문제에 대하여 온건세력, 자원 분배문제에 대하여 자원 보유국 공동책임론자에 가담할 가능성이 많다. 이상의 세 세력은 커다란 영향력을 행사할 것으로 전망된다.

2) 비동맹운동체가 그 회원국 수에 있어서 세계 독립국의 대다수를 차지하고 있고, 또한 다양한 국가적 성격과 목적을 가진 국가들이 참가하게 됨으로써 국제정치에 있어서는 그 영향력이 그만큼 줄어들 것으로 예측된다.

3) 회원 자격 요건도 비동맹운동체가 변화함에 따라 그 범위가 점점 확대되어 이제는 5개 자격 요건 중 마지막 요건만이 필요·충분요건이 되었다. 그러나 앞으로는 구식민지주의보다는 신식민지주의가 더욱 문제가 될 것이고, 동서문제는 그 중요성이 상실되어 자격 요건 중 제2요건(민족해방운동지지)은 무의미하게 되고, 그 대신 신식민지주의 반대 투쟁이 가장 중요한 기준이 될 것으로 본다. 그런데, 신식민지주의 반대를 가장 열렬히 부르짖는 나라는 미개발국, 특히 자원부족국이므로 미개발성이 가장 중요한 기준이 될 것이라는 말과 상통될 것이다. 이와 같은 분석이 정확하다면 비동맹국 중 신산업국(NICS)으로 등장하는 국가는 비동맹운동에 대한 흥미를 잃을 것이고 비동맹운동체 내에서의 영향력도 상실될 것이다. 비동맹국이 아닌 신산업국은 비동맹운동체 내에 가입을 원하지 않거나 원하더라도 가입을 거절당할 것이 아닌가 생각된다.

한국의 가입 가능성 및 가입의 의의를 이러한 면에서 검토해 본다면 한국의 가입은 더욱 어려워질 것이며, 또한 가입의 필요성도 감소될지 모른다.

여기서 매우 시사적인 것은 라틴·아메리카국 중 1979년 하바나회의를 계기로 정식 회원으로 가입한 국가가 많은데, 자원 보유국이고 신흥산업국인 멕시코, 브라질, 베네주엘라는 가입하지 않았다는 사실이다.

4) 토의 내용과 관심도가 29년의 역사를 경과하는 동안 많이 달라졌음은 전술하였다. 앞으로는 비동맹운동체의 주요 의제인 동서분쟁, 식민지주의, 남북문제, 자원분배문제 중 남북문제와 자원분배문제가 더욱 중요성을 띠게 될 것이다.

비동맹운동체가 주장한 것처럼 이 모든 문제 해결에 비동맹체가 결정적 공헌을 한 것은 아니다. 이를 개별적으로 검토해 본다면 다음과 같다.

① 동서분쟁— 동서 데탕트는 미·러 자체의 공헌이 더 컸던 반면, 비동맹체의 역할은 미약하였다.

② 식민지독립— 비동맹체의 역할이 결정적이었다. 비동맹체는 이를 위해 유엔을 가장 효과적으로 이용하였다.

③ 남북문제— 비동맹체는 유엔, 특히 유엔통상개발기구(UNCTAD)를 통하여 신경제질서 수립을 추진하고 있었으나, 서구 개발국뿐만 아니라 공산국가도 소극적인 태도를 취하고 있어 그 성과에 대해서는 매우 의문이다. 중공이 미개발국인데도 불구하고 77그룹에 가입하지 않고 있는 것은 흥미로운 일이다. 더구나 비동맹체제 내에서 자원 보유국과 자원 빈곤국간의 갈등이 악화될 징조가 보이므로 비동맹체가 이 분야에서 커다란 성과를 거두기가 어려울 것으로 전망된다.

④ 자원분배문제— 비동맹국 전부가 미개발국(유고 제외)이면서 자원(특히 에너지 자원)면에서는 자원 보유국들이 많이 포함되어 있어, 자원분배문제에 관한 한 비동맹체가 개발국에 대하여 오히려 수세적 입장에 있다. 자원 보유국과 자원 결핍국간의 갈등뿐만 아니라 빈곤국(제3세계)과 극빈국(제4세계)과의 갈등 및 해양국과 내륙국간의 갈등 또한 중첩되어 있다. 이와 같은 갈등은 비동맹 세력을 약화시키는 중요 요인으로 대두되고 있다.

5) 1979년 말 러시아의 아프가니스탄 군사 개입이 비동맹운동에 상당한 영향을 미칠 것으로 예상된다. 비동맹운동이 동서분쟁에 대한 대책으로 시작되

었음을 상기할 때, 동서 양진영에 있어서 초강대국의 하나인 러시아의 비동맹국 내정간섭은 비동맹운동 자체에 대한 도전으로 볼 수 있기 때문이다. 앞으로 개최될 비동맹 외상회의, 조정위원회 회의, 정상회담에서 이 문제가 논의될 것으로 예상되나, 비동맹운동체 내의 여러 세력을 고려할 때 통일된 정책을 취하기는 어려울 것으로 사료된다.

대체로 아프가니스탄 사태는 비동맹운동에 있어서 다음과 같은 영향을 미칠 것이 아닌가 생각된다.

• 비동맹운동체 내의 동서분쟁에 관한 3세력 중 ① 친서 및 중도파와 ② 친공파와의 갈등이 더욱 심각해질 것이다. 이 세력 다툼에서 친서파와 중도파의 유대가 강화되고 이에 따라 친공파는 더욱 궁지에 몰릴 것 같다.[10)]

친공파의 주장격이며 1979~1982년 회장국인 쿠바의 영향력도 상당히 제약을 받을 것이다.

• 1970년 루사카정상회의 이후 남북문제와 자원분배문제에 관심을 집중하여 온 비동맹회의가 아프가니스탄 사태로 그 본래의 창립 목적인 동서분쟁문제에로 관심을 되돌릴 가능성도 전혀 배제할 수 없다. 이는 물론 소련의 군사개입이 어느 정도 오래 지속되느냐에 크게 좌우될 것이다. 그러나 비동맹회의체가 순수한 동서분쟁문제에 큰 관심을 갖지 않는 국가들이 많이 포함되어 있는 점을 감안할 때, 비동맹회의체의 관심의 초점이 남북문제와 자원분배문제에서 동서분쟁문제로 완전히 전환하지는 않을 것으로 생각된다.

• 비동맹운동체 내에서 아프가니스탄 사태에 관하여 지대한 관심을 가지고 또한 공동 행동을 요구할 국가는 식민지주의에 민감한 회교국과 아프리카

---

10) 친공파: 아프가니스탄, 알제리아, 앙골라, 캄보디아, 콩고, 쿠바, 이디오피아, 기니-비사오, 이라크, 라오스, 리비아, 모리타니아, 모잠비크, 북한, PLO, 짐바브웨, 북예멘, 사오토메 & 프린시페, SWAPO, 시리아, 베트남.
친서파: 아르헨티나, 바레인, 볼리비아, CAR, 사이프러스, 지부티, 이집트, 가봉, 인도네시아, 아이보리, 코스트, 케냐, 라이베리아, 말라위, 말레이시아.

국일 것이다. 그러나 회교국, 특히 아랍회교국은 아랍·이스라엘 분쟁으로 이미 분열이 심한 점을 비추어 볼 때 구체적으로 공동 행동을 취하기는 어려울 것이고, 아프리카 국가도 친러·반러국간의 갈등이 심한 점을 볼 때 구체적인 행동을 취하지는 못할 것이다. 이들 국가는 다같이 식민지주의자는 반드시 서구 자본주의 국가만은 아니라는 교훈을 실감하게 될 것이다.

이상에서 볼 때 1980년대에 비동맹정상회의가 추구하는 중요 목표는 신경제질서일 것이다. 이의 성공 여부는 비동맹정상회의 내의 단결, 공산국가의 지지도, 서구 산업국의 필요성에 의하여 크게 좌우될 것이다.[11]

4. 80, 90년대 비동맹회의 개관

(1) 7차회의 뉴델리선언

1981년 2월 9일 뉴델리에서 95개국이 참가한 가운데 비동맹운동 창설 20주년을 기념하는 제7차 비동맹회의가 개막되었다. 이보다 앞서 80년 5월 비동맹운동의 기수이자 창설자의 한사람이었던 티토 유고 대통령이 사망함으로써 지도층의 변화가 있었으며 동년 7월에는 아프칸 사태 토의를 위한 특별외상회의를 하바나에서 개최할 예정이었으나 이를 취소하는 대신 81년 6월로 예정된 뉴델리 정기 각료회의를 81년 2월로 앞당겨 열기로 결정했다.

이 회의에서 아프칸 사태, 이란-이라크전, 캄보디아 사태 등 3개 주요 의제를 둘러싸고 친공산진영과 비공산진영간에 심각한 의견대립을 빚었으나 13일 폐막성명을 통한 이른바 「뉴델리선언」에서 아프칸주둔 외국군의 전면철수 및 아프칸국민의 자결권인정, 피난민송환, 외국의 간섭 일체 배제, 인도양에서의 초강대국 군사력증강 경쟁종식 및 군사기지해체, 인도양의 평화수역선정, 이스라엘과의 외교·경제·통신관계 단절, 선진부국들의 무역장벽 및 보호무역주의

11) 박상식, 「제3세계정치」(집문당, 1987), pp. 265~279. 원저에는 비동맹운동이라 한 것을 이 책을 인용한 필자는 비동맹정상회의라고 기술하고 있음을 양해해 주기 바랍니다.

종식, 세계통화제도의 개혁 등을 촉구, 한국 문제는 북한의 상정포기로 의제에서 제외되었다. 81년 11월 16일 파키스탄 등 44개 비동맹국가들은 아프칸주둔 외국군철수 및 아프칸의 정치적 중립유지를 골자로 하는 아프칸평화안을 유엔총회에 제출했다.

(2) 86년 제8차 남아프리카 특별선언

제7차 비동맹회의에서 뉴델리선언이 나온 이후 차기 비동맹회의의 개최지 결정 문제는 85년 앙골라에서 열리는 비동맹 외무장관회담에 일임하기로 하였다. 비동맹회의는 84년 1월 30일 자카르트에서 열린 제1차 비동맹공보장관회의에서 대 유네스코협력과 통신위성회선 사용료 인하 등 4개항의 결의문을 비롯 정보의 탈식민지화를 내용으로 하는 이른바 자카르타 대중매체선언을 채택하고 5일간의 회의를 폐막했다.

그리고 85년 4월 뉴델리에서 외무장관회담을 개최해 나이로비아 문제를 논의했고 86년 9월 짐바브웨의 하라레에서 제8차 비동맹정상회의가 개최되었다. 이때의 회원국 수는 99개국으로 늘어났고 2개 해방기구(PLO와 SWAPO)가 참가했다. 지역별로는 아시아 16개국, 중근동 14개국, 아프리카 50개국, 중남미 17개국, 유럽 2개국이다. 8차회의에서 남아공의 해방투쟁지원 문제가 최대이슈로 논의되어 남아공체제 강화를 호소하는 남아프리카 특별선언과 국제통화, 금융회의의 조기개최, 누적채무 문제 해결을 위한 정치대화를 요구하는 경제선언을 채택했다.

(3) 1988(89)년 9차 신베오그라드 선언

창설 28주년을 맞은 비동맹운동(NAM) 제9차 정상회담이 이념적 투쟁보다 온건·실용노선을 추구하는 회원국들이 주류를 이룬 가운데 89년 9월 4일 유고의 수도 베오그라드에서 4일간의 일정으로 개막하였다.

44개국 국가원수와 12개국 정부수반 등을 포함 총 102개 회원국대표가 참석해 비동맹운동의 의장인 야네즈 드르노브세크 유고 대통령의 개막연설을 시작으로 비동맹운동의 노선수정과 인권, 환경문제 등 주요의제와 함께 아프가니스탄, 레바논, 캄보디아, 이란·이라크 휴전협상 등 지역분쟁도 토의했다. 9월 5일에는 인도, 요구 등 11개국으로 대서방 외채협상단 구성에 합의했고 7일에 폐막했다.

제9차 정상회담은 신베오그라드 선언을 통해 ① 지속적이고 안정적인 국제평화수립, ② 빈부국간의 격차축소, ③ 식민주의의 배제, ④ 환경보호, ⑤ 인권보장, ⑥ 유엔에 대한 적극지원 등 6개항을 비동맹운동의 최우선 과제로 선정, 특히 정부개발원조(GDA)의 원금을 대폭적으로 증액할 것을 요구하고 나섰다.

제 3 절 비동맹정상회의의 90년대 개관

1. 제10차 자카르타 우루과이라운드선언

93년 7월 현재 107개국 및 1개 단체(팔레스타인해방기구).

92년 9월 자카르타에서 열린 제10차 비동맹정상회담에서는 유엔의 민주적 개편을 통한 비동맹의 정치적 역량강화에 합의함으로써 미국주도의 일극체제에 불만을 품고 있는 다수국가들간의 연대문제가 제기됐다. 또 각국 정상들은 개도국들간의 남남협력 강화를 통해 갈수록 심화되어가는 남북간 경제격차를 극복해야 한다는 데 의견을 같이했다. 93년 5월 인도네시아 발리섬에서 열린 경제협력 상임각료위원회에서 회원국들은 냉전시대의 대결자세에서 벗어나 남북간의 새로운 협력관계를 모색해야 한다는 데 의견을 모았으며 ① 1조 4,000억 달러로 추산되는 비동맹회원국외채의 경감, ② 국제통화체제의 전면적 개편, ③ 가난한 국가에 대한 선진국의 원조증액, ④ 보호무역주의의 철폐 및 우루과이라운드 조기타결 등을 촉구했다.

2. 11차 콜롬비아의 카르타헤나회의—한반도의 새 평화협정 체결촉구

회원국 112개국과 팔레스타인해방기구. 참가자격은 ① 정부, 사회체제가 다른 각국과의 공존, 비동맹정책을 지지하고 실행하고 있는 국가, ② 민족독립운동을 일관되게 지지하고 있는 국가, ③ 강대국이 주도하는 다각적 군사동맹에 가입하지 않은 국가, ④ 쌍무적 군사동맹을 체결하지 않은 국가, ⑤ 강대국의 분쟁과 관련된 외국에 군사기지를 제공하지 않은 국가들로 규정돼 있다.

기 구 정상회의(3년마다 개최)와 외무장관회의(정상회의 전년 또는 유엔총회의 무대에서도 열린다), 조정사무국회의, 유엔상주대표회의(월 1회) 등. 〈의장〉 수하르토(인도네시아 대통령).

활 동 94년 5~6월 카이로에서 열린 제11회 각료회의에서 냉전 이후 세계질서의 변화에 발맞춰 비동맹운동의 방향수정이 필요함을 강조하고 정치보다는 경제적 기능에 비동맹운동의 중점을 두기로 결정했다. 또 회원국이 북한에 대해 영변 원자로에 대한 국제원자력기구의 사찰이 이루어질 수 있도록 적극 협력할 것을 촉구했으나 쿠바에 대한 미국의 제재를 비난하고 88년 팬암기 폭파사건에 대해 리비아를 지지하는 입장을 견지하였다. 각료회의는 남아공을 회원국으로 가입시켰다.

95년 4월 비동맹회의 외무장관들은 인도네시아의 반둥에서 회의를 갖고 핵확산금지조약 연장에 관한 입장을 논의하였다. 95년 10월 콜롬비아의 카르타헤나에서 열린 정상회담은 유엔의 전면적인 개혁, 미국의 대쿠바금수해제, 빈국외채경감 등을 촉구하는 최종성명을 채택하였다. 비동맹 정상들은 한반도 부문에서 현재의 정전협정을 대체할 새 평화협정을 체결할 것을 촉구했다.

비동맹국들은 이날 채택된 최종성명에서 유엔개혁과 관련, ① 안보리에 비동맹국가의 영향력을 확대하고 이사국 수를 늘릴 것, ② 유엔총회의 역할강화, ③ 유엔평화유지 활동제한, ④ 유엔재원을 빈곤퇴치에 더 많이 할당할 것 등 유엔활동의 민주화를 추진키로 합의하였고, 군비축소와 관련, 96년까지 새 핵실험금지조약을 채택할 것을 촉구했다. NAM지도자들은 이밖에 이스라엘이 핵무기를 포기하고 핵확산금지조약에 서명할 것을 촉구했다.

3. 1998년 12차 남아공 더반회의—한국 게스트로 첫 참석

회원국 112개국과 팔레스타인 해방기구, 옵서버 12개국, 게스트 26개국, 참가자격은 정부, 사회체제가 다른 공존, 비동맹정책을 지지하고 실행하고 있는 국가, 민족독립운동을 일관되게 지지하고 있는 국가, 강대국이 주도하는 다각적 군사동맹에 가입하지 않은 국가, 쌍무적 군사동맹을 체결하지 않은 국가, 강대국의 분쟁과 관련된 외국에 군사기지를 제공하지 않은 국가들로 규정.

기 구 정상회의(3년마다 개최)와 외무장관회의(정상회의 전년 또는 유엔총회의 무대에서도 개최), 조정사무국회의, 유엔상주대표회의(월 1회) 등. 〈의장〉 마리아 엠마 메히아(콜롬비아외무장관).

활 동 97년 4월 뉴델리 비동맹 외무장관회의는 북한 핵문제가 당사국간 대화와 협상 및 국제원자력기구와의 협력을 통해 해결되어야 한다는 내용이 포함된 최종문서를 채택. 또 유엔 안보리 개편과 관련, 주권평등 및 지역형평성원칙에 따라 이사국 수를 11개국 이상 늘리자는 비동맹선언문을 채택. 한국은 97년 3월 북한의 반대에도 불구하고 일본과 함께 외무장관회의에 게스트로 참석할 수 있는 자격을 부여받아 이 회의에 처음으로 참석하였다.

98년 9월 남아공 더반의 제12차 비동맹 정상회의는 테러활동에 대한 국제공조체제확립을 위해 유엔 후원하에 국제정상회담을 개최할 것과 선진국과 개도국간의 대화확대를 촉구하는 폐막성명을 채택. 또 개도국에 대한 부채탕감조치의 필요성을 강조하고 선진국들이 2000년까지 적어도 국민총생산의 0.25%를 저개발국가들에 할당토록 노력할 것을 촉구하였다.

4. 13차 말레이시아 쿠알라룸프르 비동맹정상회의—북한의 핵문제

70년대 들어 개발도상국의 권익을 주장하는 압력단체 성격을 띠었으나 80년대 이후 현실주의적 성향이 강화되면서 반서방적 정치구호대신 남남협력 개발 외채 환경 등 경제문제에서 회원국간 협력에 역점을 두고 있다.

2003년 1월 현재 가맹국은 113개국. 우리나라는 97년 4월 비동맹외무장관회의에서 게스트 자격 획득.

기 구 정상회의(3년마다 개최), 외무장관회의(정상회의 전년 개최), 조정위원회 회의.

활 동 97년 4월 4~8일 인도 뉴델리에서 전체 비동맹외무장관회의가 개최돼 북한 핵문제를 포함한 주요지역 문제와 유엔개혁 문제 등 국제현안들에 대해 협의.

제 4 절 해빙의 시대와 비동맹회의

1. 고르비의 등장

1980년 모스크바 올림픽을 치른 브레즈네프는 그의 족쇄로 러시아제국을 큰 변화 없이 존속시킬 것이라고 믿어지고 있었다. "인간의 얼굴을 가진 사회주의"에 대한 욕구는 계속해서 타오르고 있었던 것이다. 그래도 러시아의 스탈린이스트체제는 강력한 노수호자들의 단결과 고집 속에서 그것이 폭발하는 것을 막을 수 있었다. 1980년대에 들어와 스탈린이스트체제의 노수호자들은 차례로 죽어갔다. 브레즈네프가 죽고 그의 뒤를 이은 안드로포프가 죽었다.

스탈린이스트체제의 수제자들의 무덤 위에서 스탈린의 통치시기와는 거리가 먼 장년의 고르바초프가 권력의 정상에 섰다. 여기서부터 혁명적 격변은 본격적으로 시작됐다. 민심의 동향을 제대로 읽고 있던 그는 러시아체제의 재편성 없이 그것의 유지는 어렵다고 판단하고 스스로 개혁과 개방을 주도하게 되었다. 여기서 레닌의 "제1차 러시아 혁명"에 이은 고르바초프의 "제2차 러시아 혁명"은 시작된 것이다.[12)]

고르바초프는 그가 집권한 1985년 12월 레이건 당시 미국대통령과 오스트리아의 빈에서 만나 미·러정상회담을 매년 정기화하기로 합의하였다. 이로써 세계정세는 동서 데탕트로 전환하는 기반을 조성하게 되었다. 그 후 4차례 회담을 거듭한 두 초강대국 정상들은 1987년 모스크바에서 사정 500~5000기의 지상배치 중거리 핵을 3년 내에 전면 폐기시키는 이른바 중거리 핵 전면 폐기협정을 체결함으로써 군축의 획기적인 돌파구를 열고 1988년부터는 이미 그 집행단계에 돌입했다.

2. 강대국 군비축소

이때부터 미·러관계는 "신데탕트"시대를 열게 된 것이며 따라서 이 협정은 인류 군비축소사상 획기적 진전이며 이를 계기로 핵군측이 본격화되어 미·러간에 협상진행중이던 ICBM(대륙간 탄도탄)의 각각 50% 감축협상까지도 시일은 더 요하겠지만 가까운 장래에 해결될 가능성도 짙어졌다. 이러한 신데탕트 시대의 개막과 동시에 수많은 지역분쟁의 해결의 실마리가 풀리기 시작했다. 그것은 러시아군의 아프가니스탄 철군, 베트남의 캄보디아 철군, 쿠바군의 앙갈라 철군 개시로 이어졌으며 이러한 범세계적 긴장완화 분위기는 결국 이란·이라크전쟁을 휴전시키기에 이르렀다.[13)]

---

12) 김학준, "최근 국제정치의 변화와 맥락에서 본 남북관계의 장래," 「격변하는 세계와 한국의 우상」(한국정치외교사학회, 1989), pp. 53~54.

13) "신데탕트 시대에 있어서의 러시아의 한반도정책," 「통일문제연구」(국토통일원, 1990), pp. 146~149.

이러한 국제정세의 변화속에서 88서울올림픽이 개최된 것이다. 80년 모스크바올림픽은 자유세계가 보이콧한 대회였고 84년 LA올림픽은 동구권이 보이콧한 대회였다. 서울올림픽은 러시아 · 중국을 비롯하여 미국 · 영국 등 동서 양진영 국가들이 모두 참가한 동서화합의 계기를 마련한 대회가 되었다. 북한과 쿠바의 불참만이 옥의 티였다. 폐회식날 동서의 젊은 선수들이 "손에 손잡고"의 노래를 외치며 얼싸안고 춤을 추면서 헤어지던 열기는 드디어 동구권이 무너지는 계기가 되었다.

1989년 5월 2일 오스트리아 헝가리 국경 철조망을 헝가리군이 철거하였다. 그리고 6월 폴란드 총선에서 야당의회가 탄생되었다. 10월 6일 고르바초프가 동독 건국 40주년 기념식에서 동 · 서독 장벽을 "독일의 문제"라고 선포하자 11월 9일 베를린장벽이 철거되었다. 한편 10월 10일 불가리아의 공산당 서기장이 사임하였다. 11월 20일 체코의 프라하에서는 10만 시민이 시위를 하였다. 그리고 22일 루마니아의 챠우세스크 정권이 붕괴되었다.

이처럼 공산권 특히 러시아를 비롯한 동구권의 변화는 그것이 88서울올림픽의 개최시기를 전후해서 예측을 불허하는 "격변기"로 접어들었고 마침내 공산권은 무너지게 된다.[14)]

뒤이어 1990년 34개국 정상이 파리에 모여 전유럽안보협력회의를 열고 전력감축, 불가침선언을 채택했다. 이른바 다리선언이 등장했다. 이어 1992년 1월 31일 UN안보이사회 15개국 정상회담에 역사상 최초로 개최되었다. 그리고 군비축소와 UN상비군 강화를 결의하면서 "핵공포"로부터 벗어나야 한다고 의견들을 모았다.

당시 해상, 수중발사 순항 미사일은 미국이 367기, 러시아 100기, 공중발사 순항미사일은 미국이 1,600기, 러시아가 700기, 잠수함발사 탄도미사일은 미국이 5,056기, 러시아가 2,800기, ICBM을 미국이 2,450기, 러시아가 6,595기

14) 이달순, 「현대정치사와 김종필」(박영사, 2012), pp. 380~382.

를 확보하고 있었으며 미국은 SDI(STAR WARS) 즉 우주전쟁을 계획하고 있었다. 이 무기의 파괴력은 어느 한 나라의 핵무기만으로도 전세계를 모두 파멸시킬 수 있는 역량이 있는 것이다.

3. 비동맹회의회원국의 증가

이러한 세계질서의 변화속에서 비동맹회의는 진행되었다.

8차 1986년 짐바브웨 하라레 99개국(2개 해방기구)이 채택한 정상회의 공동선언문은 모든 형태의 테러리즘을 비난한다고 명시했으며 무엇보다도 무고한 민간인들을 타깃으로 한 폭력행위를 강력 규탄하는 내용을 담고 있다. 이와 같은 내용이 비동맹정상회의의 분위기인 것이다.

4. 第14차(2006) 쿠바 아바나(119개국 참석) 테러리즘 비난

원래 모습은 퇴색했지만 아직 쓸모는 있다. 16일 쿠바 아바나에서 막을 내린 제14차 비동맹운동회의에 대해 영국 BBC방송이 내린 총평이다. 회의가 "반미성토장"으로 변질되는 등 당초 취지가 무색해진 면도 있지만 계속할 이유는 충분하다는 것이다.

비동맹운동회의의 "쓸모"에 대해 친미, 반미를 불문하고 회원국들은 공감한다고 BBC는 전했다. 3년에 한번 열리는 이 모임 덕분에 평소 좀처럼 만나기 힘든 나라들이 수많은 양자회담 기회를 얻는다는 것이다. 회의에 초청받은 코피 아난 유엔 사무총장은 "여러분은 새롭고 강력한 남부세력의 상징이자 수많은 나라와 문화 그리고 운동들간의 교량"이라고 평가했다.

미국 입장에서 볼 때 회의장 풍경은 "깡패들의 방청석"과 같았다고 로이터통신이 표현했다. 마흐무드 아흐마디네자드 이란 대통령, 우고 차베스 베네수엘라 대통령, 알렉산드르 루카센코 벨로루시 대통령 등 서방과 갈등을 빚어온 정상들이 "총출동"해 서방을 성토했다. 인도, 사우디아라비아 등 미국과 가까운 나라 대표들은 마치 부적절한 파티에 참석했다는 회담장 밖에서 일그러진 표정이었다고 BBC는 묘사했다.

제3세계 118개 회원국들의 모임인 비동맹회의는 미국, 러시아 어느 편과도 동맹을 맺지 않고 평화를 추구하자는 취지로 만들어졌다. 그러나 이란-이라크, 인도-파키스탄간 영토분쟁 등 회원국끼리 싸우고 쿠바는 1980년대 말까지 러시아와 가까운 관계를 유지해 회의의 창설 정신을 무색하게 했다.

위에서 본 BBC방송이나 로이터통신의 기사를 통해 비동맹회의의 분위기 전모를 대충 알 수 있다고 본다.[15]

5. 2009년 제15차 이집트 카이로 비동맹운동정상회의

〈한국, 미국과 함께 대북압박〉

버락 오바마 미국 대통령이 강력히 추진중인 대북제재의 효과가 이집트 카이로에서 열린 비동맹정상회의에서도 나타났다.[16] 미국은 회원국은 아니지만 한국과 함께 북한의 2차 핵실험 후 채택된 유엔 안보리 대북제재 결의 1874호 실행 필요성을 언급하며 비동맹회원국들의 협조를 요청했다. 특히 북한을 제외한 쿠바와 이집트 등 비동맹회의의 주요회원국들은 오바마 행정부 출범 이후 눈에 띄게 미국과의 관계를 개선해 미국의 요청을 무시하지 못했다. 이에 따라 최종 문서에 6자회담에 반대하는 북한 입장이 포함되지 않았고 북한의 입김이 계속 들어갔던 "한반도 관련 조항"도 채택되지 않았다. 비동맹정상회의를 위해 쿠바 아바나에서 개최된 비동맹 각료급 회의에서도 정회원국인 북한은 6자회담을 거부하는 자신의 입장을 반영하려 했지만 수용되지 않았다. 한반도 관련 조항도 포함되지 않았다. 북한이 늘 유리하게 해석했던 한반도 관

15) 비동맹회의에 관한 글은 연합연감과 동아연감 그리고 동아A.com, Chosun.com을 인용전개한 것이다.

16) 정강현, "비동맹회의" 최종합의문, 한국입장상당부문반영, 중앙일보, 2008. 8. 1.

련 조항이 처음으로 빠지게 된 것이다.

북한의 조선중앙방송은 7월 19일 샤름 엘-셰이크에서 열렸던 제15차 비동맹운동정상회의에서 채택한 공동선언문과 관련 북한의 입장이 반영돼 왔던 이른바 "한반도 조항이 34년만에 처음으로 삭제된 사실에 대해서는 언급 없이 6자회담이 더는 필요 없게 됐다는 것을 인정하고 그에 대해 최종문건에 반영하지 않기로 했다"고 보도하며, 정상회의는 조선반도의 평화와 안전을 위한 우리 공화국의 노력에 전적인 지지와 연대성을 표시했다고 주장했다.

한편 게스트 자격으로 이 회의에 참석한 한국의 박인국 주 유엔대사는 폐막 직후 "한반도 조항"의 삭제와 관련해 "한반도 조항에는 그동안 주한미군철수 등 북한의 일방적 주장이 여과없이 채택됐었다"며 이번 회의를 준비하는 각료회의에서 북한은 한반도 조항 중 6자회담 관련 내용을 삭제하려 했으나 우리정부의 노력으로 저지됐고 결국 조항전문이 34년만에 처음으로 합의문에서 빠지게 됐다고 설명했다.

제 5 절 북한과 비동맹운동—40년 역사

북한은 비동맹운동을 뿔럭(BLOCK) 불가담운동이라고 부른다. 1961년 인도, 유고, 이집트 3국 정상회담에 비동맹 창설 발기로 시작된 비동맹운동에 북한은 1960년대 북한은 중·러 일변도 외교에서 탈피한 자주외교노선을 천명하고 비동맹권에 대한 접근을 강화하면서 비동맹 21개국과 수교를 맺었다.[17)]

북한은 드디어 1975년 8월 25일 페루의 수도 리마에서 열린 비동맹국가 외무장관회의에서 비동맹운동 정식회원국으로 가입된 이후 40년 가까이 비동맹외교를 중시해 왔다.

---

17) 비동맹회의에 관한 글은 연합연감과 동아연감 그리고 동아A.com, Chosun.com을 인용전개한 것이다.

북한이 출판한 「조선대백과사전」은 리마에서 열린 비동맹 외무장관회의를 소개한 (리마회의에 참석한 국가들이 체결한)리마강령은 우리나라의 자주적 조국통일방침을 적극 지지하고 남조선에 주둔하고 있는 모든 외국군대를 철수시킬 것과 정전협정을 평화협정으로 바꿀 것을 요구했다고 기록했다.

북한은 비동맹국가들과의 외교를 통해 "반미 연대" 형성, 주한미군 철수지지 등을 이끌어 내려 했던 것이다.

1980년대 한국에 대한 외교열세를 만회하고 비동맹권 내 위상 제고를 위해 비동맹 관련회의를 16회나 평양에서 개최하여 8차 짐바브웨(1986) 비동맹회의와 9차 유고(1989) 비동맹회의에서 부의장국으로 피선되기도 하였다.

1. 김일성, 정일, 정은의 가담운동

김일성주석은 1986년 6월 20일 노동당정치국과 중앙인민위원회 연합회에서 한 뿔럭 불가담운동의 강화발전을 위하여 "뿔럭 불가담운동은 본질에 있어 반제, 자주화운동"이라며 비동맹국가들은 미국 등 제국주의를 반대하는 데서 일치한 보조를 취해야 한다고 강조했다.

김정일 시대에도 북한은 비동맹외교를 중시했다.

김일성주석 사망 후 1994년 10월 북미제네바합의를 이끌어내는 등 김정일 시대의 전반기에 북한은 미국과 일본을 비롯한 서방과의 외교에 초점을 맞췄다. 하지만 2000년대 들어 북한은 전방위외교를 추진하여 비동맹외교에도 다시 눈길을 돌렸다.

2000년 이후 북한은 비동맹운동정상회의에 국가수반격인 김영남 최고인민회의 상임위원장을 매번 참석시켰다. 김영남은 2003년 말레이시아에서 열린 13차 비동맹회의, 2006년 쿠바에서 열린 14차 비동맹회의, 2009년 이집트에서 열린 15차 비동맹회의에 빠짐없이 참석했다.

김정은 시대에 와서도 북한은 비동맹외교를 중시하는 분위기이다.

2012년 5월 박의춘 북외무상이 이집트 개최 비동맹국가 외무장관회의에 참석하고 "공화국 정부는 자주, 친선, 평화의 대외정책적 이념에 따라 쁠럭 불가담운동의 원칙을 변함없이 고수하고 운동의 강화 발전에 적극 이바지할 것"이라고 밝혔다.

한편 이어서 16차 이란 비동맹회의(8월)에 김정은 최고지도자가 참석할 것을 검토하다가 포기한 것 같다는 추측도 흘러 나왔다.[18]

2. 제16차 이란 테헤란 비동맹정상회의—반기문 총장 참석

미국과 이스라엘의 반대에도 불구하고 반기문 유엔사무총장은 이란회의에 참석했다. 이보다 앞서 마틴 네시르키 유엔 대변인은 "반총장은 유엔 수장으로서 세계평화와 안보문제들의 평화적인 해결을 위해 모든 비동맹회원국들과 외교적인 교류를 확대해야 하는 유엔의 책무를 엄중하게 받아들이고 있다"고 밝혔다.

반총장은 유엔의 수장으로서 회피할 명분이 약하고 국제사회의 우려를 직접 전달할 좋은 기회라고 판단한 데 따른 것으로 보인다.

이 회의에서 반기문유엔 사무총장은 김영남 북한 최고인민회의 상임위원장과 만났다. 반총장은 김위원장과 지속적인 유엔의 대북지원 의사와 함께 남북관계 발전의 중요성을 강조했다.

그리고 반총장은 이날 연설에서 "이란이 유엔 안보리 결의를 충실히 이행하고 국제원자력기구(IAEA)에 철저히 협조해 국제적 신뢰를 높여야 할 것"이라고 지적했다. 또 반총장은 이란과 이스라엘 양측의 호전적 발언들이 전쟁위기를 심화시킬 것이라고 경고했다. 그리고 "이란은 핵 활동이 평화적 목적이라는 국제사회의 신뢰를 쌓기 위해 필요한 조치를 취해야 한다"고 촉구했다. 이보다 앞서 반총장은 하메네이와 마무드 아마디네자드 대통령 등 이란 최고지도부와

---

18) 윤일건, "북과 비동맹운동 – 40년 역사," 2012. 8. 22.

연쇄회동했다.

반총장은 회동에서 핵무기 개발에 대한 국제사회의 우려를 종식하고 시리아 사태 해결을 위해 적극적으로 나서줄 것을 촉구했다.

그리고 반총장은 이번 방문기간에 이란국민들의 복지를 위해 협력과 진전이 시급한 사안들에 대한 국제사회의 우려와 기대를 이란정부에 명확하게 전달했으며 이들 사안에는 이란의 핵개발 의혹과 테러리즘 인권침해 등도 포함되었다.

3. 이집트 대통령 비동맹운동정상회의 비판연설

모하메드 모르시 이집트 대통령은 30일 테헤란의 비동맹회의에서 세계는 바샤르 아사드 정권을 무너뜨리려 하는 시리아 반군들을 도와야 한다고 말하고 이란이 시리아 정권의 문제를 두고 현재와 같이 잘못된 길을 걸으면 이 지역의 세력들과 심각한 대결상태에 빠질 위험이 있다고 경고했다.

1979년 이란의 이슬람 혁명 이후 이집트 지도자로서는 처음으로 이란을 방문하는 모르시의 이러한 강력한 발언으로 비동맹회의를 주최한 이란은 또 하나의 예기치 않은 타격을 당했다.

이날 마무드 아마디네자드 이란 대통령 옆자리에서 모르시가 연설하자 시리아 대표단은 퇴장했다.

이란 지도자들은 31일까지 이어지는 이 비동맹회의가 이란의 핵개발과 관련해 이란을 고립시키려는 서방측의 시도가 실패했음을 입증한 것이라고 주장해 왔다.

이란은 아사드 정권이 살아 남을 가능성이 있는 한 그를 포기하지 않을 것으로 보인다. 이란은 시리아가 지중해로 통하는 출구이자 레바논의 반이스라엘 동맹인 헤즈볼라를 이어주는 중간세력으로 보고 있는 것이다.

그러나 이번 회의는 시리아 문제로 이란이 이 지역의 다른 국가들과 얼마나 보조가 맞지 않고 있는가를 잘 보여주었다.

이번 회담에 참가한 이란의 라이벌 사우디아라비아 등 걸프만 국가들도 시리아 반군들을 지지하고 있는 것이다.

모르시는 120개국이 참가한 비동맹운동 대표들의 회의에서 "시리아의 유혈은 우리 모두의 책임으로 이를 저지하기 위한 실질적인 개입이 없는 한 멈추지 않을 것이다. 시리아 위기로 우리의 마음은 피를 흘리고 있다"고 역설했다.

이 비동맹회의는 냉전시절에 개방도상국들이 모였던 것으로 이란은 이를 서방의 영향력에 맞서는 파워블록으로 전환시키려 노력해 왔다.

이란은 이번 비동맹회의에서 자신들의 핵개발에 관한 주장을 개진하고 서방의 경제제재로 인한 타격을 상쇄하기 위해 아시아와 아프리카 국가들과의 석유 수출과 무역을 강화하려 노력해 왔다.

그러나 비판자들은 냉전시절 미국과 소련측이 아닌 제3의 세력을 표명했던 이 그룹은 시리아의 경우가 말해주듯 너무 다양하고 이질적인 이해관계로 분열돼 있어 어떤 공동의 정책을 이루어낼 수 있을 것인지 회의적이다.

시리아 외무장관으로 이번 회담에 대표단장으로 참가한 왈리드 알 모알렘은 "모르시의 발언이 이 정상회담의 전통에 어긋나며 시리아 내정에 대한 간섭으로 간주되고 있다"고 말했다. 그는 또한 모르시가 시리아에서의 유혈을 충동질했다고 말한 것으로 시리아 국영 알이크바리야TV가 보도했다.

모르시의 발언으로 이란은 더 코너에 몰리게 됐다. 그는 사실상 이란이 반아사드 세력에 가담해야 하며 그렇지 않을 경우 이집트를 비롯해 터키와 사우디아라비아 등 지역의 강대국들로부터 더욱 멀어지게 된다고 강압한 것이나 다름없다.

미 국무부 대변인 패트릭 벤트렐은 모르시의 시리아 관련 연설이 매우 명확하고 강력했으며 특히 테헤란에서 이루어져 환영한다고 말했다.

그는 이날 워싱턴에서 한 가지회견을 통해 "우리는 아사드 정권을 종식시키고 유혈 사태를 중단시키며 인권을 존중하는 민주적 시리아로 이행하려는 이집트와 같은 목표를 갖고 있다"고 말했다.[19]

4. 네타냐후 이스라엘 총리, 이란 비동맹회의 비난

베냐민 네타냐후 이스라엘 총리가 30일 이란이 개최한 비동맹운동(NAM) 정상회의를 강도 높게 비난했다.

네타냐후 총리는 이날 성명에서 "테헤란에서 열린 비동맹회의에 120개국 이상의 대표가 참가한 것은 불명예스러운 일"이라며 "이 회의는 인류사회의 오점이 될 것"이라고 밝혔다.

그는 "이란은 홀로코스트를 부정할 뿐 아니라 유대 국가를 전멸시키려 하고 자국민을 잔인하게 대하는 정권"이라고 말했다.

앞서 네타냐후 총리는 반기문 유엔 사무총장에게 전화를 걸어 NAM 회의 참석을 만류했으며 이스라엘 외무부는 "세계 각국 지도자는 이란의 선전 술책에 빠지지 않으려면 NAM 회의에 참가해서는 안 된다"고 주장한 바 있다.[20]

중립주의 세계역사상 제3세계를 이룩한 50년의 역사와 120개국의 대규모 세력권으로 구성된 세계 비동맹운동정상회의의 기록을 각종연감, 신문, 인터넷을 통해 정리해 보았다.

19) 양문평, 중앙일보, 2012. 8. 31.

20) 이한수, 조선일보, 2012. 8. 31.

제 7 장

노무현과 이명박정부의 통일정책

제 1 절　노무현정부의 통일정책

제 2 절　이명박정부의 통일정책

제 3 절　북한의 도발

제 7 장

노무현과 이명박정부의 통일정책

제 1 절 노무현정부의 통일정책

1. 평화변영정책의 개념 및 추진방향

노무현정부는 출범 당시 정치권과 국민들로부터 이전 정부가 행한 대북비밀자금 송금 문제를 투명하고 명확하게 직접 밝혀내라는 강한 압력을 받았다. 이 시기는 국내적으로 대북정책과 한미관계 등을 둘러싼 보·혁간 이념적 충돌로 인해 그 어느 때보다 남남갈등이 사회적 문제로 급부상하였다. 노무현정부로서는 눈앞에 직면한 당면과제로서 북핵문제의 해결이라는 큰 산을 넘어야 함과 동시에, 남북관계의 안정적 발전과 국내적으로 국민적 대통합을 이루어 내야 하는 등 이른바 국제적·남북관계·국내적 차원 모두에서 복잡한 환경에 놓여 있었다고 볼 수 있다.[1)]

1) 박광기, "한국의 통일·대북 정책 60년: 회고와 전망,"「한국행정 60주년 기념 학술대회 논문집」(2008), p. 268.

이러한 배경 하에서 노무현정부는 한반도의 평화를 정착시키고 남북공동번영을 추구함으로써, 평화통일의 기반조성과 동북아 경제 중심국가로의 발전 토대를 마련하는 전략적 구상으로서 '평화번영정책'(Policy of Peace & Prosperity)을 제시하였다. 평화번영정책은 이전 김대중 정부의 대북화해협력정책을 승계한 것으로서 특히 남북기본합의서(1992)와 6 · 15남북공동선언(2000)의 정신을 계승하여 평화공존과 화해협력의 남북관계를 정착시키는 것을 우선적 목표로 하였다. 이와 같이 노무현정부의 평화번영정책은 역대 행정부의 대북 · 통일정책과 그 맥을 같이 하나 역대 정부의 통일정책이 남북관계와 북한에 국한된 관점에 기초를 두고 있다면, 평화번영정책은 동북아로 시야를 확대했고 군사 안보 분야의 진전도 중시한다는 점에서 포괄적 국가발전전략으로서의 성격을 지향하고 있다. 즉, 남북협력의 심화 · 확대를 통한 공동번영과 경제공동체 형성을 추구하고 교류협력의 성과가 군사적 신뢰구축과 긴장완화로 이어지는 것을 목표로 한다는 점에서, 기존의 화해협력 정책을 계승하면서 그 성과를 바탕으로 이를 더욱 발전시킨 것이라고 할 수 있다. 평화번영정책의 특징은 평화와 번영을 분리하거나 순차적으로 추진하지 않고 두 가지를 병행하는 것이었다. 한반도 평화정착을 위해서는 경제 · 사회분야의 교류협력이 확대되어야 하며, 이를 통해 평화정착의 바탕이 조성될 수 있다고 보았다.[2)]

그리고 노무현 대통령 2007년 10월 4일 평양을 방문 2차 정상회담으로 10 · 4선언의 평화번영정책을 선언했다.

2. 평화번영정책 추진에 대한 평가

참여정부는 기존의 대북정책의 기조를 계승하고 또 경제적 번영을 위한 파트너로서 남북의 공동이익을 도모할 것을 밝혔다. 그러나 2차 북핵위기는 참여정부의 대북정책을 제약하는 요인이 되었다. 북한의 미사일발사, 핵보유 선

2) 박종철 외, 「평화번영정책의 이론적 기초와 과제」(서울: 통일연구원, 2003), pp. 29~30.

언, 핵실험 등 사태에서 임기말 2차 정상회담으로 10·4선언의 평화번영정책은 추동력을 얻지 못하고, 2008년 정권교체를 낳았다. 참여정부는 민족의 번영을 위해서 종래 추진해 온 민족공동체 건설을 한반도의 지정학적 특성을 고려하여 남북관계의 차원을 넘어서 동북아 차원으로 확대하였다. 이를 위해서 참여정부는 한반도 평화통일의 기반조성과 동북아 경제중심 국가로서 발전의 토대를 마련하기 위한 전략으로서 평화번영정책을 제시하였다.[3] 이러한 평화체제 구축은 남북 당사자가 해결하는 것이 원칙이고, 국제사회는 이를 지지하는 방향으로 추진하고자 했다. 그러나 당면한 북핵문제의 평화적 해결 없이는 평화체제의 기반구축이 불가능하다는 전제 위에서 6자회담의 국제적 공조의 틀을 적극적으로 활용하는 데 중점을 두었다. 평화체제 구축을 위한 단계별 전략을 제시했다.[4]

단계별 전략을 보자.

2007년 제2차 남북정상회담은 지난 6자회담 9·19공동성명과 2·13합의로 이어지는 북핵문제의 평화적 해결 단계에서 남북정상의 확인은 6자회담의 선순환구조를 촉진하는 것이었다.[5] 이는 경제공동체 건설을 위하여 남북경협의 순기능과 일관성에 대한 공감대를 형성하여 '통신-통관-통행'의 문제해결의 진전이 중요한 의미를 가진다. 특히, 2차 정상회담은 종래 경협중심의 남북관계를 군사 및 평화구축을 위한 논의는 의의가 있다.[6] 10·4선언은 이른바 '우리민족끼리 정신'에 따라 통일의 자주적 해결을 강조하며, 지난 2000년의 '6·15선언'의 정신을 변함없이 이행할 것을 재확인하였다. 그러나 대북정책은 실제 경협부문에 집중되었기 때문에 핵문제 해결을 위하여 군사적 신뢰구축이 없이는 남북경협에 한계가 있다. 더구나 입헌민주정이라는 제한정부의 한계가 있으며,

---

3) 위의 책, pp. 50~52.

4) 임혁백, "참여정부의 통치철학과 이념," 「참여정부의 국가관리 1년」(연세대 국가관리 연구원, 2004), p. 34.

5) 위의 책, pp. 45~46.

6) 통일부, "참여정부의 평화번영정책," 2003. 3, p. 15.

정권교체로 인하여 대북정책의 일관성을 유지하는 것이 어렵다는 점이다.[7)]

그 뒤 2013년 박근혜정부가 들어선 후 노무현 대통령이 평양에서 김정일과 대화한 내용이 일부 밝혀지면서 NLL문제와 김정일에 대한 저자세외교가 논란의 대상이 되고, 이석기의 종북세력 등이 반란음모사건으로 구속되고 간첩죄로 복역중이던 이석기 등을 방면한 노대통령의 친공적(?) 정책이 여론의 질타를 받게 되었다.

제 2 절 이명박정부의 통일정책

1. 신한반도의 구상

과거 10년간의 진보적 좌파정부로부터 2008년 보수적 우파정권으로 교체되었다. 특히 과거 10년 동안 한반도 비핵화를 위해서 남북관계는 정상회담과 다양한 대규모 경협으로 신뢰구축과 평화공존의 환경조성도 필요했다. 그러나 당근과 채찍 중에서 당근으로 경도되었던 것도 사실이다. 결국 북한 주민의 인권신장과 생활개선보다는 군부나 정권만을 지원하는 결과라고 비판받는다. 한편, 김영삼정부는 경직된 상호주의로 인해서 남북관계를 경직되게 만들었던 경험도 타산지석이 될 것이다.

그런데 한반도 비핵화를 최우선 정책과제로 설정한 이명박정부는 국민 다수의사를 존중하는 동시에 과거 정부와의 차별성을 가지되, 국제공조와 남북대화를 유연하고 능동적으로 전개해야 했다. 그러나 2008. 8 금강산 민간인 피격사건 이후 천안함 및 연평도 폭격사건으로 심각한 긴장상태에 빠져 있다.

그런데 이명박정부는 지난 2007년 대통령 선거과정에서 '신한반도 구상'의

---

7) 정영화, "분단이후 정부의 평화통일정책의 비교 및 헌법적 평가," 「공법연구」 제39집 제2호 (한국공법학회, 2010), p. 269.

단계적 실천방안을 제시했다.[8] 부연하면, 제1단계는 대북 통일정책은 북핵 완전폐기를 전제한 대북 개방정책이다. 북핵문제의 완전한 해결 없이는 남북관계 정상화가 어렵다는 점이다. 북한의 핵시설 불능화가 실현되면 비핵 · 개방 · 3000[9]의 남북경제공동체 실현 협의체에 구성 · 협의한다는 것이다. 제2단계는 북한의 핵폐기 초기이행에 따라 경제 · 교육 · 재정 · 인프라 · 복지의 5대 분야에 대한 지원을 개시하고 인도적 지원협력사무소의 개설과 400억 달러 국제협력자금 조성을 밝히고 있다. 제3단계는 북한의 핵폐기 후기에 있어서 남북경제협력 체결을 통해서 남북경협의 법적 · 제도적 장치를 마련한다는 것이다.

한편, 정부는 대북정책의 추진에 있어서 3가지 원칙을 제시한다. 첫째, 한반도 비핵화를 최우선으로 한다는 점이다. 둘째, 남북관계에 상호주의에 입각하여 정치적 정략의 접근을 배제한다는 것이다. 즉, 북한이 핵을 포기하고 개혁개방에 나선다면, 북한의 1인당 국민소득이 연 3,000달러가 되도록 지원한다는 것이다. 또한 남북정상회담이나 6 · 25종전선언 추진 등에서 남북관계를 정략적으로 이용하려는 시도를 배격한다. 셋째, 철저(일관)하고 유연한 대북정책을 전개한다는 것이다. 예컨대 북한 핵불용의 원칙으로 철저해야 하며, 9 · 19 공동성명 이행을 도출하기 위해서 유연한 접근방법으로 실용주의 노선을 시사한다.

2. 신뢰구축과 관계개선

이명박 정부는 9 · 19공동성명이 완전히 이행되면 한반도 평화체제 정착 및 북 · 미, 북 · 일 관계정상화에 의해서 비핵 · 개방 · 3000구상의 실현을 위한 대북

8) 조선일보, 2007. 9. 11. 기사 참조.

9) '비핵 · 개방 · 3000'이란 북한이 비핵화의 결단을 내리면 남측은 ① 300만 달러 이상 수출기업 100개 육성, ② 북한의 주요도시 10곳에 기술교육센터 설립 및 산업인력 30만 명 양성, ③ 400억 달러 상당의 국제협력자금 조성, ④ 서울-신의주 간 고속도로 건설 등을 통해 북한 1인당 국민소득을 10년 이내에 3,000달러로 높인다는 것이다.

분야를 포괄적으로 당근정책을 제시하고 있다. 그 내용을 보자.

① 경제부분으로 300만 달러 이상 수출기업 100개를 육성한다. 구체적으로 경제, 법률, 금융 분야의 전문컨설팅 인력(전직 경제관료, 경영인 등)을 파견하고, 북한지역 내 5대 자유무역지대 설치, 연 300만 달러 이상 수출 가능한 기업 100개 이상 육성, 한국무역공사 등 한국의 해외네트워크를 활용하도록 한다. ② 교육부문으로 30만 명 산업인력을 양성한다. 30만 명에 달하는 북한의 경제, 금융, 기술 전문인력 육성을 위해 북한 주요도시 10곳에 기술교육센터를 설립하고 북한판 KDI와 KAIST 설립, 북한 대학의 경제, 금융, 통상 교육과정을 지원한다. ③ 재정부분으로 400억 달러 상당의 국제협력자금을 조성하여 북한경제 재건의 토대를 마련한다는 것이다. 세계은행(World Bank), 아시아개발은행(ADB) 국제차관 유치를 지원하며, 남북교류협력기금의 적극 활용, 해외직접투자 유치를 협력하고 북일간 관계개선에 따른 대북지원금을 최대한 확보할 수 있도록 조력한다. ④ 사회인프라 부문으로 신의주-서울간 고속도로 건설 등 인프라 확충과 에너지난 해소의 협력, 기간통신망 연결 및 항만 · 철도 · 도로정비 등이다. ⑤ 복지부문으로 식량난 등 절대빈곤 해소, 의료진 파견, 병원설비 개선 등 의료지원, 주택 및 상하수도 개선사업 협력 및 산림녹화를 위한 1억 그루 나무심기 등을 지원한다.

이러한 정책의 내용에 관하여 수용 방식과 절차를 결정하는 남북협의가 전제되어야 한다. 북한 자체 국제협력을 유치할 수 있는 분야와 남한의 지원분야를 구분해서 사전에 신뢰구축과 관계개선을 지속적으로 확보해야 할 것이다.

특히, 이명박 대통령은 광복절 65주년 기념사에서 "지금 남북관계는 새로운 패러다임을 요구하고 있다. 주어진 분단 상황의 관리를 넘어 평화통일을 목표로 삼아야 한다"고 언급하면서 「평화 · 경제 · 민족」공동체의 3단계 통일방안을 제안했다. 이는 김영삼 정부의 3단계 통일방안과 동일한 것으로 평가된다. 통일정책은 한국이 주도하고 주변 국가들을 설득하여 평화통일정책을 지지하도록 해야 한다. 우리와 같은 분단국이었던 독일 통일의 원동력은 동독 주민들의 요구와 소망에 있었다. 동독주민들이 선거를 통해서 서독에 통합되는 민주적 결정을 누구도 거부할 수 없었고, 서독 시장과 법치주의를 원한 결과이다. 당장 북한주민들이 동독 주민과 같은 결정을 할 수 있을지는 전혀 기대할 수 없으나 만약 북한정권이 내적으로 붕괴하는 급변사태가 발생할 수도 있음을 간과할 수는 없다. 급변사태가 발생할 경우에 반드시 중국의 중요한 변수가 될 것이다. 때문에 중국이 북한정권을 후견자로 등장하거나 또는 북한정권을 직접 통제하게 된다면 한반도 정세는 급격하게 불안하게 된다.

그런데 이명박정부는 중도실용주의를 표방하지만, 정책과 실제는 상충하고 있다. 적어도 북핵문제가 이전 정부와 같이 대통령 임기 내에 해결될 수 없다는 점을 분명히 인식해야 한다. 따라서 국가안보는 무엇과도 협상할 수 없다는 전제하에서 북한주민의 생명과 생존에 직결되는 인도적 지원에 대해서 상호주의가 완화되어야 한다. 이는 독일의 통일정책이 우리에게 일깨워 준 중요한 교훈이기 때문이다. 사실 과거 정부의 무원칙한 대북지원을 비판하기보다는 그들의 정치결정주의와 기능주의 운용의 오류를 점검할 필요가 있다. 현 정부의 중도실용주의도 문민정부의 상호주의원칙과 다르지 않아서 신기능주의와 병행해야 한다. 북핵문제의 장기과제로 인식하여 남북관계의 교착상태가 지속되는 경우는 북한의 붕괴나 흡수통일을 기대하기보다는 평화통일의 헌법정신과 취지에 부합하는 방향을 검토해야 한다. 왜냐하면 평화통일정책은 미국·일본·중국·러시아의 국제협력과 공조가 전제되지 않으면 결코 기대할 수 없기 때문이다.[10]

---

10) 정영화, 앞의 논문, pp. 270~273.

제 3 절 북한의 도발

1. 천안함 피격사건과 이명박정부의 혼탁한 대책

2009년 3월 26일 밤 9시 22분 '꽝'하는 폭음과 함께 배가 솟구치고 순식간에 두 동강 났다. 그리고 승조원 46명이 동강나 가라앉은 함미에 갇혀 있다가 전사했다. 다음날인 27일 오전 김은혜 청와대 대변인이 기자들에게 이렇게 설명하였다. "이명박 대통령은 오늘 아침 7시 30분부터 안보관계장관회의를 주재하고 있다. 이대통령은 한 명의 생존자라도 더 구조할 수 있도록 군은 총력을 기울여서 구조작업을 진행하라"고 지시했다. 이대통령은 또 "모든 가능성을 염두에 두면서 철저하고 신속하게 진상을 규명해야 한다"고 강조했다. 오늘 회의에서는 아직까지 북한의 특이동향은 없는 것으로 보고되었다. 긴박한 현장의 전투태세와는 너무나 동떨어진 영락없는 해난사고 발표였다.

KBS, MBC, 연합뉴스는 즉시 이 두 발표를 근거로 북한무관설을 확신시키기 시작하였다. 한국사회는 좌우이념 갈등선을 따라 진실을 비추는 거울에 금이 간 것이다. 천안함같은 안보사건이 터지면 금이 간 거울은 왜곡된 모습을 비쳐 보인다. 세계에서 가장 안전하게 관리되는 미국산 쇠고기도 목숨을 걸고 먹어야 하는 광우병 물질로 비쳐 보이게 한 것이 바로 금이 간 거울이다.

이번에도 언론과 정치세력은 군함 침몰사건을 이념갈등선에 의하여 다르게 다루었다. KBS, MBC, 연합뉴스, 한겨레, 경향신문, 민주당, 민노당 그리고 좌경세력은 어뢰공격 등 북한정권의 개입가능성을 부정 내지 축소하는 방향으로 몰고 갔다. 이들은 내부요인에 의한 침몰 가능성을 부각시켰다. 암초충돌설, 금속피로설, 기름탱크 폭발설 등 북한에 면죄부를 주고 국군에 침몰책임을 전가하려는 주장에 이용당한 것이 이명박 대통령과 청와대의 발언들이었다. "북한에 특이동향이 없다," "북한 개입 증거없다," "예단 말라"는 대통령발언은 이들에 의하여 권위 있게 인용되었다.

반면 조선, 동아, 중앙일보, 애국세력 그리고 군은 대체로 "북 잠수함정 작전에 의한 침몰"로 기울었다. 이들은 어뢰나 기뢰에 의한 침몰 가능성을 압도적으로 높게 보았다.

한나라당은 이대통령의 중도노선에 따라 천안함 침몰에 대하여 어중간한 입장을 취하였고 오히려 국군에 책임을 돌리는 불리한 정보와 주장을 많이 냈다. 국회의 김학송 국방위원장은 "한국군 기뢰에 의한 침몰 가능성"을 발설하였다가 애국단체로부터 공격을 받았다. 나경원 의원은 국방장관의 사퇴를 요구하였다. 청와대와 한나라당은 언론의 동네북이 된 국군을 적극적으로 변호하지 않았다. 청와대 비서관은 대통령의 뜻을 받들어 국회에서 답변하는 국방장관에게 쪽지를 넣게 하여 "너무 어뢰 쪽으로 가지 말라"는 취지의 견제를 하였다. 이렇게 되니 군대 사회(현역+예비역)에서는 "대통령과 여당이 좌파정권 시절처럼 우리를 몰아세운다. 천안함 침몰의 진실이 은폐될지도 모른다"는 불만이 쌓여갔다. 보수논객들도 "이 대통령은 김정일의 변호사인가"라면서 국군편에 가세하였다.[11)]

이와 같은 이명박정부의 혼선은 이명박, 김정일의 회담을 위한 깊숙한 대화를 진행하고 있는 가운데 천안함 폭침사건이 발생한 것이다. 이 대통령 외교안보수석 그리고 막후회담준비팀이 가장 당황하였을 것이다. 믿기지 않았을 것이다. 아니 믿고 싶지 않았을 것이다. 설마 북한이 그렇게 하였을까? 한국군의 실수, 예컨대 탄약고 폭발같은 내부요인으로 침몰한 것 아닐까? 북한 소행이 틀림없다고 생각하는 이들도 "이건 김정일이 시킨게 아니고 군부에서 독자적으로 한 것이 아닐까?"라고 자위하고 싶었을 것이다. 객관적 정황은 누가 봐도 자동적으로 "이건 김정일의 소행이다"라고 단정하게 되어 있었지만 청와대 안보라인에 있는 이들은 주관적 느낌에다가 희망사항을 보태 판단한 끝에 "북한

11) 조갑제, "북한에 특이동향 없다"고?, 「월간조선」(2010. 5), pp. 62~67.

에 특이 동향 없다"는 이상한 발표를 내놓게 되었고 그들은 한번 뱉은 말의 인질이 되어 그 뒤 20여일간 그 방향으로 말하고 바라다가(그 과정에서 군이 너무 나간다는 불평을 하다가) 드러나는 진실과 너무나 동떨어진 자신들을 뒤늦게 발견하고 소스라쳐 놀라면서 궤도 수정을 시도한 흔적이 도처에 많다.

이명박 대통령은 김정일과의 회담을 성사시켜 G20정상회담과 연결시킴으로써 자신의 인기를 극대화하는 방법을 생각하였을지도 모른다. 정상외교에 자신감을 갖게된 이 대통령은 한해에 남북수뇌회담과 세계정상회의를 동시에 개최한 대통령으로서 역사에 남을 인물이 되고자 하였을지도 모른다. 그 여세를 몰아 개헌을 추진하고 후계자 선정에 영향력도 행사하는 한편 헌법 제3조 영토조항까지 고쳐 남북관계를 획기적으로 변화시키고자 하였을 가능성을 배제할 수 없다.[12]

2. 연평도 포격사건의 배경

2010년 광저우 아시안게임에서 우리선수들의 승전보가 날아오던 2010년 11월 23일 북한은 우리 측이 정례적으로 실시하던 "호국훈련"을 핑계로 연평도 일대에 무차별 포격을 가했다. 북한의 연평도 포격은 김정일에서 김정은으로의 권력승계를 추진하고 있는 북한의 대남정책이 향후 어떠한 방향으로 전개될 것인가 하는 "단서"를 제공하고 있다. 3대에 걸친 부자세습, 특히 능력이 검증되지 않은 20대 후반의 아들에게 권력을 이양하는 작업이 공산주의 국가라고 하더라도 대내외적으로 용이하지 않을 것임은 분명하다. 이점을 잘 인식하고 있을 북한지도층은 북방한계선과 서해 5개 도서 등 우리 측의 취약한 지역에 대한 국지전적 공격을 가함으로써 새로운 지도자의 공적을 쌓고 정통성을 강화하려는 것으로 보인다.[13] 그뿐 아니라 연평도 포격에 담겨있는 북한의

12) 조갑제, "이명박의 단호한 대응은 가능한가?," 「월간조선」(2010. 6), pp. 72~74.

13) 박영준, "북한 주민들의 '주체적 의사'에 의한 정권교체 시나리오를 준비할 때," 「월간조선」(2011. 1), p. 132.

전략적 목적은 다층적이다. 세습후계자의 군권장악이나 리더십 과시를 위한 도발이라는 분석은 이미 상식이 됐다. 대미협상용이라거나 대남압박카드라는 설명, 즉 북방한계선의 분쟁수역화와 한반도의 긴장 고조를 통해 평화협정 체결 주장을 관철하려는 의도이거나 한국의 대북정책 변화를 강요하는 협박이라는 지적도 분명 설득력이 있다. 그러나 우리가 판단하기에 또 하나의 노림수는 시선이 쉽게 닿지 못하는 다른 곳에 있다. 바로 중국이다. 평양은 이제 한국과 미국을 넘어 중국을 전략적 타깃으로 삼아 치밀하게 계산된 전쟁 비즈니스전략을 추구하고 있는 것이다.

북한의 도발과 관련된 한반도의 평화와 통일문제는 남북관계 변수로만 접근할 수 없는 사안이라 한반도 문제는 21세기 세계사적 변화와 함께 동북아 지역의 국제정세변화와 깊이 관련되어 있다. 지금 우리시대 최대의 드라마는 다름 아닌 중국의 부상이며 앞으로 세계사는 중국의 행보를 둘러싼 패권국가 간의 각축으로 전개될 것으로 보인다. 따라서 한반도를 둘러싼 동북아의 역학 구도도 미국과 중국의 힘 겨루기에 따라 판도가 달라질 수밖에 없다.

연평도 포격에 얽힌 북한의 대외전략 포커스는 바로 이 부분에 맞춰져 있다. 동북아에서 긴장과 위기를 불러일으킬 힘이 자신에게 있음을, 그래서 미국의 항공모함이 중국의 코앞까지 진출하고 상황을 얼마든지 만들어낼 지렛대를 갖고 있음을 중국에 주지시킨 것이다. 베이징이 이러한 북한의 메시지를 간파했다면 후 주석은 북·중간 당 고위층 인사의 상호방문을 통해 대외적으로 "6자 긴급협의 개최"를 제의하면서 김정일의 청구서를 진지하게 재검토할 수밖에 없을 것이다.

2010년 북한이 안보·경제, 후계문제, 대외관계 등 모든 분야에서 매우 어려운 처지에 있었음은 논란의 여지가 없다. 김정일 위원장은 4년 만의 방중에서 북한사정을 뻔히 아는 중국으로부터 대대적인 군사·경제원조를 얻어 모든 것을 한꺼번에 해결할 수 있기를 기대했을 것이다. 이를 위해 후진타오 주석과

담판하기를 원했다. 그러나 원자바오 총리는 개혁·개방에 대해 "한 수 가르쳐 주겠다"고 제의하면서도 결국 김 위원장을 빈손으로 돌려보냈다. 그리고 8월의 정상회담에서조차 후진타오 주석은 후계자 구축을 위한 정치일정을 앞두고 갈 길이 바쁜 김정일의 기대를 충족시켜 주지 않았다. 조약이나 혈맹회복이라는 말에 실망한 북한에 남은 카드는 단 하나였다. 남한을 때려 위기국면을 조성함으로써 동북아 긴장을 고조시킬 경우 누가 초초해 하겠는가. 바로 신냉전의 먹구름이 너무 빨리 몰려와 자신들의 경제성장 전략에 방해가 될지 모른다고 두려워하는 중국이다. 그렇다면 김정일을 달래야 하는 것 역시 중국이 된다.

1968년 당시 27세 김정일은 자신의 아버지가 극한의 위기를 조성해 미국과 소련이라는 세계대국을 다루면서 군사적, 경제적 원조를 얻어내는 솜씨를 옆에서 지켜본 바 있다. 이제 그는 27세의 세습후계자에게 한국과 미국, 중국을 다루는 솜씨를 전수한 것이다. 푸에블로호사건이 한반도 동해에서 소련을 상대로 벌인 "전쟁 장사"였다면 연평도포격은 서해에서 중국을 상대로 벌인 "전쟁 비즈니스"라 할 수 있다.[14)]

14) 미·중 대립구도 이용해 베이징 압박하는 "전쟁 비즈니스," 「신동아」(2011. 1), pp. 122~129.

제 8 장

6자회담

제 8 장

6자 회담

1. 배　　경

고르바초프는 그가 집권한 1985년 12월 레이건 당시 미국대통령과 오스트리아의 빈에서 만나 미 · 러정상회담을 매년 정기화하기로 합의하였다. 이로써 세계정세는 동서데탕트로 전환하는 기반을 조성하게 되었다. 그후 4차례 회담을 거듭한 두 초강대국 정상들은 1987년 12월 7일 모스크바에서 사정 500~5,000기의 지상배치 중거리핵을 3년 내에 전면 폐기시키는 이른바 중거리핵전면폐기협정(INF, Intermediate Range Nuclear Force는 전술핵이라고도 하며 1988년부터 7년 이내에 모두 파괴될 예정이며 명중도가 지극히 높고 속도가 매우 빨라 방어하기 어려운 무기라는 것이다)을 체결함으로써 군축의 획기적인 돌파구를 열고 1988년부터는 이미 그 집행단계에 돌입했다. 우리는 이를 군비축소의 시대라고 불렀다.

이때부터 미 · 러관계는 "신데탕트"시대를 열게된 것이며, 따라서 이 협정은 인류 군비축소사상 획기적 진전이며 이를 계기로 핵군축이 본격화되어 미 ·

러간에 협상진행 중이던 ICBM(대륙간 탄도탄)의 각각 50% 감축협상까지는 시일은 더 요하겠지만 가까운 장래에 해결될 가능성도 짙어졌다. 이러한 신데탕트시대의 개막과 동시에 수많은 지역분쟁의 해결의 실마리가 풀리기 시작했다. 그것은 러시아군의 아프카니스탄 철군, 베트남군의 캄보디아 철군, 쿠바군의 앙골라 철군 개시로 이어졌으며 이러한 범세계적 긴장완화 분위기는 결국 이란·이라크전쟁을 휴전시키기에 이르렀다.[1)]

이러한 국제정세의 변화속에서 88서울올림픽이 개최된 것이다. 80년 모스크바올림픽은 자유세계가 보이콧한 대회였고 84년 LA올림픽은 동구권이 보이콧한 대회였다. 서울올림픽은 러시아, 중국을 비롯한 동서 양 진영 국가들이 모두 참가한 동서화합의 계기를 마련한 대회가 되었다. 북한과 쿠바의 불참만이 옥의 티였다. 그 화합의 열기가 영향을 준 듯 동구권이 무너지기 시작했다.

1989년 5월 2일 오스트리아, 헝가리 국경철조망을 헝가리군이 철거하였다. 그리고 6월 폴란드 총선에서는 야당의회가 탄생되었다. 10월 6일 고르바초프가 동독 건국 40주년 기념식에서 동서장벽은 독일인의 문제라고 선포하자 11월 9일 동독의 벽이 철거되었다. 한편 10월 10일 불가리아의 공산당 서기장이 사임하였다. 11월 20일 체코의 프라하에서는 10만 시민이 시위를 하였다. 그리고 22일 루마니아 챠우세스쿠정권이 붕괴되었다. 이처럼 공산권 특히 러시아를 비롯한 동구의 변화는 그것이 88서울올림픽의 개최시기를 전후해서 예측을 불허하는 격변기로 접어들었고 마침내 공산권은 무너지게 된다.[2)]

이어서 1990년 34개국 정상이 파리에 모여 전유럽안보협력회의(CSCE)를 개최하고 전력감축과 상호불가침선언문을 채택했다. 2년뒤 1992년 1월 31일에는 역사상 최초로 UN안전보장이사회 정상회담이 열려 세계 군비축소를 실현

---

1) 홍순호, "신데탕트 시대에 있어서의 러시아의 한반도 정책,"「통일문제연구」(국토통일원, 1990), pp. 146~149.

2) 이달순,「현대정치사와 김종필」(박영사, 2012), pp. 380~382.

하자고 다짐하며 이를 위해 UN상비군 강화문제도 의결하였다. 그리고 "핵"의 공포에서 벗어나도록 하자고 하였다.

이에 북한의 핵문제가 1992년 5월 국제원자력기구(IAEA)의 북한핵 특별사찰요구도 불거져 나왔다. 이에 반발한 북한의 핵확산금지조약(NPT) 탈퇴(1993년 3월)로 1차 한반도 핵위기가 일어났다.

1994년 10월 21일 스위스 제네바에서 북한 핵문제 해결을 위한 노력이 북한과 미국이 양해록을 체결함으로써 위기는 일단락되었다. 10개 조항으로 구성된 합의문의 골자는 북한이 핵을 동결하는 대신 미국은 경수형 원자로 발전소 2기를 지어준다는 것이었다. 북한은 핵개발 중단과 사찰 수용을 약속했고 미국은 체제 안전보장으로 화답했다. 미국은 또 경제원조로 연간 50만톤의 중유를 지원하고 정치·경제적 관계의 완전한 정상화를 추진한다고 발표했다.

그러나 2001년 미국 뉴욕의 9·11테러 이후 조지 W. 부시 미국행정부가 북한을 3대 테러국가로 지목하면서 제네바합의는 파기됐다. 북한이 제네바합의에서 금지하기로 약속한 흑연감속로를 가동하겠다고 선언하자 미국은 합의파기로 맞섰다. 이에 따라 한반도 에너지개발기구(KEDO) 집행이사회는 2002년 11월 북한에 대한 중유지원 중단을 결정했다.

이후 북한이 플루토늄생산, 핵보유국 선언, 핵실험 등 일련의 조치를 취하는 등 새로운 핵개발 의혹이 제기되자 한반도는 다시 긴장에 휩싸였다. 미국은 북한에 대해 핵포기를 강요한 반면 북한은 우선 상호불가침조약을 맺은 뒤 핵문제를 논의하자고 맞섰다. 6자회담은 이처럼 북한과 미국이 날카롭게 대립각을 세우는 상황에서 비핵화를 전제로 한반도에 평화체제를 구축하자는 차원에서 제안되었다.[3)]

3) Naver 지식백과 2012. 9. 28.

2. 6자회담의 경과

① 제1차회담

1차회담은 2003. 8.27~29 베이징

(경과)

8.27: - 전체회의를 통해 각국의 기조연설 청취, 각국 양자접촉진행(미-북도 양자접촉)

8.28: - 전일 기조발언에 대한 추가적 토의. 이 과정에서 북측은 미-북 양자접촉 결과를 공개하며 미국을 비난했으나 미국은 차분하게 대응. 회담지속

8.29: - 주최국인 중국 2차 6자회담 시기, 장소 결정 등이 담긴 회의결과 요약발표

◎ 주요사안별 각국 입장

가. 핵문제 해결원칙

- 회담 참가국간 한반도 비핵화에 대한 공감대 형성
- 북한도 핵무기를 가지는 것이 목표가 아니라는 입장 천명

나. 핵문제 해결방안 제시

- 한국: 1단계 문제해결 의지표명
  2단계 핵폐기 이행과 이에 상응하는 관련국 조치
  3단계 참여국간 포괄적 관계 개선
- 미국: 북한 핵폐기 이행시 상응조치와 함께 미 · 북관계 정상화를 목표로 미사일, 재래식 군사 등 주요사안을 결하는 개략적 방안제시
- 북한: 동시이행 원칙 강조

다. 핵폐기 문제

- 한 · 미 · 일: 북한이 완전하고 검증 가능하며 돌이킬 수 없는 방법으로 핵 폐기할 것을 촉구
- 북한: 선 핵폐기 및 조기사찰 수용 불가입장 견지("동시이행"원칙 주장)
- 중 · 러: 북한 핵폐기와 북한의 안보 우려 동시 해소 필요성 지적[4]

② 제2차회담

제2차회담은 2004년 2월 25일~28일 개최됐다. 참가국들은 대화와 협력을 통해 핵문제를 평화적으로 해결하자는 데 뜻을 같이 했다. 2004년 4월 한국, 미국, 일본은 3자 협의에서 북한이 완전하고 검증 가능하며 돌이킬 수 없는 핵 폐기를 이행해야 한다고 당시 강조했다.

③ 제3차 ~ 제5차회담

제3차회담(2004년 6월 23일~26일)에서는 6개국이 성명을 통해 직접 관련 당사국들이 적절한 별도 포럼에서 한반도의 영구적 평화체제에 관한 협상을 가진다고 합의했다. 제4차회담은 1 · 2단계로 나눠 진행되었다. 2005년 7월 26일~8월 7일 1단계 회의에서는 한국이 경수로 대신 '대북직접송전'이라는 제안은 내놓았지만 성사되지 않았다. 또 핵폐기 범위와 북한의 평화적 핵이동 권리 등을 놓고 이견이 맞서 진통을 겪었다. 9월 13일~19일 2단계 회의에서는 한반도 비핵화의 평화체제, 북미 및 북일 관계 정상화 등 6개 항목의 9 · 19공동성명을 발표했다. 제5차 회담은 2005년 11월~2007년 2월 3단계에 걸쳐 열렸다. 2007년 2월 13일 3단계 회의에서 9 · 19공동성명의 이행계획인 2 · 13합의가 채택되었다.[5]

4) Daily NK 2005. 7. 18.

5) Naver 2012. 12. 31.

④ 제6차회담

1단계 회의(2007년 7월 18일~20일)는 2.13합의 이행의 구체적인 방안 등을 논의했다. 같은 해 9월 27일~30일 열린 2단계 회의에서는 북한이 핵시설 폐쇄 봉인과 불능화 및 신고를 이행하면 나머지 5개국이 중유 등의 경제·에너지 지원을 한다는 내용을 약속했다. 미국은 또한 북한에 대한 테러지원국 명단삭제와 적성국 무역법에 따른 제재 해제 등도 약속했는데 이 내용은 10월 3일 발표되어 '10·3'합의로 불린다. 북한은 그러나 2007년 말까지 핵 불능화와 폐기 신고를 완료하겠다는 약속을 저버리는 등 핵포기 의지를 둘러싼 논란이 가중되면서 6자회담은 난항을 겪게 되었다.[6)]

참고로 합의문 전문을 게재한다(다음은 지난 7월 20일 발표된 '6차 6자 수석대표회담 언론발표문'의 전문이다).

제6차 6자회담 언론발표문 전문

Ⅰ. 6차 6자 수석대표회담이 18~20일 베이징에서 열렸다.

Ⅱ. 참가국들은 6차 6자회담 1단계 회의 이후의 작업과 진전을 평가하고 모든 참가국들의 건설적 노력에 만족감을 표시했다. 그리고 생산적인 양자회동이 상호 신뢰와 관계를 증진시켰다는 점에서 환영한다.

Ⅲ. 한반도 비핵화와 각국 간의 관계정상화, 동북아 평화와 안정을 위해 각국은 다음 단계에 대해 솔직하고 실용적인 논의를 했고 다음과 같은 공감대를 형성했다.

6) Naver 2012. 12. 31.

1. 각국은 9·19공동성명과 2·13합의의 의무를 성실히 이행할 것을 재확인했다.
2. 북측은 모든 핵프로그램의 신고와 모든 존재하는 핵시설의 불능화를 완료하기 위한 의무를 성실히 이행할 것을 재확인했다.
3. 중유 95만톤에 상당하는 경제·에너지·인도적 지원이 북한에 제공될 것이다.
4. 모든 참가국들은 9·19공동성명과 2·13합의에 명시된 각자의 의무를 '행동 대 행동'의 원칙 하에 이행할 것임을 약속했다.

Ⅳ. 위에 거론된 공감대를 이행하기 위해 각국은 다음의 단계를 밟기로 결정했다.

1. 한반도비핵화, 북미 관계정상화, 북일 관계정상화, 경제에너지협력, 동북아평화안보 등 실무그룹회의를 공감대의 이행 계획을 논의하기 위해 8월까지 개최한다.
2. 9월 초, 각국은 6차 6자회담 2단계 회의를 개최해 실무그룹회의의 보고를 받고 공감대 이행 로드맵을 도출한다.
3. 6차 6자회담 2단계 회의에 이어 각국은 가능한 가장 이른 시기에 9·19공동성명과 2·13합의 이행을 확인 및 추동하고 동북아 안보협력을 증진시킬 방법을 찾기 위한 6자 외무장관 회담을 개최한다.

북핵 제6차 2단계 6자회담 합의문 전문

9·19공동성명 이행을 위한 제2단계 조치(10월 3일)

제6차 6자회담 2단계 회의가 베이징에서 중국, 북한(조선민주주의인민공화국), 일본, 대한민국, 러시아연방, 미국이 참석한 가운데 2007년 9월 27일부터 30일까지 개최되었다.

우다웨이 중국 외교부 부부장, 김계관 북한 외무성 부상, 사사에 겐이치로 일본 외무성 아시아대양주 국장, 천영우 대한민국 외교통상부 한반도평화교섭본부장, 알렉산더 로슈코프 러시아 외무부 차관, 그리고 크리스토퍼 힐 미국 국무부 동아태 차관보가 각 대표단의 수석대표로 동 회담에 참석했다. 우다웨이 부부장은 동 회담의 의장을 맡았다.

참가국들은 5개 실무그룹의 보고를 청취, 승인하였으며 2·13합의 상의 초기 조치 이행을 확인하였고 실무그룹회의에서 도달한 컨센서스에 따라 6자회담 과정을 진전시켜 나가기로 합의하였으며 또한 평화적인 방법에 의한 한반도의 검증 가능한 비핵화를 목표로 하는 9·19공동성명의 이행을 위한 제2단계 조치에 관한 합의에 도달하였다.

Ⅰ. 한반도 비핵화

1. 북한(조선민주주의인민공화국)은 9·19공동성명과 2·13합의에 따라 포기하기로 되어있는 모든 현존하는 핵시설을 불능화하기로 합의하였다. 영변의 5MW 실험용 원자로, 재처리시설(방사화학실험실) 및 핵 연료봉 제조시설의 불능화는 2007년 12월 31일까지 완료될 것이다. 전문가 그룹이 권고하는 구체 조치들은 모든 참가국들에 수용 가능하고, 과학적이고, 안전하고, 검증가능하며, 또한 국제적 기준에 부합돼야 한다는 원칙들에 따라 수석대표들에 의해 채택될 것이다. 여타 참가국들의 요청에 따라 미국은 불능화 활동을 주도하고 이러한 활동을 위한 초기 자금을 제공할 것이다. 첫 번째 조치로서 미국은 불능화를 준비하기 위해 향후 2주 내에 북한을 방문할 전문가 그룹을 이끌 것이다.

2. 북한은 2·13합의에 따라 모든 자국의 핵 프로그램에 대해 완전하고 정확한 신고를 2007년 12월 31일까지 하기로 합의하였다.

3. 북한은 이어 핵 물질, 기술 또는 노하우를 이전하지 않는다는 공약을 재확인했다.

Ⅱ. 관련국간 관계 정상화

1. 북한과 미국은 양자관계를 개선하고 전면적 외교관계로 나아간다는 공약을 유지한다. 양측은 양자간 교류를 증대하고 상호 신뢰를 증진할 것이다. 북한을 테러지원국 명단에서 삭제하기 위한 과정을 개시하고 또 북한에 대한 대적성국 교역법 적용을 종료시키기 위한 과정을 진전시켜 나간다는 공약을 상기하면서 미국은 미·북관계 정상화 실무그룹 회의를 통해 도달한 컨센서스에 기초해 북한의 조치들과 병렬적으로 북한에 대한 공약을 완수할 것이다.

2. 북한과 일본은 불행한 과거 및 미결 관심사안의 해결을 기반으로, 평양 선언에 따라 양국 관계를 신속하게 정상화하기 위해 진지한 노력을 할 것이다. 북한과 일본은 양측간의 집중적인 협의를 통해 이런 목적 달성을 위한 구체적인 조치를 취해 나갈 것을 공약하였다.

Ⅲ. 북한에 대한 경제·에너지 지원

2·13합의에 따라, 중유 100만 톤 상당의 경제·에너지·인도적 지원(이미 전달된 10만 톤 중유 포함)이 북한에 제공될 것이다. 구체 사항은 경제 및 에너지협력 실무그룹에서의 논의를 통해 최종 결정될 것이다.

Ⅳ. 6자 외교장관회담

참가국들은 적절한 시기에 베이징에서 6자 외교장관 회담이 개최될 것임을 재확인하였다. 참가국들은 외교장관회담 이전에 동 회담의 의제를 협의하기 위해 수석대표 회의를 개최하기로 합의했다.[7)]

---

7) 「北韓」(2007. 11).

3. 6자회담의 전망

북핵문제의 최종적인 해결과정에는 갖가지 난관들이 도사리고 있으므로 정부는 외교력을 총동원하여 대응하여야 한다. 첫째, 모든 현존하는 핵시설의 불능화와 모든 핵프로그램에 대해 전문가 그룹이 권고하는 구체적 조치들은 참가국들의 요청에 따라 미국이 이와 같은 불능화 활동을 주동하되 이러한 활동을 위한 초기자금을 제공해야 한다. 북한이 핵탄두의 원료를 확보하였지만 아직은 운반수단능력은 부족하므로 서로의 체면을 살리는 해결책을 찾아야 한다. 둘째, 북한이 김정은 정권에 들어서서도 2차 미사일을 발표하면서 미국은 더욱 힘의 우위에 입각한 강경일변도 정책을 채택하고 있는 모습인데 과거 그 정책이 오히려 북한의 핵무장화를 도왔을 뿐이었다는 점을 깨닫고 미국은 북한과의 양자관계를 개선하고 특히 북한을 테러지원국 명단에서 삭제하기 위한 과정을 개시하고 북한에 대한 당근정책을 다시 살려 나가야 할 것이다.

셋째, 납치자 문제를 명분으로 일본 정부가 취하고 있는 대북 강경일변도 정책은 6자회담을 정면으로 방해할 가능성은 그다지 크지 않은 것 같다. 북한과 일본은 불행한 과거 및 관심사안의 해결을 평양선언에 따라 양국관계를 신속하게 정상화하기 위해 진지한 노력을 할 것을 약속하였다. 북·일 양측이 집중적인 협의를 통해 이런 목적이 달성되었으면 한다.[8)]

넷째, 북한이 제기한 경수로 건설문제는 북한이 국제원자력기구와 핵확산금지조약에 복귀해야 논의하는 것이 합당하지만 건설기간이 5년 이상 소요된다는 점을 감안하면 북한에 대한 경제·에너지 지원으로 이에 합의한 중유 100만 톤 상당의 지원을 시작하여야 할 것이다. 이 같은 도움을 주어서 북한과 미국의 관계가 정상화되도록 우리 정부가 노력하여야 한다. 정부는 미국 행정부

---

8) 오일환, "한반도 비핵화는 한반도 평화체제와 연결시켜야 할 문제," 「북한」(2007. 11), p. 83.

에게 양국 수도에 대사관을 설치하면 북한보다 미국이 얻는 바가 월등히 클 뿐 아니라 북한의 인권 및 체제 개선의 기회도 커진다는 점을 설득하여 미국이 적극적으로 북한과의 관계정상화에 나서도록 하여야 한다. 북·미관계 정상화와 아울러 문화교류 및 경제협력을 통하여 북한을 국제사회로 끌어들이는 것이 북한의 권위주의 체제 개선에도 가장 효용이 좋은 처방임을 설득해야 한다.[9)]

더욱이 김정은 정권에 들어서서 강경군부세력을 뒤로 물러서게 하고 당이 주도권을 장악하고 있다. 또한 김정은이 유럽에서 수학하여 국내의 체질개선을 보여주고 있다는 점에서 채찍보다는 당근으로 그들과 대화를 할 필요성이 있다고 본다.

9) 홍현익, "6차 6자회담 평가와 향후 대응방안," 「정세와 정책」(세종연구소, 2007. 8).

제 9 장

중립화 통일운동

제 1 절 남북한 분단과 중립화 통일운동
— 중립주의자의 사상과 운동
제 2 절 강종일의 연구소 설립과 활동

제 9 장

중립화 통일운동*

제 1 절 남북한 분단과 중립화 통일운동 – 중립주의자의 사상과 운동

1. 김용중의 중립화 통일론과 강종일의 평가

(1) 김용중의 미국정착

김용중은 1928년 5월 송철과 함께 '케이앤드에스 자버'(K & S Jobber; 김용중·송철 도매상) 사를 설립해 시장에서 각종 과일, 채소를 받아 위탁 판매했다. 여기서 위탁 판매한 채소와 과일은 김형순과 김호 등이 운영한 김형제상회에서 받아 판매한 것이다. 이때부터 김용중은 훗날 이승만의 동지회 열성당원이 된 고향선배 송철(Leo C. Song)과 함께 일하게 되었다. 리들리에서 송철과의 사업은 1927년까지 계속된 것 같다. 김용중이 언제부터 동부 대학에서 공부를 했는지 알려진 것은 없으나 1927년경부터 하버드, 콜롬비아, 조지워싱턴 대학과 남가주 대학을 다닌 것 같다. 그가 서부에서 일하면서 동부에 있는 대학을

* 본 저서의 제9장 "중립화 통일운동"은 발행자 강종일의 동의를 얻어 전문 전재한 것이다.

어떻게 다녔는지 알 수 없으나 정규 대학생이 아니라도 일반인도 공부할 수 있는 여름학기를 택해 일하면서 공부를 한 것으로 추정은 할 수 있다. 김용중은 1928년 7월 8일 보스톤 선데이 신문에 "일본의 황금통치"라는 제목으로 다음과 같은 글을 기고했다.

> 일본은 최상의 도둑이 최고의 시민이라는 이상을 필사적으로 실천하고 있다. 한국과 만주에 대해 일본이 펼친 정책을 보라. 일본은 서방세계에 거짓말을 하고 한국통치를 강탈했으며, 평화를 사랑하는 한국인들에게 비수를 들이대 일본 군국주의자의 자존심 앞에 무릎 꿇게 했다.[1)]

김용중은 개인사업의 성공으로 경제적 수입이 궤도에 오른 후인 1934년 7월 2일 사업동반자인 김형순의 장녀인 김영옥(Mary Ann Kim)과 결혼하여 생활의 안정과 함께 항일독립운동을 본격적으로 할 수 있게 되었고 국민회와 재미한족연합회에서 김형제상회의 동업자들과 함께 항일독립운동에 정진하게 되었다.[2)]

김용중이 미국에서 항일독립운동을 본격적으로 시작할 무렵인 1930년대 중반 미국 내 한인 독립운동 단체들은 경제적 어려움에 직면하게 되었다. 따라서 박용만, 안창호, 이승만 등의 독립지도자들의 활동이 침체된 상황에서 김호와 리들리 그룹은 1936년부터 국민회의 부흥운동을 전개하면서 새로운 지도부를 형성하게 되었다. 국민회와 재미한족연합회의 민족지도부는 자체적으로 경제적 기반을 갖지 못했기 때문에 1930년대 초반 시작된 대공황의 영향을 받아 재미 한인들의 독립운동 지원성금이 감소하게 된 데 기인한 것이다. 그러나 김호와 리들리 그룹은 경제적 자립기반을 가지고 있었기 때문에 경제 공황에도

1) 한호석, "김용중의 민족자주·통일운동," 강종일, 이재봉 편저, 「한반도의 중립화 통일은 가능한가」(서울: 들녘, 2001), p. 127.

2) 정병준, "김호와 리들리 그룹," 대한민국순국선열유족회(한사 김호선생 공훈 선양학술강연회)(2003. 3), pp. 18~45.

크게 영향을 받지 않고 항일독립운동을 계속할 수 있었다.[3)]

(2) 김용중의 항일독립운동

김용중은 1940년 초 국민회의 기관지인 신한민보의 영문판 주필로 일하게 되었다. 위에서 언급한 바와 같이 김용중이 항일독립운동을 본격적으로 시작할 무렵 미주지역의 항일독립운동 단체들은 몇 그룹으로 조직되어 있었다. 1920년대 후반에서 1930년대 초반 미주지역의 항일운동은 캘리포니아 주를 중심으로 안창호 계열을 비롯하여 이승만 계열, 박용만 계열로 대별될 수 있으며 김용중은 안창호 계열로 비교적 중도우파에 속했다.[4)]

김용중은 1941년 4월 20일 하와이에서 결성된 '재미한족연합위원회'에 최초로 참가함으로써 항일독립운동을 본격적으로 한 것이다. '재미한족연합위원회'에 가입한 항일운동 단체로는 '대한인국민회'를 비롯해 하와이와 미주 본토에 있는 8개 독립운동 단체가 가입했다. 재미한족연합위원회는 하와이 거주 한인 7천여 명과 미국 본토 거주 동포 3천여 명이 참가하는 거대한 단체가 되었다. 재미한족연합위원회는 당시 샌프란시스코와 하와이를 중심으로 활동한 안창호 계열, 이승만 계열, 김원봉 계열로 나눠져 있던 미주 전 지역의 항일운동 세력들을 한 이름 아래 결집시킨 상징적 의미가 있었다. 재미한족연합위원회의 주요 업무는 항일전선의 통일, 임시정부 지지, 군사운동, 대 미국 외교기관 설치, 독립운동자금 모금 등을 목표로 하고 있었으며, 특히 임시정부의 후원활동과 한국의 독립운동 확대를 위한 외교와 선전활동 강화, 미국 국방업무의 후원활동에 역점을 두고 있었다.

이들 삼대계열은 항일독립운동을 하는 데 있어서 적극적 협력보다는 소극적인 관계에서 상호 갈등관계에 있었으나 안창호·이승만·김원봉이 모두 상해

---

3) 한호석, 앞의 논문, p. 128.

4) 정병준, 앞의 논문, p. 13.

임시정부에 속하는 운동세력이라는 점에서 임시정부를 지지하는 임정 봉대론에 합의한 것은 자연스러운 현상이었다. 두 지역이 멀리 떨어져 있었던 까닭에 하와이에는 의사부위원과 하와이 지방위원을 두고, 캘리포니아 주에는 집행부 위원과 미주 지방위원을 두기로 했다. 김용중은 캘리포니아 주 로스앤젤레스에 설치된 집행부 위원으로서 선전활동을 책임지게 되었다.[5)]

김용중이 재미한족연합위원회의 결성회의에 참석하고 선전활동을 책임지게 됨으로써 주미외교부 위원장인 이승만과 당면문제를 협의하기 위해 워싱턴 특파원으로 선임되었다. 1939년부터 워싱턴에 있는 구미위원부에서 일하고 있던 이승만은 김용중에게 함께 일하자는 제안을 하였다. 이 무렵 일본이 1941년 12월 7일 진주만을 공격하자 김용중은 1941년 12월 21일 LA 타임스에 "일본은 언제 만족할 것인가?"라는 제목의 글을 기고했다.[6)]

그는 재미한족연합위원회의 선전·홍보활동을 본격적으로 하기 위해 1941년 12월 29일 워싱턴으로 갔다. 워싱턴에 도착한 김용중은 1942년 2월 27일부터 3월 1일간 워싱턴 라파엣 호텔에서 개최된 대한인자유대회(Korean Liberty Convention)를 준비하게 되었다. 한미협회와 재미 한인기독교인들이 주로 참가한 대한인자유대회는 1919년 재미 한인들이 필라델피아에서 개최한 한인자유대회와 유사한 행사진행으로 상해임시정부를 위해 미국정부에 청원을 호소하는 결의문을 채택했으며 김용중은 2월 28일 일본에 억압받고 있는 한국인의 자유에 대해 영어로 연설했다.[7)] 1941년 3월 7일 뉴욕에서 개최된 연합회 대표에 의한 한인자유대회의 경과보고회의에 이승만과 같이 초청되었으나, 이승만이 감기를 이유로 불참함으로써 혼자 참석하게 되었다.[8)]

그러나 재미한족연합위원회를 중심으로 한 재미한인의 독립운동은 통일과

5) 한호석, 앞의 논문, p. 128.

6) 김용중은 Los Angeles Times에 "When Will Japan Be Satisfied"란 글을 기고했다.

7) 정병준(2004), 앞의 논문, p. 20; 신한민보, 1942. 3. 12. 재인용.

8) 신한민보, 1942. 3. 12.

단결을 하기보다는 반대로 분열되기 시작했다. 1942년 말 워싱턴을 방문하고 외교위원부의 실상을 알게 된 한족연합회 집행부의 김호(金乎)는 외교위원부의 문호를 확대해 위원 수를 증원해야 한다고 주장했으나, 이승만은 이를 반대하였다. 국민회와 한족연합회는 1943년 초 임시정부에 이승만의 면직을 요구하고 이범석(李範奭)을 추천했으나, 임시정부의 김구는 외교위원부의 확대요구를 승인하지 않고 이승만의 교체문제도 거부했다.

상해임시정부의 지지를 받고 있는 주미워싱턴 외교부 이승만 위원과 재미한족연합위원회의 특파원으로 워싱턴에서 일하고 있던 김용중간의 관계도 좋은 편은 아니었다. 김용중은 김호를 중심으로 한 재미한족연합위원회에 속해 있었고, 이승만은 임시정부에서도 인정하고 있는 독립운동가이었기 때문이다. 특히 국민회와 한족연합위원회는 1943년부터 이승만의 면직을 상해임시정부에 요구했다.

그러나 김구는 이승만이 주도하는 동지회가 재미한인단체 대표회의에 참가하지 않았다는 이유로 주미외교위원회의 확대방안을 인정하지 않으면서 이승만을 위원장으로 한 독자적인 주미외교위원회 인선과 내용을 공표했다. 중국에 있는 임시정부의 태도번복으로 미주한인회는 사분오열되었으나 김구는 미주에서 가장 유력한 대표로 이승만을 인정했다.[9)]

김용중은 본격적인 항일독립운동을 위해 1943년 3월 미국의 수도 워싱턴에서 '한국문제연구소(The Korean Affairs Institute)'를 설립하고, 그해 11월 22일에는 「한국의 소리」(The Voice of Korea)를 창간했다. 그는 또한 미국정부의 전쟁홍보 방송 프로그램에 「한국의 소리」 라디오 방송 프로그램을 개설하여 하루에 3~4시간씩 영어방송을 통해 한국에 대한 일본의 만행을 폭로하고 한국독립의 정당성을 전 세계에 알렸다.[10)]

---

9) 정병준(2004), 앞의 논문.

10) 정병준(2004), 앞의 논문, p. 22.

김용중은 또한 1943년 10월 6일 로스앤젤레스에서 한국민족혁명당 미주총지부의 기관지 「독립」을 창간하고, 「한국의 소리」와 함께 영문으로 발간했다. 「한국의 소리」가 국제사회를 대상으로 한 민족의 언론이었다면, 「독립」은 미주동포사회를 대상으로 한 민족 홍보지였다.11) 김용중은 「한국의 소리」를 창간할 때부터 고향친구인 송철과 함께 일을 했다. 김용중에게 있어 송철은 사업과 항일독립운동을 같이 한 가장 가까운 동지였으나, 송철은 이승만을 중심으로 한 동지회의 충실한 간부였고, 김용중은 이승만과 대립적 관계에 있었기 때문에 독립운동을 위한 상이한 소속단체에 가입된 동지였다.

당시 김용중의 항일운동은 활발했다. 김용중의 활동에 대해 미국의 전략정보기관인 OSS(The Office of Strategic Services) 캘리포니아지부가 1943년 3월 24일 보고한 내용은 다음과 같다.12)

> 김용중은 LA에서 과일중개 도매인으로 성공한 사업가이며, 재미한족연합회 LA사무소의 공보국장으로 일하고 있다. 그는 젊고 훌륭한 교육을 받은 한국인 지도자 중의 한 명으로 간주되며 일반적으로 유일한과 그 동료들의 견해에 공감한다. (중략) 김용중은 사람들과 관계하는데 탁월한 능력을 갖고 있으며, 자상한 마음과 진지한 애국심을 갖고 있어 일반적으로 한국인들의 존경을 받고 있다.

김용중에 대한 미국인이나 미 국무부 또는 관리들의 평가는 호의적이었다. 예를 들면, 김용중에 대해 선교사 출신 맥큔(George McCune) 박사는 1942년 1월 16일 그의 친구 게일(Esson M. Gale)에게 보낸 글에서 "김용중은 LA에서 성

---

11) 한호석, 앞의 논문, p. 129.

12) 원출처, OSS/California Office, A Report on the Progress of the Free Korean Movement, "Report on the First Session of the 1943 Conference of the United Korean Committee in America,"(1943. 3. 24) 「한국독립운동사」 23집 자료 23, 임정편 Ⅷ(서울: 국사편찬위원회, 1993), p. 436; 정병준(2004), 앞의 논문, p. 1 재인용.

공한 사업가로 좋은 교육을 받았고, 김호의 사위로 지적이며 젊고 유능하다. 그는 현재 워싱턴에서 이승만 박사와 한국독립 문제를 협의하고 있다. (중략) 나는 그가 견문이 넓고 정력적이기 때문에 매우 유용한 지도자가 될 것이라 확신한다"고 쓰고 있다.[13] 여기서 지적한 김호는 김형순의 오기인 것 같다.

김용중에 대해 미국인으로서 한국에서 선교사로 활동한 쿤스(Edwin W. Koons)도 1943년 12월 8일 김용중에게 보낸 서신에서 "모든 한국인들의 목소리 가운데 유일하게 못마땅한 소리는 중경에서 보내온 김구의 견해인 것으로 생각된다. 아마 그는 정확하게 (실상을) 보고하지 않은 것으로 보인다. 나는 그가 임시정부의 심정을 대변하지 않으리라고 믿고 싶다. 귀 조직이 미국 내 한국인들의 의견 중 광범위하게 선정된 여론을 제시해 줄 것을 제안한다. 이는 전후 한국을 돕는 효과를 지닐 것이다"라는 내용을 보냈다.[14]

김용중은 고종의 특사를 역임한 헐버트(Homer B. Hulbert)와도 친한 것 같다. 헐버트는 한국에서 교사, 작가, 편집자로 활동했으며, 「한국의 소리」지 22호에 "한국의 문호개방"이란 제목으로 고종이 그를 밀사로 미국에 파견한 내용을 연 4회에 걸쳐 기고했으며, 1945년 1월 15일까지 그의 글을 기고했다. 헐버트는 1905년 10월 고종의 비밀 특사로 11월 25일 미국 국무장관 루트(Elihu Root)를 방문하고 한국의 독립을 미국이 지켜줄 것을 요청하는 고종황제의 비밀편지를 전달했다.[15]

한족연합위원회의 분열로 중국에 송금이 어려워지자 임시정부는 재정적 곤란을 겪게 되었다. 한족연합회가 이승만에 대한 재정을 중단함에 따라 이승

13) 정병준(2004), 앞의 논문, p. 25 재인용.

14) 쿤스는 1903년 북장로교 선교사로 한국에 왔으며, 1913년 서울 경신학교 8대 교장으로 취임했으나 신사참배 문제로 교장직을 사퇴한 후 귀국했다. 그는 1942년 5월 샌프란시스코에 있는 미국의 전시정보국(OWI: Office of War Information)에서 한국문제 고문으로 활동했으며, OWI 내 미국의 소리(Voice of America) 방송사의 한국의 소리 방송 감독이었다. 정병준(2004), 앞의 논문, p. 25 재인용.

15) 정병준(2004), 앞의 논문, p. 26; 강종일(2007), p. 227.

만과 동지회는 1943년 12월 23일 연합회를 탈퇴했다. 이승만의 동지회가 탈퇴함에 따라, 한족연합회는 1944년 6월 5일 워싱턴에 사무소를 개설하고 김원용과 전경무를 상주시켰다. 임시정부도 할 수 없이 1944년 8월 워싱턴 외교위원부의 확대개편에 동의하게 되었고, 하와이와 미국 본토에 있는 재미한인 17개 단체가 1944년 10월 28일부터 11월 5일까지 회의를 갖고 외교위원부의 인원을 15인으로 확대 개편했다. 김용중은 한족연합위원회 외교위원부 위원 15명 중 1명으로 선출되었다.[16)]

미국에 있는 항일독립운동 단체들이 분파할 무렵 미국에서는 제2차 세계대전 후 국제평화에 대한 관심이 고조되고 있었다. 그중의 하나가 1945년 1월 5일부터 17일간 미국 버지니아 주 하트스프링에서 개최된 태평양국제회의로, 일명 덤바톤 옥스회의였으며, 샌프란시스코 국제회의를 위한 예비회담이었다. 이 회담에 재미한족연합회 대표의 참가도 가능하게 되었다. 이 회담에 참가할 대표 선출을 위한 한인단체들의 회의가 1944년 10월 10일 재미한족연합회 워싱턴 사무소에서 개최되었으며, 이승만의 주미 외교위원부, 김용중의 한국문제연구소, 한길수의 중한민중동맹단, 유일한의 고려경제회 등 5개 단체가 공동으로 그 회의에 참가하기로 합의했다. 한인회의결과 유일한, 전경무, 정한경이 한국인 대표로 선출됐지만, 이승만의 독단적 행동으로 한인단체들은 계속 반목하게 되었다.[17)]

김용중은 「한국의 소리」를 대표한 언론인으로 그 회담을 방청하고 취재했으며, 해방 직전 그는 항일독립운동을 위해 마지막으로 홍보와 선전활동을 전개하였다. 이 회담에서는 한국의 독립운동을 호소하기 위한 목표를 가지고 활

16) 임시정부가 제시한 임원진은 외교위원장에 이승만, 부위원장에 김원용, 총서기 정한경, 위원에 한시대, 김호, 이살음, 변준호, 안원규, 송헌주를 지명했다(신한민보, 1944. 11. 23); 정병준(2004), 앞의 논문 재인용.

17) "태평양 국제회의 한인참가," 태평양주보, 1945. 1. 24; 국민보, 1945. 3. 14; 정병준(2004), 앞의 논문, p. 27 재인용.

동을 전개했으나 이승만의 얄타밀약설과 재미한인사회의 분열로 소기의 목적을 달성하지 못했다.

이승만이 제기한 얄타밀약설은 1945년 2월 얄타에서 개최된 연합국 지도자 회의에서 미국은 한반도의 지배권을 소련에 양도하기로 했다는 것으로, 미국 정부가 이를 공식으로 부인했음에도 불구하고 이승만은 얄타밀약설을 계속 주장했다. 김용중은 이를 확인하기 위해 미국과 영국의 국무장관에게 1945년 5월 8일 서신을 발송했으며, 5월 17일 미국 국무성으로부터, 5월 19일 영국 국무성으로부터 얄타밀약설을 부인하는 정식외교문서를 접수했다. 김용중은 이를 근거로 이승만의 얄타밀약설을 부인하면서 한국의 독립은 카이로 선언에서 약속되었다고 주장했다. 그의 성명 내용은 1945년 5월 27일 LA 엑서마이너(Examiner)지에 자세하게 보도되었다.[18)]

당시 재미한인동포사회에서 항일독립운동의 목표는 같으나, 목표에 접근하는 방식에 있어서는 여러 단체들이 의견을 달리했기 때문에 독립운동이 약화되었다. 김용중은 국민회와 이승만의 대립 속에서도 중립적 독자노선을 견지했으나 그가 리들리 그룹의 일원으로 친분관계에 있고, 또 한족연합회에서 활동을 했기 때문에 이승만과는 어쩔 수 없이 경쟁적 관계가 형성될 수밖에 없었다. 김용중과 이승만의 소원한 관계는 해방 후에도 두 사람이 같은 노선을 갈 수 없는 요인 중의 하나가 되었을 것으로 보인다. 재미독립운동단체들의 그러한 분파는 한국의 해방 정국에 민족지도자들의 단결을 저해하는 요인으로도 작용했으며 해방 정국에서 미국 군정이 한국의 독립운동가들에게 개인자격으로 입국을 허락한 요인으로 작용한 것으로 보인다.

결국 재미한인들은 30년 이상 임시정부에 자금을 지원했으나 김구가 끝까지 이승만을 주미 외교위원부 대표로 인정함으로써 재미한인연합회와 임시정부는 돌이킬 수 없는 파국으로 가게 되었으며, 김구가 재미한인들의 지지를 받

---

18) 신한민보, 1945. 6. 6; 정병준(2004), 앞의 논문, p. 28 재인용.

지 못하게 되자 해외에 거주하는 한인 동포들은 구심점 없는 개인자격으로 귀국한 것도 모두 해외 독립단체들의 단결된 모습을 보이지 못한 아쉬운 교훈을 주고 있다.

(3) 김용중의 중립화 통일운동

1945년 8월 15일 해방과 함께 중국과 미국에서 항일독립운동을 전개한 애국지사들은 개인 자격으로 귀국했다. 이승만은 1945년 10월에 귀국했으며, 중경 임시정부 요인들은 1945년 11월부터 12월 각자 귀국했다. 미국에서 항일독립운동을 전개한 재미한족연합위원회는 미국 본토에서 5명과 하와이에서 9명의 대표단을 한국에 파견하기로 결정했다.[19)]

미주대표 제1진은 1945년 11월 4일 서울에 도착했다. 리들리 그룹을 형성한 김호, 김원용, 한시대 등이 제1진의 대표단으로 귀국한 것이다. 재미한족연합위원회의 한국 내 활동범위는 활발하지 못했다. 특히 그들은 미국에서 독립운동을 할 당시부터 이승만과 소원한 관계를 유지했었고 한국에 특별한 정치적 기반이 없었기 때문에 한국 내 제반 단체들을 통합하는데 중점을 둔 중도노선을 추구했다.

김용중은 리들리 그룹과 같이 귀국하지 않았다. 김용중이 한국에 입국하기 위한 청원이나 정치적 로비도 하지 않은 것은 그가 귀국할 의지를 보이지 않은 것 같다. 그가 왜 리들리 그룹과 같이 귀국하지 않았는지에 대해서는 알려지지 않고 있다. 다만 몇 가지를 추론할 수는 있다.

첫째, 미국에서 독립운동을 하는 과정에서 이승만과의 불편한 관계로 인하여 즉시 귀국하지 않고 국내의 정치적 변동과 한국을 중심으로 한 국제적 정세

19) 재미한족연합위원회의 대표단은 단장 한시대, 부단장 김원용, 서기 도진호 · 김병연, 재무 송종익 · 최두옥, 정치위원 김호 · 김원용, 외교원 전경무 · 조제언, 섭회원 박금우 · 안정송 · 김성락 · 안창호 · 정두옥 등이 선출되었다. 김원용, 「재미한인 50년사」(캘리포니아: 리들리사, 1959), pp. 446~447; 정병준(2004), 앞의 논문, p. 29 재인용.

를 주시한 것이다.

둘째, 김용중은 미국에서 경제적 기반을 가지고 항일운동을 국제적으로 전개했기 때문에 국내에 정치적 동조자가 거의 없었던 것이다.

끝으로, 자신은 미국에서 한국의 정세를 관망하면서 김호를 비롯한 리들리 그룹이 한국에 먼저 입국해서 기반을 조성한 후 귀국문제를 생각할 수 있었을 것이다.

김용중은 한국에 입국하지 않았으나 미국에서 독립운동을 한 것처럼 1946년 초부터 한반도의 통일운동을 전개한 흔적이 보인다. 한반도가 미국과 소련에 의해 분단되고, 미·소 군대가 한반도에 주둔하게 된 것을 강하게 비난하기도 했다. 그는 한반도의 평화적 통일을 위해서는 우선 외국군이 철수해야 한다고 주장했다. 한반도의 분단에 대한 김용중의 기본적 인식과 정치노선은 미·소 군의 철수와 한국인에 의한 자주적 통일이었다.

김용중이 1946년 1월 8일 크리스찬 사이언스 모니터 지에 기고한 한국문제의 해결방안으로, 그는 ① 한반도에서 미·소의 군사력 사용포기, ② 한반도에서 외국군 철수, ③ 중립국 감시 아래 남북한 총선거 실시 등을 주장했다. 그는 한국문제를 해결하기 위해 1946년 6월 15일 트루먼과 스탈린에게 보낸 서신에서 ① 38선 즉시 철폐, ② 한국의 임시정부 수립에 한국인의 해외귀국 인사 배제, ③ 미·소 양군의 동시 철군, ④ 한국의 국가 재건을 위해 외국인 고문과 기술자 초빙, ⑤ 미·소의 한국 주권과 독립의 불가침 보장 등을 요구했다.[20]

김용중이 한반도 문제와 관련해 강하게 주장한 내용은, "미·소의 조선공동점령은 선의의 원조 목적이 본의인데 실제에 있어서는 원조가 아니라 지배가 되고 말았다. (중략) 미·소는 당초에는 조선의 원조자였으나 현재는 조선의 주인 행세를 하고 있다. (중략) 미·소 양국의 의견 불일치로 조선은 희생이 되고

20) 정병준(2004), 앞의 논문, p. 31 재인용.

있다. 조선은 적성국가보다 더 나쁘게 취급되고 있다. (미소공동위) 결렬의 결과로 고통을 받는 곳은 미국도 아니요 소련도 아니요 오로지 한국이다. 그러나 그들의 적국이었던 일본은 분할되지 않고 자국민의 정부유지가 승인되고 있다.[21)]

김용중은 미국에서부터 관계가 좋지 않았던 이승만을 처음부터 공격하기 시작했다. 그는 해외에서 활동한 정치가들의 정치참여를 적극반대하면서 일제시대에 국내에서 독립운동을 한 정치 지도자에 한해서 정치참여를 할 수 있도록 해외파의 국내 활동을 제한하는 주장을 하였다. 따라서 해방정국에서 정치지도자의 야망에 사로잡혀 있던 이승만과 그 추종자들의 반감을 사는 것은 당연한 결과였다. 김용중은 대한민국 독립정부 수립을 위해 그 기초가 될 1946년 11월 실시한 입법의원 선거도 이승만 계열의 독립촉성국민회의 일색으로 무효라고 주장하고 해체할 것을 주장했다.

김용중이 주장하는 상기 5개항을 분석해 보면, 그는 한반도 내 외국의 세력을 배척하고 한민족의 자주독립을 강조했으며, 한국의 민주주의 건설에 외세가 개입되지 않는 자주를 강조하고 있다. 김용중의 주장에서 한반도의 중립화 통일사상의 근거가 될 수 있는 것은 외국군의 철수와 자주적 통일이다. 외국군의 철수는 중립화 통일을 위한 기본이 되기 때문이다.

김용중이 최초로 한반도의 중립화 통일용어를 사용한 것은 1948년 5월 12일 한국에서 국회의원 총선거가 실시된 직후 트리그브 리 유엔 사무총장에 보낸 호소문에서 "한국의 중립화로 한국문제 해결의 기초로 삼자"라고 제안했다.[22)] 그러나 김용중의 한국문제 해결을 위한 한국의 중립화 호소는 한국이나 유엔에 별로 반향을 일으키지 못한 것 같다. 유엔은 한반도에서 한국만이 유일한 합법정부로 유엔의 감시 하에 총선거를 실시하여 새로운 한국정부의 태동을 앞둔 시점이었고, 이승만이 국민의 절대적 지지로 대통령에 오를 것으로 예

21) 조선일보, 1946. 4. 6; 서울신문, 1946. 5. 17; 조선일보, 1946. 6. 18.

22) 정병준(2004), 앞의 논문, p. 36 재인용.

상되고 있었기 때문이었다.

미국에서부터 경쟁적 관계였던 이승만이 대통령으로 당선되자 김용중은 개인적으로 축하를 보내면서도 남한의 단독정부 수립을 신랄하게 비판했다. 그는 한국이 단독정부를 수립하게 되면 북한도 정부를 수립할 것이고 한반도에서 체제가 다른 두 정부가 수립될 경우, 통일은 불가능할 것이며 한국은 내전을 경험하게 될 것이라고 하면서 이승만은 독재로 나가고 있으며, 공산주의만큼 혐오스럽고 파시즘과 같은 존재라고 비판했다.[23] 김용중은 미국이 전략적으로 한반도를 분단한 38°선을 즉시 철폐하고, 한반도에서 미군과 소련군의 철수를 주장하면서 이승만을 비난했으니 한국정부나 미군 측이 김용중을 좋아하지 않은 것은 너무나 당연한 결과였다.

김용중이 예언한 대로 한반도에서는 1950년 남북간에 전쟁이 발발했다. 한국전쟁동안 김용중은 전쟁의 평화적 종결과 해결을 위해 여러 가지 방안을 제안하고 제의했다. 이를 위해 그는 두 가지 측면에서 접근했다. 하나는 한국에서 남북간의 전쟁을 종결하고 평화를 회복하는 것이고, 다른 하나는 한국의 민주화를 촉구하는 것이었다. 그가 할 수 있는 방법은 미국에서 서신이나, 탄원서, 호소문, 성명서 등을 통해 미국 정부가 한국에 경제지원을 하지 말도록 하거나, 유엔이 한국문제에 개입해 줄 것을 요구했다. 그러나 그의 노력에 비례한 효과는 크지 않은 것으로 평가된다.

그는 북한에 관한 자료에 접근하기가 어렵고 한국에 대한 많은 문제점을 접할 수 있기 때문에 주로 한국문제에 대해 비판적이었다. 이러한 이유로 한국정부는 그를 친북, 반한인사로 분류한 원인이 된 것 같다. 그가 한국문제에 관심을 가진 문제들을 살펴보자.

김용중은 1950년 7월 13일 트리그브 리 유엔 사무총장에게 ① 유엔이 한국문제를 처리하기 위해 민간행정기구를 창설할 것, ② 유엔 혹은 인도 네루

---

23) 경향신문, 1948. 7. 23.

수상이 한국문제를 중재토록 할 것, ③ 중립화를 통해 한국문제를 해결할 것, ④ 유엔이 중심이 되어 한국을 통제할 수 있는 과도 정부를 조직할 것 등을 호소했다.[24)]

김용중은 또한 1950년 8월 21일 유엔 사무총장에게 보내는 호소문에서, ① 유엔 안보리가 한국문제 해결을 위한 특별위원회를 조직할 것, ② 유엔 국제위원단의 감시 하에 즉각 정전하고, 모든 군대를 전쟁 이전 지점으로 복귀할 것, ③ 한반도에서 외국군과 군사고문단을 철수시킬 것, ④ 유엔의 특별위원단이 한국의 과도정부 역할을 할 것, ⑤ 종전 후 유엔감시 하에 자유선거를 실시할 것, ⑥ 전국 정부수립 후 유엔위원단 기능을 정지할 것, ⑦ 유엔은 한국의 독립과 중립을 보장할 것, ⑧ 한국의 종전, 복구, 통일의 과정에서 유엔이 중요한 역할을 할 것 등이다.[25)]

서울을 회복한 유엔군과 한국군이 38°선을 통과하고 북진한 전쟁 중, 김용중은 1950년 10월 20일 유엔총회 의장과 사무총장에게 보내는 서한에서, ① 한국전쟁을 즉시 종전시킬 것, ② 근동과 아시아대표로 평화위원회를 구성할 것, ③ 한국의 망명인사와 일제통치에 영합하지 않는 인사 13명으로 고문단을 구성할 것, ④ 대중적 신뢰를 받지 못하고 있는 남북정부를 해체할 것, ⑤ 평화위원회의 감시 하에 보통선거를 실시하여 남북정부를 즉시 수립할 것, ⑥ 보통선거를 통해 국민의 정부를 수립할 것, ⑦ 유엔 회원국과 중국의 보증 하에 한국의 중립화를 실시할 것, ⑧ 유엔의 지도로 한국의 복구와 부흥을 즉시 개시할 것, ⑨ 한국문제를 해결하기 위해 유엔이 저명한 종교지도자들 중에서 추천한 자문단을 구성할 것 등을 요구했다.[26)]

한국전쟁의 와중에서 김용중은 이승만과 김일성에게 비판을 가하기 시작

24) 정병준(2004), 앞의 논문, p. 37.

25) 위의 논문, p. 38.

26) 위의 논문, p. 38.

했다. 그것은 남북한 정부를 모두 불신한 것이다. 현재의 남북한 정부는 일반 대중들의 신뢰를 받지 못하고 있기 때문에 즉시 해체시키고, 새로운 정부를 구성할 것을 요구한 것이다. 남북한 정부가 김용중을 평가할 때 피나는 전쟁을 하고 있는 당사자들에게 미국에서 양국정부가 국민의 지지를 받지 못하고 있으니 즉시 해체하고 재선거를 실시할 것을 요구하고 있으니 김용중과 이승만은 이러한 일들이 적대적 관계를 강화시키는 계기로 작용했을 것으로 믿어진다.

이승만에 대한 김용중의 비판은 적중했다. 김용중은 이승만에 대해 공산주의보다 더한 파시즘의 독재자로 비판했는데 이승만은 실제로 그렇게 변해가고 있었다. 이승만은 1952년 간접선거보다는 국민의 직접선거를 통해 대통령 재선을 목적으로 부산에서 계엄선포와 정치파동을 일으킨 것이다. 남북전쟁으로 인하여 한국정부가 부산으로 피난중인 가운데 개헌을 위해 야당정치인을 탄압하거나 테러를 통한 개헌을 강압적으로 통과시킴으로써 김용중의 비판을 받은 것이다.

김용중은 1952년 6월 15일 성명을 통해 이승만정부의 즉각적인 계엄령 철회와 투옥된 국회의원의 즉시 석방, 테러 청년단의 즉시 해체를 요구하는 성명서를 발표하고, 이승만이 헌법을 어기고 직선제를 폭력으로 강제하고 있다고 비판했다.[27] 그는 국회가 새 대통령을 선출하도록 된 간선제 헌법을 이승만이 폭력을 통해 직접선거제로 개헌을 함으로써 독재적 권력을 남용하고 있다고 이승만을 비난한 것이다.

김용중은 한국전쟁의 즉시 정전과 중립화 통일을 위해 다각도로 노력하고 활동했다. 그는 한국전쟁의 휴전을 앞둔 1953년 4월 9일 발표한 성명서에서 ① 중립국 위원단의 감시하에 전국 총선거를 통해 한반도에서 단일정부를 수립할 것, ② 미국, 러시아, 중국, 영국의 보증으로 한국의 자주와 영토적 통합을 존중하되 특정한 경제, 정치, 군사적 특권을 추구하지 않는다는 협정을 체

27) 위의 논문, p. 39.

결하고 한국의 중립을 보장하고, 중립위원회가 한국에 3년간 체류하면서 서약의 이행을 감시하고 유엔에 보고할 것, ③ 한국의 단일정부가 수립된 후 중립위원회의 감시 하에 외국군은 철수할 것, ④ 세계의 모든 국가들이 매년 예산의 1%를 한국의 복구비로 지출하여 한국의 재건을 지원할 것 등을 요구했다.[28)]

여기서 김용중의 주장에는 몇 가지 특징을 보이고 있다. 첫째, 한반도의 자주와 영토의 통합에 대한 보증 국가로서 미국, 러시아, 중국, 영국을 지명했는데 한반도의 4개국 보장을 일본 대신에 영국을 포함시킨 것이다. 둘째, 종전까지는 한반도 문제에 유엔이 개입할 것을 주장했으나, 한국전쟁 후부터는 유엔 대신에 중립위원회가 선거와 외국군 철수를 감독할 것을 제안한 것이다. 셋째, 중앙감시위원회는 남북한의 통일을 위한 한반도 내 보통선거를 실시할 것을 요구한 것이다. 끝으로, 세계 모든 나라들이 전쟁 후 군사비의 1%를 한국을 위한 복구비로 부담할 것을 제안한 것이다. 그의 주장은 남북간의 전쟁 상황에서 실현되기 어려운 것이었으나 관심의 대상은 되었다.

김용중은 한국이 내전을 하고 있는 상황에서 이승만의 권력욕을 신랄하게 비판했다. 대통령 직선제를 위한 국민투표가 1951년 7월 15일 실시되었을 때, 이승만은 국민적 영웅으로 대통령에 당선될 것이나 이러한 선거는 히틀러, 뭇소린, 스탈린과 같은 독재자들이 압도적 지지를 받아 당선된 것이나 동일하므로 미국은 이승만에 대한 지지와 원조를 철회해야 한다고 주장했다.[29)] 예를 들면, 이승만은 휴전협정을 반대하면서 북진통일을 주장하나 이는 한국 국민의 희생을 강요한 것이라고 비판했다. 그러나 김용중은 한국의 전쟁과 이승만의 독재를 위한 독주에 현실적으로 대처할 수 있는 힘을 갖지 못하고 개인적 성명에 불과한 것이었다. 김용중은 한국전쟁의 조기 종결과 전쟁이 없는 한반도의

---

28) 위의 논문, p. 39.

29) 위의 논문, p. 40.

평화를 희구하면서 통일의 방법으로 중립화 통일을 구체화하게 되었다.

이승만과 그의 정부에 대한 김용중의 비판으로 한국정부는 그를 '공산주의자', '친북인사'로 매도하면서 미국에 주재하는 한국대사관과 외교관들에게 그를 감시케 하면서 한국인의 접촉을 규제토록 했다. 그러나 김용중은 이승만정부의 그러한 관제식 용공분자의 낙인에도 한국의 평화와 중립화 통일운동을 계속했다. 김용중과 이승만과의 알력 속에서 김일성은 김용중의 통일정책과 중립화 주장에 찬동하고 지지함으로써 김용중은 자동으로 북한 측과 관계를 맺게 되었다. 북한도 김용중의 통일운동을 선전에 이용하고, 김용중도 북한의 지지와 동조를 받게 되었으며, 김용중은 친북인사로 알려지게 되었고, 그에 대한 한국정부의 그러한 평가는 김용중으로 하여금 활동범위를 더욱 위축시켰다.

이승만과 김용중의 정치적 관계가 악화됨에 따라 김일성은 자동적으로 김용중의 활동에 관심을 보였다. 김용중의 중립화 통일론과 외국군의 철수는 북한의 큰 관심사였다. 따라서 북한은 각종 유인물을 김용중에게 보내면서 대남통일전략에 있어 그를 이용하려고 했다. 그러나 김용중과 북한의 김일성의 서신 교환은 쉽게 이뤄지지 않았다. 북한이 김용중에게 편지나 선전물을 직접 보낼 수 없고, 모스크바의 북한대사관에서 미국으로 서신을 부쳐야 했기 때문이었다.

김용중은 1956년 9월 27일 북한의 김일성에게 보낸 최초의 서신에서 한반도의 평화통일과 외국군의 철수와 중립화 통일을 제안했다. 그러나 김용중은 김일성으로부터 직접 편지를 받지는 못하고, 북한의 조국통일민주주의전선 중앙위원회가 1959년 10월 리들리 그룹의 일원인 김원용에게 서신을 보냈다.[30)]

그 무렵 김용중의 외국군 철수와 중립화 통일방안은 이승만 정부의 입장

30) 북한의 조국통일민주주의전선 중앙위원회의 서신에는 1959년 10월 26일 북한 최고회의 제2기 제6차 회의에서 채택한 '대한민국 민의원 및 남조선인민들에게 보내는 서한과 세계 각국 국회에 보내는 서한' 등을 동봉했다. 정병준, 앞의 논문, p. 43 재인용.

에서는 가장 친북 인사로 비판을 받아야 할 입장이었다. 이승만은 계속 멸공통일과 북진통일을 주장했으며, 심지어 대통령 후보로 출마한 조봉암이 평화통일을 주장한다고 해서 용공분자로 사형을 시킨 무렵이었다. 이승만정부의 정권유지를 위한 부정선거가 자행된 1960년 3월 15일 마산에서 부정선거에 대한 학생들의 반정부 시위로 촉발된 마산사건에 이어 4월 19일 학생혁명으로 이승만은 대통령 직을 하야한 후 1960년 8월 12일 장면정부가 수립되었다. 이로써 김용중과 이승만 간의 사상과 통일관의 대립도 끝나게 되었다.

장면정부가 수립되자 한국의 중립화 통일운동은 꽃을 피우게 되었다. 김용중이 주장해 온 한반도의 중립화 통일운동에 대한 규제가 해제되었기 때문이다. 더 나아가 미국의 맨스필드(Mike Mansfield) 민주당 상원 원내 부총무가 1960년 10월 21일 한국의 오스트리아식 영세중립 통일문제의 발언에 영향을 받은 것이다.[31)]

4·19공간에서 김용중은 과거 이승만 정부에서와 같이 어떠한 규제도 받지 않은 한국의 정치와 통일주장 환경에서 자유로운 통일운동을 보다 활발하게 할 수 있었다. 그는 1961년 1월 14일 남북한 통일문제와 관련해 장면총리와 김일성에게 보낸 호소문에서 ① 긴장상태를 냉각시키기 위해 상호간에 규탄이나 간첩 활동을 중지할 것, ② 남북간의 연락소를 설치할 것, ③ 한국의 통일문제를 유엔이 주선하여 아시아의 중립국 중에서 동서의 진영에 가담하지 않는 국가로 군사휴전위원단을 구성하고 이들의 감시 하에 남북의 긴장을 완화하고, 인구비례원칙에 따라 총선거를 실시하여 제헌국회를 구성하고, 새로운 법에 따라 통일정부를 수립할 것, ④ 남북한 군대를 각 10만 명으로 감축하여

31) 마이크 맨스필드는 미상원 외교위원회에 제출한 "극동보고서(Report on the Far East)"의 말미에 한일문제의 해결을 촉진하기 위해 가능한 최대한도의 조정역할(good offices)을 담당해야 할 것이며, 오스트리아식 중립화에 의거하여 통일문제를 해결할 수 있는 가능성을 가장 신중히 고려해야 한다고 보고했다. 한국일보, 1960. 10. 22; 1960. 11. 1 & 3; 동아일보, 1960. 11. 6 석간; 1961. 1. 12.

군대의 평시편제를 유지할 것, ⑤ 남북이 과거 체결한 국제조약과 협정을 폐기할 것, ⑥ 통일문제를 해결하기 위하여 동·서 진영에 가담하지 않은 중립국가로 조정위원단을 구성할 것, ⑦ 과도 기간 중 조정위원단을 통해 남북이 교역하고 우편물과 이산가족을 교환할 것 등이다.[32)]

김용중이 남북정부에 "통일을 위한 제언"을 발표할 무렵 한국인의 중립화 통일 의식은 최고조에 이르고 있었다. 한국사회가 4·19혁명에서 불과 9개월이 경과한 시점에서 한국인의 32.1%가 한반도의 중립화 통일을 찬성한 것은 중립화 통일에 대한 한국인의 열망을 보여준 것이다.[33)]

4·19공간에서 자유로운 통일논의가 지속되자 장면정부와 민주당은 유엔 감시 하에 남북총선거를 실시하는 기본 입장이고, 통일사회당, 사회대중당, 혁신당 등은 중립화 통일론을 주장했으며, 사회당과 민족자주통일중앙협의회(민자통)는 남북협상론을 주장했다. 김용중은 혁신정당의 중립화 통일론에 영향을 많이 미친 것 같다. 그의 중립화 통일론에 영향을 받은 민자통은 1961년 2월 25일 결성식을 갖고, 김용중을 명예의장에 추대했다. 중립화조국통일운동총연맹(중통연) 발기준비위원회의 김기철(金基喆) 대변인은 1961년 3월 2일 김용중에게 한반도의 중립화 통일을 위해 국내·외에서 강력한 유대를 결성할 것을 제의했다. 이에 대해 김용중은 1961년 3월 31일 성명을 통해 어떠한 단체도 허가 없이 본인의 이름을 도용하지 말 것을 경고했다.[34)]

위에서 설명한 바와 같이 김용중은 1948년부터 분단된 한반도가 중립화로 통일이 되어야 한다고 주장해 왔다. 그러나 한국에서 이승만 정권이 붕괴되고 장면정권이 수립된 4·19공간에서 한국인의 중립화 통일운동은 급속하게 확산되어 국내의 여러 혁신단체에서 김용중에게 통일운동을 함께할 것을 제의했으

32) 보다 자세한 것은 서울신문 1961년 3월 7일자 보도를 참조할 것.

33) 한국일보, 1961. 1. 15. 참조.

34) 정병준, 앞의 논문, p. 48 재인용.

나 그는 동의하지 않고 부정적 인식을 갖고 있었다. 1960년 4·19공간에서 김용중이 그렇게 바라던 중립화 통일운동을 본격적으로 할 수 있는 여건이 한국에서 조성되었으나 그가 귀국하지 않는 것은 그의 정치적 한계성을 보인 것이다. 만약 그가 4·19혁명 이후 귀국해서 중립화 통일운동을 보다 적극적으로 전개했다면, 한국의 중립화 통일운동은 보다 발전할 수도 있었을 것이다.

김용중이 왜 한국에 귀국하지 않았는지는 알려지지 않고 있다. 다만 그가 미국에서 중립화 통일운동을 하는 과정에서 귀국하지 못할 무슨 사유가 있었던 것으로 짐작된다. 4·19혁명 이후 한국에서 정치적 소용돌이 와중에도 김용중은 흔들림 없이 미국에서 통일운동과 선전활동을 계속하면서 남북간의 협상을 통한 통일을 주장했다. 남한의 정치적 혼란기에 북한은 김용중에게 적극적으로 접촉했으며, 그로 인해 김용중과 북한의 통일방안이 상당히 접근할 수 있게 된 것 같다. 만약 김용중이 한국에 올 수 없는 이유가 있었다면, 이승만정부가 그를 용공 친북인사로 분류하고 경계했기 때문에 귀국하는 것을 우려했을 가능성도 있다. 그는 4·19공간에서 귀국하지 않았기 때문에 그가 귀국할 수 있는 절호의 기회를 상실한 것이다.

장면정부는 1961년 5월 16일 박정희가 주도하는 군부쿠데타로 붕괴되었으며, 한국정부는 또 다시 군부독재 체제가 수립되었다. 김용중은 그동안 남북한 지도자에게 중립화 통일을 위해 남북의 협상에 의한 평화통일을 강조한 것에 대해 한국에서는 그를 친북 용공분자로 매도한 대신, 북한은 그의 통일정책을 지지함으로써 김용중은 북한의 김일성과 서신도 교환한 반면 박정희 군부는 이승만 정부와 같이 김용중을 친북공산주의자로 규정하고 그의 어떠한 제안에 대해서도 공식적으로 대응하지 않음으로써 김용중은 자동적으로 공산주의자가 될 수밖에 없었다.

김용중은 한국의 군부통치가 실시되고 있던 1961년 12월 14일 유엔총회 의장에게 보낸 서한에서, ① 한국문제를 위한 군사정전위원회를 중립국위원회로 교체할 것, ② 남북한 시민으로 구성된 자유연락위원회를 구성할 것, ③ 남북한의 경제교류와 인적왕래를 촉진할 것, ④ 한국통일을 엄정중립으로 할 것 등을 요구했다.[35]

김용중의 통일론에 대한 중요한 변화는 그가 1964년 11월 12일 박정희와 김일성에게 보낸 제2차 공개 서한이다. 그가 3년 전 남북의 최고 지도자들에게 보낸 제1차 공개서한에서 5개 항으로 다소 추상적인 것을 수정하거나 보완한 것으로 과거의 유엔위원단과 비동맹 국가로 구성된 감시단보다는 남북이 11명으로 구성한 통일위원회를 통해 협상당사자가 되어 정치적이고 군사적 문제를 해결하는 구체적 방안을 포함하고 있다. 그러므로 김용중의 2차 서신은 그의 평화통일론을 종합한 것으로 평가할 수 있을 것이다. 다시 말해 그의 2차 서신의 핵심은 과거 외세에 의한 한반도 문제해결보다는 남북민족이 자주적으로 해결할 것을 강조하고 있다.

그는 "우리 조국의 운명은 우리 한민족이 주인으로서 자신의 문제와 난관을 해결해야 할 것이다. 우리의 문제를 외부의 그 누구도 우리를 위해 우리 대신 해줄 사람은 없다"고 하면서 민족의 자주성을 강조하고 있다. 김용중이 1964년 11월 12일 남북지도자에 보낸 서신 내용은 다음과 같다.

① 분단된 조국을 그 본래의 상태로 복귀시키기 위한 협상을 11명의 위원으로 구성된 통일위원회를 수립하되 위원은 남북에서 5명씩 선출하여 11번째 위원은 쌍방이 동 위원회 위원장으로 선출할 것.

② 정치적 해결의 서막으로서 다음과 같은 일련의 인도주의적 조치를 즉시 실시할 것.

- 이산가족이 다시 모여 그들이 거주지를 어디라도 희망하는 대로 선택할 수 있는 자유
- 국가 양 부분간에 무역할 수 있는 무제한의 자유

35) 김용중의 Mongi Slim 유엔총회 의장에게 보낸 서신; 정병준(2004), 앞의 논문, p. 49 재인용.

· 남북간의 이주와 여행의 자유

· 남북간의 우편, 전화, 전신, 수송과 전력 공급의 재개

· 학술과 체육 활동에 남북이 동시 참가

③ 통일위원회의 지도하에 한반도로부터 모든 외국 군대를 동시에 철수시키고 한국의 병력을 국내 안전과 질서를 유지하기 위한 경비대 수준으로 축소할 것.

④ 통일위원회에 38°선에 있는 '외국의 장벽'을 철폐하고 군사 휴전위원회를 해체할 수 있는 권한을 부여할 것.

⑤ 전국적 정부 수립과 제헌국회 선거를 위해 통일위원회의 지도와 감시하에 비례대표제를 실시하고 전국적으로 자유로운 선거를 준비할 것.

⑥ 현재의 양 정권이 체결한 모든 협정 조약과 공약을 무효화시킴에 따라 미국과 유엔이 한국의 중립적 지위를 보장할 것 등이다.[36]

김용중의 남북한 지도자에게 보낸 서신에 대해 박정희 정부는 무관심하거나 무시하는 경향을 보인 반면, 김일성은 1965년 1월 8일자 편지에서 다음과 같이 답했다.[37]

> 나라의 통일은 어떠한 외세의 간섭도 없이 반드시 자주적이며 민주주의적인 원칙에 기초하여 평화적인 방법으로 실현하여야 합니다. (줄임) 조선의 통일문제의 해결을 위해 일체의 외국 군대를 철거시켜야 한다는 당신의 제의는 정당한 것입니다. (줄임) 조선에서 유엔은 미국의 침략 도구로 이용되어 왔습니다. 당신이 제기한 통일위원회는 우리가 말하는 최고민족위원회와 류사한 것이라고 볼 수 있습니다. (줄임) 우리는 남북조선 군대를 국내 안전과 질서를 유지하기 위한 경비대의 수준까지 축소한 데 대한 당신의 제의를 좋은 것이라고 생각합니다.

36) 한호석, "김용중의 민족자주·통일운동," 강종일, 이재봉 편저, 「한반도의 중립화 통일은 가능한가」(서울: 들녘, 2001), pp. 150~151.

37) 위의 논문, p. 151.

(줄임) 민족자결의 원칙에서 우리 조국의 통일을 실현하고 전 민족이 단결하여 투쟁할 때 우리는 어떠한 외세의 보장도 필요 없이 나라의 위력을 굳건히 할 수 있으며 부강한 자주 독립국가를 건설할 수 있을 것입니다.

김용중은 1971년 12월 18일 김일성에게 보낸 편지에서 "민족 통일을 위한 당신의 제안들이 나의 제안과 가깝다는 점을 알게 되어 기쁩니다"라는 답신을 보냈다. 김일성은 1973년 6월 23일 발표한 통일방안과 김용중의 통일방안을 비교하면, 군사적 긴장 상태의 완화, 남북의 민간 교류 실현, 통일을 추진할 민족주체 세력의 분야에서 견해가 일치한 반면, 북한의 남북 연방제 실시와 단일 국호로 유엔 가입의 제안과, 인구비례에 의한 전국대표 총선거 실시와 외세에 의한 남북의 중립화 보장 면에서는 상이함을 보이고 있다.

김용중은 1972년 6월 20일 로광욱과 함께 조국통일재미촉진위원회(Committee in the U.S. for Peaceful Unification of Korea)를 결성하고, 의장단에는 김용중, 임창영, 전규홍, 강용흘, 주영한 등이 선임되고, 위원장에 로광욱이 선출되었다. 조국통일재미촉진위원회의 강령과 행동목표는 다음과 같다.[38]

① 주체사상은 남과 북이 다 같이 추구하고 있는 공통된 기본이념이다. 자주, 자립, 자위의 주체사상을 실제화함으로써 통일을 앞당기자.
② 자주적 평화통일은 민족 전체의 공통된 염원이다. 남북적십자회담을 성의껏 추진하여 이를 정치협상으로 발전시킴으로써 공동운명과 공동이해를 가진 우리들의 합의점을 발견하자.
③ 남북정전협정을 평화협정으로 바꾸며 상호 불가침조약의 체결로 모든 역량을 조국건설에 돌리자.
④ 평화를 사랑하는 한미 양 국민의 우의를 배양하여 조국과 미국과의 자유로운 호혜교환을 증진시킴으로써 조국통일에 이바지하자.

38) 정병준, 앞의 논문, p. 56 재인용.

⑤ 한국 동포들은 조국의 자주적 평화통일의 성취를 위하여 남북한의 정치, 경제, 문화방면의 자유로운 교환과 이해를 증진시키자.

김용중의 조국통일재미촉진위원회 결성은 그의 공식적 통일 활동을 하는 마지막이 되었다. 김용중의 자주, 자립, 자위의 사상은 북의 주체사상과 맥을 같이 하고 있으며, 남북이 1972년 7월 4일 발표한 '7 · 4남북공동선언'의 기본 정신에서 그 맥을 같이 하고 있어 남한보다 북한의 통일정책에 더 많은 영향을 미친 것으로 분석된다.

'7 · 4남북공동선언'으로 남북간에는 화해무드가 올 것 같이 보였다. 그러나 박정희 정권에 대한 김용중의 비판은 조금도 완화되지 않았다. 김용중은 1974년 6월 로광욱, 최도식과 함께 닉슨 대통령에게 보낸 서신에서 만약 미국 대통령이 한국을 방문할 경우, 경찰국가인 박정희 독재정권을 지원하게 될 것이므로 한국을 방문하지 말 것을 촉구하였다.[39]

그는 1974년 6월부터 병석에 눕게 되었다. 그러나 그의 통일열정은 병석에서도 계속되었다. 그는 1974년 9월 키신저 국무장관에 보낸 서신에서 "박정희 정권은 스탈린과 히틀러 같은 독재정권"이므로 경찰국가인 한국에 경제원조나 무기원조를 중단할 것을 요구했다. 김용중은 병석에 있으면서도 1975년 1월 2일 로스앤젤레스 타임스에 기고한 글에서 "미국은 한국을 떠나야 한다"는 제목으로 "박정희는 자신의 안전을 위해 미군을 인질로 잡거나, 북한을 무력통일할 욕심으로 한국내전에 미군을 또다시 참가시킬 책략을 하고 있기 때문에 미군은 한국에서 철수해야 한다"고 주장했다. 이 기사는 김용중이 한반도 통일운동을 한 마지막 글이 되었다.[40]

그는 병석에서 평소 통일운동의 절친한 동지요, 친자식 같이 여긴 로광욱

39) 위의 논문, p. 60.

40) 위의 논문.

에게 "만약 내가 죽으면 화장하여 뼛가루로 만들어 내 조국의 38°선에 뿌려 달라"는 유언을 남겼다. 그는 1975년 9월 6일 캘리포니아주 남가주대학병원에서 한 많은 생을 마감했다. 김용중의 유가족과 로광욱은 그의 유언에 따라 그를 화장하고 그의 뼛가루를 한국의 38°선 부근에 뿌리려 했으나, 그의 유언은 이뤄지지 못했다. 박정희 정권은 김용중의 생존시 박정권에 대한 비판으로 그의 유해가 귀국하는 것도 허락하지 않았기 때문이었다.

로광욱에 의해 수년간 보관된 김용중의 뼛가루 유해는 1979년 박정희 정권이 붕괴된 후 귀국하게 되었다. 김용중의 유해는 한국에 있는 유일한 직계 혈육인 딸 김용보에 의해 38°선 부근에 일부가 뿌려졌으며, 나머지 유해는 금산 선영에 안장되었다. 김용중의 항일독립운동의 공적을 인정한 대한민국 정부는 2000년 그에게 대한민국 건국훈장 애족장을 추서했으며, 2001년 11월 28일 그의 유해를 대전국립현충원에 안장하였다.

(4) 강종일의 평가

김용중의 독립항일운동과 중립화 통일운동의 논문을 발표한 강종일은 논문의 맺음말에서 김용중에 관해 아래와 같이 평가했다.

김용중이 미국에서 전개한 항일독립운동과 한반도 중립화 통일운동은 미국에서 성공한 사업가로 그의 열정과 경제적 재력의 뒷받침이 있었기에 가능했을 것이다. 그는 여운형의 주선으로 미국에 유학한 후 경제적 자립을 위해 김호, 김형순 등과 함께 사업에 성공함으로써 1930년대 북미국민회의를 부흥시켜 독립운동에 참가할 수 있는 기반을 다진 것이다. 그가 미국에서 항일독립운동을 계속할 수 있었던 요인은 그의 향학열이라 할 수 있다. 김용중은 당시 이승만과 함께 미국에서 가장 훌륭한 엘리트 교육을 받았기 때문에 북미국민회의 선전부장, 중앙집행위원, 신한민보의 영문주필, 재미한족연합회의 선전과장 등의 직책을 수행할 수 있었다.

김용중이 항일독립운동과 중립화 통일운동 과정에서 보여준 특징은 그의 중도적 노선에도 불구하고 어떤 기관의 의사결정권자가 그의 의견에 반대되었을 때 타협보다는 관철을 선호했다. 그의 그러한 행보는 상해임시정부와 대한민국정부로부터 인정을 받지는 못했으나 초지일관 그의 신념을 관철하기 위해 노력하고 행동으로 보여준 결과였다. 그가 항일독립운동과 한반도 중립화 통일운동 및 한국의 민주화 운동에 기여한 몇 가지 특징을 살펴보자.

첫째, 그는 항일독립운동 과정에서 비교적 중도적 온건 노선을 유지했다. 예를 들면, 김호나 김형순과 같이 처음부터 이승만과 대립적 관계를 형성하지 않고, 이승만과 협력할 것은 협력하면서 일정한 관계를 유지함으로써 이승만으로부터 같이 일하자는 제의를 받은 것이다. 이승만은 김용중의 탁월한 능력을 알고 있었기 때문에 그러한 제의를 하였으나, 그의 중도적 성향은 이승만의 요구를 수용하지 않고 리들리 그룹과 이승만의 사이에서 독자적으로 활동한 것이다.

김용중이 이승만과 상이한 활동을 하게 된 동기는 이승만의 독립운동에 관련된 활동보다는 중경에 있는 임시정부가 그의 요구를 거절한 결과이다. 김용중은 초기 중경임시정부를 절대적으로 지지하고, 독립운동 자금도 꾸준히 송금하였으나 임시정부가 1943~1944년 워싱턴 대표부 승인문제로 이승만을 선택했을 때 김용중은 임시정부에 송금을 중단하고 리들리 그룹을 중심으로 한 독자적 항일독립운동을 전개하였으며, 1930년대 후반 재미 한인사회가 사회주의 계열에 동조했을 때도 그는 반공 친미 노선을 유지했다.

둘째, 김용중은 분단된 한반도의 중립화 통일을 최초로 주장한 선구자였다. 그가 중립화 통일을 주장하게 된 배경은 한반도가 외세에 의해 분단되었고, 한국전쟁을 경험했으며, 미·소 냉전기의 전초 기지를 타파하는 대안적 방법으로 중립화 통일을 주장한 것이다. 그는 특히 한반도에 주둔하는 외국군대의 철수를 주장하던 중, 오스트리아가 1955년 4개 연합국의 분할통치를 청산하고 영세중립국으로 완전한 독립을 획득하는 것에 영향을 받은 것으로 평가

되나, 그가 한반도의 "중립화 통일"이란 용어를 최초로 언급한 것은 한반도 통일에 많은 시사점을 주고 있다.

셋째, 그는 한국의 민주화 운동에 많은 기여를 했다. 김용중은 한반도에 대한 일본의 식민지 시절에는 오로지 독립운동에 헌신했으나, 해방 후 한국에서 진행되고 있는 이승만과 박정희 정권으로 이어지는 독재체제를 청산하기 위해 미국정부에 한국정부에 대한 지원을 중단할 것을 수차례 요구했다. 특히 그의 중립화 통일사상은 이승만정부가 붕괴되고 장면정부 시절 한국의 통일운동가들에게 많은 영향을 미치게 되었다.

끝으로, 김용중은 남북한의 통일정책에 영향을 미친 것이다. 그의 중립화 통일제의는 북한 김일성 정권의 중립통일 정책에 영향을 미쳤으며, 그로 인해 한국정부로부터 박해를 받았으며 용공 친북 인사로 분류되기도 하였다. 그의 항일독립운동 시절 그가 보여준 중도적 사상은 한반도 통일에 남북은 동등한 자격과 협상에 의한 평화통일을 주장했으며, 김일성은 그의 주장에 관심을 보이고 어느 정도 수용하면서 동조를 보였으나, 이승만과 박정희는 그의 중립화 통일운동을 비판하고 그를 친북 · 용공분자로 매도하면서 귀국도 영원히 불허했다.

이상과 같이 김용중의 항일독립운동은 불굴의 신념과 성실함으로 미주 한인독립운동역사에 한 획을 차지하고 있으며, 그의 중립화 통일운동은 선각자의 시각에서 재평가가 이루어져야 할 것이다. 그는 4 · 19공간에서 한국인의 32.1%의 국민이 영세중립 통일을 찬성하는 원동력이 되기도 했으며 미국에서 한국의 민주화 운동과 발전에 기여했다. 그러나 그가 조국을 아끼고 헌신한 열정으로 4 · 19공간에서 귀국하여 중립화 통일운동과 민주화운동을 직접 할 수도 있었는데 왜 귀국하지 않고 미국에서 활동했는가에 대한 의문은 다음 연구에서 규명되어야 할 과제이다.[41)]

---

41) 강종일, "김용중의 독립항일운동과 중립화운동," 강종일 편저, 「한반도 중립화로 가는 길」(광안사, 2007), pp. 9~41. ※강종일: 한반도 중립화 연구소 소장.

2. 언론인 김삼규의 생애와 중립화 통일론 그리고 김광식의 평가

(1) 김삼규의 성장과정과 유학시절

형석 김삼규(馨石 金三奎)는 서기 1908년 7월 14일(음력 6월 15일), 전라남도 영암군 영암면 서남리 25번지에서, 아버지 김주찬(金胄贊)과 어머니 신내문(申乃文) 사이에서 3남 1녀 중 막내아들로 태어났다.

소년 김삼규는 그가 5살 되던 해에 아버지가 돌아가셨기 때문에 편모슬하에서 자랐다. 그러나 그의 집안은 매우 유족한 편이었다. 아버지가 어업으로 7~8백석이 넘는 일대의 재산을 이루어 놓았기 때문이다. 그래서 그는 6세의 어린 나이에 서당에 들어가 한문 수학을 할 수 있었고, 2년 뒤에는 개편된 학제에 따라 새로 설립된 보통학교에 입학해 신학문을 수학하게 되었다.

소년 김삼규가 영암보통학교 4학년에 재학 중일 때 '3 · 1독립만세운동'이 일어났다. 이 '독립만세운동'은 당초 3월 1일, 서울의 파고다공원에서부터 비롯된 것이었지만, 그것이 전국적으로 파급되어 영암지역에 이르게 된 것은 4월이었다. 그런데 영암지역 '독립만세운동'에서는 당시 경성제일고등보통학교(경기중학교 전신) 3학년에 재학 중인 그의 둘째 형 김민규(金敏奎)가 이를 주동한 혐의로 투옥되어 8개월간 감옥살이를 하게 되었다. 김민규는 출소와 더불어 다니던 학교를 그만두고 이듬해 동경(東京)으로 유학의 길을 떠나게 되었다.

독립만세운동을 겪게 된 당시에는 이 사건이 그에게 별다른 의미가 없었다. 그런데 이 사건에 대한 경찰의 취조과정을 그가 직접 목격하게 되면서, 그의 둘째 형을 구속한 경찰이나 학생들을 경찰에 넘겨 취조하도록 한 교장에 대한 반발심을 갖게 되었고, 급기야는 이를 계기로 일본의 식민정책에 대한 반감이 그의 마음 속 깊이 싹트게 되었다. 그러나 김삼규는 공교롭게도 바로 이 '3 · 1독립만세운동'을 계기로 그의 둘째 형이 도일하게 되었고, 일본으로 유학한 그의 형을 따라 일본 유학길에 오르게 되었다.

김삼규가 도일하여 처음 입학한 곳은 동경에 있는 해군성 산하의 해성중학교(海城中學校)였다. 그는 이 학교에서 1년 공부한 후 동경고교(東京高校) 2학년에 편입, 여기서 7년제 고교(尋常科 4년, 高等科 3년) 제1기생이 되었다. 그는 고등과(高等科) 과정에서 독문과에 들어가 '톨스토이', '괴테' 등에 심취하게 되었고, 3학년 때에는 특히 '헤르만 헤세'를 좋아하게 되어 동경대학(東京大學)에서는 '헤세' 연구회 등에 참가하기도 했지만, 졸업논문으로는 '토마스 만'을 썼다.

그가 21세 되던 1929년 10월 광주학생사건이 일어났다. 이 사건은 당초 일본인 남학생에 의한 조선인 여중생 희롱사건에서 비롯되었지만, 그것이 확대되어 급기야 식민지교육 반대운동으로까지 발전되었다. 이 무렵, 영암출신 동경유학생회 위원장직을 맡고 있었던 대학 2년생 청년 김삼규는 광주에 격려의 말을 보내기 위해 "식민지교육반대" 알림 쪽지를 작성해서 은밀히 광주에 보내게 되었다. 이 사실이 일본 경찰에 발각됨에 따라 그는 구금되었고, 2주 만에 석방되었다.

광주학생사건이 일어나기 전후인 1928~1930년경에는 일본에서 마르크스주의가 학원가에 한창 창궐해서 그 절정기에 있었다. 그래서 그로 인해 학교 내에서 반제국주의운동이 활발하게 전개됨으로써 당국의 치안유지법도 이를 계기로 가일층 강화되었다. 1929년 한 해만 하더라도 이른바 '3·15사건', '4·16사건' 등의 공산당 탄압사건이 연속적으로 발생하게 되었다. 바로 이러한 상황에서 일본의 만몽(滿蒙) 진출 기도가 노골화되고 있었던 만큼 일본제국주의적 침략상도 점입가경, 바야흐로 본색을 드러내고 있었다. 청년 김삼규가 좌익운동에 관여하게 된 것은 바로 이 무렵이었다.

그는 동경대 1년 선배인 미학과 김두용(金斗鎔)의 권유로 고원사(高圓寺)에 있는 무산자사(無産者社)라는 조직에 가담, 이윽고 위원장이 되어 '프롤레타리아 예술'이라는 잡지도 발간하게 되었다. 이것은 카프(조선예술가연맹)에도 파급되었다. 카프에는 임화(林和), 김남천(金南天), 한재덕(韓載德), 이북만(李北

滿) 등이 참가하고 있었다.

당시 조선공산당 조직은 1927년부터 일제에 의한 탄압으로 거의 궤멸되었고, 간부인 한위건(韓偉健)은 보석 중에 상해(上海)로 망명해서 '계급투쟁'이라는 잡지를 발행하면서 "당재건협의회"를 결성하게 되었고, 1930년 봄 만주에서 서울을 거쳐 東京으로 잠입하여 본격적인 활동을 재개하게 되었다. 이 무렵 동경지역 책임자인 고경흠(高景欽)이 "조선공산당 재건을 위하여"라는 문서를 무산자사(無産者社)의 소책자로 출판해 달라고 김삼규에게 의뢰하였다. 김삼규는 이 문건을 인쇄, 출판해서 여름방학을 맞아 귀국하는 유학생 편에 많은 부수를 한국으로 보내게 되었다. 결국 서울에서는 이 문건으로 말미암아 큰 소동이 일어나게 되었다.

서울의 치안당국은 김남천 등을 체포하여 심문한 결과, 주모자가 동경의 김삼규라는 말을 듣고, 1931년 8월 종로경찰서 요원들을 동경으로 급파, 그를 체포해서 서울로 연행하였다. 그는 심한 고문을 받았으며, 학내 반제운동을 주도한 혐의로 기소되어 서대문형무소 미결감에 수용되어 있던 중 만주사변이 일어났다.

당시, 만주의 간도에서는 중국공산당 "이입삼(李立三)코스"의 무장투쟁이 계속되고 있었기 때문에 서대문 형무소의 미결감은 간도 공산당사건 용의자로 만원을 이루고 있었기 때문에 김삼규는 임시로 기결감에 들어가게 되었다. 여기서는 1등에서 3등까지로 나눠져서 3등은 공산당원 뿐이었는데, 그도 3등 10호실에 수감되었다. 그의 옆방에는 공산당 간부 하필원(河弼元)과 최성환(崔星煥)이 수감돼 있었고, 26호실로 옮긴 뒤 반년 후에 다시 미결감으로 옮기게 되었다. 당시 공산당 간부 최익한(崔益翰)도 그의 옆방에 있었다.

형무소에 수감돼 있는 동안 그는 매월 20원을 가족으로부터 차입을 받았다. 그중 3분의 1은 책 값이었다. 그가 읽은 책으로는, 독일 관념론을 중심으로 한 칸트, 헤겔, 빈델반트, 헬만, 코엔에 이르기까지 닥치는 대로 읽었다. 중

리개산(中里介山)의 「대보살치(大普薩峙)」 전20권도 거기 감방에서 통독했다.

형무소생활을 통해서 청년 김삼규가 확인하게 된 것은 혁명적 언사를 구사하는 사람치고 진정한 혁명가는 없다는 사실이었다. 요컨대, 그는 이를 계기로 소위 〈혁명가〉의 존재를 믿지 않게 되었다.

어쨌든, 그는 여기서 3년 정도 미결감에 있다가 1934년 8월, 징역 2년 집행유예 3년으로 출소한 후, 고향에서 1개월간 체류한 뒤 동경으로 다시 돌아갔다. 동경에는 부인과 3살 된 아들이 있었다.

김삼규가 그의 부인 하야의자(河野依子) 여사와 만나게 된 것은 대학 2학년 때 독서회에서였다. 그 후, 두 사람 사이의 관계가 연애로 발전해서 결혼하게 되었다. 부인은 당시 제네바에 본부를 두고 있는 국제노동기구(國際勞動機構) 동경지국에 근무하면서 아이들을 통해 수시로 그에게 책도 보내주었기 때문에 더욱 각별한 사이로 발전하게 되었다.

동경에 돌아 온 김삼규는 생계 수단으로 독일어 번역을 시작했다. 그는 이 무렵 김두용(金斗鎔)을 만나게 되었고, 김두용으로부터 무산자사(無産者社)운동을 계속하면서 조선예술좌(朝鮮藝術座)의 연극운동에 협력해달라는 제의를 받고 조선예술좌 활동에 관여하게 되었다. 그러나 1936년 9월 조선예술좌 연극원들이 경찰당국에 검거됨에 따라 그는 김두용과 함께 체포되어, 〈연극을 통한 독립운동〉 혐의로 1년간 구치됐다가 이듬해 8월에 석방되었다.

〈조선예술좌〉의 사건으로 기소된 김두용은 삼고(三高) 출신의 고학생으로서 골수 마르크스주의자가 되어 해방 후 귀국과 더불어 공산당에 입당하여 선전부장직을 수행한 후에는 〈노동신문〉 논설위원이 되었다.

김삼규는 구치소에서 나왔으나 독일어 번역으로는 밥을 먹을 수가 없게 되어 책방(本屋)을 열게 되었다. 동경고교 시절의 은사로부터 〈밤거리의 노점 책방〉을 내보라는 말을 듣고, 처음에는 그가 가지고 있는 책을 조선유학생들에게 빌려주는 일부터 시작했다. 그는 1938년 3월 노점 책방을 그만두고 조도전

혈팔번(早稻田穴八幡) 근처에 집을 빌려 본격적으로 청원서방(靑原書房)의 서점을 개점하고, 고서점을 겸업하게 되었다. 그러나 이 무렵까지도 그에게는 경찰 내선과(內鮮課)의 감시가 늘 따라 다녔다.

경찰의 감시로 책방을 잘 운영할 수 없었던 그는 1939년 봄, 고향의 인근인 목포근처에서 금광산을 경영하던 큰형 김봉규(金鳳奎)로부터 사업을 도와달라는 편지를 받고 가족을 동경에 남겨둔 채 혼자 귀국하게 되었다. 그 후, 광산사업은 1942년까지 계속됐지만, 태평양전쟁으로 금이 필요 없게 되었기 때문에 광산이 폐광되어 강원도 원주로 거처를 옮겨서 양돈업과 더불어 식품가공업(햄 공장)을 시작하게 되었다. 결국 그는 해방을 원주에서 맞이했다.

(2) 해방 직후의 선택과 송진우의 피살

일본의 포츠담선언 수락으로 미군은 1945년 9월 9일 서울주재 일본인 총독의 항복을 받았다. 조선총독은 적어도 조인식이 끝나기까지는 자신의 책임하에 치안을 유지할 의무가 있었고, 또 그럴만한 역량이 있었지만, 총독부의 간부는 일본인의 안전을 우려해서 일찍이 대한민국 임시정부(상해)의 외상을 맡고 있었던 여운형(呂運亨)에게 치안유지 업무를 위임했다.

여운형은 라디오를 통해 건국준비위원회(건준)의 결성 필요성을 촉구했다. 건국준비위원회는 한국인의 적극적인 지지로 단시일 내에 전국적으로 확산되고 조직되었다. 여운형은 조선공산당 박헌영(朴憲永) 서기장과 함께 미군이 한국에 상륙하기 전인 9월 초 조선인민공화국의 각료명단을 발표하고, 미군의 승인을 대기하고 있었다. 그러나 한국에 상륙한 연합군 사령관은 두 사람에게 정부를 수립하는 권한을 부여하지 아니한 만큼 무조건 인정할 수 없다고 주장했다. 그로 인해 조선공산당은 미군정에 대한 투쟁을 선언하게 되었고 〈건준〉을 기반으로 '반미 용공풍조'가 전국으로 확산되었다.

미 · 영 · 소 3개국 외상들이 1945년 12월 27일 모스크바에서 회담을 갖고 한반도에 대한 5개년 신탁통치 안이 포함된 모스크바 삼상협정(三相協定)을 발표하자, 건춘은 미국 제국주의가 조선식민지화정책의 표시라고 비판함으로써 공산당의 공격은 절정에 달하게 되었고, 1946년 1월 13일 신탁통치반대 서울시민대회 개최를 공표했으나, 박헌영이 1월 2일 평양을 방문하고 서울로 돌아온 후 신탁통치에 대한 절대 지지를 지령했기 때문에 13일의 집회는 신탁통치 지지대회로 변하게 되었다. 그러나 서울시민들은 이들의 갑작스런 신탁통치 지지로 인한 소련편향에 반발, 신탁통치를 반대하는 민족진영의 〈즉시 독립〉을 바라는 민족 감정에 공명함으로써 반탁운동은 요원의 불길처럼 전국적으로 확산되었다.

미군정은 이러한 반탁운동을 묵인하고 있었지만 이것은 운동 그 자체에 대한 호의에서가 아니라 소련에 대항하기 위한 민족진영과의 제휴를 고려한 결과였다. 미·소냉전은 바야흐로 한반도에서도 이미 시작되고 있었던 것이다.

신탁통치방안이 처음 제기된 것은 1943년 11월 27일의 카이로 선언이었다. 카이로 선언은 한국민의 노예상태에 유의하여 "적당한 시기에"(in due course of time) 한국을 자유 독립국가로 해방시킬 것을 결의하게 된 것이다. 그러나 얄타회담은 "대전의 결과 해방된 지역은 일정 기간 신탁통치를 실시한다"로 변경되었고, 이를 다시 구체화하여 "5년간의 신탁통치"로 규정한 것이 모스크바 3상협정이었다.

당시, 이러한 사실을 올바로 이해한 정치가는, 청년 김삼규가 알기로는, 한국민주당 수석총무 송진우(宋鎭禹)뿐이었다. 그래서 그는 늘 그를 존경하고 따랐다. 해방 직전, 그가 일본의 항복 사실을 알게 된 것도 송진우를 통해서였다.

모스크바 3상협정이 발표된 지 이틀 후인 12월 27일, 송진우가 인력거로 서울 서대문 경교장(京橋莊: 김구, 김규식 등 임시정부요인의 숙사)을 방문하고, 모스크바협정에 대한 선후책을 논의한 후 집으로 돌아와 그의 집에서 기다리고 있던 김삼규 등에게 장탄식하면서 "조금 빨랐다"라고 중얼거렸다. 김삼규는 송진우의 한마디로 모든 것을 알게 된 것과 같은 기분이었다.

김삼규가 회고하는 〈경교장에서의 하루〉는 대략 다음과 같은 것이었다. 즉, 송진우는 그날 임정요인들에게 5개년 신탁통치 기간을 헌법실시 전의 훈정기(訓政期)로서 활용할 필요가 있는 것으로 설득했을 것이다. 송진우는 평소 중국의 손문(孫文)을 존경하고 있었던 만큼, 훈정기 발상 역시 손문의 오권헌법(五權憲法)에서 빌려온 것임에 틀림이 없다. 요컨대, 한국민은 불행하게도 국민으로서의 훈련이 필요하기 때문에 이 신탁통치 기간을 유용하게 활용할 필요가 있다는 것이다.

그러나 송진우의 설득은 임시정부 요인들에게 통하지 않았다. 특히 귀국과 더불어 곧 권좌에 오를 것으로 생각하고 있었던 김구 주석을 설득하기에는 역시 무리였던 것이다. 어쨌든, 송진우는 다음 날 이른 아침 자택을 습격한 테러리스트에 의해 살해되었다.

김삼규는 오랜 세월이 흐른 뒤에, 송진우에 대한 숨은 이야기를 다음과 같이 소개한 바 있다. 즉, 상해임시정부는 정부다운 활동이 없어 어느 나라에게도 인정을 받지 못하고 있었다. 장개석(蔣介石)이 그 존재를 인정하기로 한 것은 1938년 2월 11일 상해 홍구(虹口)공원에서 윤봉길 의사의 폭탄테러사건(일본의 백천[白川]대장 폭사)이 계기였다. 미국정부 역시 같은 이유로 해방 후 임정요인들이 한국에 입국하는 것을 환영하지 않았다. 미국에 있었던 이승만에 대한 국무성의 태도도 마찬가지였다. 그럼에도 불구하고 그들이 해방 후 일찍 귀국하게 된 것은 오로지 송진우가 미군사령관 하지중장을 설득한 결과였다.

송진우는 그런 미군을 상대로 설득했을 뿐만 아니라, 임시정부에 대한 절대 지지를 위한 '한국민주당'의 간판을 걸고 그들의 귀국에 대비했던 것이다. 그럼에도 불구하고 그러한 송진우의 정치적 탁견을 경청, 이를 받아들이기는 고사하고 결국 송진우에 대한 테러사건이 발생한 사실은 도저히 용납될 수 없는 일이었다.

(3) 동아일보 시절과 망명 후 중립화 통일운동 전개

동아일보는 1945년 12월 1일 복간되었다. 조사부장으로 입사한 김삼규는 잠시 서울대 독문과에서 교편을 잡았지만, 1948년 신문사가 그의 야인적 기질에 맞았던지 대학교수를 그만두고 편집국장이 되었고 6·25전쟁 시에는 주필이 되어 부산에서 타블로이드 판으로 동아일보를 계속 발행했다.

김삼규는 당시의 상황을 다음과 같이 회상한 바 있다. "그때 나는 부산으로 가는 사원들 각자에게 신문용지를 가져가도록 말했다. 부산에 도착하여 확인해보니 모두 33련(100매에 1련)이었다. 그렇지만 그 당시 회사에는 신문을 낼 예산이 없었다. 그래서 전 사원을 모아놓고 '종이를 팔아서 생활비로 나누든가, 아니면 신문을 내든가'라고 물으니 전원이 신문을 내자고 말했다. 나는 월급은 나오지 않는다는 전제하에 신문 발행을 다짐해 두었다. 그래서 전쟁이 한창인데도 신문이 발행될 수 있었다."

한국 전쟁이 38°선에서 교착상태에 있었던 1951년 9월의 어느 날 아침, 김삼규는 동아일보 지면을 보고 놀라게 되었다. 주필이며 편집국장인 자신이 붓을 잡고 쓴 사설이 모르는 사이에 흔적도 없이 지면에서 사라져버렸기 때문이다. 그것은 이승만정부의 고관을 비판하는 사설의 일문이었다. 이 〈사설삭제사건〉을 계기로 그는 붓을 놓고 1951년 9월 23일 부산 수영공항에서 한국을 떠남으로써 그의 오랜 망명생활이 시작되었다. 그는 1951년 11월 동아일보를 퇴사하는 것으로 마무리되었다.

이승만 대통령은 1952년 7월 4일 대통령 직선제 개헌안을 통과시켰다. 일본에서 그 소식을 들은 선생인 일본 공동통신(共同通信)과의 인터뷰에서 이승만을 통렬히 비판하였다. 이 기사가 일본의 각 신문에 크게 보도되자 그는 이승만 대통령의 미움을 사게 되었고, 주일 한국 대표부는 김삼규에 대한 여권의 재교부를 거부하였다. 이때부터 그는 법적으로 일본에 망명자가 되었다.

한국을 떠날 때, 선생은 하나의 과제를 가지고 나오게 되었다. "오늘의 한국에는 남도 북도 희망이 없다. 조선민족이 희망을 가지고 사는 길은 어디에 있는가?" 이 문제를 생각하는 것을 자신의 과제로 생각하였다. 그가 일본으로 왔을 때, 암파(岩波)의 세계(世界)지가 "전면 강화인가, 단독 강화인가"라는 특집호를 내고 있었다. 일본의 언론의 자유도 상당한 정도라고 통감하게 한 특집이었다. 그로부터 3개월 남짓 세계의 정세를 토대로 그는 1952년 1월 다음과 같은 결론을 내리게 되었다.

남북을 통일하려면 우리민족은 민족이익을 배타적으로 추구해서는 안 된다. 미·소가 조선을 분단한 것은 민족자결권에 반대해서가 아니다. 6·25사변에서 보여주고 있듯이, 통일문제는 주변제국의 안전보장문제임과 동시에 조선민족과 주변민족과의 안전보장문제이기도 하다. 따라서 이 문제를 해결하기 위해서는 한반도의 중립화, 다시 말하면 어느 나라와도 군사동맹을 맺지 않고, 또 어느 나라의 군사기지도 두지 않는 스위스나 오스트리아와 같은 중립화의 길 이외에 달리 방법이 없는 것으로 생각되었다. 그러나 현재에는 전쟁상태에 있기 때문에 휴전을 기다렸다가 때가 되면 그의 구상을 펼치기로 작정하였다.

마침내 1953년 3월 5일 스탈린이 죽자, 3월 말 교환포로의 자유의사를 인정한다고 하는 중국 주은래(周恩來)의 성명이 나오게 되었다. 그는 이제 조만간 휴전이 이루어질 것이므로 붓을 잡을 때가 된 것으로 생각했다. 그리하여 4월 중순부터 일본에 온 이후 처음으로 투고한 것이 *Japan Times*였다. 그의 글은 "Neutralization of Korea"(한국의 중립화)라는 제목의 투고였다. 그 후, 그에게는 조일(朝日)신문 논설주간 립신태랑(笠信太郎)을 만날 기회가 있어 그에게 조선의 중립화 구상을 처음으로 말하게 되었다. 일본인 논설주간은 조일신문에 〈논단〉이라는 칼럼이 있으니 기고해 보라고 권고하였다. 그 결과 1953년 6월 11일 조일신문 논단에 "대외적으로는 중립화, 대내적으로는 민주화가 조선 문제 해결의 길"이라는 그의 논평이 게재되었다.

그의 노력에도 불구하고 중립화 통일론에 대한 국제적 반응은 별다른 성과가 없었다. 오히려 직접 당사자인 남북한 당국이 이를 탐탁치 않게 여겨 배척하는 양상을 보여 주었다. 따라서 그의 한국으로 귀환은 더욱 어렵게 되었다. 그렇지만 좌절하지 않았다. 그는 1957년 〈조선중립화위원회〉를 설립하고, 기관지로 월간지 「코리아 평론」을 발행하게 되었다. 그 후, 한반도의 정세를 예의 주시하면서 기회가 있을 때마다 이 잡지를 통하여 자신의 지론을 〈권두언〉 형식으로 계속 개진하게 되었다.

그러던 중 1960년 4월, 4·19혁명으로 이승만 대통령의 자유당정권이 붕괴되었다. 김삼규는 4·19혁명 결과로 1960년 6월 꿈에도 그리던 한국에서 2주 정도 체재하면서 서울의 신문, 잡지를 통하여 그의 지론인 중립화 통일론을 다방면으로 소개하게 되었다. 그중에서도 특히 서울대학교에서의 강연은 상당히 고무적인 반향을 보여 주었다. 그는 이 기회에 귀국할 결심을 굳히고, 그동안 애써 간행해 온 「코리아평론」 9월호를 종간으로 발행하게 되었다. 그러나 「코리아평론」은 1961년 1월호부터 속간하게 되었다.

그가 귀국하려는 단계에서 그에게 여권이 발급되지 않았기 때문에 그는 윤보선 대통령에게 "한국민에게 한국여권을 발급하지 않는다는 것은 나라의 명예에 관한 일"이라는 요지의 편지를 냈지만 효과가 없었다. 당시 장면 총리가 한국 민주당의 통일안인 국제연합 감시하의 남북통일선거를 지지하지 않는 한 여권을 내줄 수 없다고 반대하였기 때문에 그의 영주귀국은 결국 실현되지 못했다.

그 후, 한국행이 실현된 것은 1973년이었다. "성묘(省墓)를 위한 입국에는 반공법이나 국가보안법이 적용하지 않는다"는 한국정부의 방침을 신문에서 읽고 그는 〈성묘를 위한 방한〉을 신청결과 여권을 받게 되어 13년 만에 일시 한국에 귀국할 수 있게 되었다.

김삼규는 1989년 4월 세상을 떠날 때까지, 1980년, 1986년, 1988년 세 차례에 걸쳐 고국을 방문하였다. 1980년 그의 한국 방문 시에는 광주일보 통일문제연구소(소장 장기웅 논설위원)가 5월 12일 광주 무등회관에서 주최한 세미나에서 그는 필자와 함께 "남북통일의 과제와 전망"의 주제로 평소의 지론을 발표한 후, 필자의 주선으로 서울에서 통일연구소 교수를 대상으로 같은 주제의 특강을 했으며, 그가 세상을 떠나기 반년 전인 1988년 10월 19일 〈무등일보〉에 같은 주제의 논문을 기고하였다.

(4) 김삼규의 중립화 통일론

한국전쟁은 당초 국지전으로 시작되었지만 곧 국제화됨으로써 동·서 냉전체제를 주도하던 미국과 소련에게 의외의 충격을 주게 되었다. 그러한 결과로 미국과 소련은 한국전쟁의 휴전을 서두르는 한편 동·서 냉전체제를 재조정할 필요에서 제네바 정치협상(1954~1955)을 개최하게 되었다. 이 정치협상의 결과로 유럽에서는 오스트리아가 중립화되었고, 한반도 문제는 별다른 성과 없이 현상동결의 선에서 잠정적으로 분단체제를 제도화하는 방향을 취하게 되었다.

이와 같은 일련의 정세 변화 과정에서 한반도 중립화론이 미국의 조야에서 제기되었다. 한국전쟁의 휴전 또는 종전 처리를 위한 구상으로서 이 무렵에 제기된 것으로는 상원의원을 지낸 노우랜드(William F. Knowland)의 견해와 덜레스(John F. Dulles) 국무장관의 구상을 대표적인 예로 들 수 있다.

그 후 60년대에 들어와서는 적어도 미·소간에 데탕트의 분위기가 싹트게 되자, 미국의 정책 입안자들은 세계정치에서 중립의 입장을 재평가하고 그에 대해 관대해지는 한편, 그 장점을 인정하는 경향을 보이게 되었다. 물론 여기서는 오스트리아 중립화의 성공적 사례가 직접, 간접으로 영향을 주었다고 할 수 있다. 이러한 정책적 분위기 하에서 내란으로 교착상태에 빠져 있던 라오스 문제에 중립화를 적용하는 한편 인도차이나 전역에 걸친 적용 가능성을 검토하기도 하였다.

이와 같은 분위기 하에서 한반도 중립화 방안에 대한 관심이 다시 표명되었다. 맨스필드(Mike Mansfield) 상원의원이 60년 10월에 제기한 한반도 중립화론은 그 대표적인 예에 해당한다. 특히 맨스필드에 의해 제기된 한반도 중립화론은 미국에서의 그의 위치 때문에 한국의 국내에 큰 파문을 일으키게 되었다. 그리고 이러한 상황은 한국인에게도 파급되어 해외교포, 특히 일본의 김삼규, 미국의 김용중 등에 의해서 한반도 중립화 통일론이 활발하게 제기되었다. 그리고 이에 수반하여 국내에서도 특히 4·19혁명 이후의 활발한 통일 논의를 배경으로 중립화 통일론이 크게 주목되었다.

60년대 초에 활발하게 제기되었던 중립화 통일논의는 주지하듯이 4·19 직후의 정치정세를 배경으로 한 것이었다. 당시 최대한 허용되었던 시민적 자유에 힘입어 종래 오랫동안 금기의 대상이었던 통일논의가 여러 부문에 걸쳐 폭넓게 전개되었다. 그 중에서도 특히 적극적인 호응을 보인 것은 사회대중당, 통일사회당 등의 혁신계 정당과 대학생들이었다. 이들에 의한 논의의 내용은 물론 그것의 구체적 적용 단계나 절차, 적용 모형 등에서 다양한 편차를 보여주고 있었지만, 이론적 근거에 있어서는 대체로 재일교포 김삼규의 소론을 준용하였다. 그가 제기한 중립화 통일론이 가장 체계적으로 이론화되어 있었기 때문이다.

김삼규의 중립화 통일론이 처음 제기된 것은 그의 저서 「금일의 조선」(今日の朝鮮, 1956), 「조선의 진실」(朝鮮の眞實, 1959)에서라고 할 수 있다. 그러나 그것은 일본에서 출간된 것으로서 국내에는 거의 알려져 있지 않았다. 따라서 중립화 통일론이 국내에 소개되어 논의되기 시작한 것은 1960년대 초부터라고 할 수 있다. 1960년 4·19 직후, 그가 일시 귀국하여 〈서울신문〉(1960. 9. 19.)을 비롯한 일간지와 「세계」(1960. 8), 「사상계」(1960. 9) 등의 잡지에 연달아 그의 지론을 게재하게 됨에 따라서 국내에 큰 반향을 일으키게 되었다.

그가 1953년 이후 제기한 중립화 통일론의 논지를 간추리면 대략 다음과 같다.

첫째로, 한반도가 양대 진영의 어느 한쪽으로 편입되면 이것은 타방에게 위협이 되고 끊임없이 음모와 위험의 원인이 되므로, 통일 한국은 국제적 동의에 의해 중립화되어야 한다는 것이다.

둘째로, 남북한 정권은 대립적 강국의 지지에 의해서 수립되었으며, 그들의 이익 대변자에 지나지 않으므로 양 정권은 자유 총선거에 의해 수립된 새로운 통일정부에 의해 대체되어야 한다는 것이다.

셋째로, 남북한 정권은 그네들의 정책을 강요하는 것과 같은 여하한 행동도 배제하고 자유로운 총선거를 확보하기 위해서 한반도에 아무런 이해관계가 없는 중립국에 의한 선거위원회나 또는 중공까지도 가맹시킨 UN 선거위원회를 구성하여 이들의 관리 하에 선거를 실시하여, 여기서 선출된 대의원에 의해 통일헌법을 마련하도록 해야 한다는 것이다.

그가 주장하는 중립화 통일론의 논지를 좀 더 구체적으로 확인하기 위하여, 「사상계」(1960. 9.)와 〈무등일보〉(1988. 10. 19.)에 게재된 그의 지론을 중심으로 다시 살펴보기로 한다.

(5) 통일독립 공화국에의 길

김삼규는 「사상계」(1960년 9월호)에 기고한 "통일독립 공화국에의 길"의 논문에서, "통일문제를 이데올로기 문제로 생각하는 것"은 통일문제의 본질을 곡해하는 것이라고 전제하고, 통일문제의 본질을 다음과 같이 설명하고 있다.

통일문제의 본질은 무엇인가? 우리가 통일 · 독립한다는 것은 단적으로 말하면 미 · 소의 세력권 투쟁에서 해방되는 것이다. 남북 양단의 역사적인 과정이 증명하는 바와 같이 그것은 제2차 세계대전 이후 전개된 미 · 소의 냉전이 세력권 확보의 투쟁으로 전환된 결과에 불과한 것이다. 우리가 걸핏하면 이데올로기를 끄집어내고, 이데올로기 문제에 잡혀있다는 것도 이러한 미 · 소의 세력권투쟁의 영향에 불과한 것이다. 단일민족을 남북으로 갈라놓고 그 상태를 유지하려면 대립을 사상투쟁으로 전환시키는 것이 가장 효과적이기 때문이다. 다시 말하면 한민족이 자진해서 사상투쟁을 하고 있는 것이지, 미·소의 세력권 투쟁을 대행하고 있는 것이 아닌 것처럼 가장할 수 있기 때문이다. 6·25사변은 이러한 이데올로기 투쟁을 더욱 격화시키는 결과가 되었다.

이상에서 보면, 우리는 두 개의 명제에 봉착한다. 그 하나는 어떠한 이데올로기가 지향하는 것은 전체 민족의 정신적·생활적 수준을 향상시켜서 복지사회를 건설하자는 데 있지, 이데올로기 투쟁을 구실 삼아서 영토의 분단을 합리화하여 전체 민족을 도탄에 빠뜨리는 데 있지 않다는 것이다. 모든 이데올로기는 민족 생활의 향상에 기여하고 봉사하는 데 있지, 이데올로기 투쟁을 위하여 민족 생활의 향상을 저해해서는 안 된다는 것이다. 모든 이데올로기 투쟁의 한계선은 실로 여기에 있다. 민족국가의 건전한 발전에 기여할 수 없는 이데올로기 투쟁은 이데올로기 본래의 사명을 말살하는 것이라 해도 과언이 아니다.

또 하나의 명제는 사상과 언론의 자유가 허용되는 민주사회에 있어서 어떠한 이데올로기가 되었든 간에 그 이데올로기가 민족 생활의 향상을 저해하는 행동을 수반하지 않는 한 억제되어서는 안 된다는 것이다. 또 억제되는 경우에도 민의에 의하여 억제되어야지 위정자의 일방적인 독단에 의하여 억제되어서는 안 된다.

상기 두 명제를 수긍한다면, 이데올로기의 대립을 구실 삼아 통일독립을 주저한다든가 지연한다는 것이 얼마나 소극적이고 민족적 이익에 배치되는 일인가는 더 설명할 필요가 없을 것이다.

요컨대, 이데올로기 문제와 통일문제를 혼동해서는 안 된다는 것이다. 통일문제는 한마디로 미·소의 세력권 투쟁에서 해방되는 문제다. 미·소의 세력권 투쟁에서 해방된다는 것은 안전보장에 관련된 관계 각국의 이해관계를 조정하는 것을 의미한다. 이러한 이해관계의 과정에서 시달리고 있는 한민족 자체가 어떻게 조정할 것인가가 대단히 중요한 문제이다. 다시 말하면 우리나라의 지정학적 위치가 미·소·중·일에 미치는 이해관계를 조정하지 않으면, 통일독립을 달성할 수 없다는 것을 의미한다.

다음으로, 김삼규는 우리나라가 주변 4강에 주는 이해관계를 다음과 같이 설명하고 있다.

우리나라의 지정학적 위치가 관계 각국에게 주는 이해관계를 가장 쉽사리 이해하자면, 6·25사변을 상기하는 것이 간편하다. 즉, 북한 군대가 부산으로 내려올 때 왜 미군이 참전했으며, 연합국이 압록강으로 밀고 올라갔을 때 왜 중공군이 참전하였는가를 생각해보면 용이하게 이해할 수 있다.

김일성이 통일한다는 것은 객관적으로 보면 한반도 전체가 소련 세력권 하에 들어가는 것을 의미하고, 그 반대의 경우에는 한반도 전체가 미국의 세력권 하에 들어가는 것을 의미한다. 이렇게 한반도 전체가 일방의 세력권에 속한다는 것은 관련 각국의 안전보장에 중대한 위협이 되기 때문이다. 바꾸어 말하면 미국이 한국을 포기하면 일본을 방위할 도리가 없고, 일본을 방어하지 못하면 하와이까지 후퇴하는 것을 의미한다. 다시 말하면 미국의 국방상 필요한 태평양의 안전을 보장할 수 없게 된다. 1950년 1월 4일 당시의 미 국무장관 애치슨이 발표한 소위 〈애치슨 라인〉이란 것은 실제로 태평양의 안전을 보장하자는 미국의 국방선인 것이다. 안전보장과 국방문제에서 중대한 위협을 느꼈기 때문에 미국은 참전하지 않을 수 없었던 것이다. 그리고 중공이 참전하기 전에 제시한 소위 원조항미(援朝抗美) 운동의 성명서에서 볼 수 있는 바와 같이 한반도가 압록강까지 미국 세력권에 들어가는 것은 그들의 국방상 중대한 위협이 된다는 것을 여실하게 확인할 수 있다. 그러기에 한반도 전체가 일방의 세력권에 속하게 되는 경우는 타방이 결사적으로 반대한다는 사실이 6·25사변에서 분명히 실증되었고, 38°선을 중심으로 그어진 오늘날의 휴전선도 그러한 관계국의 의사 반영에 불과한 것이다. 그러나 관계국이 우리의 일방적 통일을 반대한다는 것은 어디까지나 일방적인 통일을 반대하는 것이지, 통일과 독립 그 자체를 반대하는 것은 아닌 것이다. 카이로 선언이나 포츠담 선언을 보더라도 한국을 독립시킨다고 하였지, 분할한다고는 적혀 있지 않다. 또 이 시대에 그 어느 나라가 우리에게 부여된 천부의 권리인 통일독립의 민족자결권을 부인할 수 있겠는가? 따라서 우리의 통일독립이 일방적인 통일이 아니라면, 관계 각국의 어느 편에서도 반대할 하등의 이유가 없는 것이다. 바꾸어 말하면, 우리나라의 지정학적 지위가 관계 각국에 주는 이해관계를 조정한다는 것은 그러기에 일방적이 아닌 통일독립을 달성한다는 의미다. 우리는 통일독립을 달성하고, 관계 각국은 상호간의 이해관계를 조정하게 되니 이 이상 좋을 바가 없다는 것이다.

끝으로, 김삼규는 이상의 논리 전개를 바탕으로, 어느 세력권에도 속하지 않는 통일독립을 달성하는 길로서 중립화 통일방안을 제시하고 있다. 그리고 그 실현을 위한 통일운동의 성격을 다음과 같이 규정하고 있다.

우리가 미·소의 세력권 투쟁에서 해방된다는 것은 심리학적으로 말하면, 통일한국이 어디로 가는지 의구심을 갖는 관계 각국의 불안감을 일소하는 것이다. 중립국을 세워서 군사상으로는 어느 나라와도 군사동맹을 맺지 않고, 외교상으로는 인근 국가와의 이해관계를 적절히 조정하여 우호관계를 촉진시키겠다는 우리의 의사를 규명하는 것을 의미한다. 따라서 우리의 통일독립은 미·소 양대 진영의 세력권 투쟁에서 우리가 해방되는 것을 의미하므로, 남북협상이 아니라 관계 각국의 협상에 의해서만 이루어진다. 따라서 통일독립을 염원하는 우리로서는 항상 미·소의 대립과 긴장을 유화시키도록 노력해야 한다는 것이다. 그러므로 중립화 운동이야말로 우리의 통일독립(민족자결)을 민주주의적 방법(자유총선거)에 의하여 세계평화에 기여하는 통일운동에 기반을 두어야 한다는 것이다. 그리고 여기서 추가로 언급해둘 필요가 있는 것은, 이러한 통일운동이야말로 기본적인 인권이 확보된 남한 동포 사이에서 초당파적 국민운동으로 전개되어야 한다는 사실이다. 국제여론에 호소할 수 있는 힘을 갖는 것은 남한 동포들뿐이요, 또 이러한 노력에 의해서만 남한 동포들은 비로소 조국의 통일독립에 대하여 주도권을 장악할 수 있다는 것이다. 이러한 주도권은 4월 혁명에서 흘린 피가 얼마나 고귀한가를 북한 동포들에게 보여주는 것이기도 하다.

(6) 남북통일의 과제와 전망—김광식의 평가

김삼규는 1988년 10월 19일 〈무등일보〉에 기고한 글에서 다음과 같이 주장하고 있다.

남북통일의 과제는 2개의 세력권으로 분단된 조국을 배달민족(상고시대의 민족 호칭)의 민족국가로 환원하는 문제이다. 한반도의 분단은 제2차 세계대전의 말기부터 표면화된 미·소의 패권싸움이 우리 민족 내부의 갈등과 대립에 편승하여 표현된 것이며, 6·25동란을 통해 중국과 일본이 직접·간접으로 관여하게 됨으로써 우리나라를 둘러싼 4대 강국이 모두 이 분단에 관여하게 되었다. 그러므로 이 분단을 해소시킨다는 것은 우리 민족과 미·소·중·일 사이에서 협상하는 문제이다. 따라서 우리가 민족의 이익만을 고집하기 보다는 오히려 4대 강국의 이해와 협력을 구하는 것이 도리상 당연하지 않겠는가? 4대 강국도 분단의 해제에 반대하고 있는 것은 아니고, 통일된 한반도가 만약 제3국과 결합하면 자국의 안전보장을 위협하게 되지는 않을까 두려워하는 것뿐이다. 그래서 4대 강국의 안전보장에 위협이 되지 않는 통일한국이면 그들이 분단의 해제에 반대할 하등의 이유가 없는 것이다.

그렇다면 여기서 4대 강국이 납득할 수 있는 통일한국의 모습이란 과연 어떤 것인가? 그것은 4대 강국이 두려워하지 않는 통일한국, 즉 어느 나라와도 결합하지 않는 것이 국제적으로 약속되어 있는 존재 양상일 것이다. 영세중립국이란, 전시에 있어서나 평시에 있어서, 언제라도 중립을 지키는 나라이며 스위스와 오스트리아가 바로 여기에 해당한다.

4대 강국으로서는 국제적으로 보장된 중립이 아니면 안심할 수가 없다. 또 우리들로서도 영세중립국이 되어 처음으로 4대 강국에게 우리의 주권과 영토를 보전하는 의무를 지우고 동시에 국제연합에 가입하는 것도 가능하며, 이렇게 하여 우리 민족의 역사에서 늘 반복되어온 강대국에 의한 침략을 방지할 수 있는 것이다. 뿐만 아니라 4대 강국의 국민과도 우호와 평화를 향유할 수 있게 되는 것이다.

이러한 통일한국을 실현하기 위한 우리의 노력에 대해서는 4대 강국도 이해하고 협력할 수밖에 없으며, 그리고 그들 사이에 완충지대가 형성되기 때문에 아시아의 평화에 크게 기여하게 될 것이다.

2개의 세력권으로 분단된 조국을 하나의 조국으로 환원하는 길은 통일조국의 중립화를 전제로 하는 것이 명확한 이상 통일을 실현하는 국내적 여건은 곧 중립화된 조국을 어떻게 실현하는가 하는 문제로 귀결된다.

여기서 영세중립국의 국가적 성격을 재검토해 보기로 한다. 영세중립국이란 전시와 평시를 불문하고 중립을 지킨다고 하는 국가적 성격을 규정한 것이므로 개인의 사상과 신념의 자유를 규제하는 것이 아니다. 개인의 사상과 신념은 자유이며, 국민의 자유와 인권을 보호하는 국가적 의무는 일반국가와 아무런 차이가 없다. 우리가 통일국가를 이루려고 하는 것은 국민의 자유와 인권을 옹호하고 언론과 문화를 신장하며 생산과 기술을 향상시키고 인류의 문화와 평화에 기여하려는 것이다. 이것을 추진하는 주체는 남북 6천만 동포이므로 통일국가를 실현하는 국내적 조건이 민주화이며 국민주권의 확립에 있다는 것은 민주국가 성립의 기본 원칙이기 때문이다.

국민주권의 확립이라고 하면 국가는 국민이 결정한 헌법에 의하여 운영되지 않으면 안 된다고 하는 의미이다. 따라서 통일조국의 헌법을 제정하기 위해서는 남북을 통하여 통일선거에서 제헌국회를 구성하고 거기서 통일조국의 헌법을 제정하지 않으면 안 된다. 남북간에서 제의된 종래의 통일논의도 이 제헌

국회에서 검토될 기회가 있다.

이 같은 어려운 문제를 어떻게 해결하는가에 대한 과제로 들어가기 전에 남북분단이 어떠한 과정을 밟아왔는가를 간단히 조사해 보기로 한다. 제2차 세계대전 중인 1943년 11월에 미·영·중 3대국이 발표한 카이로선언에서는 "적당한 시기에 조선은 자유와 독립을 향유하게 될 것이다"라고 하였고, 1945년 2월에 미·영·소 3대국간에 가진 전후처리를 위한 얄타회담에서는 이 〈적당한 시기에〉라는 말이 "제2차 세계대전에 의하여 해방된 나라는 신탁통치하에 놓인다"라는 의미로 드러나게 되었다. 같은 해 12월의 미·영·소 3대국 외상에 의한 모스크바 3상 협정에서는 이 신탁통치를 구체화하여 미·영·중·소 4개국에 의한 5개년의 신탁통치로 규정되었던 것이다.

그러나 한민족의 신탁통치 반대에 의하여 통일임시정부의 수립에 실패한 미·소는 각각의 점령지역 내에 한민족의 우익과 좌익의 정권을 수립하기 위해 한반도는 사실상 미·소의 원조와 협력을 받는 미·소의 신탁통치하에 들어간 것처럼 되어 잠정적인 38도선은 남북분단선으로 변화하였다. 5개년의 신탁통치기간이 40년을 넘겨 국민주권을 회복한 한국국민이 38도선 이북의 동포와 함께 자유와 독립을 공유하는 통일조국을 실현하지 못하고 있는 현재, 그 민족적 요구에 대하여는 미·소와 함께 적극적인 이해와 협력을 구할 필요가 있다는 것이다.

미·소에 분단해소를 요구하게 될 경우, 우리로서는 우리나라를 둘러싼 패권경쟁의 근본원인의 하나가 우리나라의 지정학적 위치의 중요성에 있다는 것에 유의할 필요가 있다. 19세기 후반으로부터 금일까지의 역사만 보더라도 청일, 노일 양 전쟁에서 승리를 취한 일본이 우리나라를 병참기지로 해서 만주국을 세우고 중국을 침공하여 동남아시아 여러 국가를 점령, 마침내 태평양전쟁에 돌입했고, 전후에는 미·소에 의하여 분단돼서 현재에 이르고 있다. 이 과정에서도 분명히 알 수 있듯이 한반도는 동북아시아의 요충이기 때문에 늘 열강간의 패권싸움의 원인으로 되어 뼈에 사무치는 분단의 비애를 겪게 되었다는 보증도 있기 때문에 한반도의 지정학적 상황을 항구평화의 양상으로 전환하여, 차라리 우리나라와 관계를 가지고 있는 열강에게 우리의 주권과 영토를 보전하도록 하는 방안은 없을까? 아니, 그와 같은 전환으로 분단의 비애를 해소하는 길 등은 이미 검토한 바다.

그렇다면, 그것을 실현하는 구체적 방법은 어떤 것인가? 가장 좋은 방법은 남북수뇌회담으로 통일을 실현하고 4대 강국의 평화공존과 아시아의 평화를 위하여 우리나라를 영세중립국으로 하는 수단을 의논하는 것이다. 그러나 주도권 싸움으로 일관한 과거 40여년간의 경위에서 그와 같은 기대를 거는 것이 가능해지려면 언론 자유를 향유하고 있는 한국국민이 한민족통일에의 의지를 대변하는 이외에 길은 없는 것이 아닌가?

국민이 통일운동을 전개하는데 몇 가지 점을 깊이 명기할 필요가 있다. 이미 몇 가지 점을 지적하였지만, 여기서 다시 강조하면 다음과 같다.

1) 통일운동은 반정부 혹은 반체제운동은 아니며 남북으로 분단된 조국을 하나의 조국으로 만들자는 운동이다.

2) 통일운동은 남북 양 정권 중 한쪽을 고르는 운동은 아니며 남북 6천만 동포의 국민주권을 확립하려고 하는 운동이다.

3) 분단을 해제하는 방안은 남·북한과 미·소·중·일이 한 자리에서 만나는 6자회담에서 하지 않으면 안 된다. 또 할 수 있으면 국제연합에서 파견된 옵서버를 참가시키는 것이 필요하다.

4) 상기 6자회담은 한국국민이 전개한 통일운동의 일환으로서 적극적으로 요구한다.

5) 6자회담에서는 ① 분단해제에 관한 4대 강국의 요구와 우리의 입장을 조정하고, ② 남·북한 6천만 동포의 주권을 확립하는 길을 결정하고, ③ 그 최선의 길이 남북통일선거에 있다고 하면, 그 선거를 자유 및 공정히 실시하는

방법을 결정하지 않으면 안 된다.

6) 통일선거의 전제조건인 남·북한 군대의 복원과 그 감시, 치안유지, 남북왕래의 자유, 인권의 보호, 정치활동의 자유 등 선거실시를 둘러싼 복잡다기한 문제들뿐만 아니라 선거실시 후의 제반문제도 이 회담에서 논하고, 그 실시과정도 빈틈없이 감시하지 않으면 안 된다.

7) 통일운동은 사상, 이념, 체제의 상위를 초월하여 민족국가의 형성을 목표로 해서 타협하고 협력하는 것이므로 언제나 민족적 자주성을 확립하는 입장과, 국제평화에 기여하는 입장에 서서 추진해야 한다.

8) 남북통일은 6천만 동포의 민족적 비원임과 동시에 주변 국가 국민의 관심사이므로, 통일운동은 내외가 납득하고 이해할 수 있도록 공정하고 신중하게 추진해야 한다.

9) 한국국민에 의한 통일운동이 이와 같이 민족적 입장과 국제평화 존중의 입장을 지속하려면 국민적 동의를 얻을 수 있을 뿐 아니라 국제여론의 지지와 격려를 받게 될 것이다. 국제여론을 환기하는 것이 4대강국을 움직이는 첩경임을 잊어서는 안 된다.

끝으로, 통일을 위한 민족적 입장과 국제평화 존중의 입장을 통합적으로 표현한 것이 한반도의 중립화이며, 그것은 남북이 타협하고 4대 강국이 타협하는 유일의 대안이 될 수 있으므로 한반도의 중립화야말로 통일운동의 대전제가 되지 않으면 안 된다.[42]

---

42) 김광식, "언론인 김삼규의 생애와 중립화 통일론," 강종일 편저, 앞의 책, pp. 42~61.
※(김광식: 한국학중앙연구원 교수)

3. 권두영의 중립화 통일론 재조명

(1) 권두영의 생애

권두영은 예천 권씨 자손으로 1928년 경북 예천에서 출생하였다.[43]

예천에서 보통학교를 졸업한 뒤 1943년 수원공립농립학교(수원농고의 전신)로 진학하였고, 해방 직후 대구공립상업학교(대구상고의 전신)에 편입학하여 우수한 성적으로 졸업하였다. 졸업 후에는 대구대학 영문과에 진학하여 2학년에 재학 중 한국전쟁을 맞이하게 되었다. 전쟁 중에는 미군부대 통역시험을 거쳐 미군부대 통역관으로 최전방부대에서 종군하였다. 그러나 미군들이 한국인을 멸시하는 것을 참지 못하고 이에 항의하며 한국전쟁의 휴전 이전에 통역관 활동을 그만두고 미군부대를 떠났다.

군을 나와서는 서울에서 관직생활로 사회생활을 시작하였는데 서울시경의 고문관실 통역관으로 시작하여 관직의 길에 들어섰다. 그러나 1959년 공보처장관 비서관직을 그만두고 고려대 경제학과 3학년에 편입하여 학문의 길에 들어서 고려대 경제학과에서 학부와 대학원을 마쳤다. 이후 고려대 아세아문제연구소와 노동문제연구소 연구원으로 활동을 하고 계속하여 고려대학교에서 교수로서 재직하였다.

연구자로서 또한 학자로서 선생은 1960년대와 70년대에 노동문제에 많은 관심을 가지고 글을 쓰고 사회에서 소외된 노동자와 농민의 삶을 향상시키는 방안을 모색하였다. 그리고 자본주의 사회에서의 노동문제의 해결을 위하여 선생은 자본주의가 가지는 문제를 극복할 수 있는 대안으로서 사회주의에 관심을 가졌다. 하지만 현실에서 존재하고 있는 사회주의가 아니라 새로운 민주적

43) 권두영 선생의 생애에 대해서는 선생의 따님이 쓴 글을 주로 참조하였다. 권혜진, "아버지가 걸어온 길: 미완의 일대기," 고 권두영 박사 유고논집 발간 및 추모위원회 편, 「통일로 가는 제3의 길에」(서울: 미래사, 1995), pp. 311~346.

사회주의의 구현을 주장하였다.

1980년 한국현대사의 격동기에 선생은 혁신적인 민주노동당 창당 작업에 뛰어들어 새 정당의 정강정책을 마련하고 각 지역 지구당 위원장을 모집하려고 노력하였다. 그러나 당시 신군부가 권력을 장악하고 있는 현실정치의 벽에 부딪쳐 이 노력은 좌절되고 말았다. 하지만 선생은 곧 민주사회당에 참여하여 활동하였다. 1981년 3월에는 11대 국회의원선거에 민주사회당 서울 성북구 후보로 출마하였으나 유권자들로부터는 지지를 받지 못하였다. 이후 선생은 혁신정당 활동을 계속하면서 1986년에는 통합사회당인 사회민주당의 위원장으로 선출되었다. 이후 선생은 혁신운동의 한계를 극복하고자 노력하면서 북한 사회민주당과의 교류를 천명하고 이를 추진하기도 하였다. 1988년 초 북한에서 남한의 각 정당과 사회단체에 '남북연석회의'를 제안하는 서한을 발송하였을 때, 당시 사회민주당 위원장이었던 선생은 제일 먼저 공식적인 수락의사를 공개성명 형식으로 발표하였다.

이즈음부터 그는 국내의 정치활동에서는 한 발자국 물러서 있었지만 통일문제에는 계속 관심을 가지고 활동하였다. 선생은 1989년부터는 중립화 통일운동에 보다 적극적으로 활동하였고 1991년 8월 15일에는 뉴욕의 UN본부 맞은 편 처치센터에서 '코리아영세중립화추진운동본부' 결성대회를 갖고 UN본부 앞에서 국제여론에 호소하기 위한 집회를 주도하기도 하였다. 그리고 과거 고려대 노동문제연구소의 선·후학들과 함께 가칭 〈평화통일연구소〉를 설립하고자 하면서 이를 위한 재정마련을 위하여 중국 및 북한과의 교역을 추진하고 북한을 방문하였다. 그러나 이런 노력 때문에 선생은 간첩 및 간첩방조혐의로 당국에 체포되어 수사를 받고 감옥에 갇히게 되었다. 그리고 결심공판 전 선생은 1993년 1월 14일 감옥에서 사망하였다. 선생의 사망은 자살로 발표되었으나 사망 당시의 정확한 정황은 알려져 있지 않다.

그를 기억하는 여러분들은 선생을 '진실로 인간을 사랑하는 인간주의자',

'평화적인 사회주의자', '진정한 민주사회주의자'라고 말하고 있다. 그리고 노중선은 권두영의 인격적 풍모에 대해서 '고매한 도덕적 품성의 지식인', '온건한 사회주의자' 그리고 사회정의실현과 민족통일을 향한 '선진적 실천가'였다고 회고하고 있다.[44)]

(2) 권두영의 이념

그는 1960년대와 1970년대에는 학문연구자로서, 1980년대에는 혁신정당의 지도자로서 그리고 1990년대에는 재야통일운동가로 활동하였다. 선생은 1960년대에 이미 노동조합운동의 활성화에 의한 노동자의 권익보장에 관심을 가지고 노동문제를 연구하였다. 이념적으로 선생은 "민주사회주의" 또는 "민주적 사회주의"를 지지하고 있다. 선생에게 있어서 민주사회주의와 민족주의는 불가분의 관계를 가지고 있다. 그는 분단을 극복하고 조국의 통일을 가능하게 하는 유일한 정치이념으로 민주사회주의를 받아들이고 있다. 즉 민주사회주의가 세계사에 있어서 인류의 진로이며 한민족에게 일대 광명의 길이 되는 것으로 받아들이고 있다.

민주사회주의의 목적과 임무는 1951년의 프랑크푸르트 선언에서 다음과 같이 천명되었다. "자유 없는 사회주의는 있을 수 없다. 사회주의는 민주주의를 통해서만이 달성될 수 있다. 또 민주주의는 사회주의를 통해서만이 완전히 실현될 수 있다."[45)] 이 말에서 본다면 민주사회주의는 민주주의와 사회주의가 모두 실현된 상태를 의미한다. 민주사회주의가 그의 이념에서 보편적인 이념으로서 핵심적인 자리를 차지한다면, 이 이념은 한국의 정치현실에서는 중도적 입장으로 나타난다. 즉 그의 이념적 입장은 한국정치사에서 한 흐름을 가졌지

44) 고 권두영 박사 유고논집 발간 및 추모위원회 편, 「통일로 가는 제3의 길에」(서울: 미래사, 1995), pp. 295~310.

45) 권두영, "민주사회주의의 목적과 임무: 한국의 역사적 현실적 조건을 중심으로," 1983, p. 14.

만 현실정치에서 단절되어버린 중도세력의 정치적 입장에 속한다.

한국정치사에서 중도세력은 해방 직후부터 존재해 왔다. 8 · 15 이후 미 · 소에 의한 남북분단이 고착화되기 전에는 극우도 극좌도 아닌 중도적 민족주의 세력이 남북한에 걸쳐 주류 정치세력을 이루었고 광범위한 국민적 지지도 받았다. 해방 후 중도파는 "8 · 15 이후에 조선공산당에도 속하지 않았고 또 한국민주당에도 속하지 않았던 세력"을 지칭한다.[46] 그러나, 분단이 고착화되고 냉전체제가 강화되면서 중도세력은 남한의 정치상황 속에서 좌익으로 분류되고 핍박을 받았다. 남한에서는 한국전쟁 이후 중도파가 몰락하였고, 4 · 19 직후의 정치상황에서 일시적으로 활발한 활동이 있었지만 곧 이은 5 · 16 군사쿠데타 발생 이후 한국정치 무대에서 활동을 할 수 없었다. 즉, 극우적 냉전체제 하에서 반공 이데올로기가 국가이념으로 자리 잡으면서 중도파는 좌익시되어 정치적으로 배제되면서 활동을 하기 어렵게 되었다.[47]

선생은 민주사회주의의 입장을 내세우면서 이것이 해방 전후 민족운동을 계승하는 것으로 규정하고 있다. 선생이 사회민주당 위원장으로 활동하던 1987년 시기에 쓴 글에서, "현 단계 우리나라에 있어서 민주사회주의운동의 역사적 과제는 해방 전후 민족운동의 주류를 정통적으로 계승하여 통일민족국가를 실현하는 과정에서 역사의 고리를 형성하는 데 있다"고 쓰고 있다.[48] 선생은 해방 전후 민족운동의 정통성을 여운형의 정치노선에서 찾고 있다. 즉 여운형의 정치노선에 관한 선생의 1990년도 논문에서, 해방정국에서 건국준비위원회를 결성하였고 좌우합작으로 자주적인 통일민족국가를 건설하려다가 비명에

46) 중도세력에 대하여 반대파들은 혁신계, 협상파, 중간파니 하는 명칭을 붙여 불렀는데 송남헌은 이런 명칭들을 반대파에 의한 다분히 악의적인 표현으로 생각했다고 구술하고 있다. 송남헌 · 정태영, "대담: 고초로 점철된 혁신계 50년," 「역사비평」 28호(1995), p. 71.

47) 정태영, "5 · 16쿠데타 이후 혁신세력은 어떻게 존재하였나," 「역사비평」 18호(1992), pp. 43~53.

48) 권두영, "이념 정당에 대한 오해 없어져야," 「월간조선」(1987. 9), p. 362.

간 여운형의 정치노선에서 통일의 역사적 방향을 찾고 있다. "여운형의 정치노선은 당시 남북한 대다수 조선민중의 폭발적 지지를 받은 건국노선이었을 뿐 아니라 좌우와 남북으로 분열되는 정치세력을 통합하고 민족통일을 지향할 수 있는 가장 훌륭한 통일노선이었다"고 평가하고, 여운형의 정치노선을 민족통일의 새로운 정치노선으로서 재정립할 것을 주장하고 있다. 그리고 "여운형의 정치노선은 오늘의 관점에서 재정리하면 넓은 의미의 인간적 · 민주적 사회주의 방향, 즉 진보적이고 중도적인 민족자주노선이며 그것은 민족자주적 입장에서 국제적으로 중립화노선이었다고 할 수 있다. 여운형의 정치노선은 역사적 회고에 그칠 것이 아니라 장차 민족통일의 새로운 정치노선으로 재정립되어야 할 것으로 필자는 믿고 있다"고 쓰고 있다.[49]

이런 중도적 민족자주노선을 추구하는 입장에서 선생은 통일의 방향에 있어서도 궁극적으로 남한과 북한 모두를 넘어서는 민주사회주의 사회의 건설을 주장하고 있다. 해방 후 남북한에서는 상이한 체제의 높은 산업화단계가 성취되었지만, "앞으로 한민족의 역사적 과제는 이와 같은 산업화의 제 성과 위에서 평화적인 남북한교류를 통하여 그동안 분단된 국토의 남과 북에서 각각 진전된 산업화 과정의 장단점을 비교하면서 새로운 이상적 산업화 유형을 모색 확립하고, 산업화의 제 성과가 전 민족구성원에 균점되도록 하는 데 있다고 하겠다"고 말하고, 민족통일에의 이런 방향은 "남한의 자본주의와 북한의 공산주의의 제 결함을 다 같이 극복하는 사회건설, 즉 민주사회주의 사회건설밖에 없다"라고 말하고 있다.[50] 이를 달리 표현한다면, "우리 민족통일의 미래상은 혼합경제제도 위에 정치적 · 경제적 · 사회적 민주주의가 실현됨으로써 인본주의와 신민족주의가 제대로 개화결실하고, 각인은 자유와 민주주의를 향유하면서 각

---

49) "민주사회주의와 민족통일의 역사적 방향," 권두영 박사 유고논집 발간 및 추모위원회 편, 「통일로 가는 제3의 길에」(서울: 미래사, 1995), p. 54.

50) 권두영, "민주사회주의의 목적과 임무: 한국의 역사적 현실적 조건을 중심으로"(1983), p. 49.

자의 물질적·문화적 생활을 전체와 개인의 조화 속에서 균등하게 향상해 나갈 수 있는 사회가 되어야 함을 말한다.[51)]

(3) 권두영의 중립화 통일관

① 분단에 대한 인식

한반도의 분단은 한민족의 의지와 관계없이 해방 직후 외세에 의하여 결정되었다는 것이 일반적 인식이다. 권두영 선생 역시 이러한 인식을 공유하고 있다. 선생은 해방 후 한반도의 분단은 외세에 의한 것이라고 분명하게 규정하고 이 분단이 없었더라면 이미 통일민족국가가 건설되었을 것이라고 단언하고 있다.

> 역사에 있어서 가정이 허용될 수 없다고 하지만 만일 8·15 이후 미·소가 우리 국토를 북위 38도에 따라 남북으로 분할 점령하지 않았더라면 주류 정치세력으로 등장한 민주사회주의 제 세력은 국민 대다수의 지지 위에 집권하고 통일민족국가를 이미 40여년 전에 건설하였을 것이다. 그리하여 이 통일정부는 국내적으로는 민주사회주의의 이념과 정책을 우리 실정에 알맞게 구현해 왔을 것이며, 국제적으로는 비동맹 중립화 노선을 표방하였을 것이다.[52)]

여운형의 정치노선을 재정립할 것을 주장하는 논문에서도 "8·15 이후 여운형의 민족자주적 정치노선에 따라 통일정부가 수립되었던들 우리 민족은 이미 40여년 전에 국제적으로 오스트리아와 같은 영세중립화를 실현하였을 것이며 분단의 비극과 고난도 없었을 것이다"[53)]고 말하고 있다.

선생의 이런 역사인식은 외세에 의한 분단 때문에 한반도에서 민주사회주

51) 위의 논문, p. 49.

52) 권두영, "이념 정당에 대한 오해 없어져야," 「월간조선」(1987. 9), p. 358.

53) "민주사회주의와 민족통일의 역사적 방향," 권두영 박사 유고논집 발간 및 추모위원회 편, 「통일로 가는 제3의 길에」(서울: 미래사, 1995), p. 74.

의가 실현되지 못하고 또한 중립화도 실현되지 못하였다는 점을 강조하고 있다. 그리고 분단상황 속에서 중도적 민주사회주의 세력은 남과 북에서 정치적으로 도태되고 힘을 잃었다고 지적하고 있다. 즉 분단 이후 남과 북에서는 각각 극우 및 극좌 세력이 외국의 비호하에서 남과 북에 단독정부를 세웠는데 "중도적 민족주의 세력인 민주사회주의 제 세력은 남과 북에서 탄압과 거세의 대상이 되어 왔다"[54]고 지적하고 있다.

남과 북에서 민주적 사회주의 제 세력이 미약하게 위축된 것에 대하여 선생은 몇 가지 요인을 지적하고 있다. 첫째, 냉전체제하에서 극좌 · 극우세력만이 득세하고 민족주의적 중도세력은 몰락하였다. 둘째, 김일성의 무력남침으로 야기된 골육상잔의 사상전과 그 여파가 이 땅을 민주사회주의 사상의 불모지로 만들었다. 셋째, 북한에서 김일성 집단의 무자비한 숙청, 남한에서 역대정권의 메카시적 통치가 민주사회주의 세력의 발전가능성을 말살하였다. 넷째, 산업화 단계가 아직 민주사회주의 운동의 객관적 · 주체적 제 조건을 성숙시키지 못하였다.[55] 이를 단순화시켜 말한다면, 국제적 냉전구조의 영향, 한국전쟁의 영향, 역대 남한 및 북한 정권의 성격, 경제적 조건의 미성숙 등으로 인하여 민주사회주의가 남한과 북한에서 위축되었다는 것이다.

② 한반도 상황 및 국제정세에 대한 인식

통일에 대한 선생의 관심과 의지는, 과거 한민족이 겪은 고통과 수난의 역사에서 교훈을 얻어 다시는 이를 반복하지 않아야 한다는 인식에 기초하고 있다. 우리 민족은 한반도가 처한 지정학적 위치로 말미암아 대륙세력과 해양세력으로부터 끊임없이 위협을 받아 왔다.[56] 중립화는 이런 특수한 지정학적 위

54) 위의 논문, p. 359.
55) 권두영, "민주사회주의의 목적과 임무: 한국의 역사적 현실적 조건을 중심으로"(1983), p. 15.
56) 권두영, "민족자주화와 중립화통일," 「민족통일」(1988. 10), p. 9.

치를 감안하여 한민족의 독립을 보전하고 동북아시아의 평화를 유지해야 한다는 인식에 기초하고 있다. 그런데 이런 인식에 기초한 중립화 주장은 제대로 인정을 받지 못하였다. 그 이유에 대해서 선생은 다음과 같이 말하고 있다.

> 중립화 운동이 그동안 큰 호응을 받지 못하고 민족자주화와 배치되는 것 같은 인상마저 준 것은 그동안 중립화를 추진하는 인사들에게 한반도 중립화 실현을 국제정치 또는 외세에 의존하려는 경향이 있었고 그 실현을 위한 민중적 민족주체 세력 형성이 소홀했기 때문이다. 우리 민족의 경우 민족자주화와 중립화는 결코 상반되는 것이 아니며 동전의 양면 또는 내용과 형식의 관계에 있다고 할 수 있다.57)

분단이 비록 외세에 의해서 이루어졌지만 민족의 통일과 중립화를 위한 국제적 조건은 과거와 달라졌다고 보고 있다. 즉 제2차 세계대전 후 미국과 소련 두 강대국이 한반도를 둘로 갈라놓았고 남북한에서는 소수의 극우·극좌 세력이 외세의 비호하에 득세하였지만 국제적 상황이 변했고 한반도의 통일은 주변 강대국들의 국익에도 합치된다고 다음과 같이 말하고 있다.

> 그러나 지금은 국제정세가 확실히 변화하여 남북으로 분단된 우리 민족의 재통일을 결정적으로 반대하는 유관 강대국은 없는 것 같다. 미·소도 다 같이 한반도의 평화적 통일을 지지한다고 공언하고 있다. 한반도의 긴장완화와 평화증진은 지금에 와서는 미·소·중·일 유관 4대 강국의 국익에 합치되고 있다. 지금 우리 민족의 통일을 가로막고 있는 것이 국제적 요인이 아니라는 것은 분명하다.58)

---

57) 위의 논문, p. 10.

58) 권두영, "백두산에 다녀와서," 「민족통일」, 8월, p. 21.

선생은 이어서 통일을 저해하는 결정적 요인은 민족내부에 있는 것으로 진단하고 있다. 분단시대에 남한과 북한에는 분단체제의 영속화와 이해관계를 같이 하는 극소수의 지배계층이 구조적으로 형성되었고, 이들에 의한 통일논의는 구호와 가식이었을 뿐이라고 말한다. 즉 "남북한의 극우 · 극좌 세력은 다 같이 평화통일을 운위하여 왔다. 그러나 통일은 상대방이 있는데 어떻게 극우 세력과 극좌 세력이 통일을 실현할 수 있다는 말인가?" 하고 남북의 기존 지배 세력들의 통일논의를 가식적이고 국민을 우롱하는 것이라고 비판적으로 보고 있다.[59] 그리고 남한과 북한의 수구세력들을 통일방해 세력이라고 다음과 같이 비판하고 있다.

> 지금에 와서는 우리 민족의 평화적 통일을 가로막고 있는 최대의 장해요인은 분단체제와 이해를 같이 하는 남북한의 수구세력이다. 이 보수세력은 현재 남북한을 실질적으로 지배하고 있으며 온갖 구실과 수단 그리고 매스컴을 동원하여 대다수 국민의 평화통일 염원을 우롱하면서 그들의 권력과 부를 영속화하려 하고 있다.[60]

1980년대 말과 1990년대 초 소련 및 동유럽에서 전개되고 있는 대변혁을 지켜보면서 선생은 가히 혁명적인 변화라고 인식하였다. 그리고 이 지역에서 전개되고 있는 변화의 특징은 "정치적인 면에서 자유와 민주주의의 신장, 경제적인 면에서 시장경제기능의 도입, 그리고 사회적인 면에서 인간소외의 극복을 통하여 인간의 얼굴을 갖고 있는 민주적 사회주의 사회를 건설"하려는 데 있다고 보았다.[61] 그리고 이러한 일대변혁이 결코 자본주의로의 회귀를 의미하는 것이 아니며 그래서 이를 자본주의 제도의 승리로 보아서는 안 된다고 쓰고 있다.

---

59) 위의 논문, p. 21.

60) 위의 논문, p. 23.

61) 권두영, "동구 대변혁: 새로운 사회주의 전망," 「민족지성」 48호(1990. 2), p. 33.

민족통일과 관련하여 동구에서의 이러한 대변혁은 두 가지 긍정적인 면을 지니고 있다고 보고 있다. 첫째는 북한에 주는 함의로서, 아직도 스탈린주의적 단계에 머물러 있는 북한에 대해 변화의 방향을 제시해준다는 것이고, 다른 하나는 남한에 주는 함의로서, 민주적 사회주의가 자유와 평등을 다 같이 실현하고 있다는 것이다.[62] 이런 점에서 동유럽의 대변혁은 민족통일의 미래에 대하여 분명한 방향을 제시해 주고 있는 것으로 보고 있다.

이러한 인식 다음에 당연히 나오게 되는 질문은, 그렇다면 남북한의 평화통일은 누가 주도해야 하는가 하는 것이 된다. 이 문제는 다음에서 논의한다.

③ 통일의 주도세력

통일을 주도할 새로운 세력에 대하여 선생은 여러 경우에서 의견을 밝히고 있다. 우선 1985년 6월에 쓴 글에서 "새로운 민족사적 창조를 담당할 민족·민주·민중세력의 형성의 구체적 핵심적 과제로서 자주적·민주적 노동조합운동 실현과 단일화된 자주적·민주적 사회주의 정당실현을 강조하였으며, 이 양대 운동의 역사적 연계화"를 강조하고 있다.[63] 이어서 "이와 같은 사회정치 세력이야말로 정치적 민주주의뿐만 아니라 경제적·사회적 민주주의 실현을 지향하면서 평화통일을 주체적으로 실현할 유일한 역사적·이념적 세력이 될 것이다"라고 주장하고 있다.[64]

1986년의 글에서는 선생은 다음과 같이 말하고 있다.

> 그러면 우리 민족의 지상과제인 남북한의 평화적 통일은 누구에 의하여 어떻게 이루어질 수 있겠는가? 저자는 이 물음에 대하여 중도적 민족주의 세력, 즉

62) 위의 논문, p. 34.

63) 권두영, "민족통일과 통일주체 세력의 형성: 민주적 사회주의 운동과 민주적 노동운동을 중심으로," 「민족통일」(1985. 6), p. 28.

64) 위의 논문, p. 29.

> 민주적 사회주의 세력만이 통일민족국가를 평화적이고 주체적으로 실현할 수 있으며 그러기 위해서는 광범한 민중의 지지기반 위에 이와 같은 역사적 방향으로 새로운 민족통일 주체세력, 즉 민족, 민주, 진보세력을 형성하는 것이 무엇보다도 중요하다는 점을 강조하고 싶다.[65]

그는 1988년의 글에서도, 남북의 평화적 통일은 "새로운 민족주체 세력, 즉 민족, 민주, 진보세력의 형성"에 의해서만 가능하다는 입장을 개진하고 있다. 새로운 민족주체세력 형성은 "보다 구체적으로 말하면 남북한에서 사상, 언론, 출판, 결사, 집회의 자유 등 민주적 제기본권이 완전히 보장됨으로써 노동자, 농민 등 기층민중을 근간세력으로 형성하면서 진보적 지식인과 종교인, 양심적인 중소기업가와 경영자, 기술자 등이 참여하는 민족, 민주, 진보세력의 성격으로 형성되어야 한다고 생각한다"고 쓰고 있다.[66]

사회주의 정당의 재건을 강조한 "민족통일운동과 혁신정당운동"에서는 통일민족국가 창조를 주도할 새로운 민족통일 주체세력의 구심점으로서 민주적 사회주의 정당의 재건을 강조하고 있다. 또한 민주적 사회주의 정당운동의 근간은 민주노동운동이 되어야 할 것이라고 강조하고 있다.

> 민주적 사회주의 정당은 영국노동당의 생성과정처럼 임금노동자 세력이 주체가 되어야 하며 기업 단위의 노동조합운동이 지역연대 전국연대강화로 발전하면서 노동자 정당결성의 필요성이 현실화됨에 따라 노동조합운동을 근간으로 민주적으로 결성되어야 한다. 그러나 우리나라의 민주적 사회주의 정당운동은 노동운동의 현실적 기반 없이 선각적 지식인들에 의하여 이데올로기적 또는 관념적으로 전개되어 왔다.[67]

---

65) 권두영, "백두산에 다녀와서," 「민족통일」(1986. 8), p. 21.

66) 권두영, "민족자주화와 중립화통일," 「민족통일」(1988. 10), p. 7.

67) 권두영, "민족통일운동과 혁신정당운동," 「민족통일」(1988. 8), p. 49.

그러나 지식인 주도의 사회주의 정당운동은 부정적 결과를 초래하였다. 즉 민주노동세력이 성장하기 전 진보적 지식인들이 민주적 사회주의 정당운동을 전개한 것은 선구자로서 긍정적 측면을 가지고 있었으나 이데올로기적 또는 관념적 지식인 운동가들은 분열과 이합집산은 오히려 구혁신계 몰락의 내부요인으로 작용하기도 하였다. 그래서 권두영 선생은, 임금노동자들의 숫자가 1천만 명에 달하는 시대에 구 혁신계의 어느 한 분파에 의한 민주적 사회주의 정당의 재건은 바람직하지 않다고 본다. 선생은 "선각적 지식인들에 의한 선구적 혁신정당운동 시대는 지나가고 민주노동운동이 근간이 되는 새로운 혁신정당을 대망할 수 있을 정도로 우리나라 임금노동자 세력은 그동안 양적·질적으로 크게 성장하였다"고 말하고 있다.[68]

이상의 논의에서 본다면 선생은 소수의 선각적 지식인이 중심이 되는 것이 아니라, 다수의 노동자들이 중심이 되는 민주노동운동을 근간으로 하여 민주적 사회주의 세력이 형성되고 또 이들이 새로운 통일의 주체세력이 형성되어야 한다고 주장하고 있다.

④ 중립화 통일의 조건 및 방식

선생은 통일을 위한 정치적·경제적 조건으로서 남북한 각각에서의 민주화의 진전, 그리고 남북한의 이질화 극복 및 동질화 추구를 상정하고 있다. 먼저 남북한의 이질화에 대하여서는, 선생은 분단 이후 남북한의 역사에 산업화가 상이한 과정으로 이루어졌다는 점을 지적한다. 즉 남북한은 후진국산업화의 자본주의적 유형과 공산주의적 유형이라는 2대 대칭적 유형을 전형적·대조적으로 세계사에 제시해 왔다는 것이다. 그래서 "극도로 이질화된 남북한 산업화 체제의 동질화 과정은 따라서 앞으로 우리 민족사의 가장 중요한 기본적 과제

68) 위의 논문, p. 50.

로 제기된다고 하겠다"고 말한다.[69] 선생의 "민족자주화와 중립화 통일" 글에서는 "분단 40여년간에 걸쳐 남북한 체제는 각각 자본주의와 공산주의를 지향하면서 극도로 이질화되었기 때문에 양 체제의 이질화를 극복하고 동질화를 실현하지 않고는 민족통일 실현은 현실적으로 불가능하다"고 쓰고 있다.[70]

남북한 경제체제의 이질화를 극복하고 동질화를 증대시키는 한 방안으로 선생은, "남한에서는 기업체 자본의 공동체적 소유화"가 필요하다고 역설하고 있다. 그리고 "남한경제는 시장기능을 활용하되 대기업부터 국민의 또는 종업원의 기업소유로 환원해야 하며 국민경제를 미·일자본의 종속에서 하루속히 자립화해야 한다고 생각한다."[71] 이어서 북한에 대해서는, "시장경제 기능을 활용하고 자본과 기술을 선진제국으로부터 도입하여 낙후된 경제를 하루속히 발전적으로 활성화"해야 할 것이라고 지적하고 있다. 남북한 경제체제의 이질화의 감소와 동질화의 증가는 남북한에서 각각 "일종의 혼합경제체제를 지향하는 경제체제의 동질화"라고 말한다.[72]

정치적 측면에서 남한 및 북한에 요구되는 통일의 조건으로서는 우선적으로 민주화를 지적하고 있다. 즉 "정치적 민주화가 경제적·사회적 민주화로 진전될 때, 그리고 우리의 민주화에 영향 받아 북한에 자유와 민주주의가 소생할 때 거기에 민주사회주의로 통일되는 평화통일의 대도가 자연히 열릴 것이다"라고 쓰고 있다.[73]

선생의 나중의 글에서는 통일의 조건, 남북의 동질성 회복문제에 대하여 남북한 간의 교류의 중요성을 강조하면서 민중들이 중요한 역할을 해야 한다고 쓰고 있다.

---

69) 권두영, "민족통일과 산업화체제," 「민족통일」(1985. 4), p. 31.

70) 권두영, "민족자주화와 중립화통일," 「민족통일」(1988. 10), p. 11.

71) 위의 논문, p. 12.

72) 위의 논문.

73) 권두영, "이념정당에 대한 오해 없어져야," 「월간조선」(1987. 9), p. 370.

> 남한에서의 자주화 · 민주화가 더욱 진전되어야 하고 북한에서도 하루 속히 정치적 민주화가 신장되어 남북한의 다방면적 교류가 실현되어야 한다. 남북한의 지배층이 냉전시대에 쌓아 올린 분단의 장벽을 남북한 민중들이 허물며 남북한을 자유로이 왕래할 수 있을 때 거기에는 또한 남북한 체제의 '비교강제'가 이루어지면서 남북한 체제의 긍정적 측면을 살리고 부정적 측면을 극복하려는 민중적 민족운동이 이와 같은 새로운 역사적 방향에서 보다 활발해질 것이다.[74]

통일의 방식에 있어서 선생은 평화통일을 적극 지지하고 있다. 즉 통일은 폭력적 방식이 아니라 평화적 방식으로 이루어져야 한다고 강조하고 있다. 과거 역사에서 신라의 삼국통일이 무력적 외세 의존적으로 이루어진 데 비하여 "앞으로의 민족통일 실현은 평화적이고 자주적인 방법을 통하여 극단적으로 이질화된 양 체제를 동질화해야 하는 데 큰 어려움이 있는 것이다"라고 말하고, 이어서 "남북한 체제 이질화는 타 분야에 걸쳐 심화되었으나 경제체제, 즉 생산수단 또는 자본의 소유관계와 시장기능 역할에서 근본적 이질화를 보이고 있다. 남북의 민족통일은 체제의 이 근본적 차이를 극복하지 않으면 안 된다"고 말하고 있다.[75]

남한 정치사에서 1987년 6월 항쟁은 일반적으로 권위주의 체제를 종식시키고 민주주의를 쟁취한 것으로 인식되지만, 권두영 선생은 아직 남한이 올바른 민주화를 달성하지 못한 것으로 판단하고 있다. 이것은 남한에서는 아직 민주적 사회주의를 지향할 진보적 제 세력이 주도적 위치에 서 있지 못하기 때문이다. 동구 대변혁과 동서독 통일에 대한 1990년의 논의에서 남한의 정치현실을 개탄하면서 선생은, "오늘의 민족사적 과제가 근 30년간에 걸친 종속적 군사파쇼체제를 합심 협력하여 철저히 청산하고 반민주적 반통일적 악법개폐를

---

74) 권두영, "민족자주화와 중립화통일," 「민족통일」(1988. 10), p. 11.

75) 위의 논문.

통하여 민주화를 명실 공히 실현하려고 하고 있음에도 불구하고 이 보수정객들 때문에 민주화는 답보상태를 계속하고 있다"라고 쓰고 있다.[76]

이상의 논의를 종합해 보면, 권두영 선생은, 정치적 민주화와 경제적 민주화를 모두 실현시킬 수 있는 민주적 사회주의를 우리 민족이 나아가야 할 이상적 방향을 제시하면서, 남북한이 분단 이후 정치적 및 경제적으로 이질적인 체제를 형성하였는바 통일을 위해서는 남북한 사이에 동질성을 회복하는 것이 중요한 조건이라고 보고 있다.

⑤ 중립화 통일의 장점

선생이 다른 통일방식이 아니라 왜 중립화 통일을 주장하였는가? 선생의 글에서는 중립화 통일과 다른 통일방식에 대한 비교의 논의가 뚜렷이 나타나지 않는다. 이런 점은, 선생이 중립화 통일을 가장 바람직한 통일방식이라 생각하기 때문에 굳이 다른 통일방식과 비교하여 논의하지 않았던 것으로 이해된다. 그렇지만 사회민주당 위원장으로 활동하던 시기에 사민당의 통일정책을 남한의 기성 정당의 통일방안, 그리고 북한의 주장과 비교하여 이야기하고 있다.

먼저 남한 정치권에서의 기존의 여·야의 구태의연한 통일정책은 비현실적인 것이라고 평가하고 있다. 그러면서, 역사적 단계로 보아 통일문제는 먼저 평화공존, 평화교류, 국가연합, 그리고 통일민족국가 순으로 나아가야 한다고 말한다. 즉 남북이 평화공존의 바탕 위에서 5~10년간 상호교류를 하면 쌍방의 장점과 단점을 국민들이 알게될 것이고, 남한의 앞선 정치적 민주화를 북한 주민들이 목도하면 북한의 세습체제를 인정할 수 없을 것이라는 것이다. 그리고 북한의 경제적, 사회적 평등화도 남한에 영향을 끼칠 것이라고 본다. 그렇게 되면 남한 북한 각각에서 단점을 개혁하자는 요구가 커질 것이고 그것은 민족 내부의 동질성 및 공감대가 형성으로 이어져 이것은 결국 사민당이 주장하는

76) 권두영, "동구 대변혁: 새로운 사회주의 전망," 「민족지성」 48호(1990. 2), p. 41.

민주적 사회주의로 나아가는 것이 된다고 본다.[77)]

사민당이 주장하는 통일정책과 북한의 주장과의 차이점에 대해서도 선생은 분명하게 밝히고 있다.

> 근본적인 차이가 있습니다. 우리는 평화공존, 평화교류, 그리고 국가연합의 단계를 거쳐 실현해야 한다는 데 반해 북한은 마르크스 레닌의 혁명 전략을 기본에 깔고 있습니다. 말하자면 남한에서의 계급혁명을 생각하고 있는 것이지요. 통일의 기본은 평화공존, 평화협력이 바탕이 되어야 하는데 그러한 정치철학, 전략의 변경이 저들에게는 없습니다. 표면적으로는 중립화, 연방제를 주장하지만, 내용은 남한의 적화혁명, 월남식 통일을 지향하고 있는 것이지요.[78)]

이상에서 나타나듯이 선생이 추구한 통일관은 남한이나 북한의 통일방안과는 분명히 다른 것으로 나타난다. 남북간의 상호적대가 아니라 평화공존과 상호교류, 협력을 통한 상호이해의 증진을 바탕으로 남북의 동질성을 높여 통일의 길로 나아가야 한다는 입장을 가지고 있다.

한편 중립화 통일의 방식과 관련하여 선생은 국제적 협상보다는 민중이 주체가 되는 통일이 진정한 중립화의 실현을 보장할 것이라고 말한다. 즉 "국제정치의 협상의 결과 성립되는 중립화는 불안정적이며 실패할 개연성이 크다." 하지만 "민중이 주체가 되는 새로운 민족주체세력이 형성되었을 때 비로소 한반도의 진정한 중립화가 실현될 뿐만 아니라 중립화가 지속적으로 유지될 수 있는 담보세력이 된다"고 말하고 있다.[79)] 이를 보면, 선생은 외국세력이 아니라 광범위한 민중이 민족통일의 주체세력이 될 때 중립화가 유지될 수 있을 것이라 전망하고 있다.

---

77) 최영주, "인터뷰. 사회민주당 권두영 위원장,"「월간경향」(1987. 9), pp. 130~131.

78) 위의 논문, p. 131.

79) 권두영, "민족자주화와 중립화통일,"「민족통일」(1988. 10), p. 10.

⑥ 통일 후의 한반도 미래상

선생이 추구하는 이상은 "균등사회"라고 말할 수 있다. 선생은 이미 1971년도에 쓴 글에서 이런 입장을 분명히 밝히고 있다. 선생은 "오늘날 우리 민족사의 가장 중대한 과제는 무엇보다도 건국정신이 명시하는 바 균등사회를 이 땅에 건설함으로써 민족의 분열을 막고 민족의 균등성을 확립하는 데 있다는 것을 서슴지 않고 말할 수 있을 것이다"라고 쓰고 있다.[80] 그리고 이 균등사회의 이상은 바로 선생이 추구하는 민주적 사회주의의 핵심적 내용으로 된다. 민주적 사회주의를 지향하는 선생의 이념에서는 통일 후의 한반도는 민주사회주의가 실현되는 세상일 것이다. 남북한의 이질성을 극복한 통일민족국가의 이상적 미래상에 대하여 선생은 다음과 같이 말하고 있다.

> 저자의 견해로는 통일민족국가의 이상적 미래상은 고도산업화 단계의 물질적 기초 위에 정치적, 경제적, 사회적 민주주의가 구현됨으로써 인본주의와 민족주의가 개화결실하는 데 찾아야 할 것으로 생각한다.
>
> 그것은 산업화 이전단계의 '구통일'이 아니라 산업화를 겪은 '신통일'이며 산업화 단계에서 나타난 남한의 경제적 비민주화와 북한의 정치적 비민주화를 다 같이 극복함으로써 정치적, 경제적, 사회적 민주주의가 구현된 '이상적 통일'이어야 할 것으로 믿는다.[81]

즉 통일민족국가는 정치적 민주주의와 함께 경제적, 사회적 민주주의도 실현된 고도의 산업화 국가가 될 것이라고 전망하였다. 이런 전망은 현실에 존재하는 남한과 북한의 정치경제체제를 넘어서는 한반도의 새로운 미래상으로서의 의미를 가지고 있다.

---

80) 권두영, "권두언. 노동문제해결의 기본 방향,"「노동문제」 창간호(1971), p. 5.
81) 권두영, "민족통일과 산업화체제,"「민족통일」(1985. 4), p. 33.

(4) 김하영의 평가

본 논문에서는 권두영 선생이 쓴 글을 중심으로 중립화 통일에 대한 선생의 견해를 살펴보았다. 선생은 일찍부터 모든 사람이 고루 잘 사는 "균등사회"를 이상으로서 추구한 것으로 보인다. 따라서 선생이 추구한 이념의 가장 기초에는 사회주의가 자리 잡고 있다. 그렇지만 선생이 추구한 사회주의는 현실에서 나타난 사회주의가 아니다. 현실 자본주의와 현실 사회주의 모두 많은 문제를 드러내고 있기에 이를 극복할 수 있는 새로운 대안적 모델로서 "민주적 사회주의"를 이상으로 추구하였다. 그리고 선생은 민족주의자이다. 선생에게는 민주사회주의와 민족주의는 불가분의 관계를 가진 이념이다. 선생은 민주적 사회주의의 이념을 바탕으로 한국현대사의 질곡인 분단을 극복하고 통일을 달성해야 한다고 주장하였다. 즉 민주사회주의야말로 분단을 극복하고 통일을 가능케 하는 유일한 정치이념이라고 확신하고 있었다. 민주적 사회주의는 정치적 민주화뿐 아니라 경제적 측면에서도 민주주의가 구현되는 것을 의미한다.

선생은 남한과 북한의 동질성 회복을, 그리고 남한의 자주적 민주화와 북한의 정치적 민주화가 실현되어야 한다고 강조하였다. 현재의 상황에서 본다면 남한에서는 밑으로부터의 민주화운동을 통해서 권위주의 체제가 물러가고 절차적 민주주의는 회복되었다. 비록 경제적으로 평등한 사회는 아직 실현되지 못하였으나 정치적 민주화는 과거보다 진전이 많이 되었다. 그러나 북한의 사정은 아직도 나아지지 않고 있다. 정치적으로는 여전히 지도자 1인에게 권력이 집중되어 있고 인권보장 및 민주주의도 구현되지 못하고 있으며, 인민들의 삶의 상황은 아주 열악한 상태에 있다. 남북관계에 있어서는, 어려운 과정을 거치며 남북간 대화와 교류가 이루어졌으나 아직은 아주 제한된 범위에서만 이루어지고 있고 군사적 긴장 역시 계속되고 있다. 이러한 남북분단의 현실은 선생이 강조한 남북한의 교류와 동질성 회복 등의 노력이 여전히 통일추구의 과정에서 계속되어야 한다는 것을 보여주고 있다.

한국현대사의 맥락에서 본다면 선생은 한국현대사 전개과정에서 남북한 어디에서도 제대로 인정을 받지 못하고 도태된 중도세력의 정치적 입장을 계승하고자 하였다. 특히 해방 후 좌우 어느 쪽에 속하지 않고 남북의 통일을 위해 노력한 여운형의 중도적 민족자주의 노선을 계승하고자 하였다. 선생이 이미 잘 인식하고 있었듯이 한국전쟁 이후 남한과 북한 모두에서 중도세력은 몰락하였다. 남한에서는 극우적인 반공이 국가의 통치 이데올로기로 자리 잡으면서 중도파의 입장은 좌파적인 것으로 인식되어 정치공간 속에서 그 위치를 유지하기 어려웠다. 냉전적 구도 속에서 중도세력은 활동공간이 위축되고 정치적으로 탄압을 받았다. 1980년대에 선생은 중도적 입장을 계승하면서 현실 정치과정 속에 뛰어들어 민주적 사회주의에 기초한 통일의 이상을 실현하고자 추구하였다. 그렇지만 선생의 노력은 곧 좌절되었다. 이것은 이전의 중도세력이 부딪친 분단시대의 현실 정치의 벽에 선생도 다시 부딪친 것으로 해석할 수 있다.

선생이 추구한 민주적 사회주의는 20세기의 역사에서 존재한 현실 사회주의는 분명히 아니다. 선생이 제시한 민주적 사회주의는 민족이 추구해야 하는 이상과 지향점으로 이해할 수 있다. 하지만 선생은 이런 큰 이상을 실현하는 구체적인 방안에 대해서는 자세하게 제시하지 않았다. 기본적으로 선생은 학자로서의 고매한 인품을 가진 분으로서 민족의 통일을 위한 큰 방향을 제시하고자 노력한 것으로 판단된다. 그리고 선생께서 정치적 활동을 하고 통일에 대한 글을 썼지만 통일을 위하여 적극적 활동을 전개하기 전 옥중에서 돌아가셨기에 선생이 가지신 뜻을 구체적으로 현실에서 펼 기회를 가질 기회가 적었던 것으로 판단할 수 있다. 그렇다고 하여 선생이 추구하고 또 제시한 이상의 의미가 작아지는 것은 아니다.

선생이 추구한 이상, 삶의 여정, 통일을 위한 노력, 그리고 선생의 갑작스러운 죽음에서 우리가 느낄 수 있는 것은 현실의 분단 상황이 가지고 있는 제약성이다. 남한의 정치가 제도적으로 민주화되었지만 아직 이념적으로는 남북의 대립적 사고를 벗어나지 못하였던 시기에 선생은 남한의 정치현실이 부과하는 제약을 완전히 벗어나서 활동할 수 없었다. 민족의 미래와 통일에 대한 선생의 관심과 노력이 사심 없는 것일지라도 정치적 현실의 벽은 그 노력에 대해서 분명한 한계를 설정하였다. 중립화 통일을 지향하며 선생은 남한과 북한의 현실을 넘어서는 새로운 한반도의 미래를 지향하였지만 남한의 현실은 선생의 노력을 좌절시켰다.

통일은 남북의 현재의 현실을 벗어나고자 하는 노력이기에 변화를 원치 않는 현실의 세력들은 남에서나 북에서나 제약조건으로 작용한다. 이런 한계는 21세기에 들어선 오늘날에도 지속되고 있다. 그리고 선생이 추구한 이상에 남북한의 현실은 아직 충분히 이르지 못하고 있다. 이런 점에서 본다면 남북한의 현실을 넘어서서 통일을 추구하는 노력은 계속되어야 할 과제로 남아 있다.

평화공존과 상호교류, 협력을 통한 상호이해의 증진과 남북한의 동질성 회복에 바탕을 두는 통일의 노력은 오늘날에도 의미 있는 통일의 방안으로 인정된다. 중립화 통일의 실현을 위해서는 여러 가지 조건이 충족되어야 할 것이지만, 중립화 통일론은 남한이나 북한 어느 일방 주도의 통일이 아닌 상호교류와 이해의 증진, 평화적 방식의 타협을 통한 통일의 방안이기에 대안적인 통일방안으로서 검토될 가치를 가진다. 통일을 위한 구체적 방안들은 탈냉전 이후 전개된 남북한 관계, 남북한의 정치경제적 상황 그리고 국제적 상황변화에 따라 다르게 선택될 수 있지만 권두영 선생이 추구한 남북한간의 이질성 극복과 동질성의 회복 노력, 평화적 방식의 통일지향, 그리고 통일을 위한 주체세력 형성은 오늘날에도 계속 추구해야 할 현실적 과제라고 말할 수 있다.[82]

82) 김하영, "권두영의 생애와 중립화 통일론 재조명," 강종일 편저, 앞의 책, pp. 62~83.
※김하영: 인천대학교 외래교수.

4. 김문갑의 생애와 중립화 통일운동

(1) 김문갑의 출생과 사회활동

1908년 함남 정평군에서 과수원을 가진 부유한 집안에서 장남으로 출생하였으며 남동생 1명과 여동생 1명을 두고 있다. 남동생은 일제 때 동북대를 졸업한 엔지니어였으며 해방 이후 북한정권에서 국장급 관료였으며 분단 이후 왕래가 끊겼다고 한다. 김문갑은 일본 와세다 대학 법학과 2년제 전수과를 다닌 것으로 알려지고 있다. 어떤 이유에서인지 그는 당시 첨단 직종이었던 운전을 일본에서 배웠고, 마산도립병원장의 운전수를 하게 됨으로 마산에 정착하게 되었으며 병원장의 중매로 간호사 출신 정귀영과 결혼하게 되었다.

김문갑은 마산에서 자동차 운전기사들을 위한 공제회를 만들었는데 이는 자동차 노조의 최초였다고 한다. 그는 비교적 일찍 사회의식을 깨우친 것이다. 이후 머리가 영민한 그는 약사시험에 합격하였고, 그의 부인도 약사시험에 합격하였다. 특히 부인은 이때 산파자격증까지 취득하였다. 그 후 부산대학교 약대의 전신이 되었던 마산 약대설립위원회의 기성회 회장을 맡았고, 사제를 털어 약대설립을 위해 노력하다 빚을 지고 망한 후 부산으로 오게 되었다. 그는 부산대 약대 1회 졸업생들 가운데 시골 출신들에게 숙식을 제공한 것으로 알려지고 있어 후학에 대한 사랑과 인간적 풍모를 보여주기도 했다.

김문갑은 일제 강점기인 3·1 운동 이후 한국인에 대한 일본의 탄압이 심할 때 변절한 자들과 관계가 좋지 않았기 때문에 몽양 여운형을 찾아갔다고 한다. 이후부터 몽양이 마산에 오면 그의 집에 머물 정도로 김문갑과 여운형은 각별한 사이가 되었다. 그는 일제 말엽 점조직이었던 독립운동 단체인 건국동맹의 남조선 조직부장직을 맡았고 이후 건준 중앙위원회의 경남대표를 역임했다.[83] 혁신계 치과의사 문모와 민노당 대통령 후보였던 박기출과도 잘 아는 사

83) 이때 호남대표는 장홍범(장하진 박사 막내 할아버지)이었다.

이였으며 동래출신 임정요인이었던 장건상[84]과도 막역한 사이였다.[85]

김문갑의 중립화 통일운동의 출발은 좌우합작 이후 중립화 운동을 하기 시작했으며, 가족들의 만류에도 불구하고 중립화 통일운동을 계속하였다. 그의 가족들은 김문갑의 중립화 통일운동을 잘 이해하지 못했으며, 그의 부인이 약국을 운영하며 생계를 유지했으며, 약대를 설립한다고 가산을 탕진하고, 중립화 통일운동으로 투옥되기도 했으며, 형사들이 그를 미행했다고 한다.[86] 그의 중립화 통일운동에 대해 가족들은 반대하였기 때문에 그는 가족들에게 중립화 운동에 대한 이야기를 하지 않은 편이었으며, 중립화 얘기가 나오는 것도 꺼려했다고 한다.[87]

(2) 중립의 의미와 종류

김문갑은 중립을 다음과 같은 의미와 종류로 분류하여 이를 한반도에 적용하고자 하였다. 첫째는 영세중립으로서 그 예는 현재의 스위스, 오스트리아, 과거의 벨기에, 룩셈부르크가 해당된다.

둘째는 국제정치상의 중립정책으로서 이것은 영세적이 아니고 일시적인 것이다. 동맹정책이나 집단안전보장 등에 대립되는 개념이다. 오늘날까지 스웨덴은 이 정책을 국시로 한다. 일찍이 미국이 먼로주의하에서 취했던 고립주의가 이와 유사한 중립정책이다. 이를 일반중립이라 한다.[88]

---

84) 현 부산 대청공원에 장건상의 동상이 있다.

85) 김문갑의 자녀들은 장건상을 정릉 할아버지로 불렀으며 인연이 깊었다고 한다. 장건상 사망 후 김문갑이 직접 나서 곽상훈 당시 국회의장으로부터 지원을 받아 장례를 치렀다고 한다.

86) 나중에는 부산 동부경찰서의 형사와 인간적으로 많이 친해졌다고 한다.

87) 김문갑의 사위 허성관의 증언이다.

88) 김문갑은 그의 저서 「코리아의 영세중립과 민족통일」에 자신의 사상을 체계적으로 정리하고 있다. 이 책은 역사적 고찰에 있어서는 일본 다까야마 교수의 「국제적 중립의 연구」에서 많이 인용했으며, 기타 자료는 국내의 자료에서 찾았고, 주로 자신의 오랜 민족투쟁 속에서 얻은 경험을 바탕으로 이론을 체계화한 것으로 밝히고 있다. 위의 책, p. 10.

셋째는 국제법상의 국외중립이다. 전쟁시, 교전국이 아닌 국가가 공평한 태도를 유지하고 어느 쪽의 교전국도 원조하지 않고, 그 이익과 불이익을 고려하지 않는 의미의 중립이다.

(3) 중립정책의 성공을 위한 제 조건

김문갑은 중립정책의 성공조건을 다음과 같이 제시하고 있다.

첫째, 중립은 약소국가가 선택한 것으로 대국이 중립정책을 국시로 하는 경우는 대체로 없고, 중립정책을 국시로 하는 나라는 소국뿐이다. 19세기 이래, 중립은 소국적 현상이었다. 단 그 소국은 영세중립국 정도의 소국은 아니다. 영세중립국이 될 자격은 자신의 힘을 가지고는 독립유지가 불가능하고, 그 때문에 이웃 열강의 호의에 의해 독립을 보장받는 데 있는 것이다. 이에 대하여 중립정책을 국시로 하는 나라는 독자적인 힘으로 중립을 유지할 만한 실력과 자신을 갖는 독립국이므로 결코 영세중립을 염두에 두는 소국은 아니다. 중립정책을 항구적 국시로 하는 나라는 스스로 국제사회의 안정적 세력이 될 만한 대국도 아니고, 대국간의 세력균형을 배경으로 하여 그 사이에서 자신의 중립을 보존한 정도의 나라이다. 즉, 대국에서 보면 소국인 것이 당연하다고 그는 주장한다. 그러면서 이 경우 대소가 단지 국토의 대소로 결정되는 것이 아니고, 인구의 다과와 인구증식률의 대소, 산업능력의 강약, 군비의 대소 등 국력의 종합적 관점으로 결정된다는 것이다.[89]

둘째, 현상유지를 할 수 있는 국가로 중립정책이 국시로 될 수 있는 나라는 단지 소국일 뿐 아니라 현상을 유지할 수 있는 국가일 수밖에 없다. 현상유지를 오래 유지 못하는 국가는 중립정책을 폐기하지 않을 수 없다.[90] 중립정책

---

89) 위의 책, pp. 52~54.

90) 그 예가 미국의 고립정책의 해소인데 결국 미국이 인구, 산업, 군사, 국제정치 면에서 근대 열강과 어깨를 나란히 할 때까지의 의무가 있었던 정책으로서 한번 세계적 강국의 지위에까지 향상되는 날에는 유지하고 싶어도 유지할 수 없는 운명을 가졌다고 할 것이다.

을 국시로 하는 나라는 현상유지의 소국에서 볼 수 있으나, 반대로 현상유지의 소국이 모두 중립정책을 취하는 것은 아니다. 현상유지의 소국에도 대국과 제휴하여 그 독립과 안전을 꾀하는 나라가 있고, 이것이 오히려 국제사회의 통례이다. 그런 의미에서 홀로 중립을 유지하려는 국가는 기백이 강한 국민으로 볼 수 있다.

셋째, 초당적 국시를 가진 국가로 영세중립이든 장기적인 중립정책이든 이것이 성공하기 위해서는 국민 일치의 초당파적 국시가 필요하다. 중립정책에 반대하는 정당이 있을 경우, 중립정책은 심히 약하고, 비상시의 경우, 이것을 관철한다는 것을 기대하기는 어렵다. 장기적 중립정책이 초당파적 국시가 아닐 경우, 이웃 나라들은 이를 신뢰하지 않을 것이다. 왜냐하면 국내 사정이 변하면 다수의 정당이 소수의 정당으로 전락할 수 있고, 정권을 넘겨줄 수도 있으며, 신정권은 중립을 반대하는 정책을 취할 수 있기 때문이다. 그러므로 장기적 중립정책은 국민 절대 다수가 지지하는 초당파성이 강한 국책이어야 한다. 이것이 절대의 필수조건이다.

넷째, 강대국에 대해 중립존중의 의사가 있어야 한다. 과거 강대국은 중립국에 대한 침범이 자신에게 유리하다고 판단하면, 이를 유린하는 것이 국제사회에서 보통의 현상이었다. 독일은 1차대전 당시 영세중립국인 벨기에와 룩셈부르크를 유린했고, 제2차 대전에는 네덜란드, 덴마크, 노르웨이를 유린하였다. 그러므로 중립국이 중립을 유지하기 위해서는 교전 쌍방의 강대국이 중립을 존중할 의사를 가지는 것이 필요하다.

그런데 교전 강국이 중립 유린을 이롭다고 판단해도 이를 관철시키지 못하는 경우가 있다. 그 하나는 전쟁의 국외에 중립을 표방하는 별개의 강대국이 있을 때이다. 둘째는 중립국 그 자체가 단호히 중립침범의 강국에 대해 자국을 수호할 군비와 결의를 갖는 것이다. 즉 국외중립의 강대국이 표시하는 반대 태도의 강약과 해당 중립국의 무력적 저항력의 대소 강약이 주요한 변수가 되는

것이다.[91]

다섯째, 중립을 유지하려는 결의와 이를 지원하는 군비가 필요하다. 강대국이 중립국을 침범하는 것을 미연에 방지하는 조건으로 중립국이 중립을 유지하려는 굳은 결의를 가지고, 침략자에 단호히 반격을 가할 수 있는 군비를 가지는 것이다. 영세중립의 경우도 마찬가지이며 중립정책을 국시로 하는 나라에 있어서는 중립수호의 전 국민적인 기백과 용기, 아울러 상당한 군비의 유지는 아주 중요하고도 불가결한 주관적 필요조건이 된다.[92]

끝으로, 중립국이 군사상의 요충지에 위치하지 않아야 한다. 앞에서 설명한 바와 같이 주관적 필요조건이 구비되어도 지리적으로 강대국간의 군사적 통로의 위치에 있거나, 혹은 군사적 요충지일 경우에는 중립정책을 관철하는데 어려움이 따르게 된다. 폴란드는 독일과 소련 사이에 끼여 양국의 군사적 통로에 위치하고 있어 현실적으로 중립을 유지하기가 불가능하였다. 요컨대 중립정책을 국시로 하여 성공한 나라는 국제세계의 중추부에는 위치하지 않고, 그 지리적 위치가 군사적 통로나 군사적 요충이 아닌 지대로서 비교적 가치가 적은 나라여야 한다.[93]

(4) 영세중립의 성공을 위한 제 조건

김문갑이 주장한 영세중립국가의 성공을 위한 조건은 다음과 같다.

첫째, 영세중립은 대개 약소국에 적용된다. 이웃 제국과의 조약에 의해 국가의 독립과 영토의 보전을 조약으로 보장받는 영세중립국은 당연히 그 영토가 협소하고 인구가 적은 약소국이다. 그러나 독립국의 면목을 구비할 수 있는 영토와 인구가 있고, 독립을 수호할 만한 기백과 실력을 갖고 있지 않으면 안

91) 위의 책, pp. 58~59.
92) 위의 책, pp. 60~61.
93) 위의 책, pp. 63~65.

된다. 영세중립국을 유지하는 독립의 열쇠는 결국 독립을 보장하는 주변 강대국의 호의에 달려 있는 것이다.

둘째, 현상유지를 할 수 있는 국가가 영세중립국이 되어야 한다. 영세중립을 원하는 나라는 자국의 현상에 만족하고 현상을 타파하거나, 변혁을 원하지 않고 국민의 총의가 초당적으로 있어야 하며, 이것을 타국도 정직하게 인정할 수 있는 객관성을 갖는 것이 필요하다. 이런 의미에서 스위스나 벨기에는 영세중립의 모범적 적격국가이다.

셋째, 강대국의 호의가 일치되어야 한다. 영세중립이 실현되기 위해서는 인접한 강대국들의 호의가 필요하고, 이들의 호의가 일치되고 영속적으로 유지되는 것이 필요하다. 독일이 벨기에, 룩셈부르크의 영세중립을 침범한 것은 적절한 예가 될 수 있을 것이다.

넷째, 군사적 통로에 위치하지 말아야 한다. 중간이라는 통로가 군사적 통로로서 적절한 경우는 전쟁 발생시 영세중립국에 대한 침범의 유혹이 될 수 있기 때문이다. 즉 중간적 완충지대는 중립을 보장받으면서도 가장 그 중립이 침범되기 쉬운 모순을 지닌 장소다. 룩셈부르크나 벨기에와 달리 스위스가 중립을 지킬 수 있었던 이유는 알프스의 산악지대로서 군사적 통로로는 부적당하기 때문이다.

끝으로, 영세중립을 유지하려는 국민의 결의와 군비가 필요하다. 영세중립을 유지하는 최후의 조건은 어떤 나라가 영세중립국을 침입할 경우, 단호하게 반격할 수 있는 용기와 기백이 필요한 것이다. 이러한 기백과 용기는 평소부터 그에 상응하는 군비를 갖추는 것으로 구체화 될 수 있다. 룩셈부르크는 하등의 군비도 갖추지 않았으나, 스위스는 국민들의 자유존중정신과 상무정신이 결합되어 영세중립을 수호하고 있는 사실을 잊어서는 안 된다.[94]

94) 위의 책, pp. 68~81.

(5) 코리아 영세중립의 필요성

김문갑이 제시하고 있는 한반도의 영세중립 필요성은 다음과 같다.

첫째, 해방정국과 남북의 분열 양상이다. 한반도는 민족 자체의 역량으로 해방을 쟁취하지 못하고 연합국의 승리로 이루었다. 8·15 해방 전 민족주의자도 공산주의자도 일제를 타도하는데 공동보조를 취하였으나, 특별한 분쟁과 살육은 하지 않았다. 우리 민족 자신에 의해 남북이 분단되었는가? 미국과 소련의 국가 이해 때문에 한반도는 분단되었고, 우리 민족이 살육전을 하게 된 것이다. 그러므로 우리 민족은 통일문제가 해결되기 전에는 민족재건과 부흥이 근본적으로 불가능하다. 어떠한 형태의 외세도 제거되어야만 이 민족의 평화와 생존이 가능할 것이다. 코리아 반도는 전략적으로 중요한 동서 전략의 교차점이기 때문에 만약 주변 강대국간 분쟁이 발생한다면 우리는 피해를 입기 마련이다. 따라서 주변 강대국들간의 분쟁유혈을 막고, 우리 민족의 영원한 생존과 동북아의 완충지대라는 항구적인 평화를 유지하는 방법으로 코리아 반도가 주변 강대국들의 어느 일방에도 편중되지 않는 영세중립국가로서 통일건국이 성취되기를 바라는 것이다. 우리들의 정치이론도 정리될 시기이며, 새로운 생존철학도 탄생할 만한 시기가 되었다.

둘째, 코리아의 문제는 UN의 연례행사가 되고 있다. UN은 1947년 11월 4일 '한국의 독립에 관한 결의'를 위시하여 매년 연례행사로 한국문제를 상정시켰다. 이후 오랫동안 거부권을 갖고 있는 미·소 강대국은 의견의 일치를 보지 못했다. 따라서 UN에서 표 통과로 결정할 것이 아니라, UN 밖의 다른 기구에서 한국 통일문제를 다루는 것이 옳았을 것이다.

셋째, 코리아 문제와 독일 문제에 차이가 있음을 인식해야 한다. 두 문제는 얼핏 보면 표면상으로는 미·소의 이해관계가 동일한 것 같으나 실은 근본적으로 큰 차이가 있다. 독일은 전쟁도발 책임과 패전국가로서 전승국으로부터 분단될 수 있었으나, 한반도는 패망한 일본 군국주의의 제물로 남았다. 동북아의 평화와 안정은 극동 강대국들이 코리아 반도를 완충지대로 만든 후 이를 통일시키는 것이다. 한반도의 분단은 동북아시아의 화약고에 폭발을 가져올 뿐이다. 남북이 계속 대립한다면 후일 우리의 후손들이 이 시대의 우리들을 무엇이라고 하겠는가?[95]

(6) 김문갑의 중립화 투쟁

① 코리아 영세중립화 통일추진위원회의 설립

김문갑은 우리나라가 과거에도 주변 강대국의 각축장이 되어 왔고, 오늘날에도 그러하며, 또 내일도 그러할 위험이 많은 지정학적 위치에 놓여 있다고 보고 있다. 그리하여 이를 방지하고 국토를 수호하고 민족을 보위하며, 나아가서는 이 지역의 평화와 안정을 기하기 위해 중립화 운동을 시작하게 되었다고 한다. 그는 이 지역을 완충화 하고, 한반도를 어떠한 외세권에도 예속시키거나 군사기지를 제공하거나, 편중하지 않은 민족영세중립화 통일독립을 성취하는 길만이 우리의 살 길이라고 역설하였다. 그의 영세중립화 통일추진위원회는 당시 지식층, 청년층으로부터 많은 호응을 얻었다고 그는 주장한다.

1880년대부터 많은 선각자들이 코리아의 영세중립을 열강에 호소했지만 실패하여 전전긍긍하다가 이 강토에 처음 설립한 한국 영세중립화 통일추진위원회라 그는 믿고 있다.[96] 한국 영세중립화 통일추진위원회는 장면정부 시절 정당 사회단체 등록법에 따라 문공부에 사회단체로 등록을 하였고, 반공법과 집회법을 반대하기 위하여 신·구마산 지역 중간에 위치한 무학초등학교에서 마산시민 보고대회를 개최했으며, 이로 인해 주변 교통이 차단될 정도로 많은 사람들이 모였다고 한다. 당시 한국 영세중립화 통일추진위원회 위원장인 김문갑은 다음과 같은 연설을 하였다. "우리의 통일방법은 세 가지가 있습니다. 첫

95) 위의 책, pp. 186~199.

96) 김문갑, 「코리아의 영세중립과 민족통일」(부산: 경남출판사, 1997), p. 231.

째는 미국을 배경으로 한 대한민국의 북진통일 방법이 있고, 둘째는 김일성이 주장하는 남진 공산화 통일방법이 있으며, 셋째는 우리가 주장하는 스위스식 영세중립화 통일방법 등입니다."

그는 참석자들에게 희망하는 쪽에 투표하라고 한 결과 투표 상자마다 중립화 통일을 지지하는 사람이 많았고, 북진통일과 남진통일은 불과 두서너 명에 불과하였다고 주장한다. 김문갑이 평소에 하는 말이 있는데 대중을 우매하다고 생각하는 사람은 그 자신이 우매하다는 것이었다. 학자나 정치인처럼 분석할 힘은 부족하더라도 대중 그 자신이 갈 길과 살 길을 안다는 것이 그의 지론이었다. 그러나 재정문제로 한번도 대중에 대한 중립화 교양이나 강연을 하지 못했다고 안타까워했다. 코리아 영세중립화 통일추진위원회의 발기선언문은 다음과 같다.

> 우리의 이 아름다운 강산은 2천 번의 외침으로 쓰라린 수난을 겪었다. 주로 해양에서 일본의 침략에 신음했다. 그들은 지금도 칼을 갈고, 원자로와 탱크를 만들면서 다시 군국주의 부활에 광분하고 있다. 1800년대 후반에 들어서면서 이 땅에서 중국, 러시아, 일본의 각축이 극에 이르렀다. 급기야는 1908년 친일 매국 반역도들과 일본의 침략자들에 의하여 이 강산과 강토는 총소리 한번 없이 일본에게 강탈당하고 말았다. 많은 동포들은 남북 만주, 북간도, 러시아 등지로 뿔뿔이 흩어져 유랑의 신세가 되고 말았다. 1930년대 후반에 들면서 제2차 대전은 서서히 막이 오르기 시작하였다.
>
> 독일, 이탈리아, 일본은 추축국이라고 하여 군사동맹을 체결하여 신국제질서를 운운하면서 전쟁은 본격화되었다. 1943년 12월 8일 일본 해군은 선전포고도 없이 하와이에 있는 미군 태평양 함대 기지에 폭격을 감행하였다.
>
> 미국은 중국, 소련, 영국, 프랑스 등과 연합국을 형성하여 추축국과 대결하였다. 국내 친일분자들은 일본에 아부하거나 동조하면서 한국의 청년과 학생들을 강제징용하거나 징집하여 전장으로 끌고 갔으며, 처녀들은 정신대로, 장년들은

강제노역 보국대로 징집되었으며, 모든 군수용 물자는 총동원되어 우리의 식기인 유기그릇마저 거둬갔고, 부녀자들의 장식용 금은보석도 공출 운운하면서 다 거둬가는데 앞장섰다.

극소수의 민족지도자를 위시한 모든 동포들은 일본에 말없는 항거를 하면서 일본의 패망만을 기원하였다. 1945년 8월 15일 드디어 일본 패망의 날은 왔다. 우리 민족은 남녀노소 할 것 없이 미군을 위시한 연합국의 승리를 흥분과 축하로 맞이하였다.

그러나 일본 군대의 무장해제를 위한 한반도 진주로 착각한 미 · 소 양군은 그들의 이해관계로 우리의 강토를 남북으로 분할하고 점령하여 동서진영의 패권싸움의 장으로 삼았으며 1943년 '카이로 선언'의 코리아 반도의 독립은 커녕, 우리 민족의 생존철학이 될 수 없는 그들의 세계관을 온갖 미사여구와 감언이설로 미화 도색하여 그들의 전위동조 세력을 이 땅에 부식하고 구축함으로써 결국 남북한 단독정부를 수립케 하여 오늘날 우리의 불행과 비극을 가져오게 하였다.

단일민족으로서 통일된 역사와 단일언어, 문화풍속을 자랑하던 7천만 동포는 새로운 역사와 새로운 언어 등 두 개의 이질적인 민족인 분열국가로 전락되었다. 우리의 모든 불행과 비극은 우리의 자의가 아닌 타의에 의한, 즉 강대국 외세에 의하여 강요당한 소산인 것이다. 물론 외부책임도 책임이려니와 우리 민족 내부의 책임이 더 크다는 것을 우리는 자성하여야 한다.

지난 날 우리의 역사를 돌이켜 보면 우리는 주변 강대국간의 역학관계에 변화가 있을 때마다 그 피해를 입어 왔다. 우리의 지정학적 위치는 주변 강대국들의 전략적 요충지로서 그들의 이해상충의 각축장이 되었다. 과거도 그러하였고, 오늘도 그러하고, 또 장래에도 그러한 위험이 많은 곳에 한반도는 위치하고 있다.

이것을 방지하고 국토를 수호하고 민족을 보위하며, 나아가서는 이 지역의 평화와 안정을 기하는 길은 이 지역을 완충지로 하고, 주변 강대국들간에 상호불가침 보장 체결할 경우, 코리아는 그 어떠한 외세권이나 군사블록에도 예속되거나 또는 편중되지 않는 민족의 영세중립 통일독립만이 우리가 생존할 수 있는 길이라는 것을 확신, 남북동포와 세계에 산재하여 있는 모든 코리아 민족에게 선언하고 협력을 요청한다. 주변 이해관계국도 코리아의 중립만이 극동의 평화적 안정과 그들 청년들의 유혈을 막는 길이라는 것을 깊이 인식하여야 할 것이다.

코리아의 영세중립은 국제연합의 적극적인 협력과 주변에 있는 관계 국가들의 이해와 협력, 남・북 정권의 당국자와 코리아의 순수민족 자주세력을 대표하는 중립운동의 대표로 이루어져야 한다.[97]

② 영세중립운동과 5・16 군사쿠데타

김문갑은 "우리의 영세중립운동은 이탈리아 무솔리니의 파시스트인 검은 셔츠부대의 '미라노'와 독일 히틀러 나치당의 '뮌헨'처럼 지방에 뿌리를 깊이 내려야 한다고 생각한다"고 말하고 있다. 그러므로 그는 본부를 마산에 두고 모든 기관의 중심지이며 언론의 전파 중심지인 서울에는 대표부를 두기로 하고, 서울 사무실을 구하러 갔다가 1961년 5월 18일 장건상의 혁신당 사무실에 들렀다가 중립화 운동이 용공이라 하여 기관원들에 의해 체포되어 종로경찰서에 수감되었다. 이후 사형구형을 받고 교수대 옆 감방에 있으면서 그는 많은 사색을 하였던 것으로 보인다. 그의 글에 의하면 "저녁마다 집행된 사형수의 시신들이 손수레에 동태처럼 실어 나갔고 죽는 차례를 기다릴 뿐이었다. 그는 '이렇게 죽는구나. 이제 중립된 해방통일 독립국가를 보지 못하는구나' 하는 나약함이 어느새 나의 옆을 걷고 있었다. 사형집행은 불시에 이루어진다. 코리아 반도의 평화통일 세력들은 박정희 시절에 씨를 말려 버렸다. 모조리 용공중립이라는 새로운 용어로 처절한 탄압을 서슴지 않았다"라고 착잡한 심정을 드러내고 있다.

아무런 면식도 없고, 인연도 없었던 당시 국학대학장인 국제법 전문가인 엄민영이 김문갑을 위해 2심까지 변론을 맡았다.[98] 엄민영은 본 사건의 피고

97) 이 선언문은 발족 당시 UN 사무총장에게 보내졌고, 언커크의 관계자들 말에 의하면 UN에서 영구 보존되고 있다고 한다. 김문갑, 위의 책, p. 235.

98) 2심 때 아내와 같이 면회를 온 엄민영 씨에게 김문갑이 "우리들이 어떤 법에 저촉됩니까?"

나 피고인 가족들에게 아무런 부탁도 받은 바 없지만 자신은 참의원으로서 본법(특수 범죄처벌에 관한 특별법) 제정 당시 직접 관여한 사람으로서 본건 피고인들은 우리가 기도한 것과 달리 다른 방향으로 기소됐기 때문에 자진하여 본 법정에 섰노라고 열변을 토하였다. 내용인즉 영세중립 운동자들은 용공이나 친공, 또는 공산당으로 간주한다는 것은 국제법상 용인되지 않는 무리한 법이론 적용이라는 것이었다. 그러나 박정희 권부는 용공중립, 그것도 부족하여 장면정권 시절 정당 사회단체 등록법에 의하여 등록된 단체를 소급법까지 적용하여 김문갑에게 사형을 구형하였다.

결심 공판에서 재판장 해군준장 이주일은 "피고는 공산주의자인가? 민족주의자인가?"라고 물었다. 김문갑은 이야기 상대가 되지 않는다고 판단하여 뒤로 돌아서 버렸다고 한다. 변호인단들이 뒷사람들의 재판이 진행되지 않는다고 성화하여 하는 수 없이 다음과 같이 말하면서 재판장을 보고 삿대질을 하였다. 그는 "내가 만일 공산주의자였다면 남한을 문란케 만들고 혼란케 만들어야 하지 않겠소. 여기 인재를 키워 무엇 하겠소? 1차 화폐개혁 당시 현금 들어간 것은 고사하고, 도서와 실험기구의 값만도 1억 300여만 원이 들었소"라고 답변했다고 한다. 재판장과 공산주의 논쟁을 하고 있는 그 시간에 당시 부산대학교 약학대학장이었던 이선주가 문교부에 갔다 와서 김문갑이 기증한 도서 등이 영구히 보존된다고 한 말을 떠올리고 재판장을 당신이라 부르면서 문교부장관에게 전화를 걸어 확인하라고 소리쳤다. 김문갑은 그것이 참작되었던지 사형 구형이 10년으로 감형되었고 다른 동지들도 대폭 감형되었다고 회상한다.99)

라고 물었더니 "보는 사람에 따라 다를 것입니다"라는 명언을 남겼다고 한다. 사형구형에서 10년 언도를 받고 형기를 마치고 출옥하니 엄민영은 이미 타계하여 생전에 한번 더 보지 못한 것을 김문갑은 안타까워하고 있다. 위의 책, p. 245.

99) 김문갑, 앞의 책, p. 264.

(7) 정지웅의 김문갑 평

1960년대에 들면서 중립화 운동이 본격화되자 각지에서 지부설치를 신청했다고 한다. 그런데 지부설치를 위한 활동을 남로당 인사들이 방해했다고 한다. 그의 글을 직접 보면 다음과 같은 사례가 있다. "지부신청을 하러 선배 김씨가 동지 2명과 같이 우리 사무실에 찾아왔다. 나는 진주를 방문할 약속을 하고는 진주에서 중립화에 관심 있는 동지들을 규합해 달라고 부탁했다. 약속된 날 오전 8시에 약속장소에 갔었다. 놀랐다. 경악을 금치 못했다. 지난 날 마산 남로당 최고 간부급 2명이 그 자리에 와 있었다. 나는 그 사람들이 그 많은 살육전 당시 벌써 저승 사람들이 되어 있을 것으로 믿었는데 그 자리에 참석하고 있는 데에 더욱 놀랐다. 그것도 그 사람들이 상당한 직장을 가지고 있는 데는 더욱 놀랐다. 이 사람들은 그들 고유의 지론과 함께 영세중립화를 반대했다.

정모가 나에게 와서 하는 말이 "김문갑과 상의한 결과 민자통(민족자주통일중앙협의회)을 하기로 언약하였다 하더라"고 했다. 내가 언제 그들과 그런 약속을 했던가? 남로당 잔당들이 가는 곳마다 우리보다 먼저 가서 이런 식으로 중립화 운동을 방해했다. 그래서 진주계획은 무산되었다. 오늘날 우리의 비극은 외세 탓도 물론 있지만, 민족 내부적으로 한국민주당(친일파 중심)과 극좌공산당이 이 지경으로 만들어 버렸다.[100]

이러한 내용으로 볼 때 남로당 인사들과 사이가 좋지 않았고, 따라서 김문갑은 공산주의자는 아니었던 것이 분명하다.[101]

(8) 김문갑의 열정의 삶을 평가한다

사위 허성관은 60대 초반의 장인을 처음 봤을 때의 인상을 말하길 "그는

100) 위의 책, pp. 235~236.

101) 인터뷰한 사위도 이를 강조하였다.

대단히 열정적이고 긍정적이셨고, 따뜻하게 맞아 주셨다"고 한다. 중립화 운동을 위해 지리산 토종 꿀벌을 키우시며 사무실 유지비 등도 마련했다고 한다. 김문갑은 열린 마음의 소유자였고 좌·우익의 모든 인사들과 친하였다고 한다. 1880~90년대에 광복회 몇 분이 부산에 오시면 식사를 대접하는 등 두루두루 친분이 있었다.

김문갑의 부인은 늘 감시당하면서 여러 번 연행되어 갔기 때문에 쇼크를 자주 받았고, 결국 심장계통의 병을 얻어 타계한 것으로 알려지고 있다. 김문갑은 아들 둘과 딸 다섯을 두었으며, 장자 김두경은 28세 때 아버지가 문제를 일으키게 되자 그 영향을 받아 사망하게 되었고, 딸 김현주도 감옥 면회 등으로 몸이 나빠져 23세에 사망했다.[102] 사위 허성관의 증언에 의하면, 김문갑은 중립화 운동을 하였지만 결코 좌익은 아니었다고 한다. 예로 남로당과 논쟁을 많이 했고 '그놈들은 민족도 모르는 완전 빨갱이다'라고 하였다는 것이다. 김문갑의 사위 허성관은 그의 장인에게 "중립화 운동은 아버님 시대인 냉전체제가 성립되면서 설 자리를 잃었지만 앞으로 탈냉전의 시대가 오면 평가받는 날이 올 것이다"라고 위로하면 김문갑은 기분 좋아하였다고 증언하고 있다.

김문갑에 대한 허성관의 특이한 증언은 "김문갑이 일제 때 동아일보사를 찾아가 이순신 장군을 위해 아산에 현충사를 가꾸어야 한다고 주장하면서 당시 돈 60원(?)을 기부했다고 하는데 이것이 시발이 되어 오늘날 현충사를 복원하게 되었다"고 그는 말한다. 또한 일제 말 "김문갑은 국내에서 무장 항일투쟁을 하기 위해 구식 총을 품고 80리 길을 걸어 마산 광산에 이를 은닉하고 사람들을 모으고 규합하는 등의 활동을 하다 해방을 맞은 것이 사실이었다"고 증언자는 말했다.

102) 김문갑의 큰 딸은 칠십 세에 사망했으며, 약사출신인 둘째 딸의 남편은 삼성중공업 사장을 역임했고, 일산에 거주하는 셋째 사위 최우석은 중앙일보 주필과 삼성경제연구원장을 역임하고 있으며, 넷째 사위 허성관은 전 행자부 장관을 역임하고 현재는 광주과학기술원장으로 일하고 있다.

이처럼 김문갑은 정신적으로 대단히 긍정적이며 열정적이었으며 육체적으로도 아무 지병 없이 건강했다고 한다. 이후 김문갑은 허약한 상태를 유지하다가 2000년 7월 11일 향년 96세를 일기로 사망하였다.[103)]

제 2 절 강종일의 연구소 설립과 활동

1. 한반도 중립화연구소 설립

강종일은 1998년 한반도 중립화연구소를 설립했다. 그리고 강소장은 2001년 10월 30일 영세중립통일협의회를 세종문화회관 대강당에서 5백여 명의 시민이 참석한 한반도의 중립화 통일운동을 목적으로 창립하였다. 강회장은 2011년 11월 22일 영세중립통일협의회 창립 10주년 기념학술회의에서 개회사를 통해 "1960년 4·19혁명으로 불같이 고조된 학생들의 영세중립통일운동은 5·16군사쿠데타 세력이 중립화 통일운동가들을 용공분자로 매도하여 사형에 처하거나 투옥함으로써 중단되었다"고 피력하고 이어서 "그로부터 40년 전 사형을 당한 조용수 민족일보 사장은 이미 무죄판결을 받고 국가로부터 보상을 받았으며 항일독립운동가로 활동하신 구익균 선생님(당시 103세, 2013년 별세)도 지난 10월 26일 무죄판결을 받은 바 있습니다."

"우리 협의회가 이러한 어려운 역경 속에서도 10년 동안 중립화 통일운동을 힘차게 전개한 것은 여러 회원님들의 열정과 사명감 속에서 이뤄진 값진 보석과도 같은 것으로 참으로 고맙게 생각합니다."

"한반도는 지정학적으로 주변 4대강국의 전략적 이해관계가 대립되고 있어 한반도의 중립화 통일은 남북과 4강에게 공평한 이익을 줄 수 있으므로 그 실현 가능성이 높은 통일방안이 될 것으로 믿고 있습니다. 그러므로 영세중립

---

103) 허성관의 인터뷰 증언.

통일협의회는 앞으로 어떠한 어려움이나 고난이 닥칠지라도 우리의 결집된 역량을 총동원하여 한반도의 중립화 통일운동을 힘차게 전개해야 할 것입니다" 라고 굳건한 소신을 밝혔다. 그리고 동북아정세와 함께 중립화 운동을 다음과 같이 간결하게 정리하였다. "21세기는 아시아의 시대라고 말합니다. 아시아의 시대가 되기 위해서는 동북아의 평화와 안정이 유지되어야 할 것입니다. 이를 위해 한중일의 협력이 전제되어야 할 것입니다. 동북아의 평화와 안정은 한반도의 통일에도 중요한 조건이 될 것입니다. 하지만 한중일의 협력은 문제점을 내포하고 있습니다. 첫째는 3국간의 과거사와 영토문제가 있습니다. 둘째는 한·미·일간의 동맹이 강화됨에 따라 북·중·러의 결속도 강화되고 있어 신냉전의 체제 양상이 나타나고 있습니다. 국력과 군사력이 날로 부상하고 있는 중국과 미국간의 갈등과 대립이 증대되고 있기 때문입니다. 특히 미국은 한반도의 서해와 대만해협, 남지나해협, 남사군도에서 인도의 해상통로를 통해 중국을 견제하고 있으며 중국은 미국의 해상봉쇄를 탈피할 목적으로 북한의 나선지역 항구의 50년 상용권을 획득하고 군사적 활용을 모색하고 있습니다.

동북아의 이러한 국제적 상황에서 남북한은 평화통일을 달성해야 하는 주체자로 미국과 중국에 일방적 동맹보다는 미래의 통일에 대비해서 협력을 강화해야 할 것입니다. 남·북·미·중간의 평화협정은 4개국의 이익이 대립하고 있으므로 남북은 남북기본합의서에 명시된 불가침조약을 먼저 체결하고 한반도의 통일과 안보의 대비책으로 한반도의 중립화 정책을 진지하게 검토해야 할 것입니다."[104]

2. 강종일의 협의회 운영과 연구실적

강종일은 미국 하와이 대학교에서 1996년 정치학 박사학위를 영득하였다. 그의 논문은 고종의 대미외교이고 그 주요 내용은 "조선의 영세중립정책의 배경과 전개"이다. 그는 고종의 중립화 정책을 미국의 자료를 통해 분석 정리하

104) 영세중립통일협의회 창립 10주년 기념 강종일 회장 기념사에서.

였다. 그 뒤 그의 연구는 한반도 중립화 연구로 일관되었다. 그는 영세중립화 연구소를 설치한 뒤 모든 중립화 운동단체를 규합, 영세중립통일협의회를 설립한 뒤 협의회를 운영하여 연구의 실적을 쌓았다.

1) 2007년에는 “남북한 통일정책의 대안 모색”을 주제로 이수석과 정현수를 발제자로 하고 강종일도 “통일의 중간 단계로서 남북한 중립화 연합체” 논문을 발표하였다.

2) 2007년 한반도의 중립화에 대한 역사적 배경과 정치적 환경 속에서 한반도의 중립화 방안에 용이하게 접근할 수 있는 모음집으로 「한반도 중립화로 가는 길」이라는 단행본을 발간하였다. 356페이지에 달하는 간행본은 광양사가 출판하였다.

3) 2008년의 하계학술회의의 주제는 “유럽3국의 통일정책이 남북한에 주는 함의와 교훈”으로 정지웅 · 강종일 · 전득주가 각기 독일 · 스위스 · 오스트리아의 통일정책을 발표하였다.

4) 2009년 동계학술회의의 주제는 “영세중립국들의 외교정책이 남북통일에 주는 함의와 시사점”이었고 강종일 · 정미영 · 김승국이 각각 스위스 · 오스트리아 · 코스타리카의 영세중립정책을 발표했다.

5) 2010년 추계학술회의의 주제는 “한반도 중립화 연합체 · 연방제와 환경조성연구”였고 김광식 · 정지웅 · 강종일이 한국, 북한, 한반도의 중립화 방안을 발표했다.

6) 2011년 영세중립통일협의회 창립 10주년 기념 학술회의는 “동북아 신안보환경과 한반도”를 주제로 정경영 · 김동현 · 김태완이 각기 동북아 안보협력체구상, 미 · 중의 동북아평화, 중국의 역할을 발표하였다.

7) 2012년 춘계통일전략학술회의는 “남북한 통일정책의 평가와 한반도 중립화 통일대안과 추진전략”이라는 논제로 정성장 · 강종일 · 정지웅이 각기 발제로 나섰다.

8) 2013년에는 한반도 중립화 통일방안토론회를 개최하였다. 이날 주제는 "한반도 평화통일의 대안으로서의 중립화 통일"이었고 발제는 곽태환의 "통일 한반도의 미래비전: 중립화 5단계 추진전략"이었다. 그리고 토론자는 조순승 · 권오을 · 이달순 · 정대화 · 유명철 · 강종일이었다.

이 밖에 강종일은 한반도 중립화 통일협의회를 발행처로 하는 "중립화 통일"이라는 제호의 뉴스레터를 발행하였는데 2012년 7월 1일자가 제74호였다.

제 10 장

영세중립국선언

제 1 절 박근혜정부의 통일정책
제 2 절 동북아정세와 6자회담의 전망
제 3 절 영세중립국선언

제10장

영세중립국선언

제 1 절 박근혜정부의 통일정책

1. 박대통령의 신뢰프로세스

박근혜는 2013년 2월 25일 대한민국의 18대 대통령으로 취임하였다. 그녀는 박정희와 육영수의 장녀로 태어났다. 1963년 부친 박정희의 대통령 취임 이후 청와대에서 성장하였고 1970년 서강대학교에 입학하여 전자공학을 전공하였다. 1974년 모친 사후부터 1979년 10·26사건 이전까지 퍼스트 레이디의 직무를 수행하였고 부친 서거 이후 청와대에서 나와 육영재단 이사장과 정수장학회 이사장 등을 지냈다.

1998년 정계에 입문하여 15대 국회의원에 당선되었고 이후 19대까지 5선 국회의원을 지냈다. 2004년부터 2년간 한나라당의 대표최고위원을 역임하였으며 2007년 한나라당의 제17대 대통령선거 후보경선에 출마하였지만 이명박에게 석패했다. 이후 새누리당 비상대책위원장을 2012년 제19대 국회의원선거를 승리로 이끌었고 새누리당의 대통령후보로 선출되어 51.6%의 득표율로 민주통합당 문재인을 누르고 당선되었다.

그녀는 대한민국 최초의 여성대통령이자 1987년 대한민국 헌법개정 이후 최초의 과반득표 대통령, 최초의 이공계 출신 대통령, 독신 대통령으로 기록되었다.

가장 중대한 정책은 대북정책이다. 박대통령은 취임 후 첫 참석한 3·1절 기념식에서 기념사를 통해 "확고한 안보를 바탕으로 한반도에 신뢰를 쌓아서 행복한 통일의 기반을 조성하겠다"고 강조했다. 남북관계 정상화를 위한 박대통령의 이른바 "신뢰프로세스"가 구체화·가시화되고 있는 것이다. 그러나 북한이 북핵실험을 강행하자 박대통령은 "피해는 고스란히 북에 돌아갈 것"이라는 강경발언을 쏟아냈다. 그러자 북한은 또 "서울을 불바다로 만들겠다"고 으름장을 놓았다. 그러자 박대통령은 "이에 대한 보복으로 우리는 북한의 평양을 향해 곧바로 날릴 것"이라는 극도의 강경발언으로 맞섰다. 적진을 향해 돌진하겠다는 발언은 북한과의 심리적 언쟁에서 가장 무서운 발언으로 평가된다.

이어서 개성공단사건이 터졌다. 개성공단조성은 남측의 자본과 기술, 북측의 토지와 인력이 결합하여 통일로 가는 길목에서 남북교류협력의 새로운 장을 마련한 역사적인 사업이다. 2004년 6월 시범단지 2만 8천평 부지조성을 완료했고 18개 입주업체와 계약이 체결되었다.

2010년 9월에는 입주기업생산액이 10억 달러를 돌파하였고 2012년 1월에는 북측 근로자 5만명을 돌파하였으며, 123개 업체가 입주했다. 한편 북한은 계속 핵위험 강행을 심화시키고 박정부는 강경한 대응으로 맞장구치고 남한의 언론은 개성공단이 북한의 달러박스라고 규정지으면서 북측은 개성공단이 대한민국의 것이 아니라는 듯 객기를 부리면서 근로자를 일방적으로 철수시키고 남한에서 북한으로 출입차단시켰다. 이것이 개성공단사건이다. 그 뒤 개성공단 정상화를 위한 양측의 노력이 6차회담까지 있었으나 결렬되었다. 남한측의 최후 통첩에 북한에서 2013년 8월 14일 7차회담 개최를 제의해왔고 정상화되었다. 이를 두고 한국에서는 "1991년 남북한 합의서가 나온 후 대북대화에 주도권을 잡은 것은 22년 만에 처음"이라는 평가가 나오기도 했다. 북한에 원조를 주면서 끌려다니기만 한다는 역대 정부의 대북정책을 비판하던 국민에게는 기쁨을 안겨주었을 것이다. 박대통령의 방미를 계기로 인터내셔널 헤럴드 트리뷴지가 그를 "철의 여인"으로 호칭한 것을 뒷받침하는 대목이 된 것이다.

2. 박대통령의 친미외교

박근혜 대통령은 2013년 5월 7일부터 미국 방문길에 올라 8일 미국 의회에서 상·하의원 합동회의 연설을 했다. 우선 한반도 평화통일 기반을 구축하기 위한 신뢰프로세스를 밝혔다. "한반도에 평화를 정착시키고 평화통일의 기반을 구축하기 위해 한반도 신뢰프로세스를 견지해 나갈 것"이라며 "북한의 핵은 절대로 용납할 수 없고 북한의 도발에는 단호하게 대응하되 영유아 등 북한 주민에 대한 인도적 지원을 정치상황과 관련 없이 해 나가는 것"이라고 소개했다. 주적의 개념과 대상을 분명히 하여 도발에는 단호하게 대응하되 일반 주민들을 대상으로 남한의 인도적 지원과 국제사회와 공조로 북한의 비핵화를 추진한다는 것이다. 비핵화를 바탕으로 남북간 신뢰관계가 구축되면 경제공동체까지 나아간다는 입장을 한결같이 유지하겠다는 것을 밝혔다. 미국도 이같은 대한민국의 대북정책에 공조해달라는 메시지인 것이다.

다음으로 "한미동맹이 나아갈 여정은 지구촌의 이웃들이 평화와 번영을 누릴 수 있도록 하는데 기여하는 것"이라고 밝혔다. 한미동맹이 양국간 군사, 정치적 환경에서 벗어나 세계무대에서 적극적인 역할을 해야 한다는 의미를 담고 있다.

이는 전날 한미정상회담을 통해 현재 이 한미동맹을 한반도를 넘어서 동북아지역과 범세계적 문제해결을 위해 함께 노력해 나가는 명실상부한 글로벌

파트너십으로 발전시켜 나가자고 합의한 것과 맥을 같이 한다고 할 수 있다. 또한 한국과 미국은 이번 정상회담을 통해 "동맹의 굳건함을 과시"했다는 평가를 받았다. 이것은 당연하다. 만약 한국방어와 대북기조에 공동보조가 없다면 그것은 큰일이다. 그것이 비정상이라 하지만 그 상황에서도 박대통령과 오바마는 박대통령의 프로세스에 "나의 접근방식과 유사하다"면서도 "북한에 믿음을 갖기 위해서는 북한의 행동을 봐야한다"고 했다. "유사"와 "지지"는 다르다. 뉴욕타임스는 박대통령의 방점이 "북한과 대화"에 있다면 오바마는 선비핵화에 방점을 두는 이른바 손을 떼는 불간섭정책을 강조한 것이라 했다.

성숙한 외교에서는 일방적 승리나 전면적 패배라는 것이 있을 수 없다. 다만 서로간의 필요성의 강도이다. 한미동맹 60주년을 넘기면서 한미관계는 서로 입지를 인식하고 자국의 이해와 이익에 어긋나거나 자국민의 정서에 맞지 않는 일은 아무리 우방이고 동맹이라도 양보하지 않는 실무적 양상으로 변화하고 있다. 박대통령은 그의 성실한 존재감이 상대방의 신뢰를 얻었고 그의 안정감이 우리 국민의 자긍심을 높여주었다는 성과를 거두었다는 평가를 받았다. 그리고 그 양대 강국외교의 교차로에서 미국을 찍고 중국으로 향해 갔다.[1)]

3. 박대통령의 친중외교

박근혜 대통령은 6월 27일 오전 전용기에 탑승하고 중국 북경으로 출국했다. 박대통령은 방중 첫 일정으로 시진핑 국가주석과 정상회담을 가졌다. 이튿날과 삼일째 되는 날은 각각 리커창 총리와 장더장 상무위원을 만났다. 또한 28일 북경대학교에서 대학생들을 대상으로 연설을 했다. 그가 중국어 실력을 뽐낼 것으로 기대했지만 인사말과 중국고사를 중국어로 이야기하였다. 또한 이번엔 70명이 넘는 경제인을 동반하였는데 대기업 총수들을 위시하여 중견·중소기업의 최고 경영자들도 포함되었다. 이번 경제인 중국 대거 동반 방문목적

1) 김대중, "한미의 성장과 변화," 조선일보, 5. 14, 오피니언 칼럼.

은 한중경제교류를 더 활성화하고 한중 FTA에 대한 논의를 하고자 하는 것이었다는 평가다. 방중 사절단은 28일 중국 북경에서 "한중 비즈니스"포럼에 참석하고 한중투자 및 산업협력 현황을 살펴보고 양국간 경제협력방안에 대해 논의하는 성과를 얻었다. 이번 방중에도 박근혜 대통령은 한국의 미를 뽐내 찬사를 받았다.

이번 박대통령의 중국방문은 한중관계를 한 단계 심화시켰다. 그 요인으로는 좋은 시기와 지리적 그리고 인간적인 화목함이 결합된 결과였다.

좋은 시기 박근혜와 시진핑이 각각 한국과 중국의 새로운 국가지도자가 되었다. 두 분은 2005년에 서울의 63빌딩에서 오찬을 같이하며 새로운 친구관계를 맺었다. 8년 전에 맺은 인연을 이제 두 나라의 정상으로 만나 무슨 말을 해도 의논하기 쉬운 시기가 되었다.

지리적 유리함 이제 중국은 북한의 영토를 방패막으로 활용하는 거리보다 한국과의 경제적인 거리를 중시하고 있다. 이제 중국에게는 한국이 북한보다 가까운 친구가 되었다.

인간적인 화목함 박근혜 대통령이 중국문화에 정통하고 중국어를 구사한다는 점도 자신의 문화와 언어를 존중한다고 생각하고 박대통령을 좋아하고 마음을 열게 된 계기가 되었고 마지막으로 중국사회는 여성에 대해 좋은 이미지를 가지고 있다. 그러나 중국은 아직 여성 국가지도자를 배출하지 못했는데 한국에서 여성이 대통령이 되었다는 점도 그들에게는 부러움과 존경의 대상이 되었다.[2)]

박대통령 방중 이후 7월 24일 개최된 "한중 평화통일포럼"에서는 한·중·북 관계의 미래와 동북아정세에 대하여 다양한 논의가 이뤄졌다. 청샤오허 인민대 국제관계학원 교수는 "북한의 3차핵실험을 비롯한 북한의 최근 도발 이후 중국에는 세 가지 변화와 세 가지 변하지 않는 것이 있다"고 말했다. 청 교

2) www.naver.com에서 약술.

수는 중국의 변화로 ① 중국지도자의 공개적인 대북경고, ② 중국매체의 잇따른 북한비판, ③ 국제협력을 통한 북핵문제 해결을 거론했다. 그는 중국의 변하지 않는 세 가지로는 ① 완충지대로의 북한의 전략적 가치, ② "북한을 버리지 않는다"는 데드라인, ③ 한반도 비핵화정책을 언급했다. 이에 대해 서강대 전성홍 교수는 "중국이 핵문제를 해결하려 하는가 아니면 북한을 관리하려고 하는가, 이런 전략적 모호성에 대해서 중국이 답해야 한다"고 말했다. 때를 같이하여 중국공산당 초청으로 여야의원들이 베이징, 충칭 등을 방문했을 때 중국측 인사들은 "북한과 중국의 관계는 특수한 관계가 아닌 일반적 관계다," "제멋대로 행동하는 북한은 반성해야 한다"는 발언을 서슴지 않아 우리 의원을 놀라게 했다. 그리고 중국군 고위간부가 "지금은 상호방위조약에 편중되어 있는데 한국과도 동등한 조약을 맺는 것이 맞는다는 말을 했다"는 얘기를 들었다고 밝혔다. 그리고 "중국 육군을 책임지고 있는 중국군 고위간부는 북한보다 남한과 국경을 마주하는게 좋다"며 남한 주도의 통일을 사실상 인정하고 기정사실화하는 말까지 했다는 의원의 전언도 있었다.[3)]

어쨌든 그간의 "북한의 핵"에 대한 모호한 태도는 역대 정부가 북한이 위협하면 협상하고 뒤로 돈을 주고 무마하는 정책으로 일관되었는데 박근혜는 북한의 위협에 굴하지 않고 보다 강경한 대응으로 맞서고 있어 제2연평도사건들이 유발될 염려들을 하고 있었다. 박대통령은 이에 대한 대책으로 미국을 방문했고 중국을 방문해 그의 "신뢰프로세스"를 제안하고 동의를 얻어 북한과 공동대응할 세계2대강국의 강력한 지지를 받았으니 이제 두려울 게 없게 된 것이다. 그래서 "영웅은 시대가 만드는 것이다" 했는가 보다.[4)]

---

3) 조선일보, 2013. 7. 12, 1면 참조.

4) 이달순 칼럼집, 「우리는 영웅을 기다리지 않는다」(새한일보 출판부, 1998), p. 4.

제 2 절 동북아정세와 6자회담의 전망

1. 동아시아공동체의 구성과 역할

(1) 공동체구성

2009년 이명박 대통령이 첫 제의를 하여 2010년 제주도 3국정상회의에서 비전 2020을 채택하였다. 2010년 5월 동아시아공동체를 구성, 초대총장에 한국 신봉길 취임, 차장은 일본 · 중국이 맡았다.

〈실천방안〉

① 3국은 서로 존경하며 상호 교류한다.

② 3국 대학간 학점교환을 인정, 추진한다.

③ 각종 재해에 공동대처한다.

EU는 두 차례나 세계대전을 치른 국가들이 모여 잘 운영하고 있는 사례에 3국도 협조 · 단합해서 동북아발전에 이바지하자는 취지로 출발하였다. 과거와 현재의 갈등문제를 서로 존중하여 해결하는 노력을 경주하여야 한다. 그러나 역시 가장 걸림돌이 될 문제는 북한의 핵문제일 것이다. 북핵문제의 조속한 해결이 동북아평화와 발전의 지름길이라는 평가다.5)

(2) 한 · 중 · 일 FTA

한국은 EU, 미국 등과의 FTA체결도 한 · 중 · 일 무역전쟁에서 월등한 우위를 점하고 있다. 한국은 미국과 EU를 파트너로 세계경제규모 61%를 차지하는 지역과 관세없이 자유롭게 통상을 하게 된 것이다. 세계공업국가 중 가장 높은

---

5) www.naver.com에서 약술.

비율로 평가되고 있다. 이에 비해 중국과 일본은 자유롭게 통상할 수 있는 지역이 각 17%인 것이다. FTA를 통한 무역의 비중을 보면 한국 34.2%, 중국 19%, 일본 15%이다. 한국은 FTA 45개국에서 (이제 12개국이 포함되면) 52개국으로 늘어나는데 비해 중국 17개국, 일본은 15개국이다. 중국과 일본은 미국과 EU와 FTA를 맺는데 지연되고 있다. 한국은 2011년 1조 달러 수출에 성공했다. 이같은 상황에서 한국과 중국, 일본이 공동체로서 FTA를 성사시킨다면 동아시아 공동체구상은 더욱 견고해질 것이다. 동북아발전도 앞당겨지고 세계에서 가장 월등한 경제적 지위를 확보할 것이다.

2. 한 · 중의 갈등

박근혜 대통령의 중국 방문외교로 한국과 중국은 대단한 이웃관계로 다가섰다. 그러나 그동안에 쌓인 양국의 깊은 골은 앞으로 풀어야 할 과제로 남아있다.

첫째는 동북공정이다. 중국은 고구려가 중국의 역사이고 간도가 중국땅이라고 주장하고 있다.

둘째는 이어도를 중국령이라고 주장하고 있다. 모두 역사의 문제이다.

셋째는 탈북자문제이다. 중국정부는 탈북자를 체포해서 북한정부에 넘겨주고 있다. 탈북자들은 대한민국 대사관에 들어오면 한국으로 망명할 수 있다는 것을 알고 한국대사관에 잠입하려고 하지만 중국공안당국은 그 길을 가로막고 있는 것이다.

넷째는 중국어선의 횡포이다. 중국어선들이 우리의 영해를 떼를 지어 침입한다. 박근혜 대통령이 중국을 방문하는 동안 어업문제와 천안함 · 연평도사건 · 탈북문제 등의 협조를 당부해 조용해지고 있지만 근본적인 해결방법이 나와야 한다.

3. 한 · 일의 갈등

첫째가 일본군 위안부문제다. 2013년 8월 13일 오전 경기도 광주에 있는 위안부 할머니 쉼터 "나눔의 집"에 거주하는 이옥선(85), 강일출(85) 할머니가 서울중앙지방법원을 찾았다. 이날 두 할머니는 다른 위안부 할머니 10명과 함께 일본정부를 상대로 각 1억 원씩 손해배상금을 요구하는 인사조정을 신청했다.

> "일본이 억만금을 줘도 우리 상처는 안 아물겁니다. 우리 (위안부) 할머니들이 다 죽으면 이 문제가 해결될 거라 생각합니까? 아닙니다. 역사가 기억하고 있습니다."

둘째가 독도문제다. 박대통령은 광복절을 이틀 앞둔 13일 경남 거제시에 있는 대우조선해양 목포조선소를 방문, 해군의 4번째 최신예 잠수함인 1800톤급 "김좌진 함"의 진수식에 참석했다. 박대통령은 축사에서 "우리 바다를 수호하고 해양에서 국익을 지켜내야만 한다"고 했다. 일본을 언급하지는 않았지만 독도 도발을 경계한 것이다. 때를 같이하여 야당의 민주당 김한길 대표가 독도를 방문해 "일본의 우경화와 군국주의 부활 움직임을 엄중히 경고한다"고 말했다. 김대표는 "일본은 방위백서에 '독도는 일본땅'이라 명기하고 교과서에 같은 내용을 실어서 학생들에게 잘못된 지식을 강요하고 있다. 그러나 어떤 망언과 왜곡도 독도가 대한민국 땅이라는 사실을 변화시킬 수는 없다"고 했다. 또 전병헌 원내대표는 "독도는 대한민국 주권의 상징이고 한국의 심장"이라며 일본에 망언과 망동을 중단할 것을 강력하게 요구한다고 했다.

한편 대마도 귀속문제도 새롭게 등장하였다. 정부수립 사흘째 되던 1948년 8월 18일 이승만 대통령이 "대마도는 우리땅"이라고 선언했다. 그리고 우리

외무부는 대마도 속령에 관한 성명을 발표했다. 이듬해 연두회견에서도 이대통령은 "대마도는 우리 땅이었으니 돌려달라"고 했다. 그 뒤 어떤 정부나 민간학계에서 이를 계속 주장하지 못하고 있는 것은 아쉬운 일이다.

그리고 이제 동중국해 대륙붕문제가 한일간에 유엔에서의 외교전으로 치닫고 있다. 우리 정부는 2012년 12월 3년간의 과학적 · 법적 조사를 거쳐 한국의 대륙붕이 일본 오키나와 해구인근까지 이어져 있다는 내용을 담은 8백여쪽짜리 보고서를 유엔에 제출했다.

2013년 8월 15일 박근혜 대통령은 광복절 경축사에서 "과거사 직시가 한일관계의 기본이 되어야 한다는 원칙을 고수하면서 일본의 정치인들이 미래의 협력을 위해 과거사를 인정하고 합당한 조치를 취해야 한다"고 역설했다.

4. 중 · 일 갈등

한국인을 보호한다는 명목으로 간도에 파출소를 설치하고 상주한 일본에게 만주철도부설권, 광산개발권 등 이익을 주는 대가로 1909년 간도협약을 맺어 간도영유권을 되찾은 중국이었지만, 일본은 1931년 만주사변을 일으키고 만주괴뢰국을 건국, 만주를 지배하였다. 그리고 1937년 12월 중국과 전쟁을 일으키고 남경을 점령 30여만의 중국인을 살해한다. 12월 13일의 남경대학살사건이다. 중국이 이에 대한 사과와 보상을 요구하고 있으나 일본은 이에 대해 대꾸도 하지 않은 채 그들의 전범들을 안치해놓고 있는 신사에 일본 고위관리들이 참배를 하고 있는 것이다. 일본의 이와 같은 만행에 대한 부도덕한 태도는 우리나라에게는 더욱 심한 것이다. 더욱이 위안부문제로 당시의 여성들이 사과와 반성을 요구하며 매주 수요일마다 일본대사관 앞에서 시위를 벌인지 1천회가 되는 지난 (2011년) 12월 소녀비를 세워놓고 항의했지만 오히려 소녀비를 철거하라고 으름장을 놓으면서 신사참배도 계속하고 있는 것이다.

중국과 일본이 현재 심각하게 대립하고 있는 현안은 다위다오 영유권을 둘러싼 갈등이다. 일본은 다위다오도와 남사군열도를 그들의 방어선으로 방어 훈련을 실시하고 있다. 그리고 일본은 타이완을 그들의 방어선에 집어넣고 있다. 일본은 현재 GDP 2위의 자리를 중국에 추월당했을 뿐 아니라 군비경쟁에서 크게 떨어지고 있다.

병력면에서 일본은 23만 9,430명인데 비해 중국은 228만 5,000명이며 중국병력이 일본의 10배다. 한국의 병력은 65만 3,000명이다. 예산면에서도 중국의 1,000억 달러에 비해 일본 704억 9,500만 달러로 뒤지고 있다. 한국은 265억 5,000만 달러이다.

육군병력을 비교해보자. 탱크가 중국은 7,470대, 일본은 902대이다. 오히려 한국이 2,429대를 보유하고 있다. 병력수송장갑차는 중국이 5,000대, 한국이 2,820대, 일본이 731대이다. 견인포는 중국 2,950문, 한국 2,100문, 일본 480문이다. 자주포는 중국 2,475문, 한국 1,872문, 일본 317문이다. 다연장포는 중국 2,600문, 한국 214문, 일본 90문이다. 박격포는 한국이 제일 많은 2,000문이고, 중국 1,050문, 일본 90문이다. 중국의 각종 육군장비는 일본의 10배라 하겠다.

공군을 보자. 항공기는 중국이 4,092대, 일본 1,953대, 한국 1,568대이다. 헬리콥터는 중국이 1,389대, 한국이 787대, 일본이 690대이다. 일본은 미국에서 스텔스 F35 40대를 곧 도입할 예정이다. 이 비행기는 2006년 알라스카 모의전투에서 전자무기전을 통해 비행기 144대를 격추하는 전과를 올려 성능이 우수함을 자랑한다. 한편 중국은 젠20을 보유한다는데 스텔스 전투기의 성능을 보유하고 있다고 한다.

해군의 경우를 보자. 군함이 중국 562대, 한국이 170대, 일본이 110대이다. 구축함은 중국이 26대, 일본 10대, 한국 1대이다. 잠수함은 중국이 55대이나 2030년까지 100대를 보유할 예정이라고 한다. 일본은 16대, 한국은 14대이다. 항공모함은 최근 중국이 중고품을 사들였는데 6만 7천톤급 바라그호다. 젠 비행기는 15대를 탑재하고 있다. 일본은 항공모함을 갖추지 못하고 있는 실정이다.

ICBM의 경우 1만 4천km 사정거리를 포함 총 410기를 보유하고 있다. 한국과 일본은 1기도 보유하지 못하고 있다. 우군으로 인도가 불의 신이라고 불리는 아그니 시리즈로 70기를 보유하고 있는 사정거리 5천km의 아그니4를 곧 확보할 예정이다.

한편 중국과 일본이 2013년 12일 평화우호조약 체결 35주년을 맞았지만 아무런 공식 기념행사를 갖지 않은 채 최근 급격히 악화되는 양국 관계를 우려하는 입장만 발표했다.

중국과 일본은 지난 1972년 수교했으며 6년 뒤인 1978년 8월 12일 베이징(北京)에서 평화우호조약에 서명했다. 하지만 작년 9월 일본이 중국과 영토 분쟁 중인 센카쿠(중국명 댜오위다오)에 대해 국유화 선언을 하면서 양국 관계는 군사적 대치 상황을 초래할 정도로 악화된 상태다.

훙레이(洪磊) 중국 외교부 대변인은 이날 기자의 질문에 답하는 형식으로 입장을 밝혔다. 훙 대변인은 "현재 양국 관계는 심각한 어려움에 직면해 있다"면서 "'역사를 거울 삼아, 미래를 지향한다'는 정신을 바탕으로 당면한 문제를 적절히 처리해 양국 관계의 회복과 정상적인 발전을 추진해 나가야 한다"고 말했다.

일본 외무성은 전날 발표한 대변인 담화에서 "이웃 나라 사이일수록 다양한 문제가 발생한다"며 "개별 문제가 있어도 양국 관계 전체에 영향을 미치지 않도록 '전략적 호혜 관계'에 따라 일·중 관계를 풀어나갈 것"이라고 밝혔다.

중국 관영 신화통신은 12일 논평에서 "평화우호조약 35주년 기념일을 썰렁하게 맞게 된 것은 일본의 일부 근시안적인 정객들이 이런 양국 간 공감대를 무시했기 때문"이라고 밝혔다. 신화통신은 또 "양국 관계는 1972년 수교 이래 최악의 상태에 있으며, 그 책임은 전적으로 일본에 있다"면서 "일본 지도자들은 한편으로 대화를 말하면서도 잘못된 역사관을 바탕으로 끝없이 도발을 계

속하는 이중적 태도를 보이고 있다"고 주장했다.[6)]

5. 중국과 아세안의 갈등

R. 카플란 미국방부정책위원은 훠레인폴리스지에 "21세기의 전쟁은 해양에서 일어날 것이다. 남중국해가 냉전시대 독일처럼 향후 수십년간 최전선이 될 것이다"라고 기고하고 있다. 남중국해는 대만해협에서 말라카해협으로 이어지고 있다. 면적이 350만km^2나 된다. 남중국해의 자원은 석유 230억톤, 천연가스 7,500km^3를 보유하고 있는 것이다. 이 해역에는 연간 5만척의 상선이 정기적으로 항해하고 있어 수에즈운하의 6배, 파나마운하의 17배가 된다. 경제적으로 동아시아 경제권에 대한 영향력을 확보할 수 있다는 것인데 남중국해를 둘러싸고 있는 경제인구는 34억명으로 세계인구 절반이 이곳에 몰려있는 것이다. 남중국해의 갈등의 초점은 서사군도(파라셀군도)와 남사군도(스프래틀리군도)이다. 1974년 중국이 서사군도를 무력으로 점령하니 1975년대 베트남, 필리핀, 인도네시아, 말레이시아, 브르나이가 아세안 동맹을 형성, 중국과 갈등을 빚기 시작한다. 1974년 중국이 베트남하고 교전하기에 이르렀다. 중국은 이곳을 역사적으로 중국의 영해라고 주장하며 아세안 5개국은 국제해양법에 따라 200해리의 배타적 경제수역(EEZ)을 주장하고 있는 것이다.

2011년 11월 15일 미국의 오바마 대통령이 발리에서 열린 동아시아정상회의(EAS)에 처음으로 참가하여 "누구나 영해의 영유권을 주장할 수 있으나 겁주고 협박하는 것은 안 되는 일이다"라고 주장함으로 중국을 압박했다. 이에 앞서 힐러리 미국무장관은 필리핀 대통령과의 만난 자리에서 남중국해를 필리핀해라고 호칭하기도 했다. 기가 죽어있던 아세안국가들이 미국의 이같은 움직임에 환호하게 된 것이다. 9·11테러 이후 이라크, 파키스탄과의 문제로 아시아태평양정세에 소원했던 미국이 18개국 정상들이 모인 자리에서 중국정책을 비판

6) 조선일보, 2013. 8. 13, A5면.

하며 아시아태평양정책에 올인하면서 중국과의 충돌도 마다하지 않는 강력한 정책을 펼친 것이다. 더욱이 미국은 환태평양 경제동반자협정(T.T.P)을 통해 남중국해 문제에 관여하면서 이들 국가들과 협력을 강화하기도 하는 것이다. 미국은 호주에 2,500명의 해병을 파견하고 베트남에도 1,000명을 주둔시켰다. 물론 한국과 일본에도 8만 5천명의 미군이 주둔하고 있다. 오바마 대통령은 인도의 만모한싱 인도 총리와 필리핀 아퀴노 대통령과 만나 회동하였다. 인도네시아에 F16형 24대를 공급하고 브르나이에 블랙호크 7대를 판매했다. 미얀마의 경우 미국은 민주투사 아웅 산 수 치 감금을 비난했다. 미얀마정부는 중국과 군사협정을 맺는다. 당황한 미국은 미얀마정부에 당근정책을 쓰는 한편 힐러리는 아웅 산 수 치를 만나는 양면정책을 펼친다. 미얀마는 다른 이웃과의 보조를 위해 중국을 견제하면서 미국과 가까이 하려고 한다. 그리고 잇달아 민주화조치를 추진한다. 또한 미얀마 불교계는 달라이라마도 초청하려 한다. 미국은 인도-일본-베트남 연대를 모색한다. 중국은 일본과의 갈등관계 속에서 국력이나 군사력에서 일본에 앞서있지만 일본이 미국의 힘을 빌리면 중국이 일본을 누르기는 힘겹게 된다. 미국이 베트남의 메콩강에 1,000명의 군사를 파견한 것에 대비 중국도 메콩강의 중국인 활동의 안전을 위해서 1,000명의 안전부대를 파병해 놓고 있다. 미국이 인도를 끌어들여 베트남의 중국을 견제토록 한다. 인도와 중국은 국경을 접하고 있어 평화적 국경경비가 어렵게 되어있다. 중국은 인도의 관문이라고 할 수 있는 셰이셀군도공화국에 군기지를 잡아놓고 있다. 650명의 인구에 100여개의 섬으로 구성된 나라에 40여명의 중국장교들이 군기지를 설치했다. 이에 대항하기 위해 인도는 핵잠수함을 보유하고 사정거리 5,000km의 탄도미사일을 배치하고 있다. 중국인구 13억 대 아세안 6억 인구에 인도의 12억 인구가 함께하면 중국보다 강한 입장이 된다. 인도의 경제발전은 2030년이 되면 중국을 앞지를 가능성이 높다고 전망하는 학자들이 많다. GDP는 중국이 5조 8,800억 달러이지만 일본이 5조, 인도와 아세안이 각 2조

달러로 합치면 9조 달러로 중국보다 경제력도 우세하다. EU마저 균형자론을 내세워 남중국해의 갈등에 개입하고자 한다. 이에 러시아가 뛰어들었다. 러시아가 동아시아 18개국 정상회의에 참석한 것이다. 그러나 러시아의 개입은 중국이나 일본이 반갑게 여기지 않는 상황이다. 일본과는 역사적으로 불편한 관계인 것이다. 1858년 사하린과 쿠릴열도 그리고 남4개섬을 일본과 맞바꿨던 것이다. 1905년 일본이 러시아와의 전쟁에서 승리하자 남사하린마저 빼앗았다. 1945년 일본이 패망하자 러시아는 얄타회담에서 미 루즈벨트와 영 처칠의 동의를 얻어 쿠릴열도와 남의 4개섬 그리고 남사하린을 모두 회수했다. 현재 일본은 러시아에 대해 쿠릴열도의 남4개섬의 반환을 요구하고 있는 상태다. 러시아는 중국과도 역사적 분쟁의 상처가 있다. 1966년 후르시초프가 미국과의 평화공존정책을 채택하자 중국의 모택동은 "러시아의 수정주의는 미국과 동일하게 우리의 주적"이라고 선언하여 이념논쟁을 부추겼다.

그리고 1969년에 우수리강 진보도에서 중국과 러시아는 무력 충돌이 일어났던 것이다. 더욱이 러시아는 2011년의 총선에서 부정선거규탄시위로 푸틴이 어려운 처지에 몰리고 있는 형편이었다.

이제 중국의 정책을 보자. 2011년 11월 동아시아 태평양 18개국 정상회의에서 미국의 오바마 대통령이 중국정책을 강력히 비판하자 중국의 원자바오 총리는 오바마에게 긴급 정상회의를 요청하고 무역불균형, 위안화문제 등 미국의 요청을 들어주겠다면서 남중국해 문제는 당사국간 해결하도록 도와달라고 했다.

그러나 중국의 언론들이 "시간은 우리편이다. 10년 뒤 경제력이 미국을 앞설 것이다"라고 강경책의 여론을 끌어올리면서 중국도 미국과 맞서는 경향으로 나서고 있다. 우선 중국도 태평양함대를 추진하기로 한 것이다. 황해의 북해함대, 동중국해의 동해함대, 남중국해의 남해함대를 연합하여 태평양함대를 편성, 한쪽으로는 오키나와-대만-필리핀으로 다른쪽은 사이판-괌-마리아나를

잇는 선으로 방어벽을 쌓겠다는 것이다.

미국은 2012년초 미태평양함대 새사령관에 중국전문가 세실헤이니 제독을 임명했다. 그는 제3함대와 제7함대 그리고 제1잠수함 전단을 거느리고 150여 척의 함정 2천여대의 항공기 2만 5천의 병력을 지휘하게 되었다.

그러나 미국은 세계에서 일본과 함께 "지는 해"의 모습을 보여주고 있는 것 같다. 2011년 10월 팔레스타인 UNESCO가입을 미국이 반대했지만 107 대 14로 가결되었고 유럽 재정위기 해결을 위해 EU존은 중국에 의존하는 경향으로 기울어지고 있고 이란과 북한의 핵무기대응능력선에서 미국은 힘을 못 쓰는 편이다. 더구나 자본주의의 팽창을 구가하던 미국이 중산층이 축소되고 월가를 점령하자는 시민의 시위가 확산되는 사태가 벌어진 것이다. 자본주의의 모순이 드러난 것이다. 대기업의 발전으로 기업이 성정하는 자본주의가 모든 대기업CEO인 1%가 국부의 대부분을 차지하고 있는데 대한 분노인 것이다.

그러나 미국이 계속 세계질서를 주도할 것은 틀림없다. 미국의 GDP는 중국의 3배다. 그뿐 아니라 중국은 13억 인구 가운데 1억만이 G.D.G 2만 달러를 넘어서고 있는 형편이니 12억 인구의 분발이 언제 나타날 것인지 기대하기 어려운 것이다. 벌써 중국은 인플레이션과의 전쟁에 시달리고 있다. 소득격차의 해결이 중국의 사회를 어둡게 하고 있고 부패도 만연되고 있다. 돈줄을 죄자 기업의 도산이 속출되고 있고 긴축정책을 펼치고 있지만 물가는 고공행진을 계속하고 있다. 내부적으로 불안한 중국인 것이다.

더욱이 미국의 군사력은 중국의 6배나 된다. 그리고 세계 각지에서 작전을 수행할 수 있는 투사능력면에서 타의 추종을 불허하는 것이다. 미국인들은 창의력과 자발적 태도의 생활문화가 자리 잡힌 나라인 것이다. 믿을 만한 국가의 신임도가 있는 것이다. 다만 승리자적 태도를 버리고 동반자적 입장에서 다자주의에 힘을 기울이면 좋겠다. 이제 미국이 중국어 전문가 10만명 양성에 나선 것도 잘한 것이다.

한국인의 미국의 리더십지지 여론조사에서 57%가 지지하고 18%가 지지하지 않고 있다. 중국의 리더십은 2010년에 36%였는데 2011년에 30%로 떨어졌다. 미국의 리더십은 지지하는 나라 가운데 캄보디아가 65%로 가장 높고 필리핀도 63%나 된다. 중국지지율은 말레이시아가 화교 덕분에 42%, 베트남이 22%이다.[7)]

중국과 아시아의 갈등은 계속 확대되고 있다.

미 · 중 · 일이 '동남아 쟁탈전'을 벌이고 있다. 중국은 '아시아 패권'을 위해, 미국 · 일본은 중국의 부상을 막기 위해 동남아 국가를 자기편으로 끌어들이려 한다. 특히 베트남과 필리핀, 미얀마에 미 · 중 · 일의 경쟁이 집중되는 양상이다.

베트남과 중국은 1970년대 영토 분쟁으로 두 차례 전쟁까지 치렀다. 그러나 지난 6월 쯔엉 떤 상 국가주석이 시진핑(習近平) 중국 주석을 만나 "남중국해 문제의 평화적 해결"에 합의한 이후 양국 관계는 급속히 개선되는 분위기다. 이에 대해 버락 오바마 미국 대통령은 지난 7월 상 주석을 초청해 '포괄적인 동반자 관계'를 구축했으며, 올해 말까지 자유무역협정(FTA) 체결을 마무리하기로 합의했다. 일본 아베 신조 총리도 내년 3월 상 주석의 방일(訪日)을 추진하고 있다고 교도통신이 8일 보도했다. 상 주석을 놓고 중국 · 미국 · 일본이 차례로 초청 경쟁을 벌이는 모양새다.

반면 필리핀과 중국 관계는 갈수록 악화되고 있다. 최근 필리핀은 군비확충과 함께 해 · 공군 기지를 중국과 영유권 분쟁 중인 남중국해 인접 도시로 이전하기로 결정했다. 지난달에는 필리핀 해안가에서 흑사(黑砂 · 광물을 함유한 검은 모래)를 불법 채취한 혐의로 중국인 31명을 무더기로 체포했다. 중국도 경량형 탄도미사일 호위함을 추가로 남중국해에 배치하는 등 압박을 강화하고 있다. 미국과 일본은 이런 필리핀에 재빨리 도움의 손길을 내밀었다. 지난달 필

---

7) 이달순, 「고구려 시오니즘을 위한 기도」(중앙문화사, 2012), p. 375.

리핀을 방문한 아베 총리는 해양 순시선 10척을 지원하겠다고 약속했다. 미국은 군사 지원을 확대할 계획이다. 홍콩 봉황TV는 9일 "필리핀이 남중국해 분쟁에서 중국에 대항하기 위해 미군의 자국 주둔을 확대하는 방안을 논의할 예정"이라고 전했다. 미국과 필리핀의 연합 해군 훈련도 계속 규모가 커지는 양상이다.

미얀마는 원래 중국과 '특수 관계'였다. 그러나 개혁·개방을 추진한 이후 미국과 일본이 신속하게 접근하면서 미·중·일의 각축장이 됐다. 오바마 대통령은 작년 11월 현직 미국 대통령으로는 처음으로 미얀마를 방문한 데 이어 지난 5월에는 테인 세인 대통령을 워싱턴으로 초청했다. 미얀마를 묶었던 각종 제재도 대부분 풀어줬다. 일본은 '돈'으로 미얀마를 공략했다. 아베 총리는 지난 5월 미얀마에서 3조 2,000억 원 규모의 경제지원을 약속했다. 중국은 지난달 미얀마와 793km의 가스·송유관 연결 공사를 마무리하면서 관을 따라 45개 학교와 24개 병원을 지어줬다. 미얀마인의 마음을 얻기 위해 2,000만 달러를 투자한 것이다. 베이징의 외교 소식통은 "미국과 일본은 중국을 포위하기 위해, 중국은 태평양으로 뻗어나가기 위해 동남아 곳곳에서 경쟁 중"이라고 했다.

더욱이 중국이 남태평양의 섬나라 피지에 군사·경제 원조를 확대한다고 중국 동방망(東方網)이 23일 피지 매체들을 인용해 보도했다. 남태평양은 미 해군의 앞마당 격으로 일본도 남태평양 도서국을 끌어안기 위해 노력 중이다. 최근 미·중·일 간 해양 경쟁이 댜오위다오(釣魚島·일본명 센카쿠)가 속한 동중국해와 서태평양에 이어 남태평양까지 번지는 모양새다. 중국 해군은 시진핑(習近平)체제 출범 직후인 작년 11월 서태평양에서 주력 전함을 동원한 훈련을 했었다. 2차 대전 당시 미 해군은 남태평양 미드웨이 해전에서 일본군을 대파하고 승기를 잡았다.

동방망에 따르면 중국 국방부 외사사무실 주임인 첸리화(錢利華) 소장이 이끄는 군사대표단이 21일 피지를 방문해 조사이아 보레케 바이니마라마 총리를 접견하고 양국 간 군사·경제 원조에 합의했다. 중국은 피지에 군사 훈련과 차량, 군복, 사무용품까지 지원하기로 했다. 또 피지의 장기 국가건설 계획을 돕기 위해 전국적 규모의 사회기반시설(SOC) 건설과 농업 발전 등에도 원조를 아끼지 않을 계획이다. 바이니마라마 피지 총리는 중국의 원조에 사의를 표했다고 매체는 전했다. 이어 첸 소장은 피지군 총사령관을 만나 구체적 원조 방안을 협의했고, 군의장대의 성대한 환영을 받았다고 한다.

바이니마라마 현 피지 총리는 2006년 쿠데타로 집권했으며 호주와 뉴질랜드는 이를 문제 삼아 피지에 제재를 가하고 있다. 중국은 이런 틈을 놓치지 않고 피지에 영향력을 확대하는 상황이다. 중국은 2006년 이후 우대차관을 제공하면서 채무를 탕감해줬다. 2011년에는 피지군에 도로 건설·수리용 장비를 원조했다고 동방망은 보도했다. 중국 최고지도부의 발길도 이어졌다. 2006년 중국 총리로는 처음으로 원자바오(溫家寶) 총리가 피지를 국빈 방문했으며, 작년 9월에는 최고지도부인 우방궈(吳邦國) 상무위원이 피지를 찾았다.

현재 미국과 중국은 남태평양 주도권을 잡기 위해 치열한 경쟁을 벌이고 있다. 작년 8월 말 남태평양 섬나라 쿡 제도에서 열린 '태평양 도서국포럼(PIF)'에서는 힐러리 클린턴 미 국무장관과 추이톈카이(崔天凱) 중국 외교부 부부장이 대결했다. 당시 클린턴 장관은 중국을 의식한 듯 "남태평양 지역이 하나의 강대국에 의해 주도되지 않고 균형이 이뤄지도록 할 것"이라고 밝혔다. 지역 경제발전을 위한 3,200만 달러 지원 계획도 발표했다. 클린턴 장관은 잠재적 분쟁 예방 등을 위해 미 해군과 해양경찰의 주둔을 늘리기로 쿡 제도와 합의했다.

이에 대해 추이 부부장은 "중국이 2011년부터 태평양 도서국에 사회기반시설 건설을 지원해왔고 자연재해가 발생한 국가에는 인도주의적 지원도 제공했다"고 말했다. 당시 중국은 지역환경 보호를 위한 6,000만 달러 기부를 약속했다. 일본도 작년 5월 '제6회 태평양 도서국 정상회담'을 주최했었다고 동방

망은 보도했다.[8)]

이어서 중국은 핵무기를 늘리고 있다.

미국과 러시아가 핵무기 보유 숫자를 줄여온 반면, 이들과 군비 경쟁을 벌이는 중국은 오히려 늘린 것으로 파악됐다.

스웨덴의 싱크탱크인 스톡홀름 국제평화연구소(SIPRI)는 중국이 지난해 군 현대화 작업의 하나로 핵무기를 기존 240기에서 250기로 늘렸다고 3일 발표했다. 하지만 중국은 핵무기 보유 수에 대해 매우 불투명한 자세를 취하고 있다고 지적했다. 이 연구소의 필립 쉘 연구원은 "중국은 장기적으로 핵무기를 조금씩 늘리고 있다"며 "지금의 정책을 바꿀 것이라는 징후는 없다"고 말했다고 AP통신이 보도했다.

중국과 인접한 파키스탄은 지난해 90~110기에서 올해는 100~120기, 인도는 지난해 80~100기에서 올해 90~110기로 각각 10기 정도씩 늘린 것으로 조사됐다.

미국과 러시아는 2010년 체결한 전략무기감축협정(START)에 따라 핵무기를 줄인 것으로 파악됐다. 미국은 핵무기를 8,000기에서 7,700기로, 러시아는 1만기에서 8,500기로 감축했다.

영국(225기)·프랑스(300기)·이스라엘(80기)의 핵무기 수는 변동이 없었다.[9)]

이와 같은 동북아정세에서 북한의 핵제거를 위한 6자회담이 개최될 전망이다. 박대통령이 미국과 중국을 방문하면서 미국과 중국이 함께 6자회담을 열어 북한의 핵을 제거해야 한다는 데 뜻을 같이 했기 때문이다. 6자회담에 참가할 한국·미국·중국·일본·러시아·북한이 국익을 놓고 각기 외교정책의 미묘한 관계가 얽히고 있는 상황에서 말이다.

---

8) 조선일보, 2013. 8. 8.

9) 조선일보, 2013. 7. 21.

제 3 절 영세중립국선언

1. 대한민국이 먼저 무기를 버리자

우리나라가 일본 제국주의의 침략을 받아 식민지 지배를 받은 것이나 남·북한 분단국가로 반세기를 이어오고 현재도 북한의 핵제거를 목표로 이른바 6자회담의 긴장상태 상황에 처해 있는 것이나 모두 한반도의 지정학적 이유임에 틀림없다. 박근혜 대통령이 2013년 취임과 함께 미국을 방문, 그녀의 신뢰프로세스정책의 지지를 받고 북한 핵제거에 다시 한번 압박정책에 결의를 굳건히 하고 이어 중국을 방문, 북한의 핵제거에 모호한 태도를 견지했던 정책을 과감히 떨쳐버리고 북한의 핵을 제거하는데 강력한 동맹결의를 얻어냄으로써 이제 북한은 핵을 제거해야 하는 운명에 처해지게 되었다. 물론 간단히 포기하지 않을 것이고 상당한 대가를 요구할 것이며 그 대가의 해결을 위해 상당한 시일이 경과해야 할 것이다. 북한의 핵을 제거하는데 가장 공이 큰 국가가 한반도에 영향력을 행사할 힘을 보유하게 될 전망이다. 그리고 6자회담 중 4대강국은 그 후 한반도 통일문제에 제각기 그들의 국익과 관련해 상당한 발언권을 행사할 것이다. 가장 경계해야 할 국가는 역시 일본이라고 하겠다. 아베신조 일본총리는 2013년 7·21 참의원선거에서 압승한 위세로 개헌을 위해 국내뿐 아니라 해외에서도 지지세력의 확대를 꾀하고 있는 것이다. 그리고 연내에 헌법해석을 바꿔 집단적 자위권을 도입하는 방안을 추진중이다. 집단적 자위권은 동맹국이 공격받았을 때 상대국을 공격할 수 있는 권리를 말한다. 일본정부는 집단적 자위권 행사가 필요한 사례로 "한반도 유사시"를 명시하고 있다고 한다. 일본에서 "한반도 유사시"라는 표현은 한반도에서 무력충돌 혹은 전쟁이 발발하는 것을 의미한다. 집단적 자위권이 도입되면 한반도가 자위대의 작전범위에 포함될 수 있다는 것을 의미한다. 집단적 자위권은 자국이 공격받지 않아도 동맹국이 공격받았다는 이유로 타국을 공격할 수 있는 권리이다. 군국주의 부활이라는 일본 내 지식인들의 비판과 국제적 여론에도 불구하고 대다수의 일본인들은 과거의 강대했던 일본 군국주의에 대한 환상을 못 버리고 있는 행태인 것 같다. 한편 미국은 전통적인 일본지원과 동맹정책을 다시 추진하고 일본의 재무장을 묵시적으로 지원하고 있는 것이 아닌가 하는 의구심을 지워버릴 수 없다.

한편 중국은 "한반도 통일 후 중국변경에 대규모 외국군이 주둔해서는 안 된다"는 입장이다. 2013년 7월 24일 정전 60주년 기념 한중 평화통일포럼에서 뉴췬 베이징 국제대학원 교수는 "중국변경에는 중국에 우호적인 정부가 있어야 한다는 것은 과거에도 지금도 앞으로도 변치않을 것"이라고 말했다. 이는 "주한 미군이 통일이후 북한에 주둔해선 안 된다"는 입장을 명시적으로 밝힌 것으로 중국정부의 입장을 반영한 것으로 풀이된다. 안홍준 국회외교통일위원장도 이날 개인 의견임을 전제로 "통일 후에 (중국과의 우호적 관계를 위해) 주한 미군이 한 발짝도 북한으로 가서는 안 된다"고 말했다. 청샤오허 인민대 국제관계학원 교수는 이날 정전체제 종결을 위한 중국의 역할에 대해 "과거 중국은 한반도 평화체제 문제에 방관자였지만 지금은 조정자 역할을 하고 있다"고 말했다. 그러나 그는 "중국은 남북사이에서 교량역할을 하고 있기 때문에 한쪽을 일방적으로 지지하기는 어렵다"고 밝혔다. 정부의 공식적인 정책발표가 아니긴 하지만 우리가 전망할 수 있는 것은 중국은 미국이 한반도 통일문제에 깊이 관여하는 것을 용인하지 않는 정책방향이 자리잡고 있는 것이고 일본과 미국의 공동정책에 대비해 중국측과 공동정책을 펼칠 수 있는 나라로 아마도 러시아를 선택할는지 모르겠다. 얼마전 중국은 러시아와 합동군사훈련도 실시하였다. 냉전의 시대 한반도에 북은 러시아와 중국이 남은 미국과 일본이 우방이 되었던 형국이 재현된 것이다. 중국이 러시아보다 강대국이 되었고 일본이 재무장으로 군사력이 증대되고 있는 상황이다. 박대통령이 핵제거를 위한 대북정책에서 미국과 중국의 동의를 얻고 지지를 받기도 했지만 핵제거 후 통일의 문제가 대두되었을 때 4대강국의 한반도 정책과 박대통령의 외교정책이 일치되기는 어려울 전망이다. 그때 우리와 동일한 정책을 추구한 대상자를 선택할 어려움도 예상된다. 이와 같은 상황하에서 우리는 핵제거에 어느 한쪽이 큰 공헌을 하고 한반도 문제에 영향력을 행사하도록 해서는 안 된다. 그러기에 북한의 핵제거를 위해 우리 정부가 주도권을 장악해야 한다. 그러기 위해 우리가 북한 핵제거에 중추적인 역할을 해야 한다. 우리는 북한의 핵포기의 대가를 분담할 능력도 없다. 우리 정부는 6자회담에서 과감히 주장해야 한다. 북한의 핵은 세계를 위협하는 것이기도 하지만 우선 우리편의 전쟁에 대비하는 것이다. 북핵제거의 책임은 따라서 우리가 지니고 있는 것이다. 이에 우리가 내릴 수 있는 결단은 남한이 북한을 공격할 의도가 없다는 것을 명시해야 한다. 그러나 우리의 국방력도 북한에 뒤지지 않는다. 우리가 북한을 공격하지 않겠다는 의지를 밝히는 방법은 단 하나다. 우리가 무기를 버리는 것이다. 그 뜻을 6자회담에서 밝히는 것이다. 그리고 6자회담에서 결의를 얻어내는 것이다. 북한은 절대로 남침하지 않는다는 선언을 하도록 하고 다른 4강들은 한국에 어떠한 나라도 전쟁을 도발하면 연대하여 방어한다는 공고한 결의를 하고 선언하는 것이다. 대한민국이 무기를 버리고 군대를 해산한다면 북한은 핵을 보유할 명분이 사라진다. 그래도 북한이 핵을 보유하겠다고 한다면 그들의 의도는 미국이나 일본 등을 타깃으로 하고 있다고 인정되는 것이며 반대로 미국이나 기타 UN국이 북한에 대한 핵파괴 공격이 가능해지는 것이다. 그리고 대한민국은 6자회담에서 제안을 추가해야 한다. 남한이 군대를 해산하게 되면 60만대군의 무기는 UN에서 중개하여 무기를 국제적으로 수출하도록 주선해 주어야 한다. 한국정부는 그 대가로 10%정도의 군사력을 자비로 UN평화유지군으로 UN의 지시에 따라 분쟁지역에서 종사하도록 하는 것이다.

2. 대한 영세중립국선언

이제 대한민국은 세계만방에 영세중립국임을 선언하는 것이다. 우리는 지금부터 100여년도 훨씬 넘었던 1880년 일본수신사로 갔던 김홍집이 황존헌의 “조선책략”을 들고 들어오면서부터 중립주의 정책이 외교정책으로 대두하게 되고 1885년 독일부영사 버들러가 영세중립국론을 제창하면서 구체화되었다. 1900년부터 고종의 지시로 중립국 추진정책이 추진되었다. 그러나 이미 때는 늦었다. 1894년 일본은 청일전쟁에서 승리의 자신감으로 우월감이 팽배해 있었고 1896년에는 러시아의 니콜라이 2세 황제 대관식에 참석한 일본대표가 러시아의 로파노프와의 회담에서 한·만 교환 조건을 의제로 삼았고 거기서 한반도 38도선을 중심으로 러와 일본이 분담 지배하자는 의견까지 접근하고 있었던 것이다. 그리고 그 후(1905) 가쓰라-태프트 조약이 이루어졌지만 일본과 미국은 필리핀과 한반도를 각기 점령하는 양국간의 점령정책이 확고해지고 있었다. 그러기에 중국에게 일본에게 러시아에게 미국에게 중립국 추진을 호소한 것은 모두 허사가 된 것이다. 그 중립국 추진정책의 실패가 우리의 역사를 불행에 빠지게 했다. 우리는 그 실패를 이제 성공으로 이룩해야 할 역사적 의무가 있다.

일본의 지배하에서 우리 민족은 독립운동으로 궐기했으나 좌파와 우파로 갈라져 있어 대동단결을 외치며 좌우합작 독립단체를 조직 1927년 조선일보간부들을 중심으로 신간회를 발족했다. 최은희 여기자는 사장으로부터 많은 여성들을 동참시키라는 권유를 받았으나 따로 자금을 받아 좌우합작 여성독립운동단체인 “근우회”를 창립했다. 그러나 두 단체 모두 공산당의 책동으로 해소되었다. 해방 후 북한에 러시아군이 진주하고 남한에 미군이 군정을 펼치면서 양국의 지휘하에 남·북합작임시정부수립을 추진하였으나 실패, 남한 하지중장은 “중간파정부”를 추진하였으나 그것도 실패했다. 북한은 러시아를 배후에,

남한은 미국을 배경으로 각기 정부를 수립하였고 이어서 세계가 미·소의 냉전으로 양극화의 대결이 시작되고 그 가운데서 한반도는 열전으로 전쟁이 발발하였으니 좌우합작이나 중립화통일운동은 고개도 못들게 된 것이다. 정전과 4·19혁명 후 중립화운동가들이 그들의 주장을 펼쳤으나 오히려 반공정책정부의 집권하에서 탄압을 모면할 수 없었고 더욱이 북한의 공산세력이 교묘히 중립주의 운동가들의 틈속에 숨어들기도 하여 오히려 중립주의운동=좌익세력이라는 오해만 받게 되는 형편으로 일관하였다. 10·26이후 민주화라는 물결속에서 공산권이 붕괴되면서 중립의 필요성보다 남북통일의 열기가 정치권을 휩쓸었고 민주주의와 자본주의가 산업국가로 경제부강국가로 성장하면서 마르크스주의를 내세우며 자유보다 평등을 앞세우며 소외계층의 지지를 끌어내고 노동운동의 열기속에서 좌파들은 종북주의자들로 변신되고 있는 지경에 이르렀다. 마침 북한의 핵제거를 이슈로 6자회담이 한반도에서 개최되는 시점에서 저자는 우리 주변에 세계 4대강국이 참여하고 있는 이 회담이 좋은 기회라고 이해했다. 중립국은 주변 강대국의 보장이 중요하고 스스로가 중립국가를 주체적으로 주장하는 주체성이 합치되어야 한다는 점에서 정부와 국민들에게 우리가 먼저 무기를 버리고 4대국보장하에 중립국으로서의 자리를 굳히는 정책을 제안하는 것이다. 대한민국이 무장해제를 하면 북한도 이를 따라오지 않을 수 없을 것이라는 견해다. 미국과 중국이 그리고 UN의 압력에 핵포기를 거절하면 버티기 어려울 것이다. 북한이 핵을 포기하게 되면 그 공은 대한민국이 월계관을 쓰게 된다. 이제 북한은 대한민국이 무기를 수출하며 경제적으로 여유로워짐에 그들도 UN에 호소 무장해제와 무기수출을 단행하고 도움을 요청할 것이다. 대한민국은 국방비 30조 원과 무기수출대금으로 벤처를 중심으로 한 일자리창출과 복지예산집행으로 경제대국 복지국가를 지향하게 될 전망이다. 북한도 이제 자본도 유입되고 노동력도 풍부하고 광대한 국유지를 소유하여 산업국가로 지향하게 될 것이다. 그러나 기술력과 기업경영에 능력이 부족하다. 대한민국이 이에 합세하여 예를 들어 개성공단같은 기업공동체를 북한지역 곳곳에 조성하면 북한도 단시간에 자본주의·민주주의 국가로 발전하리라고 본다. 우선 대한민국은 통일에 집념하지 말고 북한의 경제발전에 협력하는 일방 영세중립국가로 국제무대에서 외교력을 통해 지구촌에 부상하는 국가로서 지위를 확보하는 길에 힘을 쏟아야 한다. 세계비동맹정상회의의 회원국가로 정식가입하여 세계평화와 후진국들을 도와주는 역할을 감당하는 것이다. 일본이 군국주의 부활을 시도하는 시점에서 대한민국은 온세계의 찬사를 받을 것이다. 아마도 북한마저 평화유지군을 파견하게 된다면 세계의 군축과 평화를 위한 모범국가로 탄생할 것이 틀림없으리라.

3. 통일대한 영세중립국가

현 남북한의 대결은 세계의 화약고라는 평가다. 미국과 일본이 굳게 손잡고 중국의 군사적 팽창정책을 견제하는 양상이며 러시아가 슬며시 중국의 편을 들고 있다는 견해다. 이들 세계 4대강국이 한국을 둘러싸고 있다. 하필이면 한국이 남북으로 분리 대결하고 있는 상태에서 미국과 일본이 남한을 중국과 러시아가 북한을 돕고 있다고 평가할 수 있는 잠정적 평화의 세력균형이 이루어지고 있다.

대한민국이 영세중립국가 선언을 하고 국제무대에서 제3세계의 리더로 군림하는 것을 본 북한이 뒤를 따라 중립국선언을 하게 될 것이다. 영세중립국은 한 나라가 다른 나라에 대해 전쟁을 일으키지 않을 뿐 아니라 다른 나라 간의 전쟁에 대해서도 중립을 지킬 의무를 지니는 것이다. 남북한이 전쟁할 만한 무기를 제거한 가운데 UN과 4대강국이 보장하고 남북한이 함께 국제법상 영세중립조약 또는 평화조약을 체결한다면 화약고는 폭발될 턱이 없다. 그리고 우선 경제협력을 통해 남북한은 자연스럽게 소통하게 된다. 체제도 이념도 유사한 정황이다.

그리고 다음으로 남북한 평화통일헌법을 제정하는 것이다. 반세기 넘게 대결하고 있던 남북한이 상호간에 후원세력이 없고 싸워 볼 무기도 없고 이념적 주체도 없는 가운데 민주방식으로 통일정부를 구성하는 데는 역시 북한이 약세일 수밖에 없다. 우리는 쉽게 흡수통일 할 수 있을 것이라는 전망이다. 이 점에 우리는 아량을 베풀어야 한다.

우리는 인구비례에 의한 의원선거로 남한이 다수를 차지하는 비열함을 보여서는 안 된다. 남북한 동수의 100명의 지역구 의원으로 통일국회를 구성하여야 한다. 그리고 통일국회 의회에서 행정, 입법, 사법부의 지도자를 선출해야 한다. 의원내각제로 하되 첫 번째 지도부는 총리가 남한에서 지도자가 선출되면 국회하원의장은 북한의 지도자에게 주는 안배를 원칙으로 하는 법을 제정하고 그 규정을 정해 안배하고 장관이 남한 쪽으로 결정하면 차관은 북한의 인사가 취임하는 등 남북한이 상호간에 친목하면서 분배하여야 한다. 상원의장이 남한 지도자로 선정하면 대통령은 북한이 차지하는 것이다. 대법원장이 북한에서 나오면 헌법재판소장은 남한이 맡는다. 검찰총장과 경찰총장이 안배되어야 하고 국세청장과 관세청장이 안배되어야 한다.

보다 중요한 것은 대기업총수문제다. 남한에는 재벌기업이 있다. 북한에는 정부관할 공기업이기 때문에 재벌이 없다. 당연히 남북한이 통일되면 국가 경제체제는 세계의 조류에 따라 시장경제를 바탕으로 한 자본주의로 채택되어야 한다. 북한에게는 자본가도 사기업도 없다. 이 문제는 북한에게 유리하도록 해주어야 한다. 먼 훗날에는 어떻게 되든 현 단계로서는 현 집권자들에게 유리하게 해주어야 한다. 통일정부가 수립되기까지는 북한의 기업은 북한 노동당기관기업으로 하고 그 공기업을 사기업으로 전환시켜 현 집권층의 세력이 기업을 떠맡아야 한다.

카자흐스탄이 공기업을 자본주의적 주식회사로 전환하는 어려운 일을 현 카자흐스탄 방창용 총장이 대통령 경제고문으로 그 일을 수행한 것으로 알려져 있다. 그러한 분들을 초빙하여 통일정부 출범과 함께 사기업을 창업하도록 하여야 한다. 그동안 남북한의 정치지도자로서 후환이 두려워 불안한 인사들이 망명을 요청하면 관대히 망명의 길도 열어주며 생계도 보장해 주어 숙청이라는 비극이 발생하지 않도록 하여야 한다.

이제 두 개의 영세중립국이 하나가 되어 통일대한 영세중립국으로 출범하는 것이다. 전통적인 영세중립국가는 강대국 사이에서 그들의 보장으로 자주성만 지켜나가는 무기력한 국가라는 인상을 준다. 그러나 통일대한 영세중립국은 정치 · 경제 · 문화면에서 세계를 선도하는 나라로 위상을 굳힐 것이다. 세계가 원하는 군비축소, 핵제거 분쟁의 해결로 평화의 시대를 개척 창조하는 역할을 담당하는 국가로 부상하는 것이다. 원래 우리는 사대주의의 외교정책에서 물들어 있었다. 그러나 사대주의는 Submission to the Stranger라고 선조들의 못된 유물이 아니라 어떠한 나라이건 간에 선의로 받들어 주고 이익을 탐내지 않는 외교정책으로 중립주의와 민족주의를 취한 국가경영의 이념이며 우리의 역사를 특정짓는 역사의 과정이 우리 정치사의 기본 성격이었던 것이다.[10]

10) 이달순, 「한국정치사 I」(중앙대출판국, 1971), p. 65.

저자 약력

이달순

중앙대학교 정치외교학과 졸업, 동 대학원 졸업(정치학 석사, 정치학 박사)
중앙대학교 정치외교학과 교수
수원대학교 교수, 수원대학교 학(총)장
한국정치외교사학회장
秋溪 崔恩喜 女記者賞 제정, 秋溪 崔恩喜 문화사업회 설립
민주평화통일자문위원회 체육·청소년분과 위원장, 경기지역 부의장
대한사이클경기연맹 부회장, 한국대학농구연맹 회장
한국대학경기총연맹 회장, 한국대학스포츠위원회 부위원장(KUSB)
세계대학생올림픽 동계대회 한국단장
경기도 여성상 심사위원장, 경기지역 사회연구소장, 경기도 도서편찬 위원장
경기도 국민홍보 위원장, 경기도 효문화 기획단장, 경기도 대학예술축전 준비위원장
수원시 정책자문 위원장, 정조문화벨트(오산·화성·수원) 조성 추진위원장

훈장 백마장 대통령, 교육공로포상 국무총리, 교육훈장 대통령

저 서

조선왕조정치연구(한국정치사Ⅰ, 1990), 독립운동에 관한 정치사적 연구(한국정치사Ⅱ, 1991)
한국정치사의 재발견(民主史觀과 市民革命論을 中心으로, 1980)
일본을 창건한 가야인(번역), REDISCOVERY OF THE POLITICAL HISTORY OF KOREA(1993)
현대사회의 정치사상(공저), 한국정치사의 再評價(1995)
이승만 정치연구(2000), 한국정치사논쟁(내 논문을 비판해 다오, 2002)
고구려 시오니즘을 위한 기도(중앙문화사, 2012)
현대정치사와 김종필(박영사, 2012)

영세중립국선언 -중립주의 운동의 정치사적 조명-

초판인쇄 2013년 10월 15일
초판발행 2013년 10월 20일

지은이 이달순
펴낸이 안종만

편 집 김선민 · 배우리
기획/마케팅 조성호
표지디자인 김지은
제 작 우인도 · 고철민

펴낸곳 (주) 박영사
서울특별시 종로구 평동 13-31번지
등록 1959. 3. 11. 제300-1959-1호(倫)
전 화 02)733-6771
f a x 02)736-4818
e-mail pys@pybook.co.kr
homepage www.pybook.co.kr
ISBN 979-11-303-0035-1 93340

정 가 25,000원